민주주의는 없다

민주주의의 8가지 모순과
우리가 추구해야 할 삶의 방식에 대하여

애스트라 테일러 지음   이재경 옮김

민주주의는
없다

반니

제프리 나이 맨검Jeffrey Nye Mangum에게 바칩니다.

차례

들어가는 글_ 긴장 속의 삶   **9**

1 **승자와 패자가 될 자유** 자유 vs. 평등   **27**

2 **이구동성의 외침** 갈등 vs. 합의   **73**

3 **국민 재창조** 포함 vs. 배제   **113**

4 **좋게 말할 때 이걸로 해!** 강제 vs. 선택   **179**

5 **민주주의가 이렇게 생겼나요?** 즉흥 vs. 체계   **229**

6 **소크라테스와 군중** 전문지식 vs. 여론   **277**

7 **새로운 세계질서** 지역 vs. 세계   **325**

8 **폐허인가 터전인가** 현재 vs. 미래   **381**

마치는 글_ 건국의 아버지들 또는 늘 깨어 있는 산파들   **423**

주   **431**

찾아보기   **463**

일러두기

1. 단행본의 제목은《 》, 영화를 비롯한 타 장르의 제목은〈 〉으로 표시했습니다.
2. 인명이나 도서의 원어명은 최초 등장 시에만 병기했습니다.
3. 주는 본문 중 해당 위치에 숫자로 표기했으며 내용은 책의 말미에 수록했습니다.
4. 본문 중 옮긴이 주는 [ ]로 표시했습니다.

긴장 속의 삶

'민주주의란 무엇인가?' 언뜻 듣기에는 단순한 질문이다. 하지만 이 질문이 처음 떠오른 이후로 나는 머릿속에서 이 질문을 떨쳐낼 수가 없었다. 누구나 이 단어의 뜻을 안다고 생각한다. 하지만 국민the people (혹은 인민)이 스스로 통치하는 체제로서 민주주의를 이야기할 때 우리는 실제로 무엇을 말하는 걸까?

민주주의라는 단어는 도처에 있다. 정부, 비즈니스, 기술, 교육, 미디어 등 우리가 상상할 수 있는 거의 모든 맥락에서 소환되고 거론된다. 반면 민주주의의 의미는 자명한 것으로 치부될 뿐, 진지하게 숙고되는 일이 거의 없다. 그런데 미디어의 헤드라인들은 날마다 민주주의가 '위기'에 처했다고 떠든다. 하지만 우리는 위험에 빠진 것이 무엇인지 명확히 정의하지 못한다. 민주적 이상의 의미도, 그 현실적 실체도 놀랄 만큼 모호하다.

나는 민주주의라는 단어에 열광한 적이 없다. 물론 민주주의 자체를 반대한 적은 없다. 다만 정의, 평등, 자유, 결속, 사회주의, 혁명 같은 단어들이 내 마음을 더 깊이 울렸다. 이 단어들에 비하면 민주주의는 의미가 두루뭉술하고 심지어 가치를 잃은 말로 다가왔다. 이상주의 아나키스트들도, 권위주의 독재자들도 저마다 똑같이 '민주주의'를 외치는 것도 그 단어가 깊이 없이 쓰인다는 방증이었다. 미국이 이라크를 침공했을 때의 명분도 '중동에 민주주의를 가져오기 위해서'였다. 하지만 지금은 생각이 달라졌다. 이제는 민주주의라는 말이 기회주의적으로 남용된다고 해서 민주주의가 공허한 발상이라고 생각하지 않는다. 여러 정권들이 너도나도 민주주의 개념을 끌어다 쓴다. 그건 민주주의가 기존 질서에 심각한 위협이 된다는 것을 그들이 알기 때문이다. 그들이 수단 방법을 가리지 않고 억제하고픈 위협.

나는 다큐멘터리 영화 〈민주주의란 무엇인가?What Is Democracy?〉를 만든 뒤로 모호함과 변화무쌍함이야말로 민주주의 개념이 가진 힘의 원천임을 이해하게 됐다. 그리고 민주주의라는 말에는 내가 의심 없이 지지할 절대적이고 결정적인 단 하나의 정의가 존재하지 않는다는 사실도 받아들였다. 심지어 그 점을 환영하게 됐다. 민주주의 관행은 세계 여러 곳에 넓게 뿌리를 두고 있지만, 민주주의democracy라는 단어는 고대 그리스에서 왔다. 단어가 전달하는 발상은 언뜻 보면 단순하다. '시민(데모스)이 통치한다(크라토스).' 민주주의는 국민의 통치에 대한 약속이다. 하지만 그 말이 품은 의미와 범위가 계속 변하기 때문에 결코 온전히 실현될 수 없는 약속이다. 우리의 민주주의 구상들은 수세기에 걸쳐 확장되고 진화했고, 그 과정에서 민주주의는 여러 면에서 더 포괄적이고 탄탄해졌다. 하지만 누구를 국민으로 간주해야 하고, 그들이 어떻게 통치하고, 어디서 통치하는지는 영원한 논쟁거리다. 민주주의는 핵심 구성요소들을 부단히 시험하고 심문해서 자신의 정통과 취지를 의도적으로 교란한다.

사실 완벽한 민주주의는 여태껏 없었으며, 앞으로도 없을지 모른다. 그렇다고 우리가 완벽한 민주주의를 향해 전진할 수 없다는 뜻은 아니다. 이미 있는 것은 사라지지 않는다는 뜻도 아니다. 그런 이유로 나는 어느 때보다 확신한다. 민주주의란 무엇이며, 더 중요하게는 무엇이 될 수 있는지에 대한 질문이야말로 우리가 끊임없이 해야 할 질문이라는 것을.

현재 민주주의에 의문을 제기하는 사람들은 주로 환멸, 공포, 분노가 동기로 작용했다. 존재조차 불분명한 민주주의가 사람들에게 실망감을 안긴다. 사람들은 정치적 교착 상태, 부패, 책임지지 않는 지도자들, 의미 있는 대안이 전무한 현실에 분개하고 비인간적 관료주의, 노골적 위선, 발언권의 결핍에 분노를 느낀다. 정치지도자들은 책임지지 않고, 유권자들이 느끼기에 선택의 범위는 한정적이고, 부자는 나날이 부유해지는데 서민은 당장 먹고살기 위해 발버둥쳐야 하는 현실에서 선진 민주주의 국가들의 투표율은 갈수록 떨어진다. 수많은 이들이 꽤 최근까지 피와 죽음의 대가로 쟁취한 투표권이건만 요즘 사람들은 투표하러 가는 것조차 귀찮아한다. 미국인 대부분이 자기가 민주주의 국가에 산다고 말은 하지만 정부를 신뢰한다고 말하는 사람은 별로 없다. 신뢰는커녕 국가는 좌절부터 경멸, 의혹까지 갖가지 부정적 반응들을 불러일으킨다. 이 상황은 장-자크 루소Jean-Jacque Rousseau, 1712~1778가 쓴 《사회계약론Du Contrat Social》의 한 구절을 떠오르게 한다. "질서가 잡힌 도시에서는 모두가 날 듯이 집회로 몰려가지만, 나쁜 정부 아래에서는 다들 그쪽으로 한 걸음도 떼려들지 않는다. (…) 누군가 국가에 대해 '그게 나와 무슨 상관이야?'라고 말하는 순간,

그에게 국가는 죽은 것이나 다름없다."[1]

여러 대의가 뒤섞여 끓는 가마솥이 부식성 냉소주의와 사회 분열, 불안의 연기를 뿜어내고, 책임 전가와 비난의 손가락질이 사회 하위의 취약 집단들을 향하는 현실이 미국에만 있는 일은 아니다. 2016년에 영국은 국민투표를 통해 유럽연합EU에서 탈퇴하기로 결정했다. 그 유명한 브렉시트Brexit다. 유럽 전역에서 부활하는 우파 포퓰리즘, 브라질의 쿠데타와 극우파의 선거 승리, 인도에서 준동하는 파시즘도 그 예다. 민주주의가 폭정으로 변질되는 것에 대한 플라톤의 경고가 예언처럼 싸늘하게 메아리치는 요즘이다. 자치의 약속은 약속이 아니라 저주가 되어 변덕스럽고 분열되고 전제적이고 흉악한 종착지를 향해 돌진하는 자기파괴적 모터로 변할 위험성을 안고 있다.

그러나 이 책은 주권재민主權在民의 함정을 다루지 않는다. 현재의 자유민주주의 정치체제의 결함이나 그것이 돈과 권력에 의해 타락한 이야기를 하려는 것도 아니다. 주권재민의 위험성은 분명히 존재하고, 민주주의 정치체제가 금권에 타락해온 것도 사실이다. 하지만 그것은 이미 다른 곳에서 숱하게 논의됐다. 그것이 내 탐구의 배경은 되겠지만 요점은 아니다. 이 책은 민주주의라는 말을 다양한 각도에서 생각해보자는 초대장이다. 숙고의 힘이 지금 우리가 처한 곤경을 해결해줄 빛을 던져주길 희망하면서, 역사를 되돌아보고 자치의 철학과 실제를 재고할 것이다. 내 목표는 사람들의 경각심을 부정하는 것도, 그들의 행동을 단념시키는 것도 아니다. 오늘의 헤드라인이 무엇이든, 오늘날 국가를 통치하는 존재가 누구든 지금의 우리가 길고 복잡하며 여전히 전개 중인 연대기의 일부임을 상기하는 것이 내 목표다.

민주주의의 험난한 가시밭길과 본질적으로 역설적인 성격에 이론적으로 접근하는 것이 위안과 확신을 주기도 한다. 자치의 길은 단 한 번도 간단하지 않았고, 앞으로도 그럴 일은 없을 것이다. 민주주의는 무한 짜증과 예측 불허의 과정이고 재평가와 개정을 끝없이 수반하는 과정이지, 휴식을 취하기 위한 종점이 아니다(끄트머리만 이리저리 손보면 되는 완성판 시스템 따위는 존재하지 않는다). 이 책은 사회를 밑에서부터 위로 민주화하자는 나의 비정통적이고 기이한 주장을 담고 있다. 그리고 애초에 민주주의를 제대로 숙고해보지 않고는 민주주의를 재고할 수도 없다는 내 믿음의 표명이기도 하다.

내가 알게 된 한 가지는, 민주주의를 심하게 반대하는 사람들은 오히려 자신들이 민주주의를 멸시하는 이유를 정확히 안다는 것이다(민주주의를 맹비난하는 것으로 정치철학을 창안한 플라톤이 이 유행의 시조다). 내가 만난 어느 정치학 전공자는 자신은 민주주의에 그다지 가치를 두지 않는다면서 "내게 영감을 주는 구호는 아메리칸 드림과 출세 능력이에요"라고 했다. 이런 사람들에게는 포함보다 기회가 더 중요하다. 나는 그들이 민주주의와 자본주의를 상호보완의 관점으로 보기를 기대했다. 하지만 그들은 그 두 가지를 핵심 쟁점들에서 상호대립하는 것들로 인식했다. 그렇다 보니 누진과세든 진보적 이민 정책이든 민주적 요구들은 죄다 그들의 사회적·경제적 우월성을 흠집 내는 일들일 뿐이었다.

"자본주의 사회에서는 원래 민중이 밑단을 차지하게 돼 있어요." 한 젊은이가 들떠서 말했다. 그는 자신의 자리는 꼭대기에 있다고 확신했고, 자신의 입장이 다분히 반反민주적이라는 것을 군이 숨기지 않았다.

소수 경제 특권층에 속한 학생들은 그들 계층의 기득권을 지키기 위해서는 주권재민을 저지할 장치들(예를 들어 최근 다섯 번의 미국 대선 중 두 번의 선거에서 전국 총득표에서 패한 후보에게 승리를 안긴 선거인단 제도)이 필요하다는 것도 숨기지 않았다(이는 미국의 제4대 대통령 제임스 매디슨 James Madison, 1751~1836이 상원은 민중에 의한 토지 몰수에 맞서 '부유한' 지주들의 '귀중한 이권'을 보호해야 한다는 신념을 주창한 것과 맥을 같이한다).

나는 물론 이들의 신념에 동의하지 않는다. 하지만 이들 우파의 입장은 비록 자기중심적일망정 적어도 진중하게 궁리한 결과다. 이에 비해 민주주의에 가치를 둔다고 말하는 많은 사람들을 그들의 원칙을 유의미하고 실질적인 방식으로 옹호하는 데 현저하게 어려움을 겪는다. 상투적인 말들은 심오하거나 개인적인 성찰을 퇴색시킬 뿐이다. 민주주의는 '자유롭고 공정한' 선거, '평화로운 권력 이양', '자유' 그 자체라고? 맞는 말이지만 매가리가 없다. 다큐멘터리를 제작하는 과정에서 많은 사람을 만났지만 '민주주의는 열혈 운동가들이 이날까지 멱살 잡고 끌고 온, 평등주의 포함과 권력 분배를 향한 부단한 프로세스'라고 말하는 사람은 아무도 없었다. 장황하게 정의내리는 것이 불법도 아닌데 말이다. 심지어 '민주주의는 국민의 통치'라는 고전적 표현을 구사하는 사람조차 없었다(사뭇 위압적으로 "건국의 아버지들Founding Fathers[미국의 초기 대통령들을 포함해 미국독립선언에 참여한 정치인들]의 천재성 덕분에 미국은 사실 민주국가가 아니라 공화국"이라고 말하는 남자들은 꽤 만났다).

민주주의가 우리 삶에 꼭 필요하다고 말하는 데 애먹는 사람들을 그저 무식하거나 산만한 사람들이라고 말할 수도 있다. 하지만 그게 그렇게 단순하지가 않다. 문제는 사람들이 일상에서 민주주의를 접할 일이 거의 없다는 사실에 기인한다. 선거는 미디어와 유명세에 집착하고 돈에 휘둘리는 미친 서커스가 됐고, 사람을 교체 가능한 기계부품으로 취급하는 직장에서는 복지부동이 미덕으로 통하고, 학교와 대학은 학생들을 공공선에 참여할 미래의 시민이 아니라 투자수익을 추구하는 소비자로 키운다. 우리 사회가 말끝마다 자유를 찬미하는 것에 비해 우리는 민주주의를 대단하게 체감하며 살지 못한다. 그렇기에 사람들이 민주주의를 제대로 설명하지 못하는 것은 전혀 놀라운 일이 아니다.

민주주의는 정기 선거에서의 1인 1표 행사, 헌법상의 권리, 시장경제로 구성된다는 것이 일반적인 생각이다. 이는 매우 한정적인 개념이다. 이런 좁은 의미의 민주주의에 이론적으로나마 부합하는 국가들은 세상에 차고 넘친다. 일부 자료를 보면 1980년부터 2002년 사이에 81개국이 독재국가에서 민주국가로 이행했다. 그런데 최근 조사는 앞의 속성들로 정의되는 민주주의가 최근 10년 동안 전 세계적으로 약화됐음을 보여준다. 어느 명망 있는 연례보고서에 따르면, 2017년 71개국에서 참정권과 시민자유가 위축돼 결과적으로 세계의 자유가 전반적으로 쇠퇴했다.[2] 2018년 초에는 영국 경제지 〈이코노미스트〉가 "민주주의가 충격적인 퇴각을 거듭하고 있다"고 경고했다. 〈이코노미스트〉가 해마다 시행하는 민주주의 지수Democracy Index 조사에서 미국이 '온전한 민주주의full democracy'에서 '결함 있는 민주주의flawed democracy'로 내려앉은 직후였다.[3]

그러나 민주주의의 후퇴는 자발적으로 이루어진 것도, 만고불변의 유기적 프로세스에 의해 이루어진 것도 아니다. 민주주의는 녹슬고 허물어지고 공격받고 시들해지고 황폐해지고 욕을 먹는다. 자치에 따르는 책임을 저버리고 심지어 그것을 방해하는 행동 또는 무無행동 때문에. 오늘날 민주주의의 위기를 두고 극단주의자들을 탓하는 소리가 높지만, 연구 결과 유럽과 미국에서 민주적 관행에 가장 적대적인 사람들은 오히려 중도파였다. 중도주의자들은 난잡하고 포괄적인 프로세스보다 강력하고 효과적인 중앙집권적 의사결정을 선호한다. 자신을 정치적 중도파로 생각하는 미국인 중에 선거를 '민주주의의 기본 요건'으로 보는 사람은 반도 되지 않았고, 그중 반수(중도주의자의 25%)만이 시민권을 민주주의의 결정적 요소로 인정했다.[4] 자치에 대한, 그리고 자치가 우리에게 요구하는 수고로운 일들에 대한 무관심 내지는 반감이 권위주의 사회로 가는 길을 닦는다. 거기다 미국의 정치체제가 애초에 민주적으로 설계되지 않았다는 사실도 이 무관심을 거든다.

18세기 후반에 자유화를 이룬 다른 여러 국가들처럼 미 공화국도 주민의 대다수를 정치체polity에 포함시키지 않았다. 노예, 원주민, 여자, 가난한 백인 남자, 일부 이민자, 일부 종교집단 들은 투표권을 비롯해 아주 기본적인 시민권조차 거부당했다. 이런 건국 시대의 불평등 관행은 지금까지 불규칙적이고 불완전하게 시정되어왔을 뿐, 계속해서 우리의 현실을 지배한다. 여러 연구들이 보여주듯, 국가적 의제들은 돈과 권력을 손에 쥔 정치가들이 자신들의 이해관계에 따라 결정할 뿐 대중의 호불호는 공공정책에 사실상 아무런 영향도 미치지 못한다. 오늘날 우리를 괴롭히는 불평등은 일탈도 아니고 특정 정당의 집권에 따른 결과도 아니다. 남성 특권층이라는 한정적 집단이 설계한 정치체제의 의도에 부합한 결과물일 뿐이다.

기원전 5세기 아테네의 정치가 페리클레스는 아테네의 정치구조를 이렇게 찬양했다. "행정이 다수의 손에 있다. 고로 우리는 민주국가라 불려 마땅하다." 노예제에 기반했고 여성을 철저히 배제한 사회라는 점에서 고대 아테네는 현대의 기준으로는 민주국가 축에 들지 못한다. 하지만 플라톤과 아리스토텔레스가 말했듯, 아테네 데모스(시민)를 구성했던 사람들의 압도적 다수는 가난한 이들이었다. 아테네인이 생각하는 인민의 통치란 가난한 자들에 의한 통치를 의미했다. 어디서나 가난한 시민의 수가 부자의 수를 거대하게 압도했기 때문이다.

그런데 이런 기본적이고 고전적인 통찰조차 우리 시대에는 부정되어왔다. 힘겹게 얻은 민주적 결실들이 신자유주의적 자본주의와 그것이 창출한 경제적 불평등에 의해 해체되고 있다. 예를 들어 선거비용과 로비자금의 형태로 돈이 발언권을 부여하는 법질서 하에서는 최상위 부자들만 영향력을 가질 뿐 나머지 사람들은 찍소리도 내기 어렵다. 또한 부유층이 세금을 내지 않고도 재산을 자식에게 물려줄 수 있는 시스템에서는 상속재산이 필연적으로 현대판 귀족층을 만든다. 이러한 현상은 최근 50년 동안 면면히 이어졌다. 부유층이 파격적인 힘을 휘두를 길이 많기 때문에 투표권으로 대표되는 형식적 정치 평등만으로는 민주주의를 보장하지 못한다. 우리 선조가 참정권 확대에 주력했다면, 오늘날의 우리는 '자본주의로부터 민주주의 구하기'라는 더 무시무시한 과제에 직면해 있다. 부의 편중이 정치적 평등의 실패 원인으로 판명이 난 지금, 민주주의를 정치 영역에서 경제 영역으로 확대하는 것이 우리 시대의 지상과제이며, '금권 집중화'에서 정치적 평등을 지켜내는 유일한 방법이다.

단 여덟 명의 남자들(그중 여섯은 미국인)이 세계 인구의 절반이 가진 것과 맞먹는 부를 독점하고 있다. 그들의 부는 절대다수의 극빈을 토대로 한다.[5] 미국은, 사실 새삼스러운 얘기도 아니지만, 민주국가보다는 과두제[소수가 사회의 정치적, 경제적 권력을 독점한 정치체제] 국가에 가깝다. 매년 전 세계에서 창출되는 소득의 압도적 대부분이 세계 최상위 1%의 주머니로 흘러들어가는 반면, 평범한 시민들의 벌이는 지난 40년 동안 정체 상태다.[6] 1940년대에 태어난 미국인은 30세 전에 부모의 소득을 앞지를 가능성이 92%나 됐지만, 1980년대생들은 그 가능성이 50%로 떨어졌다. 미국 중서부 지역에서는 상황이 더 나쁘다. 최근 연방준비제도이사회FRB의 조사에 따르면, 미국인의 절반 가까이가 400달러의 비상금도 없을 정도로 가난해서 급한 일이 생기면 소지품을 팔거나 돈을 빌려야 한다.[7]

더 충격적인 것은, 흑인민권운동civil rights movement[1950~1960년대에 일어난 미국 흑인들의 차별 철폐 및 투표권 획득을 위한 운동]의 업적이 무색하게도 1960년대 이후 실업, 주택 보유, 수감률 측면에서 미국 흑인의 여건이 조금도 나아지지 않았다는 점이다. 비영리기구 경제정책연구소Economic Policy Institute는 이렇게 보고했다. "2017년의 흑인 실업률은 7.5%로 1968년의 6.7%보다 상승했고, 백인 실업률보다 여전히 2배가량 높다. 2015년 흑인의 주택 보유율은 40%를 겨우 웃돌았다. 이 수치는 1968년 이후로 사실상 변하지 않았을 뿐 아니라 같은 기간 소폭 상승한 백인의 주택 보유율보다 무려 30%포인트나 뒤처진 수준이다.

또한 구치소나 교도소의 흑인 비중은 1968년에서 2016년 사이에 거의 3배로 뛰었고, 이는 현재 백인 수감율의 6배가 넘는다."[8] 2008년 금융위기 때 흑인들의 가계보유자산 절반이 날아간 것도 가뜩이나 암울한 상황을 더 악화시켰다.[9] 그런데도 현재 민주당과 공화당은 초당적으로 대동단결해서, 금융위기 이후 통과된 미약한 금융개혁안마저 무효화하는 개정안을 올렸다.[10] 물론 선거제도가 시퍼렇게 살아 있고 시민자유를 보장하는 정책들도 있으니 감사해야 마땅하지만, 국가는 그동안 떠들어댄 만큼 국민에 의한 국민을 위한 정치를 하고 있지 못하다.[11]

이처럼 소수 엘리트의 지배가 굳어진 데는 대단히 한정적인 민주주의 개념을 묵묵히 받아들인 우리의 성향이 한몫했다. 이 수동적 민주주의는 국민주권을 선거정치 영역으로만 제한하고, 국민의 삶을 이루는 나머지 제도들과 구조들(직장, 교도소, 학교, 병원, 환경, 경제 등)은 무시한다. 이게 실수다. 민주주의가 강력한 실체가 되려면 의사당 건물 안에서만 일어나는 것이 되어서는 안 된다. 자치가 한층 만연해야 한다. 민주주의가 사회 전반에 봉사해야 한다고 믿는가? 그렇다면 노동자들이 여러 가지 부업을 뛰며 고생할 때 전대미문의 수익이 사업주들과 투자자들에게 흘러가는 사회를 과연 민주적이라고 부를 수 있을까? 감옥이 빈민과 유색인종으로 넘쳐나고, 지불 능력이 없는 사람은 교육과 구명치료의 기회마저 박탈당하고, 소수 거대 기업들의 화석연료 기반 수익 극대화 때문에 지구가 사람이 살 수 없는 행성으로 변해가는데 이 상황을 민주적이라고 말할 수 있을까? 2030년이면 세계의 1%가 세계의 부 3분의 2를 독식할 태세다.[12] 이런 이슈들을 별개의 문제들로 볼 수도 있지만, 세상을 '다수'가 아니라 '가진 자들'이 지배하는 상황이 낳은 동반 증상들이자 근본적으로 상호연결된 문제들로 볼 수도 있다.

　민주주의의 의미를 생각하다 보면 우리를 괴롭히는 현실적 또는 철학적인 문제들 중 상당수가 딱히 새로운 문제들이 아니라는 사실을 알게 된다. 그 문제들은 민주주의만큼이나 오래되었으며, 끝나지 않은 과제들이다. 민주주의는 수단인가, 목적인가, 과정인가, 아니면 유한한 성과의 집합인가? 그 성과가 무엇이든 만약 그것(평화, 번영, 환경 지속가능성, 평등, 자유, 또는 시민 참여)을 비민주적인 수단으로 달성할 수 있다면? 민주주의가 국민에 의한 통치를 의미한다면 그 통치의 성격과 범위는 무엇이며, 누가 '국민'에 해당하는가?' 우리가 사회적으로 전례 없는 경로를 그려왔고 이제 그 첨단에 섰다고 생각할 수도 있다. 하지만 정의, 자유, 자치 같은 민주주의 이상들과 그것들을 실현하는 데 따르는 난제들을 위한 투쟁은 해묵은 딜레마들과 끝없이 씨름하게 만든다.

　고전학자 다니엘 앨런Danielle Allen이 내게 말했다. "민주주의는 사람을 지적으로 고생시킵니다." 군주제 국가에 사는 사람은 통치자가 누군지 쉽게 안다. 왕의 사진을 가리키면 된다. 그런데 민주국가에 사는 사람은 주권이 국민에게 있다는 것을 말할 때 구체적으로 가리킬 만한 것이 없다. "민주국민이라는 것부터가 추상적인 개념입니다." 앨런이 설명했다. "이 '국민'이란 게 뭔지 이해해야 해요. 누가 결정권자인지 존재조차 불분명한데 어떻게 정의를 구현하나요?" 민주주의는 이렇게 우리가 추상적인 문제들, 개념들과 씨름할 것을 요구한다.

이 요구 자체가 민주주의와 정치철학이 왜 고대 그리스에서 동시에 발생했는지를 말해준다. 상명하달식 의사결정을 하는 강력한 참주 (독재자)나 귀족 무리가 없을 때, 민주주의는 사람들에게 사유하고 숙의할 것을 요구한다. 실제로 아테네의 대규모 노천 집회는 시민들에게 모두 모여 '어떻게 살아야 하는가?'라는 거대한 소크라테스식 질문을 논할 것을 강제했다. 놀랍지 않은가? 이 민회에 보통사람들, 즉 데모스가 수천 명씩 운집해 어떤 종류의 사회에서 살고 싶은지, 그 이유는 무엇인지 숙의했다. 법과 처벌, 전쟁 수행 여부도 논의하고 결정했다. 민주주의 조건에서는 정부 시스템에 꼬치꼬치 캐묻고 의문을 제기할 책임이 시민에게 있다. 따라서 정치질서는 강도 높은 숙고와 비판의 대상이었다(역설적으로 말하면 플라톤은 민주주의 덕분에 반反민주주의자가 될 수 있었다).[13] 그러나 민주주의가 정말로 흥미로운 이유는 그것이 추상적이고 지성적인 논의 외에 행동까지 요구하기 때문이다. 나를 이해받으려면 자치가 제정되어야 하는 것이다. 그 과정에는 생각과 실행, 이론과 실제, 명사와 동사가 동등하게 개입한다.

이런 외견상의 대립들이 민주주의의 토대가 된다. 민주주의는 일원적이면서 다각적이고, 개인적이면서 집단적이고, 평등주의를 위계주의와 섞고, 자율을 통제와 버무리는 정치체제이기 때문이다. 이것들은 대립이라기보다 역설이다. 충돌하기 마련이지만 반드시 공존해야 하는 요소들이다. 그중에서도 가장 유명한 역설은 장-자크 루소가 제기한 '닭이 먼저냐 달걀이 먼저냐'다. 이 역설은 민주국민, 즉 민주주의 성향과 소양을 갖춘 국민(인민)을 창조하는 문제를 다룬다. 루소가 말했다. "정치학의 지언知言을 이해할 역량을 갖추고 국정 운영의 기본 수칙을 따르는 인민이 부상하려면 결과가 곧 원인이어야 한다. 사회 정신은 제도의 산물이면서 동시에 제도를 이끌어야 한다.”[14] 쉽게 말해 다음 중 무엇이 먼저냐다. 민주적 시민을 빚어내고 그들을 육성하고 교육할 사회와 제도가 먼저인가, 아니면 그런 사회와 제도를 창조할 역량 있는 시민이 먼저인가? 여기서 역설이 발생한다. 민주주의가 부상하고 유지되고 번창하기 위해 필요한 구조와 감성이 있는데, 그것들이 생기려면 민주주의가 먼저 요구된다.

민주주의는 이렇게 때로 부조화하지만 불가분한 이원성들로 가득하다. 자세히 말하자면 민주주의는 자유와 평등, 갈등과 합의, 포함과 배제, 강제와 선택, 즉흥과 체계, 전문지식과 여론, 지역과 세계, 현재와 미래 사이에서 균형을 유지해야 한다. 이들 이항 대립의 이쪽에도 저쪽에도 명확한 해법은 없다. 이어지는 장들에서 이 대립 항들을 하나씩 들여다볼 것이다.

이 책은 민주주의에 대한 탐구서다. 이 책에 민주주의의 중요한 역설들을 다 포함하지는 못했다. 따라서 이 책은 완결성과는 거리가 멀다. 그것도 내가 의도한 바다. 정치철학서로서 이 책은 대답보다 질문을 많이 한다. 다만 이 책이 빼놓은 것 중 짚고 넘어가고 싶은 것이 하나 있다. 바로 부자와 빈자의 문제다. 나는 유산계급과 노동계급 사이의 골을 본질적으로 불가피한 역설이나 극복할 수 없는 사회 현실로 생각하지 않는다. 그렇게 생각할 이유가 전혀 없다고 본다. 우리 시대의 기술 역량과 생산 능력을 감안하면 더더욱 그럴 이유가 없다.

여기서 모순의 정의를 짚어보자. 칼 마르크스Karl Marx, 1818~1883에게 모순은 자본주의 내부의 갈등(가령 사유재산과 공공복리 사이의 적대의식)

이며, 이는 언젠가 새로운 경제체제가 도입되면 해결될 갈등이었다. 마르크스는 민주주의를 "모든 헌법의 풀린 수수께끼"로 봤다. 민주주의 체제에서는 '헌법이 있는 그대로, 인간의 자유로운 산물로 발현'하기 때문이다.[15] 마르크스의 논리라면 내가 위에서 지목한 민주주의 역설들은 대립 관계에 있지 않다. 그것들은 민주적 삶에서 없어서는 안 될 측면들이기 때문이다. 나도 민주화 과정이 권력과 자원의 공정 분배(일각에서는 이것을 사회주의라고 부른다)를 향한 움직임을 포함한다고 믿지만, 모든 수수께끼가 언젠가 완벽하게 해결될 것으로 보지는 않는다. 내 목표는, 기존의 경제적 불평등이 내가 말한 역설들의 특정 측면을 격화시키고, 그에 따라 사회의 불안과 고통이 증가한다는 것을 보여주는 것이다. 물론 자본주의의 착취가 없다 해도 민주주의는 여전히 지저분하고, 갈등으로 점철되고, 플라톤이 '다양성과 무질서'라고 부른 것들로 가득하다는 나의 견해에는 변함이 없다(민주주의를 처음으로 첨예하게 비판한 플라톤조차도 '다양성과 무질서'를 민주주의가 지닌 매력의 일부로 여겼다).[16] 설사 우리가 경제적, 사회적으로 완전히 평등해진다 해도 우리는 여전히 즉흥과 체계의 균형을 맞추기 위해 분투하고, 현재의 욕망을 미래의 니즈와 절충할 최선책을 찾아 씨름해야 한다.

이런 갈등들을 들여다보는 것이, 자치가 어째서 그토록 수고로운 과업인지를 깨닫는 방법이다. 내가 이 프로젝트를 시작한 것도 어째서 민주주의 원칙들은 실행에 옮기기가 그렇게 어려운지 알고 싶은 충동 때문이었다. 그것이 내가 사회운동가로 일하면서 뼈저리게 느낀 난제이기도 했다. 민주주의는 하나의 법체계나 '지표들'의 집합이나 십계명쯤으로 국한될 수 없다. 민주주의는 그보다 창발적이고 실험적인 것이고, 절차와 원칙 모두에 뿌리를 둔 질서와 유동의 조합이다. 또한 생산 방식(생존에 필요한 재화 창출을 조직하는 방법)인 동시에 대중 정서(민심)다. 이제부터 말하겠지만, 민주주의가 지속하고 변모하려면 앞서 열거한 역설들의 양축들을 긴장 속에서 애면글면 지탱해야 한다.

긴장. 이것이 키워드다. 노예제도와 식민주의부터 파시즘의 출현까지, 핵전쟁 공포부터 기후변화 위기까지 민주주의의 어두운 역사를 되돌아보자. 이른바 민주적 인류가 내린 끔찍한 결정들을 떠올려보자. 처참한 결과를 낸 국민투표들, 편협한 신념에 대한 이기적 집착, 우리의 생사가 달려 있을 때조차 진화를 거부하는 완고함. 이 모든 것이 철학자 코넬 웨스트Cornel West의 말처럼 민주주의를 '확신 없는 도전leap of faith'으로 만들고, 그것은 '긴장 속에서의 삶'을 요구한다. 이는 아직 해결되지 않은 데다 해결하기도 어려운 역설들이 만드는 긴장이다. 민주주의의 역사는 탄압, 착취, 선동, 강탈, 패권, 공포, 학대의 역사다. 하지만 협력, 결속, 숙고, 해방, 정의, 공감의 역사이기도 하다. 우리는 어느 쪽으로 기우는가? 어디에 역점을 두어야 하는가? 최후의 순간에 민주주의는 실패한 명분일까, 마지막 희망일까?

웨스트가 내게 말했다. "데모스가 좋은 결정을 내릴 것이라고 믿는 사람을 실성한 사람으로 여길 근거는 산더미처럼 많겠죠. 하지만 반대로, 심사숙고 능력이 있을 리 없다고 생각했던 사람들에게서 사람이 사람을 대하는 방법, 즉 정의에 대한 기막힌 아이디어들이 나오는 경우도 수없이 많습니다. 모든 것에는 양면이 있죠. 긴장 속에 사는 것. 그게 열쇠라고 생각해요."

나는 민주주의가 존재한다고 믿지 않는다. 민주주의는 한 번도 존재한 적이 없다. 하지만 자치는 그런 거다. 이상이자 원칙이며, 항상 멀리 있고 자꾸만 뒤로 물러나는 지평선에 걸려 있는 것, 우리가 계속 손을 뻗지만 잡히지 않는 것이다. 민주주의의 약속은 권력자가 만들고 깨는 것이 아니다. 보통사람들의 부단한 각성, 창의, 그리고 투쟁을 통해서만 지켜질 수 있는 약속이다. 자치의 잠재는 이론과 실천, 조직화와 자유 봉기, 과거의 성과와 새로운 자격을 통해서 발현한다. 그러면서도 항상 단편적이고 허술하며, 영원히 부분적이고 위태로운 상태로 남는다. 결국은 포기하지 않고 민주주의의 모순들과 기회들을 수용하며 부단히 긴장 속에 사는 삶, 그것이 이 책의 메시지다.

1

승자와 패자가 될 자유

자유 vs. 평등

'민주주의가 당신에게 무엇인가'라고 물으면

대부분의 사람들이 '자유'라고 대답한다.

마치 질문은 뻔하고 답은 자명하다는 듯이.

1989년 베를린 장벽이 무너졌을 때, 전 세계 사람들은 새로이 밝아오는 민주 시대의 여명을 환호했다. 자유 진영이 '비非자유 진영'에 승리를 거두고 앞으로도 승승장구할 희망에 젖어 있었다. 개인의 권리, 정기 선거, 소비자 번영이라는 자유주의 교리는 이제 거부할 수도 막을 수도 없는 불가항력 같았다. 사회주의는 국가 주도의 획일화를 위해 개인주의와 기회가 탄압받는 황량하고 우매한 상황으로, 평등이 제정신을 잃고 미쳐 날뛰는 상태로 지탄받았다. 반면 본질적으로 불평등한 경제체제인 자본주의는 날이 갈수록 민주주의나 자유와 동의어가 되어갔다.

일부 역사학자들은 냉전이 1947년 해리 트루먼 대통령의 연설로 시작됐다고 말한다. 트루먼은 18분 동안 '자유freedom'라는 단어를 놀랍게도 24회나 사용하면서 '평등equality'이라는 단어는 단 한 번도 쓰지 않았다.[1] 그때까지 민주주의 이론과 실천의 중심이었던 자유와 평등은 수십 년에 걸쳐 서서히 갈라지다가 1989년에 이르러 결국 정치 스펙트럼의 양끝을 각각 차지했다. 민주주의의 역사를 통틀어 복합적이고 생산적인 방식들로 얽혀왔던 이상들은 이렇게 단절되었으며, 오랜 기간 동맹 관계였던 개념들은 적이 됐다. 민주주의 통치의 역사에서 유례없는 변곡점이었다. 거기다 1989년 마르크스주의 대안들이 일거에 빛을 잃으면서 직관과는 반대로 민주주의도 함께 쇠퇴 국면에 접어들었다. 시장 규제가 철폐되고 초국가적 정책들이 입안되면서 소득 불평등이 기승을 부렸고, 소득 불평등은 복지국가 시스템이 의존하는 자유민주주의 국가주권의 속성을 훼손하기 시작했다. 따라서 새로운 민주주의 시대를 연다고 믿었던 이때의 여명은 사실상 여러모로 민주주의의 타락을 신호했다.

자유와 평등 간 단절의 여파는 지대했다. 비록 판연히 다르고 때로는 불협화음을 냈지만 한때 자유와 평등은 적절히 균형을 이루기만 하면 서로를 긍정적으로 강화하는 미덕들이었다. 그런데 시간이 흐르면서 둘은 양립할 수 없을 뿐만 아니라 서로를 위태롭게 하는 사이가 됐다. 평등이 자유를 위협하는 적으로 재설정되면서, 자유는 혼자 있을 권리쯤으로 떨어졌다. 이것을 영국의 자유주의 정치사상가 이사야 벌린Isaiah Berlin, 1909~1997을 비롯한 일부 철학자들은 '소극적 자유 negative liberty' 또는 '불간섭으로서의 자유freedom as non-interference'라고 부른다. 자본주의가 1989년에 거둔 압승이 이 변화를 마무리 지었고, 자유는 시장으로 소재지를 옮겼다. 현대의 자유는 정부의 간섭을 받지 않고 경제시장에서 경쟁할 자유를 뜻하고, 그 과정에서 앞서거나 뒤처질 자유를 뜻한다. 다시 말해 불평등할 자유를 뜻한다. "자유는 불평등을 낳기 마련이다." 유명 보수 언론인이자 시사 프로그램 진행자였던 윌리엄 F. 버클리William F. Buckley, 1925~2008가 1968년 수백만 명의 TV 시청자들 앞에서 한 이 말은 얼마 안 가 상투어가 됐다. "불평등할 자유가 없다면 세상에 자유 같은 건 없다."

두 세기 전을 떠올려보면, 이 논리가 얼마나 새롭고 기이한지 알수 있다. 이는 자유와 평등을 제로섬게임으로 보는, 매우 노골적인 이원론이다. 이는 과거 혁명시대의 이해 방식과 완전히 대조를 이룬다. 1789년 프랑스 대혁명 때의 슬로건은 자유와 평등에 세 번째 이상이 더해진 '자유*Liberté*, 평등*Égalité*, 박애*Fraternité*(형제애)'였다. 자유와 평등이 형제애로 묶여 서로를 강화했다(다만 당대의 선구적 여성운동가 올랭프드 구주Olympe de Gouges, 1748~1793가 지적했듯 자매애가 아니라 형제애라는 점에 유념할 필요는 있다. 혁명이 내건 자유와 평등이 여성에게는 해당되지 않는다는점을 지적한 대가로 구주는 "여자에게 사형대에 오를 권리가 있다면 당연히 연단에오를 권리도 있다"는 말을 남기고 단두대의 이슬로 사라져야 했다). 이 삼위일체는 귀족 지배의 종식과 계급 타파를 외쳤고, 이를 위한 법 제정을 요구했다.

계몽사상가 장-자크 루소의 저술에 영향을 받은 프랑스 대혁명은다음을 분명히 했다. "개인은 공동시민권의 행사를 통해 자유와 동시에 평등을 누린다(공동시민권은 '공동의 자유', 또는 벌린의 표현대로 '적극적자유'라고 할 수 있다)." 놀라운 관점의 변화였다. 2천 년 전에 고대 아테네가 극적으로 최후를 맞은 이후로 민주주의는 줄곧 통제가 불가능한자유, 무정부 상태, 우민 통치와 같은 부류로 취급받았기 때문이다. 민주주의를 귀족의 압제에 대한 바람직한 대안으로, 기본 자유를 보증하는 제도로 제시하는 것은 당시로는 비정통적이었다. 따라서 프랑스대혁명은, 냉전 종식이 그랬던 것처럼, 민주주의의 분수령이었다. 정치적 평등이라는 발상이 대중의 머리로 들어가고, 민주주의라는 단어

가 그동안 붙어 있던 오명을 벗는 순간이었다.[2]

민주주의는 자유다?

오늘날은 자유, 평등, 박애 중에서 오직 자유만이 최고의 가치이자 모두의 혀끝에서 맴도는 개념이 됐다. 반면 평등은 자유의 각광받지 못하는 상대로 시들어가고, 박애는 사람들이 간신히 알아보는 정도다. 다큐멘터리를 만들면서 나는 수십 명에게 민주주의가 그들에게 무엇인지 물었다. 대부분 "자유"라고 대답했고, 그들 중 일부는 고민 없이 대답했다. 마치 질문은 뻔하고 답은 정해져 있다는 듯이.

　내가 만난 사람들은 자유를 '선택권을 행사할 기회'와 '성공할 기회'로 정의했다. 그런가 하면 소외계층 출신의 사람들은 자유를 '공포의 부재'로 정의했다(음악가 니나 시몬Nina Simone은 어느 인터뷰에서 "자유가 내게 뭔지 말씀드리죠. 그건 공포가 없는 것입니다"라고 말했다). 그리스에서 만난 21세 시리아 난민 살람 마가메스Salam Magames는 자유를 이렇게 말했다. "자유는 인간의 기본권을 누리는 것입니다. 우리는 갑자기 누가 들이닥쳐 우리를 납치하고 폭행할지 모른다는 악몽 없이 자고 싶을 뿐입니다."

　나는 미국을 포함해 어느 나라에서도 "민주주의는 평등을 뜻한다"는 말을 듣지 못했다.

　물론 내가 옆구리를 찔렀으면 아마 사람들은 인간은 본연적으로 평등하다는 원칙에 적극적 지지를 표했을 거다. 그리고 평등은 인간이 태어나는 순간 자동적으로 갖게 되는 선천적 자질이라고 했을 거다. 하지만 나는 평등이 너무 당연한 거라서 사람들이 언급하지 않았다고는 생각하지 않는다. 역사적으로 계층화는 합법적이고 자연스러운 것으로 간주됐다(그렇지 않았다면 어떻게 군주, 귀족, 인종차별주의자, 그리고 여성혐오주의자가 권력을 지킬 수 있었겠는가). 평등은 자유라는 발상보다 훨씬 늦게 지적인 개념으로 등장했다. 다시 말해 평등의 뿌리는 우리가 생각하는 것만큼 깊거나 탄탄하지 않다. 또한 평등은 선전용으로 동원되는 경우가 거의 없다. 평등이 입에 빨리 붙는 말은 아니라는 방증이다. 자유의 여신상은 있어도 평등의 여신상은 없다. 세계무역센터 자리에 건설되는 것도 프리덤 타워Freedom Tower이고, 프리덤 프라이freedom fries[프렌치프라이의 미국식 표현]는 팔아도 이퀄리티 프라이는 없다. 시민의 자유를 위해 싸운다고 하지, 시민의 평등을 위해 싸운다고 하지는 않는다. 평등은 "위대한 사회적 이상들 가운데 최대 논쟁거리"로 불려왔을 뿐 대대적인 선전의 대상은 되지 못했다.[3]

자유와 평등은 자명하고 공정한 용어였던 적이 없었다. 오히려 이해관계의 욕망에 영합하기 위해 끊임없이 진화하고, 들먹여지고, 개조되는 개념들이다. 당대의 지배적 의미에 이견을 가진 사람들이 끊임없이 반기를 들었고, 이들의 투쟁 덕분에 모든 인간은 일종의 형이상학적 차원에서는 얼추 동등하다고 믿는 사람들이 어느 때보다 많아졌다. 그럴 수도 있다. 하지만 모든 사람은 같지 않다. 각양각색이다. 그렇기에 민주주의는 엄청난 인간 다양성에 대처해야 한다. 바꿔 말하면, 민주주의는 공정한 결과에 접근하기 위해 사람들을 동등하지 않게 대할 수도 있는 프로세스다. 예컨대 전쟁으로 집을 잃고 정신적 외상을 겪는 사람의 경우 남들만큼 자유로워지려면 많은 원조와 지원을 받아야 한다. 이처럼 특수한 경우들을 통해 오히려 우리는 세상 사람 모두에게 해당되는 인간 조건의 진실을 엿본다. 자유는 독립된 상태가 아니라 상호의존적인 상태다. 이것이 진실이다. 또한 사회가 구성원 각각의 욕구에 각기 다르게 대응해야 모두가 공정한 번영의 기회를 누린다고 할 수 있다. 민주주의 국가에서는 그것이 실제로 무엇을 의미하는지가 늘 변화한다. 자유와 평등의 갈등은 종종 과장돼서 그렇지 사실이다. 둘 중 하나가 넘치면 다른 하나가 위태로워지지만, 둘 다 단독으로는 존재하지 못한다.

고대 아테네의 민주주의 시스템

평등과 자유의 관계에 대한 현재의 혼란을 이해하려면 민주주의의 신화적 발상지인 고대 아테네를 돌아봐야 한다. 고대 아테네의 민주주의는 노예제라는 경제 기반 위에 수립됐다. 노예제는 당대 도시국가들과 제국들에 일반적으로 존재한 제도였다. 고대 아테네인들은 노예제를 부끄러워하지 않았다. 그들은 자신들의 직접민주주의 자치 체제에 자부심을 느꼈다. 시민(데모스)이 권력(크라토스)을 갖는 직접민주주의 자치 체제는 다른 도시국가들과 구별되는 그들만의 독특한 시스템이었다.

민주주의의 전당에서 고대 아테네는 창조자에 해당한다. 하지만 이 위상에 의문을 제기할 여지는 있다. 다른 곳에도 민주주의 전통의 원형은 존재했다. 현재의 터키, 이집트, 시리아, 이라크에 해당하는 지역들, 그리고 차차 살펴겠지만 아메리카 대륙이 그 예다. 거기다 고대 아테네에는 노예제, 여성 혐오, 외국인 혐오, 제국주의(현재까지도 완전히 고치지 못한 끔찍한 병폐)라는 여러 결점들이 있었다. 그럼에도 불구하고 아테네 도시국가는 여러 면에서 주목받을 만하다.[4] 아테네의 직접민주주의 시스템은 다양한 제도, 법, 관습, 개념 들로 구성돼 있었다. 그 시스템의 목표는 모든 시민이 이소노미아isonomia(법 앞의 평등)를 누리는 것이었고, 이는 이세고리아isegoria(발언의 자유)에 기초한 평등이었다. 이는 민회에서 말할 권리와 들을 권리, 통치할 권리와 통치 받을 권리를 뜻했다.

아테네의 시스템에는 혁신적인 것이 아주 많다. 부정행위를 할 수 없을 정도로 복잡하게 만든 배심 제도, 잠재적 독재자를 도시에서 내치는 도편추방제, 선거 대신 추첨으로 주요 공직자를 선출하는 제도(선거로 선출할 경우 언변 좋은 명문가 출신이 이길 가능성이 높아서 민주적이지 않다는 것이 이유였다), 생업을 거르고 공무에 참여하느라 손해를 본 시민에게 급료를 지불한 제도 등이 그 예다. 아테네의 기능공들은 대리석과 청동으로 추첨기 등을 제작해서, 시민에게 권한을 부여하고 부패 행위를 방지하는 일에 기여했다. 이러한 기여는 오늘날 실리콘칩과 무선 네트워크로 무장한 엔지니어들이 배울 만하다.

하지만 고대 아테네가 만든 귀중한 돌파구는 가난한 사람들에게 실질적 정치권력을 부여했다는 데 있다. 워낙 파격적인 권한을 주었기에 어느 존경받는 학자는 아테네 정치를 '프롤레타리아 독재'에 비유하기도 했다.[5] 아테네의 민회는 이론상으로만 아니라 실제로 궁금한

농부와 부유한 지주를 가리지 않고 수만 명에게 열려 있었다. 공동체의 운명을 결정하는 법정에서도 하층민은 수동적인 피지배민이 아니라 자유롭고 평등한 시민의 자리를 차지했다. 고대 아테네 민주정의 전성기를 이끈 정치가 페리클레스기원전 495?~429는 이렇게 주장했다. "빈곤은 장애가 아니다. 남자라면 처지가 아무리 초라해도 나라에 기여할 수 있다."

역사에서 서구 민주주의의 탄생 시점으로 자주 언급되는 사건이 있다. 그 사건은 사상 최초의 빈민 구제 사건으로도 불린다. 기원전 594년, 솔론기원전 638?~558?이라는 귀족 출신의 사회개혁가가 집정관에 선출됐다. 그는 농민이 빚을 갚지 못해 외국에 노예로 팔려가는 사태를 막기 위해서 노동자 빈민을 최초로 정치에 포함시키는 개혁을 추진했다 (플루타르코스46?~120?의 기록에 의하면, 이 시기에는 "서민치고 소수 부유층에게 진 빚으로 허덕이지 않는 사람이 없었다"). 솔론의 개혁에는 지지자들이 기대했던 전면적 토지 재분배와 빈민의 경제 기반 확보는 포함되지 않았다. 그러나 세이사크테이아(무거운 짐 덜어주기)라는 솔론의 부채 탕감 정책은 채무를 무효화하고, 빚 때문에 노예가 된 시민들을 해방시키고, 인신을 담보로 한 대출을 금지했다. 또한 솔론은 참주 드라콘이 제정한 법을 폐지해서 사법 정의 구현에도 힘썼다. 가혹한 드라콘법은 과일 하나, 채소 한 포기를 훔친 죄까지 거의 모든 범죄를 죽음으로 다스렸다. 민중은 솔론에게 내친김에 권력을 장악해서 참주가 되어달라고 요구했다. 하지만 솔론은 그 요구를 거부하고, 대신 빈곤층 시민들도 도시 통치기구에 전면적으로 참여할 수 있는 시스템의 기초를 닦아 새로운 사회질서를 창조했다.[6]

고대 아테네인은 부채노예제에 오래 시달리고 스파르타 같은 이웃 도시국가들로부터 끊임없이 침략의 위협을 받으면서 어떤 형태(특정 시민에 의한 것이든 외적에 의한 것이든)의 영속적 지배도 극도로 경계하게끔 진화했다(물론 아테네 내부에서는 남성 시민이 노예제를 이용해 다른 사회집단들을 지배했다. 노예제가 없을 때는 제국주의적 점령을 활용해 노예를 조달했다). 외부의 지배에서 자유로우려면 군사력이 답이었다. 하지만 내부의 위협을 피하려면 시민들 사이에 '정치권력은 평등하다'는 개념을 심어주어야 했다. 그래야 제아무리 카리스마 있고 부유한 명문가 자제라 해도 특정 개인이나 특정 집단이 권력을 독점하는 것을 막을 수 있었다. 아테네는 민주주의라는 말뿐 아니라 '선동정치가'와 '과두제'라는 말의 발생지이기도 하다.

솔론의 개혁에 이어 두 세기에 걸친 민주정 기간 동안 아테네인들은 경제적 불평등이 서민의 입지를 붕괴시킬 경우 정치체제가 무너져서 내란과 혼란에 휩싸인다는 통찰을 체득했고, 그 통찰에 충실했다. 고전학자 다니엘 앨런은 이 논리를 이렇게 압축했다. "자유는 정치적 평등을 필요로 하고, 정치적 평등은 사회적 평등과 경제 평등주의를 필요로 합니다. 개념들을 이렇게 늘어놓고 보면 자유와 평등이 한통속이라는 것을 알 수 있죠." 빈부 격차가 정치권력의 불균형으로 이어진다는 것쯤은 페리클레스의 지혜가 없어도 누구나 알 수 있다. 오늘날에는 자유와 평등이 대결구도를 갖지만, 이런 양분법은 고대 그리스인에게는 터무니없는 헛소리였다. 자유와 평등의 상호의존성은 솔론의 개혁이 아테네에 새로운 사회질서를 도입할 때 이미 확증된 개념이었다.

1. 승자와 패자가 될 자유 자유 vs. 평등

미국식 자유의 두 얼굴

어떤 면에서 고대 아테네는 초기 미국과 매우 흡사했다. 둘 다 표면상
으로는 '국민의 정부'의 발상지였다. 그리고 이 요람은 제도화된 억압
을 토대 삼아 '일부 사람들은 정치적으로 동등하게 대우받을 자격이
없으며 무자비하게 착취당해도 무방하다'는 믿음 위에 세워졌다. 즉
아테네인들과 미국인들이 자유liberty(노예가 아닌 상태)라는 이상을 깊
이, 심지어 병적으로 중시하고 미화하게 만든 것은 두 사회에 뚜렷이
존재했던 노예제도였다.

　미국의 법학자 아지즈 라나Aziz Rana는 이 핵심적 모순을 '미국식 자
유의 두 얼굴'이라 부른다. 미국의 독립선언서는 '모든 인간은 평등하
게 태어났다'는 문장을 통해 인간은 생명과 행복과 더불어 자유를 추
구할, 양도할 수 없는 권리를 평등하게 부여받았다고 선언한다. 하지
만 당시 독립선언서를 작성하고 서명한 상류계급 노예소유주들은 흑
인 노예 1명을 1명이 아닌 5분의 3명으로 셌고, 재산이 없는 남자와
여자의 투표권을 인정하지 않았으며, 원주민을 집단학살하면서 훔친
땅으로 불법 투기를 일삼았다.

　라나는 미국인의 삶과 단단히 결합돼 있는 해방과 억압의 특성을
이렇게 설명한다. "초기 미국 정착민 사이에서 민주주의의 이상은 '배
제'라는 프레임을 통해 힘과 의미를 얻었다." (소수 엘리트층의) 자유와
경제적 독립은 공짜 땅과 강제노동을 필요로 했고, 이것이 원주민에 대
한 약탈과 노예제도 고착화를 불렀다(그들에게 자유는 남의 땅에 정착해
남을 노예화할 자유를 뜻했다). 이런 부패한 기반 위에서 정치시민의 정회

원 자격을 받은 식민지 정착민들만 민주주의 데모스의 구성원이 되어 '공화주의 자유'라는 개념을 구축했고, 이 개념은 집단생활에 대한 포괄적 비전을 제공했다. 그것은 경제, 정치, 종교 제도에 대한 개인의 권한을 적극 주장하는 자치의 비전이었다. 공화주의 개념은 시민 참여를 자유의 필수 요건으로 여겼고, 이에 따라 자치는 시민 사이에 일정 수준의 경제적 평등을 요했다. 그래야 정치적 평등이 붕괴하지 않으니까. 다시 말해 정착민 시민은 일을 찾아 떠도는 노동자가 아니라 본인 소유의 땅이 있는 유산계급 남자를 의미했다. 떠돌이 노동자는 예속된 존재라서 자치 능력 자체가 없었다(영국의 법철학자 윌리엄 블랙스톤 경Sir William Blackstone이 1760년대에 발간한《영국법 주해Commentaries on the Laws of England》에서 이런 견지를 제기하면서 재산도 없고 자주성도 결여된 사람들이 '일반의 자유'를 위협한다고 주장했다). 이렇게 운 좋은 일부 남자들만이 자유와 평등을 공짜로 누렸다.

라나가 말한 두 얼굴의 미국식 자유 개념은 학교에서는 가르쳐주지 않는 미국 독립의 어두운 면과 닿아 있다. 아이들은 미국의 독립이 영국 국왕의 압제에 맞서 미국 13식민지Thirteen Colonies[1776년 미국 독립 당시 미합중국의 모체가 된 13개 영국계 식민지 주들]가 '대표권 없이는 조세도 없다'는 유명한 슬로건 아래 봉기했다고 배운다. 하지만 현실은 한층 복잡했다. 여러 이유가 있었지만 결국은 영국제국이 미국 식민지에 부여했던 특권적 위상이 흔들리자 거기 발끈해서 영국의 지배에 반기를 든 것이었다. 미국의 백인 정착민은 제국 내에 확대되는 관용과 다양성(높아지는 평등의식)의 징후를 자신들의 특별한 지위와 그 지위가 부여하는 자유에 대한 위협으로 여겼다. 그러다 1763년, 영국 정부가 왕명으로 원주민 부족들의 토지 소유권을 인정하고 원주민에 대한 침탈을 금지하자 미국 정착민은 경악했다. 그들의 자유와 평등 모델은 개척지 확대를 기반으로 했기 때문이었다. 미국 정착민의 분개심은 소지주들과 조지 워싱턴 같은 부유한 토지 투기꾼들을 결속시키는 접착제 역할을 했다. 그들은 영국 군대가 미국 정착민의 원주민 토지 점유를 무력으로 막고 있으며, 그 비용을 정착민에게 걷은 세금으로 충당하고 있다며 분개했다. 사회학자 마이클 만Michael Mann에 따르면, 일반적으로 식민지가 제국주의에서 독립할 때 원주민에 대한 정착민의 폭력이 증가한다. 마이클 만은 이렇게 말했다. "가해자들 사이에서 민주주의가 강해질수록 대량 학살이 심해진다."[8]

한편, 1772년에 영국에서는 탈주하다 붙잡혀온 흑인 노예 소머셋Somerset을 런던 법원이 무죄 방면하는 일이 있었다. 노예제는 혐오스러운 제도이며 영국 관습법과 양립할 수 없음을 공표한 소머셋 판결을 계기로 영국 본토에서 노예제 폐지 운동에 불이 붙었고, 이것이 미국 정착민이 느끼던 박탈감을 가중시켰다. 미국 혁명가들은 자신들이야말로 대서양 건너편의 절대적이고 자의적인 권력의 진짜 노예라고 항변했다. 분노의 아우성은 당연히 노예제로 먹고사는 주들에서 가장 요란하게 터져 나왔다.[9] 이런 관점에서 볼 때 미국의 독립혁명은 단언컨대 진보 성향이 아니라 보수 성향의 것이었다. 또한, 인종적으로 배제됐던 사람들이 자유와 평등의 공존 체제에서 보다 민주적인 혜택을 누리는 시대를 열자는 것도 아니었다. 오히려 현상 유지가 목표였다.

정착민은 자신들의 요구 조건을 지키는 데 성공했다. 노예제는 유지됐고, 독립혁명 후 원주민의 토지를 탈취하는 일도 계속됐다. 이로써 식민지에서 본국에는 존재한 적 없는 신기한 경제적 평등주의가 실행됐다. 미국 정부가 원주민 공동체들을 고향 땅에서 몰아내고, 빼앗은 땅을 작게 쪼개 유럽 출신 정착민에게 분배한 조지아 랜드 로터리Georgia Land Lotteries 같은 정책들이 전설적인 '요맨yeoman(자작농, 소지주) 시대'를 열었다. 건국의 아버지들은 부유층의 재산권을 뻔뻔하고 악착같이 보호하는 한편, 이런 불공정한 재분배 정책도 지지했다. 부의 불균형이 심하면 갓 태어난 공화국이 무너질 수 있다는 자각에 따른 조치였다. 예를 들어 토머스 제퍼슨Thomas Jefferson, 1743~1826[미국 독립선언서 작성자이자 미국 제3대 대통령]은 재산 상속 범위를 가문으로 제한했던 버지니아의 장자상속법을 폐지했다. 거대 영지를 분해하고 땅과 부의 중간 분배를 장려해서 '미래 귀족'의 출현을 막는 것이 목적이었다. 선동적 팸플릿《상식Common Sense》을 집필해 '미국 독립혁명의 아버지'로 등극한 토머스 페인Thomas Paine, 1737~1809은 한발 더 나아갔다. 그는 경제적 예속을 끝내고 자유와 평등의 공화주의 비전을 활성화하려면 국가가 상속세를 징수해서 그걸로 국가기금을 만들어 모든 남녀에게 처음에는 목돈으로 나중에는 연간 수당으로 기본소득 지원금을 지불해야 한다고 주장했다.

안타깝게도, 페인은 노예제 폐지를 주장했다는 이유로 미움을 받아 미 공화국 수립 이후 정치적 영향력을 잃고 말았다. 그래서 그가 제안한 사회보장과 기본소득은 시도되지 못했다. 대신 자유의 두 얼굴은 피부색에 따른 계층 구조를 공고히 하는 동시에 백인들 간에 커져가는 부와 권력의 불균형을 은폐하는 데 이용됐다. 노예제는 귀족과 평민이 서로를 동급으로 보는 데에도 이용됐다. 전자는 대농장을 왕처럼 다스리고, 후자는 상대적으로 누추하기 짝이 없게 사는데도 말이다. 1860년 조지아 주지사 조셉 E. 브라운Joseph E. Brown은 다음과 같이 말했다.

> 우리 사이에서 가난한 백인 노동자도 동등한 일원으로 존중받는다. 그의 가족은 친절과 배려와 존경으로 대우받는다. 그는 미천한 계층에 속하지 않으며, 흑인과는 결코 동급이 아니다. 그도 이것을 느끼고 또 안다. 그는 유일하고 진정한 귀족 계급인 백인 남자에 속한다. 그는 주인의 부츠를 닦지 않으며 하나님 외에는 누구에게도 무릎을 굽히지 않는다. 그는 자신이 제공한 노동의 대가로 세상 어느 곳의 노동자보다 임금을 많이 받는다. 그는 자녀를 양육함에 있어 다음을 잊지 않는다. '아이들은 열등한 계층이 아니며, 품행이 훌륭하다면 이 사회의 최고위 구성원들이 그들을 존중하고 동등하게 대해줄 것이다.'[10]

착취를 당하는 백인들 사이에 공감대가 형성되는 것을 막을 요량으로 상류층을 향한 선망과 경외가 장려됐고, 동시에 인종차별을 받는 집단보다는 우월하다는 대리만족도 장려됐다. 백인 노동자들은 훗날 인권운동가 W. E. B. 두보이스William Edward Burghardt Du Bois, 1868~1963가 '심리적 급료'로 부른 것을 지급받았고, 실제로 쥐꼬리만 한 봉급이었음에도 그들은 만족했다. 적어도 속박 상태에 있지 않다는 것이 곧 자유롭다는 증명이었다. 백인이라는 사실이 그들을 백인이 아닌 사람들보다 우월하게, 부유층 백인들과 동급으로 만들었다.

노예제도가 폐지될 때 이런 논리까지 더불어 폐지됐다고 자찬하고 싶겠지만, 안타깝게도 이 논리는 여전히 살아남아 미국과 유럽의 우파 포퓰리즘 정치인들의 입을 통해 울려 퍼지고 있다. 그들은 겉으로는 자신들이 '대중'을 대변한다고 주장하면서, 실제로는 하층 인사이더들이 희생양 아웃사이더들(소수인종, 이민자, 난민)을 혐오하게 만들어 금권정치에 편승한다. "세계 각지에서 침입자들이 몰려와 우리 집에 눌러앉은 것을 보라." 프랑스의 극우 성향 정당 국민전선의 당대표 마린 르 펜Marine Le Pen이 지지자들에게 한 말이다. "그들은 프랑스를 거대한 무단 점유지로 만들려고 한다. 하지만 누구를 들일지 결정하는 것은 집주인이다. 따라서 우리의 첫 번째 행동은 프랑스의 국경을 되찾는 것이다." 2018년, 7천 명이 넘는 이민자 행렬이 범죄와 정치 불안과 빈곤에 찌든 온두라스를 출발해 미국으로 향했다. 미국 보수 언론과 공화당 지도자들은 불어나는 피난민을 '인간답게 살 법적 권리를 원하는 망명자들'이 아니라 '범죄를 저지르고 일자리를 훔칠 작정으로 몰려오는 침략자들'로 묘사했다. 배제에 기초한 공허한 자유와 평등이 지금도 거대한 사회적·경제적 격차를 덮는 명분으로 활개치고 있다.

민주주의는 모두에게 다르게 생겼다

21세의 아프가니스탄 청년 아비드 무하지르Abid Muhajir를 만났을 때 그는 에게해를 건너 발칸반도를 지나 독일로 향하는 길고 위험한 망명길에 있었다. 그는 민주주의가 자유와 동의어라는 생각을 완강히 거부했다. 당시 난민 캠프로 변한 아테네 변두리의 버려진 공항에는 그를 포함해 4천 명에 달하는 남녀와 어린이들이 있었다. "자유요? 여기서 무슨 자유가 필요할까요?" 아비드가 말했다. "무엇의 자유요? 남을 해칠 자유? 누군가를 죽일 자유? 그것도 자유잖아요. 그런 건 이미 있어요."

나는 그의 격정적이고 강경한 반응에 깜짝 놀랐다. 고향에서 영어 교사였던 아비드는 원래 조용한 사람이었다. 그는 자유의 부정적 측면을 지적한 것이 내 기분을 상하게 했다고 생각했는지 자신의 강경한 의견 표명을 거듭 사과한 후에야 그렇게 생각한 이유를 설명했다. 그는 박해받는 인종적·종교적 소수집단의 일원이었다. 그의 어머니는 아들을 데리고 고국의 탈레반 정권을 피해 파키스탄의 쿠에타로 도피했다. 그는 쿠에타에서 자라면서 규제 없는 자유가 저지르는 폭력을 직접 목격했다. "우리가 하자라족인 게 문제였어요." 아비드가 설명했다. "그들이 말했어요. '저들은 하자라다. 저들은 아프가니스탄에서 왔고, 여기에서 살 권리가 없어. 저들을 죽이자.' 바로 내 눈앞에서 많은 사람이 죽임을 당했어요. 그들은 시아파 무슬림이라는 이유로 우리를 죽이고 우리에게 총을 쏴요. 어디를 가든 우리는 표적이에요." 통제되지 않은 야만 행위에 아비드는 자유가 순수한 선善이라는 생각을 접었다. "내 생각에는 규제가 정의예요. 규제가 있으면 한계가 있다는 뜻이고, 그 한계를 넘으면 유죄판결을 받고 형을 선고받고 감옥에 가잖아요. 내게는 규제, 곧 정의가 필요해요. 이런 것들이 민주주의죠. 민주주의가 마음대로 해도 되는 자유는 아니라고 봅니다."

나는 토론토대학교 법대 밖에 있는 조각상을 지날 때마다 아비드를 생각했다. 언뜻 보기에는 단순한 조각상이다. 3미터 높이에 평평한 판이 시소처럼 떠 있고, 판의 양끝에는 사자와 양이 서로를 마주보고 앉아 있다. 하나는 크고 사나운 동물이고, 다른 하나는 작고 유순한 동물이지만, 시소는 평평한 상태로 둘의 무게가 같다는 것을 보여준다. 그래서 이 조각품의 제목은 〈법 앞의 평등Equal Before the Law〉이다. 이 작품을 처음 봤을 때 나는, 권력자들은 현행 법제도 내에서 엄청난 이득을 누리는 현실을 생각하며 매력적인 이상화라고 생각했다. 일반적으로 사자는 양보다 좋은 변호사를 선임할 수 있고, 법률 서비스 비용을 더 오래 지불할 수 있다. 시인이자 소설가 아나톨 프랑스Anatole France, 1844~1924는 법 앞의 평등을 이렇게 풍자했다. "법의 장엄한 평등 정신은 빈자와 부자 모두에게 다리 밑에서 자고, 길에서 구걸하고, 빵을 훔치는 것을 금한다." 그런데 여러 번 지나다닌 끝에 나는 생각하지 못한 반전을 발견했다. 사자와 양을 받치고 있는 판이 균형 잡힌 시소처럼 완벽히 평평하지 않고 60도 각도로 삐뚜름했다. 조각상이 보여주듯, 법이 중립적으로 적용된다고 해서 평등이 달성되는 건 아니다. 정당한 결과를 위해서는 법이 다양성을 광범위하게 대변해야 한다. 이 곡예에 가까운 균형 잡기가 바로 정의다. 또는, 아비드의 표현에 따르면, 민주주의다.

아비드의 발언은 만민이 평등하지 않은 상황에서 일부를 위한 자유는 나머지 사람들에게 속박을 의미할 수 있음을 일깨웠다. 아비드는 마땅한 질문을 던졌다. 무엇의 자유? 나아가 누구를 위한 자유? 이런 질문도 가능하다. 무엇의 평등? 누구 사이의 평등? 인간의 가치는 본연적으로 평등할지 몰라도 현실에서는 그렇지 못하다는 사실이 상황을 끝없이 복잡하게 만든다. 사회경제적 지위와 생애주기에 따라 묶더라도 사람들은 그 안에서 다시 젠더, 연령, 신체적·정신적 능력, 건강 상태 등으로 나뉜다. 어린이와 노약자와 장애인을 신체 건강한 성인과 똑같이 대하면서 동등한 결과를 낼 것을 기대할 순 없다. 그건 합리적이지 않다. 평등은 저절로 존재하는 것이 아니라 제정되어야 하는 것이다. 평등은 사람들의 다양한 능력과 니즈를 인정하는 프로세스다. 다시 말해 민주주의는 저녁으로 무엇을 먹을지 결정하는 사자와 양이 될 수 없다. 그것은 불평등한 두 존재에게 파괴적일 만큼 획일적인 개념을 강제하는 것이고, 자유의 한 가지 유형만 높이고 다른 유형들은 무시하는 것이기 때문이다.

사회학자 올랜도 패터슨Orlando Patterson은 저서 《서구문화 형성상의 자유Freedom in the Making of Western Culture》에서 자유를 개인의 자유, 시민의 자유, 군주의 자유로 나눠서 제시했다. 이 중에서 군주의 자유는 개인이나 집단을 마음대로 다룰 자유를 말한다. 예컨대 절대권력의 자유, 폭군의 자유, 노예소유주의 자유, 노상강도의 자유다. 평등과 공민권이 강력하게 발동해서 반드시 억제해야 하는 것이 바로 이런 형태의 자유다. 놀랄 것도 없이, 미국에서 법 앞의 평등 개념을 제도화해서 공민 자유를 제기한 사람들은 노예제 폐지론자들이었고, 이는 남북전쟁 이전의 법체계에서는 전례가 없던 일이었다. 이를 위해 먼저 그들은 시민의 자유, 즉 기본권을 시민 모두에게로 확대했다.[11] 오늘날 민주국가들은 사자 지망생들을 억제하기 위해 공민권 개념을 활용한다. 이는 체제가 의욕만 앞서 개인의 자유를 침해하는 것을 방지하기 위해 누구에게나 동등하게 분배한 권리들을 말한다(시민 참여와 집단 자치를 통한 자유라는 공화주의 비전과는 대조적으로 이 자유주의 개념의 자유는 자율, 법치주의, 헌법적 보호책을 강조한다. 공화주의와 자유주의라는 두 가지 전통은 딱히 반대 개념이라고는 할 수 없지만, 뚜렷이 다르다).[12]

패터슨이 말하듯, 자유를 위한 투쟁은 위에서부터, 그리고 아래로부터 언제나 있어왔다. "자유는 소중히 지켜야 할 가치이며 사람이 가질 수 있는 가장 중요한 것이라는 범상치 않은 생각을 처음 한 사람은 누구일까?" 패터슨이 말한다. "답은 간단하다. 노예다." 자유, 그중에서도 개인의 자유는 속박의 종식에 대한 갈망, 파괴적이고 전제적인 자유에 쇠고랑을 채우고자 하는 열망에서 시작됐다. 자유를 처음 꿈꾼 노예들은 그냥 노예들이 아니었다. 패터슨이 밝히길, 그들은 여자들이었다. 남자들을 떼로 속박하는 것이 경제 수단이 되기 훨씬 전부터 여자들은 억류의 고통을 당했다. 하지만 남자들이 노예가 되고서야 세상이 자유를 진지하게 고려하기 시작했다.

역사를 통틀어 자유와 평등의 이상은 밑바닥에서 격하게 뿜어져 나왔다. 그것은 가장 단호하게 배제된 사람들이 만들어낸 가장 정통적이면서 포괄적인 꿈이었다. 재산 취급을 받았던 최초의 여자들도 마찬가지였다. 고대 아테네도 여자를 재산으로 여겼던 사회였다. 그곳에서 자유의 가장 급진적 주창자들은 플라톤이나 아리스토텔레스가 아니었다. 두 사람 모두 민주주의와 민주주의에 따르는 자유와 평등을 경멸했다. 심지어 아테네의 자치 시스템을 찬양한 페리클레스도 아니었다. 고대 아테네의 급진적 주창자들은 바로 노예제를 견뎌야 했던 두 남자, 시노페의 디오게네스기원전 412~323와 에픽테토스55?~135?였다. 길에서 걸식을 하며 항아리에서 잠을 잤던 견유犬儒학파cynics (이른바 시니시즘)의 대표주자 디오게네스는 단언컨대 1960년대 반反

문화운동의 시조이자 '불손한 표현을 할 자유'의 창시자였다(영어 시닉 cynic은 '개'를 뜻하는 그리스어 단어에서 유래했다. 개는 부끄럼도 거리낌도 없이 사는 존재라서 디오게네스가 좋아했던 동물이다). 디오게네스는 당시의 관례를 무시하고 모두를 동등하게 대했다. 다시 말해 모두에게 시건방지게 굴었다. 평소 그를 존경하던 알렉산드로스 대왕이 찾아왔을 때 디오게네스가 햇빛을 가리지 말고 옆으로 비켜서라고 말했다는 일화는 유명하다. 노예 출신 에픽테토스도 미천한 신분과 대조되는 높은 명성을 누렸다. 초기 스토아학파 지지자였던 그는 외적 환경과 운명의 장난에 구애받지 않을 내적이고 영적인 자유를 배양하는 데 가치를 두었다. 그는 자유를 정신 상태로 여길 때 물질적 평등은 별로 중요하지 않다고 보았다.

현대를 사는 우리는 민주주의를 자유와 평등의 결합으로 본다. 이 결합은 민초들의 입에서, 특히 미국 흑인민권운동부터 남아공 아파르트헤이트(흑인차별정책) 폐지 운동에 이르는 경제적 정의와 인종적 정의 실현을 위한 사회운동에서 가장 생생하게 표출됐다. 1955년 남아공 아프리카민족회의African National Congress, ANC가 자유헌장Freedom Charter을 채택했다. 자유헌장은 ANC 조직원들이 몇 년에 걸쳐 남아공 흑인들을 일일이 방문해 어떤 통치 방식을 원하는지를 물어서 얻은 결과인 만큼, 인종적 정의와 경제적 정의를 동시에 추구하겠다는 그들의 야심찬 의지를 감동적으로 담고 있다.

우리 남아프리카 국민은 나라 전체와 세계 앞에 선언한다. 남아프리카는 흑인이든 백인이든 그 안에 사는 모두의 것이다. 따라서 전 국민의 의지에 근거한 것이 아니라면 어떤 정부도 정당한 통치권을 주장할 수 없다. 지금까지 우리 국민은 불의와 불평등에 근거한 정부에 의해 태어날 때부터 누렸어야 할 땅과 자유와 평화에 대한 권리를 박탈당했다. 전 국민이 형제애 속에 평등한 권리와 기회를 누리며 살기 전까지는 우리나라에 결코 번영도 자유도 없을 것이다. 전 국민의 의지로 다져진 민주주의 국가만이 피부색, 인종, 성별, 신념의 구별 없이 국민의 생득권을 보장할 수 있다. 따라서 우리 남아프리카 국민은 흑인과 백인이 모두 함께, 동등한 동포이자 형제로서 이 자유헌장을 채택한다. 그리고 우리는 이렇게 시작된 민주적 변화들이 승리할 때까지 힘과 용기를 아끼지 않고 함께 분투할 것을 맹세한다.

마르크스주의자였던 ANC의 창립자들은 남아프리카처럼 사회적, 물질적으로 불평등한 나라에서는 아파르트헤이트 정권이 끝나는 것만으로는 자유를 달성할 수 없다는 사실을 알고 있었다. 근본적인 자원 재분배가 필요했다. 하지만 1990년대 초 ANC가 드디어 정권을 잡았을 때 남아프리카의 광물 자원은 '국민 전체의 소유'이며 '모든 산업과 통상은 국민의 안녕을 위해 통제될 것'을 주장한 항목들이 폐기되고 말았다. 국유화를 통해 나라의 자원을 공정하게 재배분하자는 정책들은 베를린 장벽이 붕괴된 후 단극 체제로 재편된 자유세계의 시장 주도 접근법과 양립할 수 없었던 것이다. ANC의 전국위원회와 ANC 산하 지하무장조직 사령부에 몸담았던 로니 카스릴스Ronnie Kasrils는 "ANC가 '정치권력의 레버를 잡았지만 경제적 레버는 잡지 못한' 것이 전략적 실수였고, ANC는 이 실수를 결코 극복하지 못했다"

고 말했다. 자유롭기 위해서는 국민에게 참정권뿐만 아니라 주택, 교육, 의료 서비스, 일자리에 대한 접근권도 필요했다. 오늘날 남아프리카는 여전히 세계에서 가장 불평등한 곳 중 하나로 남아 있다. 지금은 이 나라가 민주국가의 자격이 있는지조차 불분명하다.

미국의 경우, 진보적 개인들이 자유헌장이 구상한 것과 흡사한 길을 따라 떨떠름해하는 국민의 등을 밀어가며 점진적이나마 본질적인 진전을 이루어왔다. 대표적인 사례가 남북전쟁에 이은 재건시대Reconstruction, 1865~1877에 피부색을 아울러 계층을 결속하려는 노력이 수없이 시도된 일이었다. 예컨대 70만 명의 노동기사단Knights of Labor이 다인종 협동 공동체를 창조하기 위해 싸웠고, 수십 년 후에는 민권운동가들이 경제적·정치적 권리 신장을 촉구했다. 이때 흑인 영가의 한 구절인 '자유는 끝없는 투쟁'이 민권운동의 모토로 울려 퍼졌다. 1963년의 유명한 워싱턴 행진March on Washington도 빼놓을 수 없다. 노예 해방 100주년을 맞아 워싱턴에서 열린 평화행진에서 마틴 루터 킹은 "내게는 꿈이 있습니다"라는 말로 유명한 연설을 했고, 이후 대규모 시위행진은 미국의 전통 중 하나가 됐다. 그런데 이 행사의 공식 명칭을 기억하는 사람은 많지 않다. 행사의 공식 명칭은 '일자리와 자유를 향한 워싱턴 행진March on Washington for Jobs and Freedom'이었다.[13] 1966년에는 워싱턴 행진의 조직책이자 노동조합들과 깊이 연대한 사회주의자 A. 필립 랜돌프A. Philip Randolph와 베이어드 러스틴Bayard Rustin이 일자리와 도시 개발을 위한 지출 증대를 골자로 하는 자유예산Freedom Budget을 발의했다.

투쟁 끝에 흑인들이 런치카운터에서 식사를 할 수 있게 돼도 그들에게 식사를 주문할 돈이 없으면 말짱 허사였다. "빈곤에 허덕이는 나라와 전쟁으로 멸망할 위기에 처한 세상에서는 흑백 평등을 이루어봤자 백인들의 문제도 흑인들의 문제도 해결하지 못한다." 마틴 루터 킹이 그의 마지막 책《우린 이제 어디로: 혼돈인가 아니면 공동체인가? Where Do We Go from Here: Chaos or Community?》에서 한 말이다. 킹은 이 책에서 '가난한 이들을 위한 힘'을 쟁취하는 것을 목표로 하는 새로운 정치 연합체의 창조를 촉구했다. 보다 최근에는 '흑인의 삶을 위한 운동 Movement for Black Lives, MFBL'이라는 단체가 경제 정의를 앞세운 인종 해방 진흥책들을 상술한 정견을 발표했다. "우리는 모두를 위한 경제 정의와 경제 재건을 요구한다. 이는 흑인 공동체들에게 단지 접근권이 아닌 집단 소유권을 보장하기 위함이다." 이 운동들 모두 미 연방정부를 자유liberty에 대한 위협이자 자유freedom의 잠재 감독자로 보았다 [liberty가 압정이나 억압으로부터의 해방을 뜻한다면 freedom은 인간의 천부적 권리인 자유를 말한다].

1960년대 중반, 미국 내 운동가들과 해외 공산주의자들의 압박에 못 이겨(공산주의 선전원들은 인종분리를 묵인함으로써 평등이라는 민주주의의 기본 교리조차 지키지 못한 미국의 실패를 신나게 조롱했다) 린든 B. 존슨 Lyndon B. Johnson, 미국 제36대 대통령은 시민권 확대를 목적으로 하는 '위대한 사회Great Society'의 청사진을 제시했다. 1965년에 그는 이렇게 말했다.

자유만으로는 충분하지 않습니다. '이제 당신에게는 원하는 곳으로 가고, 원하는 대로 하고, 원하는 지도자를 선택할 자유가 있다'고 말하는 것만으로는 수세기에 걸쳐 입은 상처를 씻어내지 못합니다. (…) 이제 우리는 시민권을 위한 투쟁의 다음 단계이자 보다 심오한 단계에 와 있습니다. 우리는 (…) 단지 권리와 이론으로서의 평등만이 아니라 실제와 결과로서의 평등을 추구합니다.

존슨은 자유를 기회의 평등뿐 아니라 소득, 즉 결과의 평등에 연결시키는 대담성을 보였다. 하지만 불과 몇 년 만에 그의 '위대한 사회' 정책은 회복 불능 상태로 허물어졌다. 당장 베트남전쟁이라는 쇳덩이가 날아왔다. 자유의 이름으로 해외에서 공산주의와 싸우는 것이 국내에 진실하고 평등한 자유의 여건을 만드는 것보다 우선이었다.

진실하고 평등한 자유가 어떤 자유인지는 1964년 미시시피주에서 일어난 '자유의 여름Freedom Summer' 운동 때의 담화에서 단편적으로나마 엿볼 수 있다. 인권운동 기구인 학생비폭력협회Student Nonviolent Coordinating Committee의 조직원들이 미시시피주의 흑인 어린이들에게 "나에게 자유는 무엇을 의미하는가?"라는 질문을 던졌다. 대답은 "공공도서관 가기", "내 권리 주장하기", "제도권에서 권력 갖기", "정신 상태" 등 다양했다. 역사가 에릭 포너Eric Foner의 말처럼, 분명한 것은 이 어린이들은 벌린이 유행시킨 '적극적 자유positive liberty[주체적 자기결정 능력]'와 '소극적 자유negative liberty[외부의 지배나 간섭이 없는 상태]'의 구분을 포함해서 "자유에 대한 1950년대식 표준 전제들에 얽매이지 않았다". "자유는 적극적 자유와 소극적 자유와 그 이상의 것들을 의미했다. 그것은 평등, 권력, 인정, 권리, 기회였다. (자유는) 인종분리, 참정권 박탈, 공공시설 입장 불허, 저임금 단순노동, 경찰의 괴롭힘, 법 영역밖의 폭력 등 수많은 역사적 과오들을 뿌리 뽑는 것을 요구했다."¹⁴ 유력 이익단체들은 이러한 다차원적인 자유 개념을 필사적으로 억누르려 했고, 평등을 공격함으로써 그 목적을 달성했다.

시장 지상주의가 평등을 적으로 돌리다

정치이론가 웬디 브라운Wendy Brown이 내게 말했다. "오늘날에는 시장에서 말하는 의미 밖에는 평등과 자유에 대한 의미를 찾아보기 힘들어요." 1989년에 시작된 단절의 완성을 확인해주는 말이었다. "문제는 시장 자체가 불평등의 영역이라는 거죠. 시장은 승자와 패자의 영역이에요. 따라서 승자와 패자로 나뉜 것은 전적으로 시장화한 민주주의의 결과입니다."

그렇다고 우리가 자유와 평등의 포괄적인 정의를 이해하지 못하거나 가치를 두지 않는 건 아니다. 우리는 자유롭게 민주적 결정을 내리기 위해서는 평등의 기준선이 있어야 한다는 것을, 궁핍한 사람들처럼 불리한 상황에 처한 사람들은 권리를 박탈당하거나 위압에 굴종하기 쉽다는 것을 잘 안다. 그런데 문제는 이처럼 명료한 해석도 시장논리의 해석만큼 우리 삶을 지배하지 못한다는 점이다.

수많은 사람이 도금시대Gilded Age[미국이 농업국에서 공업국으로 이행하는 과정에서 배금주의가 득세해 각종 사회적 부정이 속출하던 시대를 비판한 마크 트웨인의 소설 제목으로, 1865년에서 1890년에 이르는 시대를 지칭한다]와 맞먹는 수준의 불평등을 기꺼이 받아들이는 지금의 현실을 생각해보자.

지금의 상황이 괴롭지만 어쨌든 사람들은 인내하면서 그저 처지가 나아지기만을 희망한다. 이는 시장 개념의 정의가 득세하기 때문에 가능한 일이다. 시장에서는 원래 모두가 승자가 되지 못하니까. 그리고 우리는 고용주, 기업, 정치인, 교사, 전문가의 입을 통해서 소수가 억만장자로 등극할 때 그 외의 다수가 사회 밑바닥으로 떨어져도 그건 오로지 우리의 잘못이라고 교육받는다.

1930년대에 한 잡지 편집자가 두 가지 상반된 개념의 자유가 싸우는 것을 발견했다. 즉 '사기업을 위한 자유'가 '사회화한 자유'와 대결 중이었다. 그는 후자를 "공평하게 공유된 풍요"로 정의했다. 같은 기간에 프랭클린 D. 루스벨트Franklin D. Roosevelt, 1882~1945, 미국의 32대 대통령, 재임: 1933~1945는 평등과 자유 모두를 진보적 의제로 내세웠다. 루즈벨트는 1941년의 한 연설에서 표현의 자유, 종교의 자유, 공포로부터의 자유, 결핍으로부터의 자유라는, 이른바 '4대 자유Four Freedoms'를 개진했다. 이때는 미국이 제2차 세계대전 참전을 재던 시기여서 고립주의자들은 이 연설을 외국 간섭에 대한 냉소적 정당화라 여겼고, 자유시장경제 옹호론자들은 전쟁 준비를 이용해 시들해지는 뉴딜 자유주의를 부양하려는 책략으로 치부했다. 두 비판 모두 전적으로 틀린 건 아니었다. 그러나 루스벨트의 연설은 농업국에서 산업화 사회로 옮겨가는 상황에 걸맞게 보다 풍부한 자유의 개념을 제시하려는 시도이기도 했다. 그의 자유 개념은 국민에게 최소한의 물질적 안녕을 제공할 국가의 책임을 강조했다. 적어도 암묵적으로 경제적 평등의 중요성을 인정한 셈이다.

그 암묵적 측면은 3년 후 연두교서에서 개인의 자유를 재정의한

'경제 권리장전'을 통해 명백해졌다. 루스벨트의 경제 권리장전은 '지위, 인종, 신념'에 상관없이 모든 사람에게 보수가 좋은 일, 제대로 된 집, 적절한 의료 혜택을 얻고 누릴 기회, 노후와 병중과 사고와 실업에 대비한 경제적 보호책, 양질의 교육을 보장했다. "미 공화국은 양도 불가한 정치적 권리들의 보호 하에 세워졌고 또 지금의 강국으로 성장했습니다. 그 권리들 가운데는 표현의 자유, 언론의 자유, 신앙의 자유, 배심재판을 받을 권리, 부당한 수색과 압수를 당하지 않을 권리도 있었습니다. 이들은 우리의 생명과 자유에 대한 권리였습니다." 루스벨트의 연설은 백악관 외교접견실에서 라디오방송으로 전국에 생중계됐다. "하지만 국가의 규모와 위상이 커지고 산업경제가 확장되면서 이 정치적 권리들이 우리의 평등한 행복추구권을 보장하기에는 불충분한 것으로 입증됐습니다. 우리는 다음의 사실을 명백히 깨닫게 됐습니다. 진정한 개인의 자유는 경제적 안정과 독립 없이는 존재할 수 없습니다."

"빈곤한 사람은 자유로울 수가 없습니다." 루스벨트는 대공황 시대의 빈곤을 생생히 기억하는 미국인들에게 이렇게 말했다. 루스벨트는 미국 최초의 여성 각료이자 뉴딜 정책의 실질적 설계자인 노동부장관 프랜시스 퍼킨스Frances Perkins의 영향과 도움을 받아 자유민주주의를 재편했다.[15] 많은 시민이 평등주의 원칙을 환영했지만, 북부 산업가들과 짐크로법Jim Crow Law[1876~1965년까지 미국에 존속한 인종차별법의 별칭. 공공장소에서의 흑백 분리가 주요 내용이다. '짐크로'는 백인 배우가 연기해서 유명해진 흑인 캐릭터 이름이었다] 지키기에 혈안이 된 남부 사람들이 장악한 의회는 '경제적 왕정주의자들'을 누르고 자유를 나머지 모두에게 확장하겠다는 루스벨트의 취지를 지지하지 않았다. 한편 민주당의 인종차별주의자 실세들은 새로운 사회안전망에도 인종분리책의 기조를 적용할 것을 요구했다. 그 결과 흑인, 여성, 이민자는 주요 정부정책들의 혜택에서 배제됐다. 결국 뉴딜 정책은 심각하게 훼손됐고 루스벨트의 '4대 자유'는, 비록 정부의 전시 대국민 선전의 구호로 활약했고 노먼 록웰Norman Rockwell의 미화된 일러스트들 속에서 영생을 얻기는 했지만, 국가의 발전을 이끄는 데는 실패했다.[16]

대신 긴축정책은 힘을 받았다. 반공주의와 경제 합리주의라는 미명 하에 편협한 딕시크랫Dixiecrats[남부 민주당파]과 유력 기업인들, 보수파 지식인들이 공모해서 뉴딜의 진전을 되돌리고, 자유에서 평등을 찢어내고, 자유를 그들의 목적에 얽어매려 했다. 이런 반동세력들에게 평등은 거대한 위협이었다. 노동자들이 경제적 자원에 접근권을 갖게 되면 언제든지 고용주에게 불복할 수 있기 때문이다(여성에게 경제력이 있으면 학대하는 배우자를 떠나기가 쉬운 것과 같다). 트루먼이 소련에 대한 봉쇄정책을 선언하면서 냉전을 개시했던 1947년, 의회는 태프트-하틀리법Taft-Hartley Act을 통과시켜 임금 인상뿐 아니라 '임금 체계의 전면 폐지'를 요구하던 노동조합들을 무력화했다(인종분리주의자들은 노동단체들이 인종을 초월해 노동계급을 결속하는 생각만 해도 치를 떨었다). 〈비즈니스위크〉는 태프트-하틀리법을 "미국 고용주들을 위한 뉴딜"이라며 찬양했다. 이 법은 동정 파업sympathy strike[다른 사업장의 노동 쟁의를 지원할 목적으로 하는 파업]과 세컨더리 보이콧secondary boycott[쟁의 중인 노동조합이 고용주와 거래하는 기업들의 제품을 불매하는 것]을 금지하고 소위 '일할 권리' 시대를 열었다.[17] '일할 권리'는 노동자들의 권리를 빼앗고 고용주들에게 더 많은 이익을 보장해주는 정책들이 내세운 은폐용 캐치프레이즈였다.

신자유주의로 유명한 경제학자 밀턴 프리드먼Milton Friedman은 대중적 인기를 모은 저서 《선택할 자유Free to Choose》와 동명의 다큐멘터리 시리즈에서 경제를 카지노의 바카라 게임에 비유했다. 만약 챔피언이 칩을 현금화해서 남들의 돈을 챙길 수 없다면 누가 다시 게임을 하러 오겠는가[18]. 이 관점에서 보면 오늘날의 거대한 빈부 격차는 시스템이 고장 났다는 신호가 아니라 오히려 제대로 작동하고 있다는 신호가 된다("마를레네 디트리히Marlene Dietrich, 1901~1992[독일 출신 미국 배우]가 만인이 부러워할 각선미를 타고난 것은 공평한가?" 프리드먼은 이런 말로 소득 격차를 현실의 문제로 합리화했다. "수백만 명이 … 자연의 불공평성에서 이득을 얻었다[19]). 자유가 오직 사익을 추구하고 사적 가치를 높이는 것에 불과하다면, 평등은 양육강식의 게임에 출사표를 던지고 승자로 부상하거나 아니면 시도는 좋았으나 패자가 될 권리일 뿐이다.

경제학자 프리드리히 하이에크Friedrich Hayek, 1899~1992는 평등에 대해 더욱 적대적이었다. 그의 1960년대 저서 《자유헌정론The Constitution of Liberty》은 마거릿 대처와 로널드 레이건이 사랑할 만한 책이다. 자유는 '원래 여러모로 불평등을 양산하므로' 자유가 줄어들기를 원치 않는다면 불평등을 완화하려는 노력을 모두 포기해야 한다는 것이 이 책의 논리다(하이에크는 불평등 완화 노력이 사회정의의 명분하에 수행되지만, 알고 보면 시기심이 동기라고 주장한다). 자유와 평등이 저울추처럼 역비례 관계라는 이 같은 주장에 반하는 경험증거는 차고 넘친다. 우리의 지난한 역사에서 인류가 자유롭지도 평등하지도 못했던 때가 얼마나 허다한가. 남북전쟁 이전 남부에 살았던 흑인 남녀를 생각해보라. 사람들은 자유와 평등 모두를, 그 이상을 누릴 수 있으며, 두 가지는 서로 다르긴 해도 경쟁할 수밖에 없는 관계가 아니라 대개는 상호보완 관계다. 하지만 평등을 갉아먹고 자유의 의미를 바꾸려는 과거 수십 년 동안의 온갖 책략들 때문에 과거보다 지금이 자유와 평등의 시너지를 증명하기가 더 어려워졌다. 자유와 평등의 상호보완 관계를 보여줄 사례가 부족해서가 아니다. 프리드먼과 하이에크 같은 경제학자들과 그들이 부화시킨 사상운동들이 우리가 그런 사례들을 인식하거나 인정하는 것을 막았기 때문이다.

하이에크와 프리드먼은 과거 자유방임주의가 경제를 접수하고 사람들이 국가의 간섭에서 벗어나 자유롭게 거래했던 시대를 이상적이라고 찬양한다. 산업자본주의가 번성하고 공장 노동이 증가하는 현상은 신흥 경제 엘리트 계급에게 자유의 의미를 바꿔놓을 힘을 주었다. 초기 미국 정착민은 자유와 평등을 경제적·정치적 독립과 민주적 자치에 연결시켰다(물론 일부에게만 해당된 특혜였고, 노예제와 훔친 땅에 기초한 특혜였다). 그런데 대서양 건너편에서 경제 기반이 '노예의 노역'에서 '자유민의 노동'으로 이동하면서 자유는 제도적 강압 없이 시장에서 노동을 매매할 수 있는 능력으로 재정의됐다. 사람들은 이제 적어도 노예와 도제는 아니었다. 대신 피고용인이 됐다. 비록 공장과 광산에서 밤낮없이 뼈 빠지게 일하고 쥐꼬리만 한 박봉에 시달리며 도시의 슬럼으로 내몰리긴 했지만 말이다.

남북전쟁 이후 도금시대까지 남부 농장주들과 북부 산업가들은 자유의 개념을 임금노동(그들이 '계약의 자유'라고 부른 것)에 악착같이 연결시켰다. 그들은 특히 토지 재분배, 과세, 최저 임금, 아동노동법, 정부 규제, 노동조합에 구애받지 않고 이윤 극대화에 매진할 절대 자유에 열광했다. 남북전쟁 이후의 남부에서는 아이다 B. 웰스Ida B. Wells, 1862-1931를 비롯한 용감한 인물들이 노예해방과 자유노동의 허구와 린칭 lynching[법에 의하지 않고 폭력을 동원한 사적 제재. 주로 백인들이 원주민과 흑인에게 자행했다] 같은 인종차별성 폭력을 규탄했다. 그것들은 노예해 방운동가 프레더릭 더글러스Frederick Douglass, 1817~1895가 말한 '미국식 자유의 황혼' 속에 흑인 시민들을 계속 잡아두기 위해 동원된 경제 통제 방식이었다.

20세기 중반부터 보수파 전략가들이 합심해서, 과거 수십 년간의 개혁을 지워 없애는 한편 자유방임 자본주의의 이미지 회복을 꾀했다. 그들은 두 가지 방법으로 성공했다. 첫째, 미국 보수주의의 정신적 지주 윌리엄 F. 버클리가 TV에서 열성적으로 설파했듯 그들은 모든 형태의 평등주의를 자유에 대한 공격이라며 맹비난했다(버클리의 측근이자 1964년 대선 후보였던 배리 골드워터Barry Goldwater는 "내 목표는 '통합사회'가 아니라 개인들이 '연계하지 않을 자유'를 누리는 '자유사회' 창조"이며, 비록 선거에서 패하긴 했지만 자신이 벌인 캠페인은 자유시장, 반국가주의, 인종분리주의 정치를 전국 무대에 올리는 데 기여했다고 떠벌였다).

둘째, 그들은 평등을 자신들의 이해관계에 맞게 재정의함으로써 극적인 소득 격차를 정당화했다. 그들의 논리에 따르면, 소수자 우대는 차별이고 누진과세는 억압이다(둘 다 동등대우 원칙에 어긋나니까). 또한 유권자 식별법을 정당화하는 데도 평등을 써먹었다(이 법 때문에 투표에서 배제되는 사람들이 대부분 소외 계층이라 해도, 어쨌든 원칙적으로 이 법은 모두를 적용 대상으로 하니까). 소수집단 우대책이나 누진세율을 통해 평등을 증진하는 것이 자유를 부당하게 제한하는 것이라면 처지에 상관없이 모두를 동일하게 취급하는 '색맹' 정책이나 일률과세는 결과적으로 공평한 게 된다. 하지만 이 논리는 법 앞의 평등만 주장하고 기회의 평등과 결과의 평등은 무시하는 것이다. 이렇게 평등의 의미는 초부유층과 인종적 특권층의 자유가 침해당하지 않게끔 힘의 불균형을 정착시키는 쪽으로 왜곡되어왔다.

신기한 이데올로기가 아닐 수 없다. 그런데 그것만으로는 부족했는지, 평등이 자유에서 분리되는 과정에서 사회진화론이 첨가됐다. 이렇게 역사학자 낸시 맥린Nancy MacLean이 '경제 우생학'이라고 부른 유독성 칵테일이 만들어지면서 미국인들은 자유와 적자생존이냐, 평등과 부不적자생존이냐의 기로에 섰다. 미국의 대표적 사회진화론자이자 예일대 교수였던 윌리엄 G. 섬너William G. Sumner는 1883년의 저서 《사회계층들은 서로에게 무엇을 빚졌나What Social Classes Owe to Each Other》(책의 결론은 '아무것도 빚지지 않았다'다)에서 "부의 축적을 비난하는 것은 정의의 법령을 비난하는 것이다"라고 부르짖었다. 혈통을 관리해 우수한 인구는 늘리고 열등한 인구는 도태시키자는 우생학 망령은 죽지 않았다. 강경파 자본주의자들은 의식주와 생필품도 해결할 여유가 없는 사람들에게는 아무런 권리가 없다고 주장한다. 가난한 사람들은 생존할 권리가 없다는 뜻이다. 또한 일부 자유주의자들libertarians은 세금으로 지원되는 의료 서비스를 받느니 죽는 게 낫다고 말한다. 정부 지원은 무엇이 됐든 지배의 한 형태니까. 적자생존은 이렇게 부자생존으로 변질됐다.

이러한 시장 지상주의의 패러다임은 사기업의 자유를 가장 중요한 자유로 만들고 나아가 상식으로 만들었지만, 대중의 상상에 유기적으로 뿌리 내리지는 못했다. 그래서 권리는 자유를 자기편으로 리브랜딩하기 위해 엄청난 돈을 쏟아 부었다. 사상의 시장은 문자 그대로 장터로 진화했다. 평등을 희생시키고 자유의 위상을 높이는 일은 공짜로 되는 일이 아니었다. 기업이 후원하는 싱크탱크와 정책연구소들이 그물처럼 퍼졌고, 돈이 닿은 저널리스트와 학자들은 자신들의 실재와 책략을 열심히 써 날랐다. 미국자유연맹American Liberty League이 좋은 예다. 이 단체는 1934년 뉴딜에 반대할 목적으로 설립된 후 경제 규제 완화와 공공재 민영화를 통한 번영과 기회, 이른바 '자유로운 사람들과 자유로운 시장들'의 복음을 끈질기게 홍보했다. 보수 성향 싱크탱크인 헤리티지재단Heritage Foundation은 '보수주의 원칙의 진전'을 위해 연간 8천만 달러에 육박하는 돈을 쓴다.

이 놀랍도록 비싸고 효과적인 프로젝트는 사상의 현실 조성 능력을 십분 이용한다. 오늘날 참정권에 적용된 자유와 평등의 정의는 누구나 이해할 만큼 단순하지만, 상황에 따라 조정될 수 있을 만큼 유동적이다. 보수주의자들은 겉으로는 자유와 평등의 수호자인 척하면서 실제로는 개념화 도구 키트를 신나게 가동함으로써 부의 극심한 집중화 현상을 합리화하고 고착시킨다. 폴 라이언Paul Ryan 전 하원의장의 트위터 발언이 좋은 예다. "자유란 개인의 필요에 맞게 개인이 원하는 것을 살 수 있는 능력이다. 오바마 케어ObamaCare[오바마가 임기 중에 추진했던 공공의료보험 개혁안. 전 국민의 건강보험 가입 의무화가 핵심이다]는 개인의 욕구와 상관없이 정부가 국민에게 무엇을 구매할지 정해주는 것이다." 이것을 버니 샌더스Bernie Sanders 상원의원이 짧게 받아쳤다. "돈이 없어서 살 수 없다면 원하는 의료 서비스를 살 수 있는 자유가 무슨 소용인가."

이런 맹공에 직면하자 현대의 많은 진보주의자는 자유의 미사여구를 우파에게 넘기고 후퇴했다. 오늘날도 진보 진영이 기댈 만한 자유나 평등의 의미에 대한 명료한 합의는 이루어지지 않았다. 그러다 보니 우파가 자유라는 매혹적인 방패를 들고 부자들을 위한 전쟁을 벌일 때 좌파는 핵심 가치에서 뒷걸음쳐서 명확한 원칙 대신 불안정한 정책들과 피상적인 해결책들에 의지하는 일이 빈번하다. 주류 진보 정치인들조차 평등은 쉬쉬하면서 그 대신 다양성과 통합을 말하고, 다양한 인종·민족·젠더·성적 지향의 사람들을 공직에 진출시킴으로써 경제적 계층화를 흐릿하게 하는 것을 목표할 뿐이다. 보수 진영처럼 자유라는 대의를 기업에 갖다 바치지는 않지만, 진보주의자들 역시 기업가 정신을 칭송한다.

보수 진영은 복지, 단일보험자 의료보험single-payer health care[한국의 국민건강보험처럼 하나의 국가기관이 관리하는 체제. 미국의 현행 시스템은 다수의 민간 보험회사들이 가입자들의 건강보험을 관리하는 다보험자 체제multi-payer system다], 환경보호 정책 같은 것들을 '내니 스테이트nanny state'[복지국가를 조롱하는 말]가 자행하는 자유 박탈로 간주한다. 이에 대해 진보 진영은 종류가 아니라 정도만 다를 뿐인 그들 나름의 민영화 정책들로 대응하는 실정이다. 예를 들면 이렇다. 공공의료보험 정책을 확대하는 대신 민간 보험사에 보조금을 지급하고, 공교육 보호 정책을 마련하는 대신 차터스쿨charter school[공적 자금을 받아 민간인이나 지역단체 등이 설립한 학교]에 대한 재정 지원을 추진하고, 녹색 인프라를 확충하는 대신 소소한 탄소세를 부과한다. 수십 년 동안 중도 진보는 실패의 길을 걸었다. 탄탄한 복지 정책과 기업 규제를 통해 자유와 평등을 동시 증진하는 데 실패했다. 시장이 개인의 기회와 선택을 제한해서 궁극적으로 사람들의 자유를 빼앗는 상황을 제대로 공박하지도 못했다. 정부가 경제에 개입하지 않으면 시민의 삶은 전적으로 고용주들과 기업의 처분에 맡겨지고, 그들의 손익계산서가 사람들이 마시는 공기와 물의 질은 말할 것도 없고 임금, 근무 시간, 복지 혜택의 정도와 유무를 결정하게 된다.

심지어 뉴딜 정책이 시작한 복지국가조차 자유나 평등을 위해서가 아니라 사회보장을 이유로 구상됐다(당시 정부의 핵심 경제부양책에서 흑인과 여성이 의도적으로 배제된 것을 고려하면 평등은 늘 멀리 있었다). 뉴딜의 복지국가는 사회안전망은 제공했을지 몰라도 자치의 기회는 제공하지 않았다. 복지의 '수혜자'는 정부의 지원 대상들이지, 공동 통치와 집단 의사결정의 주체들은 아닌 것이다. 혁신시대Progressive Era[미국 역사에서 1890년경부터 제1차 세계대전이 발발했을 때까지를 말한다. 19세기에 기승을 부린 자본주의의 병폐와 정치 부패를 청산하자는 진보주의progressivism라는 정치사회 개혁운동이 일어났다]의 개혁 접근법을 본받아 국가 지원이 공적 경로를 통해 상의하달 방식으로 배분되었을 뿐 주민 참여식 경로를 통하지 않았다. 사회보장은 민주적인 취지로부터 분리됐고, 좀 더 안정적이고 독립적이고 참여적인 시민 생활을 위한 수단이 아니라 그 자체가 목적이 됐다. 그리고 오늘날, 뉴딜 시절 처음 시행된 사회복지 정책들이 대기업들의 명에 따라 해체됨에 따라 사회보장에서 경제성

요소마저 제거됐다. 지금의 정치지도자들이 말하는 '보장'은 시민들을 극빈의 상황으로부터 보호하는 것을 뜻하지 않는다. 시민들에게 공무에 더 충실히 참여할 권한을 주겠다는 뜻은 더더욱 아니다. 이슬람 테러리스트들, 일자리를 빼앗는 이민자들, 이판사판의 난민들과 같은 '위험한' 아웃사이더들로부터 미국을 안전하게 지키겠다는 뜻이다.

마찬가지로, 루스벨트의 4대 자유 역시 신자유주의 시대에 맞게 재설정됐다. 유럽연합도 이른바 4대 자유를 기치로 내건 초국가적 경제 비전을 공식적으로 지지한다. 하지만 이때의 4대 자유는 재화의 자유, 자본의 자유, 서비스의 자유, 노동의 자유다. 이는 인간을 노동자 신분으로 격하하고, 인간에게 재화, 자본, 서비스를 추구할 권리만 약속한다. 반면 재화, 자본, 서비스는 제약을 받지 않는다. 이런 자유는 민주 사회가 아니라 단일시장을 세우려는 이들의 금과옥조일 뿐이다.

그러나 자유사회라면 이와는 매우 다른 종류의 노동 자유와 뉴딜보다 심오한 변혁을 요한다. 예컨대 마르크스와 엥겔스는 해방적 자유를 상상했다. 그것은 국제노동계급의 자기해방으로 얻을 수 있었고, 노동계급이야말로 모두가 동등한 민주 집단이었다. 앞 세대의 루소처럼 마르크스도 자유와 평등을 대립 관계에 놓기를 거부했다. 그는 생산수단의 집산화가 인간의 자유를 위한 물질적 토대를 제공할 것이며, 인간의 자유는 집단적 자유와 개인적 자유라는 두 가지 형태를 띤다고 주장했다. 마르크스에게는 사람들이 잘 모르는 반전이 있다. 그는 노동의 이론가였지만 여가의 이론가이기도 했다. 자본가들이 '자유 노동'을 빙자한 임금노예제를 추진할 때 마르크스는 여가 시간의 중요성을 주장했다. 사람들이 자신의 필요와 안녕을 위해 일할 뿐 사주의 이익 증대를 위해 일하지 않는 사회주의 사회에서는 기를 쓰고 경제를 키우거나 개인 재산을 축적할 이유가 없기 때문이다.

그렇다면 진짜 공산주의란 막된 평준화가 아니라 전면적 평등, 즉 모든 개인을 해방시켜 각자의 역량을 실험하고 개발하게 하는 방법이라 할 수 있다. 엥겔스는 이렇게 썼다. "생산의 사회화를 통해 사회구성원 모두에게 물질적으로 풍족하고 나날이 더 풍족해지는 삶만이 아니라 각자의 신체적·정신적 능력을 자유롭게 개발하고 발휘할 수 있는 삶을 확보할 가능성, 그 가능성이 처음으로 열렸다."[20] 사회보장은 필요충족 수단에 대한 공평한 접근권이며, 자유의 희생으로 달성되는 뭔가가 아니라 사회적 자유의 기반이다.

물론 우리가 시장의 제로섬게임에서 탈출해 협동 생산과 공동 번영의 경제를 택한다 해도 의문은 여전히 남는다. 평등이 지나치다 싶을 때는 언제이며, 자유를 자제해야 할 때는 언제일까? 교육과 훈련을 어떻게 조직할 것인가? 예를 들어, 공동의 문화와 지식 기반을 조성하는 동시에, 백인백색의 능력과 관심사와 전문지식에 대한 사회적 필요를 어떻게 조화시켜나갈 것인가? 의미 있는 노동과 여가의 기회가 엄청나게 확대된다 해도 누군가는 반드시 해야 하지만 내가 하기는 싫은 일은 여전히 많을 것이다. 재화는 계속 만들어져야 하고, 쓰레기는 어떻게든 안전하게 수집되고 처리되어야 한다. 이는 필요하지만 매력적이지 않은 일들에 대한 문제뿐 아니라 생태학적 한계에 대한 문제를 유발한다. 어쩌면 이것이 평등주의 해방이라는 유토피아의 실현을 막는 가장 큰 제약이 아닐까? 설령 지금의 자본주의가 없어진다 해도 자유와 평등 사이의 갈등은 쉽게 사라지지 않을 것이다.

아래로부터의 자유와 평등

역사적으로 자유는 주로 여성으로 상징됐다. 그림과 조각, 만화와 동전에서 자유의 상징은 의심의 여지없이 여성의 모습을 하고 있다. 그것도 주로 젊고, 풍만하고, 용감한 여성. 패터슨도 말했듯, 사적 자유의 개념을 처음 창안한 사람은 여성 노예들일 가능성이 높다. 하지만 그들은 획기적 개념을 창안한 업적을 제대로 인정받은 적이 없다. 자유의 선동적 묘사들과 이상화 이미지들은 대대로 이어진 여성의 예속적 지위와 극히 대조적이다.

유럽인이 '신세계'에 처음 발을 들여놓은 이후로 아메리카 원주민도 이와 비슷한 이상화, 예속, 상충적 묘사의 대상이 되어왔다. 미국의 초기 역사를 돌아보면 건국의 토대였던 '자치로서의 자유'라는 이상은 정착민이 몰아낸 원주민에게서 영감을 받은 것이었다. 원주민이 정치사상의 발전에 기여한 바는 대부분 역사에서 누락됐고, 아메리카와 유럽 간 사상의 흐름은 천연 자원, 재화, 인신人身 같은 물질의 흐름에 비해 경시됐다. 그런데도 미국 인디언은 예나 지금이나 자유의 상징으로 이용된다(동시에 온갖 선입견의 대상이다). 예를 들어, 1773년 영국이 식민지의 홍차 무역을 금지하자 이에 반발한 정착민이 동인도회사 선박에 올라가 매사추세츠만 앞바다에 차를 몽땅 던져버렸다. 그때 그들은 인디언 모호크족Mohawk의 복장을 하고 있었다. 정착민은 원주민의 자유에 변태적으로 집착했고, 그것을 무단으로 도용했다. 그러면서 원주민의 자유를 억압하고 뿌리 뽑으려 했다.

일부 유럽인 기록자들은 원주민을 착취당하거나 토벌당해 마땅한 야만인들로 규정했지만 탐험가, 선교사, 군인, 정착민 중에는 원주민 사회를 낙원처럼 묘사한 이들도 많았다. 그중 최초이자 가장 영향력 있는 인물 중 하나가 대항해시대에 에스파냐 궁정의 명으로 아메리카에 왔던 이탈리아 역사가 피에트로 마르티레 단기에라Pietro Martire d'Anghiera, 1457~1526였다. 그는 15세기 후반에 신세계 탐사기를 서신과 보고서 형태로 유럽에 보냈다. 그 기록에 따르면, 그곳의 개인들은 압제와 노역, 주인과 탐욕, 법과 판관을 알지 못했고 '가장 행복하게' 사는 사람들이었다. 그곳에는 '내 것과 네 것의 구분(모든 분쟁의 씨앗)이 없고' 모든 것은 공동의 것이었다.[21] 1615년의 또 다른 관찰자는 "그들은 땅이 햇빛처럼 어느 누구의 것도 아니라고 믿는다"[22]라며 경이로워했다.

1500년대 중반에 프랑스를 방문한 세 명의 아메리카 원주민을 만난 철학자 미셸 드 몽테뉴Michel de Montaigne에 따르면, 그 원주민들은 프랑스인들이 경험과 지혜를 갖춘 사람을 지도자로 지명하는 대신 '수염도 없는 어린아이'의 통치에 복종하는 이유를 이해하지 못했다. 또한 그들은 '일부 프랑스 사람들은 온갖 호사로 배가 터질 지경인데 다른 이들은 굶주리고 헐벗은 채 부자들의 문전에서 구걸하는 상황을 감지했고', 그런데도 '궁핍한 사람들이 그런 부당함을 묵묵히 견디며 남의 목을 조르거나 그들의 집에 불을 지르지 않는 것'을 놀라워했다.

이런 식의 자기비판은 의외로 많았다. 비평가들이 원주민 문화를 거울삼아 유럽 사회를 비췄을 때 그 모습이 늘 자랑스러운 건 아니었으니까. 어느 분개한 작가는 '친절과 온정과 인간애에 있어서 다른 모든 민족을 초월하고 능가하는' 사람들을 대하는 식민지 개척자들의 잔혹성을 욕했다. 이 밖에도 많은 사람이 유럽이야말로 야만인들의 본거지라고 목소리를 높였다. 원주민 사회의 사회계층 부재는 주로 다음과 같이 평가됐다. "그들에게는 왕도 왕자도 없고, 결과적으로 각자가 누구 못지않은 귀족이다."[23] 신세계와 그곳의 평등주의 사회제도가 유럽인의 상상에 미친 영향은 지대했다. '고결한 야만인의 신화'를 다룬 베스트셀러 책들, 블록버스터 공연들, 새로운 정치 논리들이 쏟아졌다. 당대에 인기를 누린 이야기와 연극은 일반적으로 유럽인의 소원 성취 판타지에 기초한 낭만화에 가까웠지만, 그래도 유럽 사회에 지적으로 심오한 영향을 끼쳤다. 보다 나은 삶의 방식에 대한 주장은 설사 그것이 오해나 고정관념에 근거한 것이라 해도 왕정주의자들의 현상 유지를 위협하는 행동이었고, 따라서 정착민이 인디언 부족과 살기 위해 식민지를 떠나는 것은 사형에 해당하는 범죄였다.

신세계 원주민, 그리고 그들의 정치적 견해와 관행들을 접한 뒤로 '모두가 평등하고 예속이 없는' 자유라는 급진적 개념이 유행하기 시작했다. "숙의가 인디언의 관습이다." 윌리엄 펜William Penn, 1644~1718 [영국의 신대륙 개척자. 찰스 2세로부터 북미 델라웨어강 서안에 대한 지배권을 허락받자 '펜의 숲이 있는 지방'이라는 의미의 펜실베이니아로 명명했다]은 1683년 8월 자유무역협회Free Society of Traders에 보낸 편지에 이렇게 썼다. "나는 이보다 더 자연스러운 현명함을 본 적이 없다." 외부 관찰자들은 원주민 지도자들을 툭하면 '왕'으로 착각했다. 그러나 그들이 전제적 통치를 하지 않으며 인민의 자문을 받는다는 사실이 군주정 질서에 익숙한 사람들을 경악시켰다. 정착민은 이곳에서 난생 처음으로 자유와 평등과 민주주의가 실제로 작동하는 것을 보았다.

이런 이야기들과 개념들이 유럽으로 전해져 존 로크John Locke, 1632~1704와 루소 같은 철학자들에게 생명의 숨처럼 영감을 불어넣었고, 그들의 사회계약론 저서들이 민주주의의 부활에 불을 지폈다. 하지만 의견이 다 같은 건 아니었다. 로크가 재산권을 모든 것의 위에 두고, 원주민에 대해서는 "영국 농경민처럼 소출을 극대화하고 토양을 '개량'하지 않기 때문에 땅을 빼앗겨 마땅하다"는 주장을 편 반면(미국 건국의 아버지들이 로크를 좋아한 데는 다 이유가 있다), 루소가 받은 인상은 매우 다른 결론으로 이어졌다. 루소의 《인간 불평등 기원론Discours sur l'origine et les fondements de l'inégalité parmi les hommes》은 유럽의 신세계 접촉 이래 수세기 동안 유럽에 불었던, 자유와 평등을 아메리카 원주민과 동일시하는 견해의 정점을 이뤘다. 루소의 주장에 따르면 인간은 본래 자유롭고 평등하게 태어나며, 모든 것을 타락시킨 건 사유재산의 도입이었다.

> 땅에 울타리를 두르고, 이것은 내 것이다라고 말할 마음을 먹고, 그 말을 믿을 만큼 단순한 사람들을 찾아낸 최초의 사람, 그 사람이 바로 시민사회의 진짜 창시자다. 그때 만약 누구라도 말뚝을 뽑거나 도랑을 메우면서 동포들에게 "저런 사기꾼의 말은 듣지 말라. 땅이 내는 열매는 우리 모두의 것이며 땅 자체는 누구에게도 속하지 않는다는 것을 잊는 순간 우리는 끝장이다"라고 부르짖었다면 인류가 얼마나 많은 범죄와 전쟁과 살인을, 얼마나 많은 공포와 불행을 비껴갈 수 있었을까.[24]

루소는 이 타락한 낙원이 현재의 발목을 잡고 새로이 떠오르는 진보의 믿음을 좀먹는다고 보았다. 유럽 문명은 이전의 '원시' 문화들보다 높은 단계에 있거나 앞서 있지 않았다. 광적인 개량 열풍 속에 긍정적 속성들이 망각되거나 억압될 경우 추진력은 얼마든지 역행할 수 있다. 인간 타락의 근원은 원죄가 아니라 현대 문명이었다.

루소는 진정한 미덕을 고취할 목적으로 새로운 자치 모델을 구상했다. 그는 아메리카에서 받은 인상을 고향 제네바에 있던 소박한 민회의 장밋빛 추억과 접목했다. 루소는 올바른 세상에서는 모두가 보편의지, 즉 공동체의 총의에 참여하고, 결과적으로 자치라는 완벽한 자유를 통해 완벽한 평등이 발현된다고 믿었다. 이때 주권자는 왕이 아닌 백성이었고, 그들의 자유는 강제가 아닌 호혜를 통해 발현했다. 그로부터 한 세대 후 루소의 몽상은 프랑스 대혁명에 영향을 미쳤고, 민주주의 개념의 복귀를 도왔다. 그 후 (미국의 귀족 건국자들은 별로 좋아하지 않았던) 민주주의라는 단어가 다시 대서양을 건넜다. 루소가 자유와 평등의 원산지라고 여겼던 그 땅을 바꾸기 위해서.[25]

같은 기간에 북미 정착민은 원주민 사회와 직접적이고 때로는 일상적인 접촉을 통해 영향을 받았다. 15세기 들어 북미에 이로쿼이 연맹Iroquois Confederacy 또는 하우데노사우니 연맹Haudenosaunee Confederacy 이라고 부르는 6부족 동맹League of Six Nations이 형성됐다. 이 부족연맹체가 훗날 미국의 민주주의 체제와 정치철학에 사라지지 않을 흔적을 남겼고, 벤저민 프랭클린과 토머스 제퍼슨에게 깊은 인상을 주었다. 더 나중에는 프리드리히 엥겔스 같은 인물들과 1세대 참정권 운동가들의 영감이 됐다(마르크스와 엥겔스가 1848년 《공산당선언The Communist Manifesto》을 처음 출판했을 때는 "이제까지의 모든 사회의 역사는 계급투쟁의 역사"

라고 선언했다. 그러다 이로쿼이 연맹에 대해 읽은 후 엥겔스는 1888년도 영어판에 '말하자면 문자로 기술된 모든 역사'[26]라는 각주를 추가했다).

역사적으로, 자유와 평등의 의미를 고민하고 그 개념을 진전시켜온 사람들은 열등하고 하찮고 생경한 존재로 치부당하는 사람들이었다. 아메리카 원주민도 예외가 아니다. 서구의 정치 전통은 외줄기 유산의 산물이 아니다. 수세기에 걸쳐 구축된, 아웃사이더들의 지울 수 없는 흔적들로 가득한 독특하고 종종 모순된 혼합물이다. 아웃사이더들의 창의와 수난과 극기와 통찰이 민주주의 정치체제를 확장시켰다. 19세기, 20세기, 그리고 21세기를 거치며 시민권이 확대된 것은 단순히 수세기 전 건국의 아버지들의 선견지명이 심은 씨앗의 필연적 결실도 아니고, 계몽사상의 완성도 아니다. 우리가 보다 완성형에 가까운 뭔가를 위해 부족해 보이는 비전들을 거부해온 결과다. 여성, 인종차별 대상자, 원주민, 식민 지배 피해자, 장애인, 성소수자, 노조원, 사회주의자, 그 밖의 이상주의자 들이 연이은 분투로 자유와 평등의 개념들을 부단히 확산시키고 나아가 변형시켜왔다. 또한 그들은 자유와 평등의 필연적 상호연결성을 드러내 보이는 동시에 실질적인 의미를 부여해왔다. 흑인 운동가 안젤라 데이비스Angela Davis는 어린이들이 경찰견과 소방호스에 용감히 맞서고 교실에서 인종 통합을 실천하는 등 흑인민권운동에서 놀라운 역할을 했지만 인정받지 못했다고 말했다. 예를 들어, 1955년 앨라배마주 몽고메리에서 로자 파크스Rosa Parks라는 흑인 여성이 버스에서 백인 승객에게 자리를 내주라는 버스기사의 요구를 거부한 일로 신문의 헤드라인을 장식했다. 하지만 이보다 9개월 앞서 같은 도시에서 같은 저항을 했지만 알려지지 않은 사람이 있었다. 바로 15세 여학생 클로뎃 콜빈Claudette Colvin이었다. 오늘날의 십대들도 총기 폭력과 기후변화에 대한 적극적인 조치를 촉구하고, 무기 제조업과 석유 산업의 영리 추구의 자유가 학교와 지구의 안전을 어떻게 위협하는지를 외치면서 선배들의 전통을 잇고 있다. 15세의 스웨덴 환경운동가 그레타 툰베리Greta Thunberg는 2018년 유엔 기후정상회의UN Climate Summit에서 세계의 지도자들을 향해 말했다. "여러분은 어른답지 못해서 있는 그대로 말하지 못해요. 여러분이 우리 어린이들에게 어떤 짐을 떠넘기고 있는지 아시나요?"

시대마다 폄하되고 박탈당하는 사람들이 자유와 평화라는 논쟁적 관계의 두 용어를 자치라는 지평선의 중심에 놓았다. 그 지평선은 매혹적이지만 자꾸 물러나고, 그 길은 끝이 보이지 않는 예측불허의 길이다. 민주주의의 전망을 넓히는 것은 항상 그들의 몫이었다. 소외된 사람들은 힘 있는 사람들이 보지 못하거나 보기를 거부하는 진실들을 볼 수 있는 위치에 있기 때문이다. 아래로부터의 민주주의는 이렇게 끈질기게 이어지며 권력자들이 박살내려 하는 자유와 평등의 연관성을 강화하고 있다.

2

이구동성의 외침

갈등 vs. 합의

합의와 갈등, 둘 중 어느 것도 전적인
미덕 또는 악덕이 될 수 없다.

어떤 관점에서는 파괴적 분쟁이지만
다른 관점에서는 영웅적 민주화 투쟁이 된다.

2011년 9월의 어느 날 아침, 나는 맨해튼 금융 지구로 향했다. 몇 개월 전부터 이어진 '월가를 점거하라occupy Wall Street' 시위에서 무슨 일이 일어나고 있는지 직접 보기 위해서였다. 월가 점거 시위는 빈부 격차 심화와 금융권의 비도덕성에 항의하기 위해 맨해튼 주코티 공원에서 시작돼 각종 SNS를 타고 미국 내 주요 도시들로 번지고 있었다. 그 해 는 전 세계적으로 사회운동이 폭발적으로 일어난 해였다. 2010년 말 튀니지에서 시작된 반정부 시위가 중동 일대로 확산돼 '아랍의 봄Arab Spring'이 일어났고, 광장 운동Movement of the Squares이 유럽을 휩쓸고 미 국 도시들로도 번지는 조짐을 보였다. 같은 해 초에는 위스콘신주에 서 예산 삭감과 노조 탄압에 맞서 10만 명 이상이 참여한 항의 집회가 있었고, 주의회 의사당이 시위대에 몇 주씩 점거당하기도 했다. 사방 에서 항의와 저항의 기운이 감돌았다.

그날 오후 나는 확신보다는 호기심으로 시내로 향했다. 오해가 없 길 바란다. 월가 시위의 기본 전제에는 나도 뜻을 같이했다. 2008년 금 융위기 이후 3년이 흘렀지만, 부패한 금융권이 수많은 시민을 하루아 침에 빈민으로 전락시킨 금융 참사에 대응해서 그때까지 일어난 사회운동이라고는 보수 우파가 벌인 티파티Tea Party 운동밖에 없었다. 티파티운동은 국가의 재정난을 두고 해괴한 희생자 비난 논리를 폈다(대출기관들이 제도적 금융사기의 주범으로 드러났음에도 그들은 금융 참사의 책임을 흑인 담보대출자들에게 돌렸다). 티파티운동이 득세하는데도 좌파 쪽에서는 반대의 소리 하나 없었다. 금융기관 임원들이 줄줄이 감옥에 간 아이슬란드와 달리 미국의 금융권은 오히려 수조 달러에 달하는 구제금융을 받았다. 그 때문에 수많은 미국인이 극심한 불황과 전례 없는 압류 열풍으로 직장과 집을 잃는 와중에도 월가는 납세자들의 혈세로 거금의 보너스를 챙겼다. 이러한 금융업계의 오만함만으로도 내가 '월가를 점거하라' 운동에 동참하기에 충분했다. 미국 금융권은 뭔가 끔찍이 잘못돼 있었다. 다만 나는 점거 농성이 가장 효과적인 대응법인지 확신이 없었을 뿐이다.

그럼에도 월가 점거 시위는 그 존재만으로도 사회에 경각심을 주었고, 대중에게 '국민의 통치는 부자의 통치와 양립할 수 없다'는 기본 진리를 상기시켰다. 시위의 단점이 무엇이든, 그들의 주장은 오랫동안 무시되어온 불평등 이슈를 다시 국가의제로 불러들였다. "우리는 99%입니다"라는 슬로건과 거기에 호응해서 생긴 "악의 1%"라는 호칭이 미국인들로 하여금 전례 없던 방식과 처음 느끼는 강도로 계급 문제를 논하게 했다. 시위자들은 말했다. "우리 사회와 경제는 다수가 아닌 소수를 위해 운영되고 있다. 규제 없는 자본주의와 민주주의는 우리가 세뇌당한 것처럼 불가분의 동맹이 아니라 오히려 앙숙이다." 이 진단이 온 나라에 울려 퍼졌고, 크고 작은 도시와 타운 들에서 수천 개의 농성 캠프가 우후죽순 생겨났고, 각계각층의 사람들이 이에 동참했다.

하지만 월가 시위는 목표와 해결책을 뚜렷이 제시하지 못했다. 이 운동이 주장한 유일한 해법은 더 깊고, 더 실질적이고, 더 정통적인, 더 '진짜 민주주의'였다.

만장일치를 향한 열망

'진짜 민주주의'라는 구호가 다양한 맥락에서 세계 곳곳에 울려 퍼졌다. 그리고 권위주의 독재에 맞선 이집트와 바레인의 운동가들부터 우산혁명Umbrella Movement[2017년 행정장관 선거를 둘러싸고 일어난 홍콩의 민주화 운동]을 위해 홍콩에 모인 낙관파 학생들, 세계의 선진 자유민주주의를 대변하는 미국과 유럽의 상대적 특권층 시민들까지 다양한 사람들이 이 구호 아래 하나가 되었다. 그러나 이집트 타흐리르 광장이나 터키 탁심 게지 공원에 모인 저항 세력이 요구한 것은 기본 인권과 공정 선거였던 반면, 월가 시위의 아나키스트 핵심 세력이 믿는 진짜 민주주의는 모든 것을 합의로 결정하는 체제였다. 그들은 대리자를 뽑아 권리를 위임하는 일 없이 직접 결정을 내리고, 아무리 수고스러워도 모두가 의사결정에 참여해야 한다고 주장했다. 목표는 '만장일치'였다. 점거 시위의 뉴욕시 총회 사이트에는 만장일치의 기본 지침이 이렇게 게시되어 있었다. "합의 과정은 창의적 사고 과정이다. 투표 방식은 양자택일인데 비해 합의제에서는 한 가지 이슈에 대해 다양한 열망과 아이디어와 우려사항을 듣고 모두의 비전에 가장 부합하는 제안을 만들어낸다."

2. 이구동성의 외침 갈등 vs. 합의

점거 시위 초기에는 모두가 이 원칙에 도취했다. 처음에는 이런 강렬한 이상주의가 방해 요소가 아니라 추진 요소였을 것이다. 나는 시위 참여 첫날 주코티 공원으로 가서 오후 시간을 보냈다. 강박적으로 자꾸 그리로 향하게 됐다. 그것은 흔히 보던 항의 집회와 달랐다. 거리에서 행인들을 향해 소리를 질러대는 대신 우리는 바닥에 앉아서 토론을 벌였다. 마치 아테네 아고라의 현대 디지털 문명 버전처럼 우리는 즉흥적으로 삼삼오오 모여 경제와 철학을 논했고, 집행본부가 주기적으로 여는 회의에서 농성 공동체의 식사와 세탁 문제, 미디어 활동 문제까지 모든 것을 상의했다. 자원봉사자들이 운영하는 도서관은 점거 시위의 국제적 상징이면서 동시에 '민주주의는 행동과 숙고를 모두 갖춘 사상적 참여를 필요로 한다'는 주장을 대변했다.

모두가 참여하는 의사결정을 처리하는 총회는 거대했고 거리로 나온 누구에게나 열려 있었다. 종종 묘하게 아름답기까지 했다. 뉴욕시가 소리증폭기의 사용을 금지한 까닭에 말을 육성으로 전달했는데, 이 '인간 마이크'를 타고 목소리들이 저녁 어스름 속에 메아리쳤다. 수백 명과 함께 어둠 속에서 낯선 사람의 말을 멀리 있는 사람들에게 전달하면서, 마치 내가 거대하게 살아 숨 쉬는 시詩의 일부가 된 듯한 기분이 들었다. 눈물이 날 만큼 감동적이었고, 내가 독특한 사회적 실험의 일부라는 사실이 기뻤다. 하지만 내가 보다 바람직한 정부 형태의 믿을 만한 사례를 경험하고 있다고 생각은 들지 않았다. 항쟁과 시위의 역사를 읽을 만큼 읽은 나로서는 이 집회가 결과 없이 해산될 운명임을 직감했다.

그리고 결국 그렇게 됐다. 점거 시위가 만장일치제에서 3분의 2 다수결제로 후퇴한 '수정합의제'를 채택한 덕분에 한 명이 전체 회의를 무산시키는 일은 없었지만, 그럼에도 합의 지향 참여주의의 이상은 유지되기 힘들었다. 2011년 11월 중순 주코티 공원의 시위대가 해산되기 전부터 이미 총회는 붕괴의 조짐을 보였다. 시위 초기, 광장의 한구석에 자리한 드럼 서클을 놓고 열띤 논쟁이 있었다. 이는 앞으로 생길 문제들의 전조였다. 과반이 드럼 소리가 심하다고 생각했지만, 소수의 열성 뮤지션들은 연주할 권리를 사수했고 자신들의 리듬을 "점거 시위의 심장박동"으로 선언했다("당신들은 내 심장박동이 아니야!"라고 드럼 서클에 대고 고함치던 여성이 기억난다. 개인적으로 마음에 들었던 팻말은 '나는 이 드럼서클을 싫어하는 것보다 민주주의를 더 좋아한다'였다). 시위대가 채택한 의사결정 방식에는 구조적 결함이 있었다. 길게 이어지는 저녁 집회는 여가가 많은 사람들에게 유리했다. 동등한 참여는 근무 일정이 빡빡하거나 돌봐야 할 가족이 있는 사람들에게는 무리였다. 회원에 대한 자격 요건이 없었기 때문에 사람들은 상응하는 책임 없이 권리를 행사했고, 뜨내기 방문자들이 참여할 마음도 없는 계획들에 손을 들어 찬성했다.

더 나쁜 것은 소수 반대파에게 균형이 맞지 않은 영향력이 주어진 것이다. 월가 시위의 의사결정 데모스에서 누군가를 배제할 방도란 없었다. 심지어 불순한 의도로 권리를 휘두르는 사람들조차 쫓아낼 수 없었다. 시위 기간이 몇 주에서 몇 개월로 늘어나고 날씨가 추워지면서 집회 참가자 수가 줄었다. 그러자 소수 과격파가 지극히 합리적인 제안들을 엎는 게 더 쉬워졌다. 합의제가 책임지지 않는 소수의 독재로 변질되고, 기계의 기어들이 아무 이유 없이 작동을 멈췄으며, 말다

툼이 논리정연한 고려를 제쳤다. 공원에서 시위대는 해산했지만 조직 위는 아직 해체하기 전이었던 어느 날 밤, 공기에 긴장감이 감돌았다. 나는 어둠 속에서 분위기가 험악해지는 것을 지켜보았다. 결국 주먹다짐이 터졌다. 무엇이 원인이었는지는 기억나지 않지만, 이제는 유령을 놓아줄 때가 됐다는 건 분명히 알 수 있었다. 주류 민주주의의 병폐에 대한 치유책으로 내세웠던 합의 기반 시스템은 견디기 힘든 데다 원래 병폐보다도 더 불안정하고 터무니없는 것으로 드러났다.[1]

점거 시위 동안 나는 그곳에 모인 사람들이 정치 이론이나 복잡한 국가 작용에 대해 아는 것이 별로 없다는 사실을 알게 됐다. 시위 참가자들이 아는 게 더 많았다면 자치제 창조를 위한 과정에서 명약관화한 함정들을 우아하게 피해갈 수 있지 않았을까. 그렇다고 우리의 무지가 우리의 잘못은 아니다. 미국의 민주주의는 시민들에게 2년이나 4년에 한 번씩 투표용지에 표시하는 것 말고는 민주적 절차에 의미 있게 참여할 기회를 거의 허용하지 않는다. 시위 참가자들은 자신들의 문제에 대해 스스로 할 수 있는 일이 별로 없다는 것을 주택 압류, 압도적 학자대출금, 치솟는 의료비, 고용 불안정, 임박한 기후 재앙을 겪으며 뼈저리게 알게 됐다. 이런 박탈감은 책임지지 않는 무반응 정부를 대할 때만 느끼는 게 아니다. 직장, 학교, 지역사회에도 존재한다. 이 박탈감의 실체가 결국 학계 연구와 유명 서적들을 통해 드러났다. 많은 자료가 상위 1%의 가공할 경제적 우위를 수치로 증명했고, 부와 기업을 독점하다시피 한 소수에 비해 일반 시민들이 공공정책에 미치는 영향은 미미하다는 것을 보여주었다.[2] 2015년에는 지미 카터 전 대통령조차 미국이 소수 엘리트가 통치하는 체제, 곧 과두제 국가가 됐다고 말했다.

개인적으로 월가 시위를 호의적으로 해석하자면 이렇다. 부당한 체제에 혐오감을 느끼는 것은 당연했지만 그 혐오감이 이 잡다가 집까지 태우는 과잉 반응으로 이어졌다. 시위 참가자들은 돈이 판치는 유명인 중심의 정치 쇼로 변질된 선거에 염증을 느꼈다. 그래서 대의권을 아예 없애버렸다. 그들은 2010년 '시민연대 대 연방선거위원회' 소송에서, 정치 헌금을 언론의 자유에 갖다 붙이며 '기업이나 이익단체가 특정 후보를 지원하는 것을 제한할 수 없다'는 핑계로 금권정치의 수문을 제대로 열어준 사법부의 판단에 환멸을 느꼈다. 그래서 참여를 제한할 메커니즘을 아예 고려조차 하지 않았다. 기존의 사회적·경제적 계층들에 경악한 나머지 그들은 실전에서는 지속가능하지 않을 급진적 유형의 평등을 택하고 말았다. 또한 정부의 비밀주의에 좌절한 나머지 극단적인 투명성을 추구하며 사안의 민감함이나 해괴함과는 상관없이 실시간으로 인터넷 방송이나 트위터를 통한 의사 진행을 단행했다.[3] 월가 시위의 창립자들은 극도로 다른 무언가를, 뭔가 새로우면서도 정통적인 협동조합 건설을 갈망했다. 그들은 합의제(나머지 49%의 의견에 상관없이 51%의 지지를 얻은 집단에 전권을 주는 승자독식 방식의 반대 개념)에 매진하는 것이 무엇보다 중요하다고 믿었다. 그것이 민주주의를 원점에서 다시 만들겠다는 그들의 의지에 가장 혁명적으로 부합하는 강령이었다.

당시 나는 합의제가 현상과의 완전한 단절(통상적 정치에 대한 급진적 대안)을 상징한다는 추정에 끝없이 이의를 제기했다. 나는 그 합의제 모델이 부담스럽게 평등하고 벅차게 비효율적이고, 그렇기 때문에 그것을 법제화한 기성 제도가 없는 거라고 믿었다. 그런데 그건 틀린 생각이었다. 유엔UN 총회가 이미 그렇게 하고 있었다. 즉 유엔 총회는 주코티 공원에서 시도된 것과 같은 형태의 합의제를 사용한다.

> 결의안 채택을 표결에 부칠 때 보통은 단순다수[과반수는 아니지만 상대보다 많은 득표수]만 확보하면 결의안 내용이 동의되었다고 본다. 동의하지 않는 소수의 관점들을 신경 쓰거나 이해하려 노력할 필요도 없다. 이런 프로세스는 분열을 초래한다. 반면 결의안을 합의로 채택하는 경우 모두의 관점을 고려해서 교섭에 들어가야 하고, 이는 종종 여러 다른 관점들이 참작된 절충안으로 귀결된다. 이 프로세스는 포괄적이다.[4]

위의 문건은 투표를 '과거에 갇힌 운영 방식'이라 부르고, 그에 비해 합의는 전향적이며 실용적인 방식으로 본다. "유엔 총회의 결의는 권고사항일 뿐 회원국들에 대해 법적 구속력이 없기 때문에 합의는 총회의 의지를 보여주고 총회가 결정한 사항이 가급적 폭넓게 이행되기를 촉구하는 최선의 방법이었다." 알고 보니 만장일치에 대한 열망은 나를 비롯한 시위 참가자 대부분이 생각했던 것보다 훨씬 많은 곳에서 실천되고 있었다. 합의 추구는 비주류 현상이 아니라 꿋꿋이 이어지는 이상이고, 우리 삶에 영향을 미치는 여러 정치 이론과 정치구조에 이미 스며들어 있는 이상이다.

합의제의 한계

합리적인 사람일수록 모든 참여자가 동의해야만 움직이는 시스템을 현실성 있는 발상이라고 생각하지 않는다(요즘처럼 정치적으로 분극화되고 미디어가 사회분열을 조장하는 시대에는 더 그렇다). 명료하고 냉정하고 현실적인 관점에서 볼 때 합의를 목표로 하는 것은 터무니없는 일이다. 인터넷만 잠깐 들여다봐도 그렇다. 사람들은 귀여운 고양이 동영상을 놓고서도 댓글로 서로 물고 뜯고 싸운다. 그게 인간의 삶이다. 이러한 인간의 언쟁 성향을 고려할 때, 제대로 기능하는 사회를 만들기 위한 최선의 선택은 건설적인 경쟁을 통해 영향력을 행사하거나 승리할 기회를 부여하는 체제를 고안하는 것임을 받아들이는 편이 오히려 타당해 보인다.

하지만 월가 시위와 그 시위에 영향을 미친 운동들에서 합의를 지지한 사람들은 근본적으로 입장이 달랐다. 그들은 사람들을 모두 성인군자로 여기거나 모두가 같은 것을 원한다고 생각해서 합의를 지지했다기보다는, 사람은 누구나 중요하므로 단순한 한 표가 아니라 의미 있는 발언권을 가져야 한다고 주장했다. 나는 아나키스트는 아니지만 아나키스트들을 많이 알고 그들을 존경한다. 내가 아는 아나키스트들은 대리자만 선출해놓으면 민주주의는 알아서 굴러갈 것으로 기대하는 대중의 습관은 민주주의의 정점이 아니라 사실상 체제의 붕괴라고 믿는다. 그런 습관은 수동성, 냉소주의, 그리고 그보다 더 나쁜 것들을 조장하기 때문이다. 열성 아나키스트들은 공민의식이 투철하고 매우 양심적이다. 이들에게 민주주의란 명사가 아니라 동사다. 오타와나

브뤼셀에서만 일어나는 것이 아니라 어디든 사람들이 있는 곳마다 실행되어야 하는 것이고, 완제품이 아니라 진행형 프로세스다.

무엇을 하든, 예를 들어 카페나 자전거 가게를 개업하든, 협동서점이나 공장을 운영하든, 대안학교나 상호공제조합을 건립하든 아나키스트들은 참여자들 사이에 갈등이 불거질 것을 각오한다. 그러면서 시간과 인내로 극복할 수 있다고 믿는다. 그 과정이 힘들고 더딜 수는 있다. 자유는 끝없는 회의라는 농담이 농담만은 아니다. 결국에는 그만한 가치가 있다. 모두의 의견이 존중되고, 모두가 결과에 참여하기(또는 적어도 결과를 이해하기) 때문이다.

아나키스트 인류학자 데이비드 그레이버David Graeber의 글에 따르면 합의는 다음의 두 가지 원칙으로 귀결된다. "모두는 평등한 발언권을 가진다(이것을 '평등'으로 부른다). 그리고 누구도 원하지 않는 일을 하도록 강제될 수 없다(이것을 '자유'라고 부른다)." 이렇듯 합의제 모델에서는 개인(절대합의제), 또는 전체 중 일부(수정합의제)에게 발의를 막거나 기각할 힘이 주어진다. 이런 거부권이 이론적으로는 모두가 수용할 해법을 찾을 것을 강제한다. 하지만 내가 월가의 시위 현장에서 생생히 목격했듯 실제로는 무모한 거부권 행사가 이 모델의 치명적 결함이기도 하다.

내가 합의제의 실효성에 대해 의구심을 표하자 그레이버 교수가 반론에 나섰다. 그는 적어도 특정 상황에서는 합의제가 실용적이라고 주장했다. 수십 명이 공원에서 시위를 계획한다고 생각해보자. 이때는 아무도 타인에게 큰 힘을 발휘하지 못한다. 이런 상황에서는 합의제를 통해 모두에게 동등한 발언권을 부여하는 것이 현실성 떨어지는 판타지가 아니라, 기존 권력 역학에 대한 솔직한 반성이다. 그리고 참가자들의 자율성을 인정하고 존중하기 때문에 그들의 참여와 열정을 유지하는 데 유리하다.

친구끼리 과제를 수행하는 작은 단위의 협업도 합의의 형태로 움직일 때가 많다. 이때는 대개 합의제가 기본으로 채택된다. 나 역시 협업 상황에서는 여러 번 이 방식으로 작업했다. 그러나 우정을 기반으로 이뤄지는 이런 의사결정 모델은 강한 결속과 뚜렷한 목표를 공유한 그룹에는 잘 먹힐지 몰라도 낯선 이들이 모인 큰 단위의 모임으로 확장하기는 극도로 어렵다. 현대의 복잡다단한 산업사회 전체로 확대 적용하는 건 말할 것도 없다. 1980년에 출판한 《대립적 민주주의를 넘어Beyond Adversary Democracy》에서 정치학자 제인 맨스브릿지Jane Mansbridge가 그 이유를 파헤쳤다. 맨스브릿지는 1960년대와 1970년대 초반 뉴레프트New Left[1950년대 말 영국에서 일어난 마르크스-레닌주의에 반대하는 진보적 사회주의 사상] 운동에 참여한 경험을 바탕으로, 만장일치를 추구했던 그때조차 어째서 '참여 민주주의'의 이상을 현실화하는 것이 그토록 어려웠는지를 고찰했다.

민족지학 연구를 통해 맨스브릿지는 불안하게 공존하는 두 가지 유형의 민주주의가 있으며, 제대로 균형을 이루기 위해서는 이 둘이 반드시 구분되어야 한다는 결론에 이른다. 한 가지는 맨스브릿지가 '대립적 민주주의adversary democracy'라고 부르는 것이 있다. 이는 사람들의 이익은 상충한다는 가정에 기반한다(승자독식 방식의 선거와 다수결 원칙의 민주주의를 말한다). 또 다른 민주주의는 맨스브릿지가 '통합적 민주주의unitary democracy'라고 부르는 것이다. 이는 공동의 이해利害가 존재한다고 전제하고 함께 숙의하는 방식을 택한다(아나키스트 회담과 뉴잉글랜드 시공회당들이 이 모델을 따른다). 전자가 지배적이긴 해도 후자에 대한 욕구는 매우 깊다. 맨스브릿지의 말에 따르면, 모든 정치체는 상충하는 이익과 공동의 이익을 모두 포함하고 있기 때문에 대립적 제도와 통합적 제도가 모두 필요하다. 사람들의 필요와 바람이 동일선상에 있을 때는 통합적 제도가 동지애를 함양하고 확장하는 데 도움이 되지만, 우호적인 상황이 끝나고 필요와 바람이 갈라지면 오히려 통합적 모델이 대립적 모델보다 더 많은 분노와 적개심을 유발할 수 있다. "모두의 이익에 부합하는 해결책이 없을 때는 논의를 많이 해도 대개는 합의를 끌어내지 못한다." 대신 좌절과 불화만 깊어질 뿐이다.[5] 맨스브릿지의 결론은 이렇다. "통합적 민주주의의 실패는 크게 두 가지 원인에 기인한다. 이해가 상충할 때 이를 인정하지 않거나, 그 충돌을 대립적 절차로 다루기를 거부하거나." 갈등에 따라서는 해법을 찾는 회의를 아무리 오래 해도 결코 합의에 이르지 못하는 것들도 있다. 하지만 맨스브릿지는 그 점이 만장일치를 이루기 위한 노력을 멈출 이유는 되지 않는다고 말한다.

프랑스 사회이론가 마르셀 고쉐Marcel Gauchet가 말했다. "민주주의가 무르익은 사회는 갈등의 사회다. 갈등하면서도 누구나 사회 통합을 꿈꾸는 사회." 미국 건국자들은 이런 사회에 취약했다. 18세기 사상가들은 "사회는 화합이 만연해야 하고, 만장일치로 통치되어야 하며, 만장일치를 이루지 못하면 그에 근접한 합의로 통치되어야 한다고 생각했다. 그들은, 파당은 악의적이고 작위적인 정신을 부추기고 일어나지 않았을 사회 갈등들을 만들어내는 존재라고 믿었다." 이에 역사가

리처드 호프스태터Richard Hofstadter는 "미국 헌법을 작성한 사람들이 딱 이 틀에 들어맞는다"고 말했다.[6] 그들은 자신들이 '파벌주의'라고 불렀던 것, 즉 갈등을 다른 무엇보다 두려워했다.

가장 유명한 예가 있다. 《연방주의자 논집The Federalist Papers》[미국 독립 초기에 연방헌법을 지지하는 알렉산더 해밀턴, 제임스 매디슨 등의 연방주의자들이 신문에 익명으로 출판한 85개 논문을 수록한 논문집]의 10번 논문은 제임스 매디슨이 푸블리우스Publius라는 가명으로 쓴 것인데, 여기서 매디슨은 파벌의 유해성을 비난하면서 사회 갈등의 근원을 인간 본성에서 찾았다.

> 종교와 정부를 비롯한 많은 것에 대해 다양한 의견을 추구하는 열망, 관행처럼 이루어지는 억측, 출세와 권력을 두고 야심차게 경합하는 여러 정치인에 대한 집착, 인간의 격정을 자극해온 인물들의 흥망에 대한 애착. 이것들이 결과적으로 인류를 여러 파당으로 갈랐고, 서로 적대감을 갖도록 불을 붙였으며, 공동선을 위해 협력하기보다 서로를 괴롭히고 탄압하는 경향을 키웠다. 인류의 이런 성향은 너무나 강해서 서로 갈가리 반목하게 만든다. 그리고 뚜렷하고 실질적인 이유 없이 경박하고 변덕스러운 구분들만으로 해로운 적개심에 불을 붙이고 사납기 짝이 없는 충돌을 불러일으킨다.

매디슨은 자유를 파당의 근원으로 보았다. 그렇다고 시민의 자유를 제약하는 것은 아무리 평화를 위해서라지만 용인할 수 없는 것이었기에(폭정으로 회귀하는 것을 의미했기에) 유일한 방법은 자유로 인한 피해를 줄이는 것뿐이었다. 그는 '견제와 균형checks and balances[국가권력을 분리해 서로 억제하게 함으로써 국가 질서의 안정을 이루겠다는 통치 원리]'과 삼권 분립을 갖춘 체제라면 파당의 파괴적 효과를 억제하고 사회 통합을 이룰 수 있다고 믿었다. 또 다른 연방주의자 알렉산더 해밀턴 Alexander Hamilton, 1755~1804은 1788년에 이렇게 선언했다. "우리는 이 헌법을 통해 파당정치를 폐지하고, 공공복지를 위해 모든 정당을 하나로 결속하려 한다." 때로는 혼돈이라는 용광로에서 기능적 합의가 빚어질 수도 있다.

비결은 파벌이 너무 많아서 급기야 서로를 상쇄하는 걸지 모른다. 볼테르도《철학 편지Lettres philosophiques》에 이렇게 적었다. "만약 영국에 종교가 하나 있다면 전제주의 폭군이 나라를 말아먹었을 것이고, 두 개 있다면 서로의 목을 땄을 것이다. 하지만 서른 개나 되는 덕분에 지금 행복하고 평화롭게 산다." 상충하는 파벌들끼리도 의견 합치가 가능하고, 내전을 방지할 수 있으며, 시인 알렉산더 포프Alexander Pope, 1688~1744년가 노래한 에덴동산의 그림을 실현할 수 있다.

　　뭉개지고 멍든 혼돈이 아니다
　　조화롭게 혼란스러운 세상일 뿐
　　다양성 속에 질서가 존재하고
　　모두가 다르지만 모두가 동의하는 곳.

호프스태터의 생생한 표현에 의하면, 역설적이게도 미국 최초의 정파들인 연방주의자와 반연방주의자를 만든 사람들은 '정당을 정치라는 몸에 난 종기로 보던' 남자들이었다. 다양한 정치적 이념과 야망을 가진 남자들이 정당을 혐오할 때만큼은 똘똘 뭉쳤다. 그들은 정당들이 편파적 당리를 위해 국민을 이간한다고 믿었다. 존 애덤스John Adams, 1735~1826, 미국의 제2대 대통령는 "공화국을 두 개의 거대 정당으로 분리한 것은 헌정 최악의 정치적 폐해"라고 했다. 하지만 결국 정당들이 생겨나고 민주당과 공화당이 매일 싸운다 해서, 그것이 갈등이 만연하고 합의의 꿈이 물 건너간 상태를 의미하지는 않는다.

대신 갈등에 대한 새로운 이해가 생겼다. 즉 정치 갈등이 합법적 대립으로 재정의됐다. 이 혁신적 프레임 안에서 경쟁 정당들은 일종의 헌법상 합의에 묶여 움직였다. 말하자면, 권력 쟁탈전의 참가자들이 근본적이고 타협 불가한 것으로 받아들인 원칙이 있었다. "정쟁은 특정 정책이나 일단의 정책들에 대한 반대이지, 헌법 체제의 정당성 자체에 대한 반대는 아니다." 호프스태터는 《정당 체제라는 발상The Idea of a Party System》에 이렇게 썼다. "정쟁은 원색적인 논쟁과는 차원이 다르다. (정당은) 선동, 반역, 음모, 쿠데타, 폭동, 암살을 포기하고 '다소' 자유로운 유권자들에게 공개적으로 지지를 호소한다. 정부는 야당을 다루는 방법에 법적 제약을 받는다."[7]

이는 오늘날 모두가 당연시하는 발상이다(물론 여러 정당의 후보들이 감투를 쓰기 위해 개싸움을 벌이는 때도 있다). 그런데 이 당연한 패러다임이 한때는 검증되지 않은 괴물이었다. 구세계에는 신출내기 공화국이 믿고 따를 긍정적 모델이 없었다. 거기 있는 건 파괴적 종파들뿐이었다. 그래서 초보 연방주의자들과 반연방주의자들은 경쟁 체제를 완전히 깨부수고 반대파를 흡수하는 것을 목표로 삼았다. 백악관에 교대로 입성하는 것도, 윤번제 정권이라는 예측 가능하고 질서 있는 갈등도 선택하지 않았다. 다당제가 필요악이 아니라 필요선으로, 공동번영을 효과적으로 도모하기 위해 대중을 조직하는 가장 효율적이고 논리적인 수단으로 인식되는 데는 그 후로도 수십 년이 걸렸다.

오늘날은 양당이 국가, 주, 지역 단위로 선거를 해서 주도권 다툼을 벌인다. 그러면서도 헌법상의 합의에 따른다. 이 '자유 공정' 선거가 미국식 민주주의, 즉 통제된 갈등 시스템의 특징이다. 물론 지금의 의회는 통제 사각지대처럼 보인다. 그러나 끝없이 드잡이하는 이미지가 전체 그림을 대변하지는 않는다. 드잡이 이미지에 가려 보이지 않는 보다 근본적인 결속이 있다. 바로 양당 합의제다. 양당 합의는 문서화는커녕 명시적으로 언급된 적이 없는데도 전체 제도의 밑바탕을 이룬다. 미국 정치판의 가장자리에 제3의 당들이 있지만, 두 거대 정당이 미국에서 법적으로 허용되는 정쟁의 범위와 정도를 대변하고, 누이 좋고 매부 좋은 정책들을 함께 지지해서 이중지배 체제를 굳히고, 다른 잠재 경쟁자들의 발흥을 막는다. 미국의 정치세계를 지배하는 이 암묵적 합의는 우리가 존경하는 헌법만큼이나 근본적인 것인데도(막상 미국 헌법은 정당을 언급하지 않는다) 대놓고 회자되는 일은 별로 없다.

도널드 트럼프가 대통령으로 당선된 다음 날, 나는 미국 흑인 역사 전문가 오마 H. 알리Omar H. Ali 교수를 면담했다. 알리 교수는 남북전쟁까지 거슬러 올라가는 미국 독립당들의 역사를 폭넓게 저술한 사람으로 유명하다. 알리에 따르면 공화당과 민주당, 이 난공불락의 두 정당은 그들이 입안하는 법과 규제로 막대한 이익을 거두는 사적 단체이지 공공 단체가 아니다. 두 정당은 미국 정치 지형의 붙박이 현실,

일종의 정부 기반시설처럼 보인다. 그러나 사실 둘은 특수 이익단체이며, 그들의 정치는 궁극적으로 자기보호가 목적이다.

알리 교수가 말했다. "제한예비선거closed primary[당원 자격자만 참여하는 후보자 선출], 피선거권 제한, 대선후보 토론 참가 자격 제한, 선거구 획정은 모두 양당의 권력 유지를 돕는 대표적 제도들입니다. 결국 민주당 아니면 공화당에 유리하게 진행되죠. (⋯) 당들이 온갖 방법으로 의석을 당리에 이용하는 것이 일상이 됐습니다. 둘이 서로 으르렁대지만 카메라 밖에서는 나란히 팔짱을 끼고 권력을 유지하기 위해 의기투합합니다."

이 때문에 미국 체제는 자유민주주의 국가들 사이에서 뛰는 존재다. 정치학자 피파 노리스Pippa Norris는 이렇게 썼다. "당리당략을 위해 법을 이용하는 가장 극명하고 노골적인 사례가 미국일 것이다. 미국에서 민주당과 공화당은 자동적으로 투표용지에 오르는 반면, 제3의 당들과 무소속 후보들은 복잡하고 번거로운 법적 요건들의 미로를 통과해야만 한다."[8] 주로 좌파 도전자가 여론조사에서 두각을 보이는 것을 막을 목적으로 주마다 개별적으로 생겨난 규제들 때문에 제3의 당들은 투표용지에 이름을 올리는 데만도 힘겨운 싸움을 치러야 한다. 간신히 싸움에서 이겨 관문을 통과해도 그들에게는 양대 정당이 받는 연방보조금을 받을 자격이 주어지지 않는다. 군소 정당들은 미국의 최다 득표자 당선 시스템에서 들러리 역할에 머물 수밖에 없다.

알리 교수의 표현을 빌리면 "법을 만드는 자가 지배한다." 미국의 선거에서는 자신을 무소속이라고 생각하는 수천만 시민은 1차 투표에서 배제된다. 이것이 양대 정당의 의석수를 보호하고, 거의 모든 국가고

위직을 민주당 아니면 공화당이 차지하게 만든다. 알리의 의견은 건국의 아버지들을 상기시키면서도 민주주의적 반전을 품고 있다. 그는 양대 정당이 봉사해야 할 대상은 국민이고 결국 국민이 양대 정당의 고삐를 잡아야 한다고 믿는다. 갑갑한 양당 합의제는 깨져야 한다. 여타 정당들과 정견들이 숨 쉴 공간을 만들기 위해서, 더 많은 합법적 정쟁과 민주적 갈등을 위해서.[9]

불평등을 가리는 가짜 합의

민주주의는 체제에 대한 믿음에 달려 있다. 항상 그래왔다. 다만 시간이 흐르면서 그 믿음의 본질이 변했다. 고대 아테네 시민들은 매번 참석하지는 않았지만 민회의 결정을 존중했고, 추첨식 공직자 선정 같은 무작위 방식들도 신뢰했다. 삶을 바꾸는 결정들이 겉보기에는 무작위로 이루어지는 것 같아도 도시의 수호신들이 막후에서 안내자 역할을 한다고 믿었기 때문이다. 세월이 흘러 18세기에는 장-자크 루소가 민주적 참여와 시민의 자유를 향한 비전을 부활시켰다. 루소는 인간의 본성은 선하다는 믿음을 피력함으로써 원죄와 인간의 타락을 믿는 당대인들에게 충격을 안겼다.

루소는 인간은 본래 선하지만 상업사회의 제도가 사람들을 타락시킨다고 주장했다. 그는 사람들이 자치를 위해 한데 뭉치면 개인의 필요와 바람을 초월하는 고차원적 합의인 '일반의지Volonté Générale'에 도달하고 공동체의 안녕을 이룰 수 있다고 했다. 훗날 숙의 민주주의

deliberative democracy를 주장하는 사람들이 이 전통을 이어받았다. 그들은 충분하고 지속적이고 논리적인 토론을 공공 의제에서 '합리적 합의'에 이르는 열쇠로 보았다(이 관점은 정신분석 이론에 배치된다. 정신분석학은 인간의 본성을 영원한 내적 갈등의 상태로 규정한다. 인간의 욕구는 무의식의 영역에 억제돼 있어서 우리는 자기 자신을 거의 알지 못하며, 일반의지를 감지하기는커녕 우리가 원하는 것이 딱히 우리에게 좋은 것이리란 보장도 없다. 인간의 정신 구조에 내재된 부조리를 생각하면 이성이 이길 날이 없는 것은 놀라운 일이 아니다).

월가의 시위 현장에서 사람들이 루소를 직접 거론하는 것은 보지 못했지만(분명히 해두자면 정신분석 이론을 논하는 것도 들은 적은 없다) 루소의 빛바랜 지문은 분명히 감지됐다. 숙의의 전통 또한 뚜렷이 보였다. 사람들은 크고 작은 회의에서 몇 시간씩 열띤 토론을 벌였다. 죽은 자들만 영향을 미친 건 아니다. 운동권이 합의 절차를 애용하는 관행은 퀘이커교Quakers[17세기 잉글랜드에서 청교도혁명 중에 발생한 신교의 한 교파. 친우회Society of Friends가 정식 명칭이다]에 보다 직접적인 기원을 둔다. 퀘이커교는 노예제 폐지 같은 사회정의 대의들에 관여한 역사가 있고, 영적 신념을 공유하는 것이 합의를 촉진한다고 믿는다. 이런 종교적 환경에서는 합의가 일종의 계시적 체험을 나누는 매체가 된다. 물론 월가 시위의 총회에서 언쟁을 벌이던 운동가들은 성령이 모임을 인도하고 있다고 생각하지 않았다. 하지만 퀘이커교의 기법들이 널리 활용되어온 건 사실이다.

운동가이자 작가인 L. A. 카우프만L. A. Kauffman은 '합의의 신학'에 대한 글에서 사회운동가들의 합의 방법을 비판했다. 카우프만은 월가 시위의 열정적 노력들이 합의라는 암초투성이 해안에 좌초하게 될 거라고 일찍부터 경고했다. 하지만 합의제가 이미 확고히 자리 잡은 터라 그녀의 충고는 무시됐다. "40년간 지속된 합의가 믿음의 문제였다면 이제 변절의 시절이 왔다." 카우프만은 점거 시위의 실패 이후 이렇게 썼다. "실질적 혜택보다 관념적 혜택이 더 큰 프로세스를 계속 이용해야 할 이유가 있을까. 독실함과 습관은 좋은 명분이 아니다."[10]

카우프만은 저서 《직접행동Direct Action》에서 1976년을 중요한 해로 언급했다. 1976년은 조가비연맹Clamshell Alliance이라는 단체가 뉴햄프셔에 핵발전소를 건립하는 것을 반대하는 캠페인을 시작한 해다. 이때 퀘이커교도가 창설한 사회사업 조직인 미국친우봉사단American Friend Service Committee의 단원들이 조가비연맹에 합의제 운영 방식을 제안했다. 제안 당시에는 이 방식의 확장 가능성 여부를 생각하지 못했다. "합의제에 따라 본 단체는 회원 전원이 동의하지 않는 어떤 조치도 취하지 않는다." 이것이 조가비연맹의 행동 지침이었다.[11] 카우프만의 말처럼 다양한 참여자들 또는 구성원들 간에 내부 합의를 구축하려 했던 민권단체와 노동단체는 많다. 하지만 퀘이커교의 방식은 만장일치 그 이상을 추구했다. 단지 피상적이고 실용적인 만장일치가 아니라 보다 심오한, 즉 깊고 영적인 곳에서 비롯된 통합을 원했다. 그들은 투표를 거부하고 '센스 오브 더 미팅sense of the meeting(침묵 속에 신성의 발현을 기다릴 때 가끔 도달하는 고차원의 종교적 진실의 조화)'을 추구했다. 그러나 세월이 흐르면서 합의 절차가 세속적이고 정치적인 하위문화들에서 점점 흔한 일이 되었고, 요란한 논쟁이 경건한 고요를 대체해버린 회의장에서 퀘이커교의 통합 탐색을 떠받치던 종교적 신념은 박살나고 없었다.

인간에게는 신이나 신들, 또는 인류의 선한 본성, 또는 공공선을 이성적으로 정의할 수 있다는 확고부동한 믿음이 있었다. 이 믿음이 직접민주주의와 합의제의 여러 실험들을 주도했고, 서로 엇갈린 결과들을 냈다. 미국 건국자들의 경우, 독립선언서가 창조주를 목메게 부르고 있음에도 그들의 기본 구상에 스며 있는 믿음은 종교적이라기보다 과학적이었다. '견제와 균형'을 통해 갈등을 억제한다는 그들의 계획은 당시에 인기를 끌었던 기계론적 개념들과 통했고, 형이상학적 세계의 조화가 아니라 물리적 세계의 평형과 균제를 위한 것이었다. 정부의 기어들은 시계의 그것만큼이나 우아하게 작동되어야 했다. 또한 상충하는 사회적 작용력들도 자연의 작용력들처럼 균형을 이룰 수 있으며, 일종의 헌법적 장치를 고안하는 것이 그 방법이라는 믿음을 반영해야 했다. 건국의 아버지들은 그 장치를 공화정으로 지칭했다. 그들의 공화정은 직접자치 시스템(다른 말로 민주주의)의 반대 개념으로, 계층화 대리통치 시스템이었다. 그들은 이 시스템을 통해 바람직한 성원들, 이른바 '천부적 귀족'은 상층부로 빨아올리고 나머지 '하찮은 인간들'은 걸러내고자 했다(노예, 여자, 재산이 없는 남자의 권리를 박탈하고 묵살하는 것은 이 필터링 과정의 첫 단계에 불과했다).

미국 헌법의 아버지 매디슨은 이 필터링을 헌법의 주요 목표로 삼았고, 그의 필터를 거쳐 정상에 오르는 사람들은 필히 부유층이어야 했다. 매디슨은 《연방주의자 논집》 10번 논문에서 '파당의 해악'을 통제할 필요성을 말했고, 파당을 인간의 본성과 자유의지 탓으로 돌렸다. 이 주장은 많은 사람의 입에 오르내렸다. 반면 그가 파당의 주요 근원으로 점찍은 물질적 불평등은, 이 논문의 진짜 논점과 취지를 잘 드러낸 말인데도, 크게 관심을 끌지 못했다. "파벌의 가장 보편적이고 지속적인 근원은 다양하고 불평등한 재산 분배에 있었다. 유산자와 무산자는 늘 사회에서 판연히 다른 이해관계를 형성해왔다."

유산계급의 일원이었던 매디슨은 물질적 불평등을, 일부가 나머지보다 재능 있고 능력이 있어서 생긴 불가피한 결과로 정당화했다.

재산권은 인간 능력의 다양성에서 기원했다. 인간 다양성은 이해관계의 균일성을 막는 극복할 수 없는 장애물이다. 다양한 능력을 보호하는 것이 정부의 첫 번째 목적이다. 상이하고 불평등한 재산 취득 능력을 보호하면 거기서 서로 다른 정도와 종류의 재산 소유가 생겨나고, 그것이 소유자 각각의 의향과 견해에 서로 다른 영향을 미쳐 사회를 서로 다른 이익집단들과 정당들로 나눈다.

매디슨에 따르면, 헌법의 역할은 유산자들을 파벌 싸움으로부터 보호하는 역할을 하는 것이었다. 바꾸어 말하면, '편파적이고 고압적인 다수의 우세한 힘'으로부터 소수를 보호하는 것이었다. 매디슨은 직접민주주의를 두려워했다. 직접민주주의 체제에서는 부자보다 수가 많은 빈자에게 지배권이 넘어갈 것이고, 그러면 그들이 부채 탕감과 자산의 균등 분배 등 각종 '부당하거나 사악한' 프로젝트들을 요구할 것이라는 이유 때문이었다. 상위 1%에게는 그런 것들이 악몽이다.

오늘날 우리는 소수자 권리 보호를 끝없이 말하고, 그 원칙을 미국 시스템의 본질적이고 필수불가결한 요소로 인식한다. 우리는 소수자라는 말을 들으면 유색인종, 여성, 동성애자, 트랜스젠더, 장애인을 떠올린다. 하지만 미국의 건국자들에게 소수자는 부자들이었다. 고맙게도 지금의 소수자 개념은 건국자들이 생각한 그것보다 심오하고 포괄적인 의미로 발전했다. 건국자들이 종교적·정치적 반체제 인사들을 보호하는 데 신경 쓴 것은 분명한 사실이다. 하지만 소수자 권리에 대한 그들의 염려가 사실은 소수집단, 즉 토지 소유욕에 불타는 부유한 백인 노예소유주 귀족층의 기득권을 지키려는 광기에서 비롯됐다는 아이러니는 별로 언급되지 않는다. 이 소수집단이야말로 파벌 중의 파벌이었다(부동산 재벌을 대통령으로 뽑는 건 알고 보면 미국 전통에 딱 어울리는 일이다. 조지 워싱턴은 1789년 초대 대통령으로 취임했을 당시 미국에서 가장 부유한 대지주 중 한 명이었고, 원주민 영토에 불법적으로 투기한 이력도 있었다). 매디슨이 주장한 정부의 주목적은 '다수로부터 부유한 소수를 지키는 것'이었다.

제임스 매디슨처럼 총명한 사람이 다수결주의 독재의 진정한 희생자가 흑인이라는 사실을 깨닫지 못했다는 것이 참으로 개탄스럽다. 흑인을 재산으로 소유한 극소수 상위층 남자들만 노예제를 지지한 게 아니었다. 백인 인구집단이 광범위하게 지지했다. 건국자들은 이런 눈앞의 현상을 직시하기를 거부했고, 그들이 노예로 삼은 무고한 사람들의 인간성을 무시했다. 그다음으로 할 일은 가난한 백인 남자들이 상위층의 특권을 빼앗을 생각을 품지 못하게 하는 것이었다. 이때 헌법적 합의제가 매력적인 해법으로 다가왔다. '견제와 균형'이라는 통치 원리가 불공정한 물질적 관계에서 비롯된 갈등을 은폐하는 명분을 제공했다.《연방주의자 논집》10번 논문의 노골성은 놀라울 정도다.

"유산계급들(지주, 산업가, 상인, 채권자)은 가난한 무리들로부터 안전하게 보호되어야 한다. 설사 그것이 다수의 힘을 제한하는 일일지라도."

이 딜레마에 대해 건국자들은 따로 방법을 고안해서 해결하면 된다고 여겼다.[12] 예를 들어, 매디슨은《연방주의자 논집》55번 논문에서는 소크라테스를 인정했지만("아테네 시민이 모두 소크라테스라 해도 아테네 민회가 오합지졸이라는 점은 변함없다"), 전반적으로는 쇠파리[소크라테스 사상을 수록한 플라톤의《대화편》에서 소크라테스는 자신을 쇠파리라고 불렀다. 집요하게 물면서 잠들지 못하게 하는 쇠파리처럼 끈질기게 질문을 던지는 사람이라는 뜻이다]의 지혜(정확히 말하면 제자 플라톤이 전하는 소크라테스의 지혜)를 헌신짝 보듯 했다.

서구 정치철학의 모태인《국가론》에서 플라톤은 그가 생각하는 이상적인 도시의 청사진을 제공한다. 그가 화자로 내세운 소크라테스는 이렇게 주장한다. "올바른 도시라면 마땅히 그곳의 거주민은 천부적 능력에 근거하여 지배계급을 포함한 세 가지 부류로 나뉘어진다." 플라톤은 '철인 군주哲人君主, philosopher king'를 제안했다는 조롱을 받는다. 하지만《국가론》이 민주주의에 지극히 적대적이기는 해도 1인 계몽독재자를 옹호하는 책은 아니다. 대신 지식 애호가들, 즉 남녀 철학자들이 통치하는 복잡한 시스템을 제시한다. 이 생각은 플라톤의 사상치고는 젠더 중립적이지만 여전히 기분 나쁘다(플라톤이 페미니스트는 아니었지만 적어도 두 명의 여성이 그의 아카데미에서 수학한 것으로 알려져 있다. 그 여성 철학자들의 사상이나 생애에 대해서는 전해지는 바가 없다). 그런데 여기, 결정적 반전이 있다. 플라톤은 통치자는 재산이 전혀 없는 무일푼이어야 하며, 통치자의 임무는 자원 분배를 보장하고, 빈부 차이가 도시를 파괴하고 두 쪽 내고 부자와 빈자의 내전이 발생하는 것을 막는 것이라고 했다. 말하자면 플라톤은 매디슨이 불가능하다고 주장한 '(파벌 해악의 주원인인) 경제적 불평등의 제거'를 제안했다.

여기서 우리는 중요한 질문에 이른다. 어떤 갈등이 근본적이고 불가피한 갈등일까? 단지 완화할 수 있는 갈등은 무엇이고, 해결할 수 있는 갈등은 무엇인가? 매디슨은 일부는 선천적으로 남들보다 부의 축적에 능하기 때문에 부자와 빈자가 상존할 수밖에 없다고 자신 있게 말한다. 오늘날도 이 견해가 일반적으로 통용된다. 즉 자유주의 테크노크라트technocrats[국가나 사회에 영향력과 의사결정권을 행사하는 과학기술전문가들]도 불평등이 문제일 수는 있지만 유일한 해결책은 재산권을 최고 가치로 두는 시장 친화적 정책으로 분쟁을 조정하고 격차를 관리하는 것뿐이라고 믿는다. 이러한 매디슨의 관점에 따르면, 빈부 갈등은 영원히 지속될 현상이며, 원한다고 없어지는 것이 아닌 어쩔 수 없는 현실이다.

하지만 이 문제에 있어서 합의란 없다. 월가 시위자들(매디슨이 두려워한 '분개한 채무자'라는 다수 집단)은 부자 상위 1%는 천부적 재능을 타고난 소수가 아니라, 개국 이래 그들에게 유리하게 적용된 법의 비호를 받아온 계급이라고 외쳤다. 하지만 월가 시위자들은 합의제를 지향하며 자신들이 원하는 세상을 축소형으로 제시했고, 경제적 개혁을 얻어내는 데 따르는 진통을 심하게 과소평가했다(국가가 반대의견 진압에 무력 동원도 서슴지 않겠다는 의지를 명백히, 그리고 자주 드러냈는데도 말이다. 실제로 정부는 밤에 헬리콥터를 띄우고 폭동 진압 장비로 무장한 경찰력을 투입해 맨해튼의 농성 캠프를 몰아냈다). 노동자들의 요구는 언제나 무자비한 저항에 부딪혔다. 19세기에는 하루 8시간의 노동 시간을 요구하는 노동운동가들을 진압하고 심지어 죽이기 위해 용병들이 동원됐고, 오늘날에는 최저 생활임금을 요구하는 노동자들을 겁박하는 전문 파업파괴자들이 활약한다. 유명한 진보 성향 억만장자 워런 버핏Warren Buffet이 2011년에 말했듯, 계급 전쟁은 실제로 있으며, 그가 속한 편이 그 전쟁을 벌이고 또 이기고 있다.[13]

부자와 빈자 사이의 적대감은 우리 사회의 근본 요소일지 모른다. 하지만 그건 우리가 경제를 구조화하는 방식에 기인한다. 계급 갈등은 자본주의에 내재해 있지만, 그렇다고 그것이 언제나 민주주의를 방해만 하는 건 아니다. 경제적 불평등은 민주주의 체제의 토대인 정치적 평등 원칙을 해친다. 따라서 경제적 불평등을 깨려는 계급 투쟁이 순기능을 한다. 어쨌거나 매디슨을 비롯한 건국자들이 부의 층서를 정치세계의 항구적 특징으로 받아들인 것이 놀랄 일은 아니다. 그렇게 하지 않으면 그들의 특권과 권력을 내버리는 셈이니까.

건국자들은 경제적 갈등의 진정한 본질을 고심하기보다 가짜 합의를 택했다. 노예, 원주민, 여자, 가난한 남자 들이 자신들의 견해를 보탤 기회를 인정받았다면 헌법은 분명 매우 다르게 쓰였을 것이다. 하지만 우리는 같은 실수를 반복할 필요가 없다. 시스템의 전면적 변혁이 일어나기 전까지는, 다시 말해 인간의 다양성과 의견 불일치 성향은 인정하고 '부유층은 반드시 권익을 보호받을 자격이 있는 소수집단'이라는 발상은 인정하지 않는 새로운 종류의 사회계약이 성립하기 전까지는, 지배계급과 노동계급은 탈출구 없는 투쟁을 계속할 수밖에 없다. 진정한 민주적 합의는 최소한 다음을 첫 번째 전제로 깔아야 한다.

지금처럼 전체 가구의 상위 1%가 하위 90%의 부를 모두 합친 것보다 더 많은 부를 소유한다면 미국의 민주주의는 살아남을 수도, 심지어 존재할 수도 없다.[14]

해적선 위의 민주주의

정치체제를 설계할 때 정치체제의 종류는 갈등과 합의 중 어디에 중점을 두느냐에 따라 달라진다. 마르크스는 저변의 물질적 관계들에 의해 사회적 삶이 규정된다고 보았고, 경제 기반의 공동소유와 급진적인 평등 추구만이 계급 간 갈등을 없애고 인간의 자유의지와 창의적 잠재를 불러일으킬 수 있다고 믿었다. 한편 낭만적인 루소는 친절하고 다정한 정치체가 가능하다고 믿었고, 합의에 따른 일반의지가 이끄는 소규모 민회 체제를 숭배했다. 이와는 대조적으로 17세기 사상가 토머스 홉스Thomas Hobbes, 1588~1679는 인간의 밑바닥에서 갈등을 보았다. 그는 개인은 본질적으로 이기적이라서 폭력과 무질서를 향하게 돼 있다고 판단했다. (어떠한 사회적 계약도 맺지 않고) 그날그날 연명하는 자연 상태의 삶은 '비참하고 짧은 야수의 삶'이기 때문에 결국 인류는 이해타산과 안위 욕구에 굴복하고 사회에 들어가 지배권을 강력한 통치자에게 넘기는 데 동의했다. 이로써 홉스가 리바이어던Leviathan[구약에 나오는 바다괴물. 홉스는 1651년에 발표한 동명의 저서에서 국가라는 거대하고 강력한 창조물을 이 괴물에 비유했다]으로 명명한 강력한 통치자는 상의하달 식으로 갈등을 평정하고 합의를 강제로 부과하게 된다. 홉스는 이 굴복이 '동의나 화합 이상의 것이며 진정한 통합', 즉 자유의 희생을 필요로 하는 통합이라고 했다. 폭력적이기 짝이 없었던 영국내전 1642~1651[잉글랜드 왕당파와 의회파 간의 내전. 의회파가 승리해 찰스 1세가 참수당하고 정치 주도권이 의회로 넘어갔다]을 겪으며 살았던 홉스에게 참담한 자연 상태란 그저 가상의 과거가 아니라 자신이 목격한 사회 붕괴에 대한 은유였다. 따라서 그는 그 정도 대가는 충분히 치를 만하다고 보았다.

자유민주주의는 꾸준히 팽창했다. 그럼에도 우리는 안보를 위해서, 그리고 전제주의 합의를 위해서 자유를 내버리는 반민주적 충동을 버리지 못했다. 공포는 원칙을 고수하는 사람들의 손에서 힘을 뺀다. 조지 W. 부시 대통령이 이 성향을 기막히게 이용했다. 그때 시민들은 소위 테러와의 전쟁을 위해 시민 자유를 포기했고, 그 전쟁은 지금도 진행 중이다. 하지만 이런 과거의 어리석음을 유념한다 해도 홉스가 말한 강력한 통치자에 대한 욕망을 완전히 억누르기란 어렵다. 파탄 국가에서 살아본 사람들은 특히 그렇다(미국이나 캐나다 같은 국가에서 사는 사람들은 운 좋게 겪어보지 못한 가혹한 현실이 세상에는 아주 많다). 결국은 모두가 끝없는 위험과 화합의 가능성 사이에서 외줄타기를 한다. 관건은 갈등과 합의의 역할에 대한 정치이론의 상충되고 모순된 통찰들을 생산적으로 결합하는 것이다.

그런데 이때 의외의 집단이 시사점이 많은 모델을 제시한다. 바로 옛날의 해적들이다. 약탈이 업인 해적들은 위험한 충돌 상황을 밥 먹듯 겪으며 남다른 종류의 사회 모델을 구축하고 살았다. 그들의 사회는 탄탄한 민주적 구조와 경제적 공정성을 갖춘 사회였다. 해적 사회는 거의 사상 최초로 보편적 의료 보장과 실업급여 시스템을 고안했고, 꽤 높은 수준의 인종적 관용을 뽐냈다. 역사학자 마커스 레디커Marcus Rediker가 쓴 《만방의 악당들Villains of All Nations》에 따르면 "영국 해적 샘 벨라미Samuel Bellamy, 1689~1717의 크루는 영국인, 프랑스인, 네덜란드인, 에스파냐인, 스웨덴인, 아메리카 원주민, 아프리카계 미국인, 노예선에서 해방된 아프리카인 20여 명을 포함한 '세계 각국에서 잡다하게 모인 다민족 무리'였다."[15] 돛대 높이 휘날리는 해적기는 범법자에 대한 포용과 함께 민족주의에 대한 거부도 상징했다. 출신을 물으면 해적들은 '바다에서' 왔다고 답했다.

존 마코프John Markoff가 《민주주의는 언제 어디서 발명되었는가?》라는 에세이에 이렇게 썼다. "근세 대서양을 누비던 해적선들의 리더십은 직권으로 부여됐다기보다 크루 전체의 동의에서 나왔다고 보는 것이 가장 그럴듯한 설명이다." 당시 정규 해군과 상선의 경우 선장이 선원들을 향해 절대적인 권한을 휘둘렀고, 선원들보다 돈을 훨씬 많이 벌었으며, 저항하는 사람은 누구든 선상 반란죄로 다스릴 수 있었다. 사실상 독재 체제였다. 이에 반해 해적의 삶은 놀랄 만큼 평등했다. "해적선은 비민주적인 시대에 민주적이었다." 레디커와 공저자 피터 라인보우Peter Linebaugh가 말했다. "해적은 정의를 시행했고, 장교들을 선출했고, 전리품을 동동하게 분배했고, 남다른 규율을 확립했다. 그들은 선장의 권한을 제한했고, 자본주의 상선업의 여러 관행에 저항했으며 다문화, 다인종, 다국적 사회체제를 유지했다."[16] 한 포로는 해적선에 계급이 없다는 점에 혀를 내둘렀다. "때로 그들은 모두가 선장이고 리더다."[17] 해적들은 또한 투표를 즐겼다.

선박법들에 따르면, 해적선의 선원들은 정기적으로 모여 공동으로 결정했고, 분산적이고 제한된 권력을 행사했고, 계약에 특정된 권리들(예컨대 공동 선용품, 지정된 몫의 노획품, 지정된 요율에 따른 작업 중 부상 보상금)을 누렸고, 직접 리더를 뽑았다. 따라서 해적선 선장은 폭군이 아니라 선출직 공직자였고, 그의 권한과 이득은 상당히 제한적이었고, 그가 받는 1일 배급량은 일반 선원의 몫과 같았고, 약탈품을 나눌 때만 노고에 대한 합당한 보상으로 일반 선원의 2배를 받았다. 근로자 평균 임금의 271배를 챙기는 오늘날의 CEO들과는 달랐다. 무엇보다 해적선 선장은 추격할 때나 전투 중에만 절대권력을 행사했다(어느 관찰자가 말했듯 "해적들은 자신들도 선장이 될 수 있다는 조건으로 그에게 선장의 자리를 허가한다". 선장은 비겁한 행위나 잔학한 행위를 하면 언제든 자리에서 쫓겨날 수 있었다. 심지어 '너무 신사적인 행동'을 이유로 해임된 경우도 한 번 이상 있었다).[18] 바꿔 말하면, 평소에는 내부 합의 도출을 위한 저속 탐색을 하다가 오직 절체절명의 갈등 시기에만 빠르고 효율적인 전제주의가 실행됐다. 갈등이 진정되면 선장은 다시 평범한 승조원으로 돌아오고, 평의회가 다시 굳건히 키를 잡았다.

드넓은 바다를 휘저으며 약탈을 일삼는 사람들에게 공민의식을 배운다는 게 좀 이상하지만, 칭찬할 건 칭찬하는 정당한 평가도 중요하다. 해적선은 역사상 최초의 직장 민주주의 사례다. 그들은 '한 배를 탄 사람들'이라는 속담에 내포된 결속과 연대를 제대로 구현했다. 거대 정부 시스템을 위한 교훈도 있다. 대양의 무법자들은 복잡한 문제들을 다루는 데도 능했다. 첫째, 그들은 외부 갈등이 있다는 사실을 인정하고 극도의 갈등 시기에는 유능한 리더를 두는 것이 유용하다는 사실을 받아들였다. 둘째, 기본적 권력 분립을 보장해서 내부 갈등의 가능성을 줄였고, 경제사회적 평등의 기준선을 보장해서 모두가 의사 결정에 평등하게 참여하게 했다. 다시 말해 선원 전원이 경제적 권리와 정치적 권리를 모두 누렸다. 내가 보기에 해적 모델은 대립적 민주주의와 통합적 민주주의를 창조적으로 결합한 것이었다. 맨스브릿지의 통찰을 영리하게 버무리고 그 결합물에 소량의 매디슨과 마르크스를 맛깔나게 뿌렸다고나 할까. 당시의 제국들과 제국주의를 등에 업은 상업 세력들이 '폭도'의 '빠른 증식'을 두려워하며 '바다의 반란군' 소탕에 혈안이었던 것은 놀랄 일이 아니다.

민주주의적 합의는 갈등을 거쳐 도달한다

나는 철학자 코넬 웨스트를 만났을 때 물었다. "만약 옛날에 짐크로법 폐지와 공립학교 인종 통합을 국민투표에 부쳤다면 어떻게 됐을까요?" 그러자 그는 망설임 없이 답했다. "결코 통과되지 못했을 겁니다." (그는 학교 인종 통합은 실행 면에서는 지금도 지극히 미흡한 형편이라고 덧붙였다.) 20세기 중반의 흑인민권운동가들이 법 개정을 위해 만장일치를 기다려야 했다면 그들은 아마 지금까지도 싸우고 있을 것이다. 미국의 제7대 부통령이면서 노골적으로 노예제를 옹호했던 존 C. 칼훈John C. Calhoun, 1782~1850은 합의제의 열혈 지지자였다. 그는 합의제가 노예 소유주라는 소수집단에게 변화를 막고 계속 노예를 부릴 권리를 허락할 것으로 믿었다. 물론 그 믿음에는 노예들이 계속해서 선거권과 거부권을 박탈당한 채 살아갈 것이라는 추정이 깔려 있었다.

이 모든 것을 고려할 때, 몇 가지 주목할 사실이 드러난다. 수세기에 걸친 봉기와 저항 끝에 미국 흑인들은 마침내 공식적으로는 법적 평등을 얻어냈다. 하지만 헌법의 견제와 균형 시스템, 파벌에 대한 예방책이 그들을 보호했기 때문은 아니었다. 백인우월주의자들이 진득한 회의와 이성적 숙의를 통해 그들의 과오를 깨달았기 때문도 아니었다. 남북전쟁과 흑인민권운동 모두 부단한 혈전의 결과였다. 진보라는 투지와 영감으로 무장한 소수파가 때로는 목숨까지 바쳐가면서 더 진정성 있는 민주주의를 위해, 다수파가 지지하는 공화정의 국한성과 맞서 싸운 대가였다.

더구나 그 소수파는 사실상 소수집단 중에서도 소수집단이었다. 미국 흑인 중에서도 아주 일부만이 흑인 민권이라는 대의에 적극적으로 뛰어들었다. 당시 대다수 미국인들은 그들의 행동에 반대했다. 당시 여론조사 결과에 따르면, 미국인의 61%가 프리덤 라이더스Freedom Riders(주간州間 버스에서 자행되는 위헌적 인종분리를 끝내기 위해 목숨 걸고 연방정부를 압박했던 시민인권운동 모임)을 못마땅하게 여겼고, 74%는 시위가 궁극적으로는 민권운동의 대의에 해가 된다고 여겼다[19](투표권을 요구한 여자들 역시 극히 일부에 불과했다. 반反참정권 단체들의 구성원도 대부분 여자였다. 이는 선거권 확대에 대한 대중의 반감을 반영했다). 그러다 변화가 생겼다. 사회운동의 압박과 민심의 이동이 고조됨에 따라 대법원이라는 반다수결주의 합의제 기관이 소수집단의 요구를 합법화하기 시작했다. 학교 내 인종분리가 폐지되고 선거권이 존중되고 기회 균등이 지켜져야 하는 것, 이것이 새로운 합의였다. 다수의 찬성 여부에 상관없이, 사회 하층부 소수집단이 발의하고 상층부 소수집단이 부과한 합의였다.

여기서 교훈은 간단하다. 합의와 갈등은 맥락에 따라 의미가 다르게 읽힌다는 점이다. 둘 중 어느 것도 전적인 미덕 또는 악덕으로 이해될 수 없다. 어떤 관점에서는 파괴적 분쟁으로 보이는 것이 다른 관점에서는 영웅적 민주화 투쟁이 되기도 한다. 매디슨이 말한, 채권자의 상환받을 권리를 침해하는 채무자를 예로 들어보자. 웰스파고Wells Fargo 은행에 속아서 비우량 주택담보대출(서브프라임 모기지)을 받았다가 집을 압류당한 싱글맘의 입장(볼티모어에 사는 저소득층 흑인 주택보유자 수천 명의 입장)이나 학자금 대출의 부담 때문에 대학 가기가 두려운 학생의 입장에서 보면 채무자에게 유리한 조건(심지어 채무의 완전 변제)은 채권자 박해라기보다는 오히려 사회정의와 페어플레이에 가깝다.

합의도 마찬가지다. 합의는 전 세계 이상주의 아나키스트들이 채택해온 의사결정 과정이다. 합의 프로세스는 다양한 중요도의 다양한 기관들에서도 발견된다. 예를 들어 배심원제는 14세기 영국에서 개발된 원칙에 따라 만장일치 평결을 요구한다. 배심원단의 역할이 진실을 선고하고 국가의 목소리를 대변하는 것이었기에, 그리고 오직 하나의 진실과 하나의 국가만 존재했기에 전원 합의가 전제조건이 됐다. 사실 법 결정의 중대성을 고려할 때 만장일치가 적절한 장치로 보인다. 한발 더 나아가 배심원들은 배심원 무효 판결이라는 절차를 통해 무죄를 결정할 권한을 가진다. 공권력 남용을 견제할 용도로 고안된 일종의 거부권이다. 현대의 배심원들도 1800년대 중반의 배심원들이 그랬던 것처럼, 법이 부당하다고 판단되는 경우(예를 들어 마약 같은 피해자 없는 범죄victimless crimes의 경우) 피고에게 무죄 평결을 내려 선고를 막을 수 있다. 이 거부권이 옛날에는 도망노예법Fugitive Slave Law[과거 미국에서 다른 주로 도주한 노예의 반환을 규정한 법]에, 더 나중에는 금주법에 저항하기 위해서 쓰였다. 하지만 이런 무효화 권한이 있다는 것을 아는 배심원은 거의 없다.[20]

합의가 때로 정의로운 결과를 내는 데 유용하지만, 칼훈이 지적한 것처럼 부당한 상황을 옹호하는 데도 이용될 수 있다. 가장 두드러진 예가 미국 상원이 거대하고 비민주적인 권력을 유지하는 데 합의 요건을 이용하는 방식이다. 상원은 인구수에 상관없이 주당 두 개의 의석을 배당한다(인구 비례로 의석이 배정되는 하원이 국민을 대표하는 기관이라면 상원은 미국의 주들을 대표한다). 따라서 미국에서 가장 작은 9개 주에 사는 2%가 가장 큰 9개 주에 거주하는 51%와 동일한 힘을 가진다. 이는 시골에 사는 백인 유권자들의 영향력을 극적으로 키우는 구조다. 헌법의 다른 조항들은 상하원에서 각각 재적 3분의 2 이상과 전국 50개 주 중 4분의 3 이상이 찬성하면 바꿀 수 있다. 그런데 "어느 주도 자체 동의 없이는(해당 주가 원하지 않는 이상) 상원 내 동등대표권을 박탈당하지 않는다." 다시 말해서, 상원의 동등대표권 원칙은 모든 주의 '만장일치 합의' 없이는 바꿀 수 없다. 하지만 생각해보라. 50만 명 겨우 넘게 사는 와이오밍주가 인구 4천만 명의 캘리포니아주와 동등하게 취급받을 기회를 스스로 포기할 리 있을까?[21]

이는 더 깊은 문제로 이어진다. 갈등 자체가 좋은 것인지 나쁜 것인지, 합의가 실용적인지 몽상에 불과한 것인지의 문제가 아니다. 해당 상황에 어떤 이해가 걸려 있고, 누가 이기고 질 판세인지의 문제다.

자기결정권을 주장하는 여성들이나 동등한 권리를 요구하는 동성애자들을 낙태와 동성애를 죄악시하는 기독교도와 붙여놓으면 갈등이 생긴다. 접근권 확대를 요구하는 장애인들과 편의시설 확충 비용을 감당하기 싫은 사업주들, 안전한 식수를 공급받으려는 지역사회 주민과 해당 지역 대수층 근처에 폐기물을 버리는 기업, 감세를 원하는 백만장자들과 낙후 공립학교의 교사들의 입장은 서로 양립이 불가능하다. 어느 한 편을 들어서 끝까지 싸우는 것 외에 다른 선택은 없다.

민주주의에서 갈등은 필수지 일탈이 아니다. 그런데 갈등은 합의라는 허울 아래에, 또는 이탈리아의 정치이론가 안토니오 그람시Antonio Gramsci가 헤게모니로 칭한 것 아래에 묻힐 때가 많다. 그람시가 말한 헤게모니란 권력구조와 서열을 만고불변의 자연스러운 것으로 보이게 하는 일상의 생각과 문화적 습관이다. 합의는 이렇게 암묵적으로 일어나기도 한다. 불평등을 불가피한 것으로 포장하는 동시에 특정 집단의 비교우위를 당연시하는 무언의 합의들. 따라서 헤게모니란 우리를 속박하는 상식이다. 이것이 프랑스 철학자 자크 랑시에르Jacques Rancière가 민주주의를 일치consensus가 아니라 불일치dissensus와 동일시한 이유다. 그의 표현에 따르면, 민주주의는 기존의 합의가 도전을 받아 새로운 합의가 구축되는 파행적이고 예측할 수 없는 프로세스다. 적대와 반목이 폭발하며 수정판 협정들과 합의들이 쏟아진다. 랑시에르에게 민주주의는 일련의 절차나 제도가 아니다. 즉흥적 표출과 방해다. 사회의 위계를 흔들고 비즈니스를 방해하고 기성 규범을 능욕하는 것이다.

잠시 상상해보자. 의견 차이가 불거지고 더 평등한 합의가 도출된다.

그러면 의견 차이가 사라질까? 마르크스는 '인간과 자연, 인간과 인간 사이 갈등의 참된 해결'이 가능하다고 상상했고, 그 상황을 공산주의('존재와 본질, 객관화와 자기확증, 자유와 필요, 개인과 종種 사이의 갈등에 대한 진정한 해결')라고 불렀다. 멋진 말이지만 나는 마르크스처럼 낙관적이지 못하다. 설사 계급 간 갈등이 사라진다 해도 우리에게는 여전히 논쟁거리가 무진할 것이다. 공동체의 이익을 결정하는 데 어떤 방법이 가장 좋은가? 어떤 프로젝트와 누구의 필요에 우선순위를 두어야 할까? 누가 어떤 결정을 어떻게 해야 하는가? 우리가 원하는 것은 우리에게 정말로 좋은 것일까, 아니면 기분만 좋게 하는 것일까? 우리는 이기적으로 살게 될까, 남들을 위해 살게 될까? 당장의 욕구만 충족시키며 살까, 아니면 장기적으로 계획하며 살까? 인간으로 남아 있는 한 우리는 서로, 그리고 스스로와 싸울 것이다. 우리의 갈등 지향 본성 때문에.

갈등은 영원히 샘솟는다. 하지만 우리는 특정 갈등 상황을 영구적 문제로 낙인찍으려는 주장은 그게 뭐든 일단 경계해야 한다. 그것이 동서양 문명의 충돌이든, 인종 간 원초적 갈등과 백인우월주의 성향이든, 끝없는 성 대결과 남성지배적 이성애의 규범화든, 매디슨이 말한 유산자와 무산자의 영원한 전쟁이든 말이다. 왜냐하면 종교적, 인종적, 성적, 물질적 관계들이란 게 얼마나 가변적인지 역사가 보여주기 때문이다. 종교 분쟁과 민족 분쟁의 벼락과 화염 속에 갈가리 찢긴 사회들도 있지만, 평화로운 다원성이 가능하다는 것을 입증하는 사회들도 있다. 흑인혐오증과 백인우월주의는, 그것들이 설사 현대 경험세계의 구성요소로 자리잡았다 해도, 시대를 초월한 진리는 아니다. 많은 학자가 말하듯 인종차별 카테고리에서 비교적 최근에 생겨난 결과물일 뿐이다. 남녀 차별도 마찬가지다. 여성 혐오가 아직 근절되지 않았지만, 아니, 아직 갈 길이 멀지만 놀랍도록 짧은 기간에 남녀 관계에서 평등주의가 부쩍 강화됐고, 젠더는 보다 유동적인 것이 됐다.

마지막으로, 기계 만능 풍요의 시대에는 엄청난 빈부 격차가 존속할 마땅한 이유가 없다. 빈부 차이는 타협할 수 없는 보편 법칙이 아니다. 자본주의와 자본주의가 특전을 부여한 계층의 탐욕과 오만이 낳은 불의의 사태이고, 그것이 보다 공평한 분배를 가로막고 있을 뿐이다. 이런 분쟁과 불균형을 영구적인 것으로, 인류의 이기적 본성에 깊이 내장된 것으로 선언하는 이들은 아마도 현상 유지를 원하는 기득권일 것이다. 언젠가 새로운 민주적 합의가 등장해 이런 오랜 반목들 중 일부를 해소할 수도 있다(새로운 의견 차이와 분쟁이 불거져 그 자리를 채우더라도 말이다). 다만 그런 합의는 갈등을 통해서만, 권력자들이 억누르려 안달인 투쟁과 불화를 통해서만 도달할 수 있다.

3

국민 재창조

포함 vs. 배제

———————

"민주주의란 걸 하려면 '우리'가 있어야 해요.

우리들 국민이 누구를 말하는지 알아야 하죠.

그저 막연하고 보편적인 의미로는 안 됩니다."

부탄은 중국과 인도 사이 히말라야 산지에 끼어 있는 인구 80만의 작은 왕국이다. 인접한 주변 강대국들에 비해 왜소하기 짝이 없는 이 나라에는 찾아오는 외국인도 별로 없다. 지리적, 문화적으로 고립되어 있어서 때 묻지 않은 불교의 샹그릴라[소설《잃어버린 지평선Lost Horizon》에 등장하는 히말라야 산맥 깊숙이 자리한 가상의 이상향]로 불린다. 부탄이 가진 지상낙원의 이미지는 부탄 정부가 국가정책 기조로 도입하고 홍보하는 국민총행복지수Gross National Happiness Index에 힘입은 바가 크다. 행복한 나라라는 평판과 숨 막히게 아름다운 경관에 걸맞게 부탄의 민주화 이행 과정도 거의 동화 수준이다. 언론 보도에 따르면, 부탄의 민주화는 세상의 변화를 읽고 그 변화에 부응해야 한다고 판단한 현명한 군주에 의해 이루어졌다.

"'강성하고 평화로운 군주제의 자궁'에서 '활기찬 민주주의'를 양성할 때가 왔노라."[1] 2007년 지그메 싱기에 왕추크Jigme Singye Wangchuck 국왕은 왕세자에게 양위할 것을 발표하며 백성들에게 "이제는 민주주의 입헌군주국의 시민이 되어 자치를 실행하라"고 명했다. 국왕이 국민을 설득해 민주주의를 도입한, 세계사에서 유례를 찾기 힘든 일이 일어난 것이다. 이 한 번의 포고령으로 50만 명이 넘는 사람들이 역사 상 최초의 총선을 치를 연습에 고분고분 임했다. 〈뉴욕타임스〉는 이를 '민주주의 소방 훈련'으로 불렀다.[2] 왕의 행정관들이 조직한 모의선 거는 색으로 구분된 4개의 '가짜' 정당에 대한 선호도를 묻는 방식으로 진행됐다. 그 4개의 정당은 드루크 청색당, 드루크 녹색당, 드루크 적색당, 드루크 황색당이었다(드루크는 부탄을 상징하는 동물로, 천둥소리를 내는 용이다). 이 가상의 정당들은 각기 다른 공약을 대변했다. 청색당 은 무상 의료 서비스와 무상 교육, 부패 추방을, 녹색당은 환경의 지속 가능성을, 적색당은 산업 개발을, 황색당은 관습과 전통적 가치 수호 를 내세웠다. 왕실을 상징하는 색을 채택한 황색당은 이런 질문을 던 졌다. "우리의 풍부한 문화유산과 전통의 보존과 진흥을 믿으십니까?" 결과는 총 47개 중 46개 선거구에서 승리한 황색당의 압승이었다.[3] 이 상황을 보고 한 정치 지망생이 이렇게 말했다. "만약 오늘의 선거가 진 짜 국민투표였다면 부탄은 민주주의를 거부한 셈입니다. 이게 현실이 에요." 사실 당시 대부분의 부탄 사람들은 기존의 안정되고 강력한 군 주제를 선호했다.

팔자에 없던 참정권 행사를 강요받은 부탄의 국민들은 당황했다. 공직 출마의 임무를 부여받은 사람들도 마찬가지였다. 장래의 부탄 총리 체링 토브가이Tshering Tobgay가 말했다. "우리는 이념이나 비전이 있어서 정당을 만든 게 아닙니다. 왕명에 따랐을 뿐입니다.[4] (우리 국민 은) 민주주의를 쟁취할 필요 없이 그냥 받았습니다. 다른 나라에서는 그 반대겠죠." 토브가이에 따르면 부탄 백성은 위에서 주는 대로 받 았을 뿐 다른 선택이 없었다. "우리는 왕의 아이들이나 마찬가지인데,

이제 왕이 우리에게 어른이 되라고 하십니다. 우리는 왕이 그렇게 판단한 지혜를 믿어야 합니다. 지금은 걱정하는 사람들이 있겠지만, 민주주의가 실제로 시작되면 과거를 돌아보며 왕이 옳았음을 깨닫게 될 겁니다."[5]

그로부터 10년이 흐른 현재, 부탄 국민들의 선호가 정말 바뀌었는지는 명확하지 않다. 2018년 선거를 앞두고 현지 언론은 모종의 피로감을 전했다. 한 신문이 사람들에게 민주정부 출범 이후 첫 10년 동안 '잃고 얻은 것'은 무엇이었는지 물었을 때 돌아온 반응은 시큰둥했다. 한 공직 후보자가 답했다. "으음, 우리는 신뢰와 친구와 가족을 잃었어요. 우리가 얻은 거요? 그건 잘 모르겠어요."[6] 또 다른 사람은 부탄의 입헌군주제에 경의를 표하면서도 국민 대표들의 지혜보다 왕의 지혜를 강조했다. "우리가 국왕 전하의 지도 편달을 받을 수 있는 것은 행운입니다. 덕분에 우리의 민주주의는 다른 대부분의 국가들보다 나은 시작을 누렸습니다."[7] 한 신문 사설은 부탄의 국민 정서를 이렇게 전달했다. "두 차례의 총선과 민주주의 이행 10년을 거치며 우리가 합의에 이른 것은 하나입니다. 정치와 민주주의 절차들, 특히 선거는 분열을 초래하고 돈이 판치는 더러운 것이라는 점입니다."[8] 특이하게 토브가이만 열정을 보였다. "우리 국민은 안전지대에서 밀려나 강제로 시민의 책임을 떠맡았습니다. 어떤 점에서는 안전지대에서 밀려난 것을 상실로 볼 수도 있지만, 부탄을 위해서는 좋은 일입니다."[9]

부탄의 민주화, 그 이면의 진실

좋든 싫든 민주주의 결정은 지상명령의 형태로 내려졌고, 번복한다는 건 있을 수 없는 일이었다. 정치이론가 스테파니 드구이어Stephanie DeGooyer는 부탄의 사례를 흥미롭게 해석한 에세이 《얼추 민주주의? Democracy, Give or Take?》에서 이렇게 밝혔다. "부탄 시민 대부분은 원치 않았던 민주적 책임이라는 '선물'을 강제로 받을 수밖에 없었다."[10] 어쨌거나 대중의 의구심과 상관없이 부탄은 계속해서 근대화의 길을 가고 있다. 아이들은 수업 시간에 자치제의 미덕을 배우고, 왕은 절대군주의 주권을 모두 내려놓고, 다만 매력적인 명목상의 최고위자가 됐다. 시민들은 권리의 언어를 말하고, 자유언론(민주주의가 기대처럼 마냥 좋은 것만은 아니라는 사실을 들이댈 언론)이 무엇인지 알아가고 있다.

부탄의 민주화 이야기의 공식 버전은 갈등이나 소요 없이 이룩한 놀라운 정권 이양의 이야기다. 훌륭한 지도자로서 백성의 존경을 한몸에 받던 군주가 평화로운 방법으로 백성에게 통치권을 위임한 이야기. 하지만 드구이어가 밝힌 것처럼, 덜 아름답지만 더 진실에 가까운 다른 버전도 있다.

부탄 국왕이 그의 가계에 대물림되는 전제왕권을 해체하겠다는 일견 계몽된 법령을 공표하기 수십 년 전, 부탄에는 실제로 민주주의를 요구한 사람들이 있었다. 바로 부탄의 민족적·종교적 소수집단인 롯샴파Lhotshampa족이었다. '남방인'이라는 뜻의 롯샴파는 오래전인 1600년대 초부터 처음에는 수공업자로, 나중에는 농지개간과 토목공사를 위한 인력으로 네팔에서 부탄으로 이주해 살기 시작했다. 하지만 힌두교를 믿는 롯샴파는 언제나 2등 시민이었으며,[11] 값싼 노동력을 제공하는 만만한 희생양이었다. 부탄의 티베트불교 문화를 보호한다는 명분하에 걸핏하면 차별을 받았고, 급기야 인구학적, 문화적으로 부탄을 위협하는 집단으로 낙인찍혔다. 그러다 1989년에 제정된 법에 의해 롯샴파는 고유 언어를 쓰고 신앙을 행하고 전통의상을 입을 권리를 박탈당했다. 이에 롯샴파는 봉기했다. 롯샴파의 전통과 종교와 정체성을 버리지 않아도 자신들 역시 부탄인임을 주장했고, 그중 급진적인 저항 세력은 절대왕정 폐지를 외치며 선거 시행을 요구했다. 1990년에 부탄 최초의 정당을 결성한 사람들도 롯샴파였다. 하지만 그들의 부탄인민당Bhutan People's Party은 곧바로 테러 조직으로 치부됐다.

롯샴파에 대한 탄압은 얼마 안 가 끔찍한 인종 청소로 이어졌다. 인구 비례로 봤을 때 역사상 최대 규모의 강제 추방이 일어나 부탄 전체 인구의 6분의 1에 달하는 11만 명 이상의 롯샴파가 국제 난민으로 전락했다. 부탄을 조국으로 생각하고 불교도 부탄인들을 친구와 이웃으로 여기며 대대로 부탄에서 살아왔지만, 네팔 문화를 계승한 힌두교도인 롯샴파는 부탄 왕국에서 환영받지 못한 외국인이자 이방인이었다. 그들은 집과 땅을 몰수당했고, 1958년에 일부에게 승인된 시민권마저 박탈당한 후 강간과 고문, 강제 투옥, 그보다 더한 것의 대상이 됐다.

저항자들의 친척들은 물론 큰소리를 내거나 분란을 일으킨 적이 없는 사람들조차 이유 없이 끌려가 생사를 알 길이 없어졌다. 졸지에 무국적자가 된 수만 명이 국경을 넘어 네팔로 들어갔고, 네팔 정부는 난민 캠프 7곳을 설치해 피난처를 제공했다. 그러나 이들을 사회구성원으로 받아들이지는 않았다. 롯샴파는 버림받은 사람들이자 '불법 체류자들'이었을 뿐 부탄에서도 네팔에서도 '국민'에 끼지 못했다. 부탄에 낙원 이미지를 선사한 국민총행복 정책의 이면에는 동종동질성을 시민 자격의 필수 요건으로 삼으려는 속셈이 있었다. 왕이 내린 '하나의 국가, 하나의 국민' 포고령의 어두운 속내는 애초의 모의선거에서도 드러났다. 개표 결과가 나오자 인도군은 추방에 항거하러 부탄 재입국을 시도하는 롯샴파에게 발포했다. 이 사태로 십대 한 명이 과다출혈로 숨지고 수십 명이 부상당했다.[12]

이 버전의 부탄 민주화 과정은 훈훈한 우화와는 거리가 멀고, 우리가 아는 민주화 투쟁과 매우 흡사하다. 아래로부터 시작되는 포괄적 민주주의를 위한 투쟁, 사회계층의 아랫단들을 차지한 사람들이 주도하는 싸움. 여기서 대두하는 것이 민주주의의 이론과 실제에 있어서 주요 쟁점 중 하나인 포함과 배제의 문제다. 누가 민주주의 데모스에 해당하는가? 누가 국민의 일부로 간주되고, 누가 추방당하거나 심지어 죽임을 당하는가? 보편적 포함이라는 민주주의의 약속과 불가피한 한계 사이의 갈등은 주민자치를 하는 모든 곳에서 언제나, 심지어 태평성대에도, 수면 아래에 도사리고 있다.

누가 국민인가

민주주의의 중심에는 '국민'이라는 추상적인 개념이 자리한다. 국민은 통치권을 부여받은 실체이면서도 구체적으로는 존재하지 않는다. 그

예를 멀리서 찾을 것도 없다. 미국 헌법이 이 근본적 부조리를 대변한다. 미국 헌법은 같은 대륙에 거주하는 사람들을 세 개의 인구집단으로 구분한다. 권리와 자유를 누릴 자격이 있는 '국민People', 노예를 의미하는 '타자들other persons', 그리고 부족 자치권은 가지고 있지만 국가 정치체에서는 제외되는 인디언. 이런 모호한 개념 구분에도 불구하고, 또는 그것 때문에, 크든 작든 모든 민주주의 공동체는 자신과 자신의 경계를 정의하기 위해 분투해야 한다. 결국 자치란 누가 포함되고 누가 배제되는지, 누가 '우리'고 누가 '그들'인지에 대한 끝없는 협상이다. 데모스의 경계는 확장과 축소를 거듭하고, '국민'은 상이하거나 상충하는 여러 목표들에 두루 소환된다.

"민주주의란 걸 하려면 '우리'가 있어야 해요. '우리 국민'이 누구를 말하는지 알아야 하죠. 그저 막연하고 보편적인 의미로는 안 됩니다." 나는 웬디 브라운의 말에 움찔했다. 추악하고 편협한 배제의 역사를 생각하면, 배제의 모든 경계를 비인간적이고 부당한 것으로 치부하고 싶어진다. 하지만 전면적 보편주의는 민주주의를 황잡하게 만들거나(지구에 사는 80억 사람들이 함께 결정을 내리는 건 현실적으로 불가능하기 때문이다), 제국주의로 만들(단일 체제가 모두를 모든 곳에서 통치하는 것을 암시하기 때문이다) 위험이 있다.

"우리가 민주주의의 절차에 참여한다고 말하려면 누가 참여 조건에 해당하고 해당되지 않는지 정해야 합니다." 브라운이 덧붙였다. 결정은 결정을 내리는 사람들이 거기에 책임도 져야 결정으로서의 자격을 갖는다. 결정에 영향을 받는 공동체가 결정권을 가져야 하고, 이는 어쩔 수 없이 배제를 수반한다(가령 북유럽의 도서관 예산이나 남미의 노동자

직영 공장의 우선순위를 내가 왈가왈부할 이유는 전혀 없다). 브라운이 말하길, 문제는 의사결정 주체의 범위가 주로 차별과 사회계층, 그리고 '누가 인간이고 인간이 아닌지를 지정하는' 방식을 전제로 한다는 것이다. 지금껏 재력, 피부색, 젠더, 성적 지향, 신체 능력과 지적 능력, 종교, 국적, 민족, 이민자 신분, 전과 기록, 직업 등이 특정인들에게서 평등할 권리를 빼앗을 구실로 사용됐거나 지금도 사용되고 있다. 브라운이 말했다. "나는 그중 어느 것도 배제의 구실로 인정하지 않아요. 하지만 민주주의에는 한도라는 게 있어야 합니다. '우리'의 범위가 필요해요."

이 풀리지 않는 난감한 문제에 대해 누군가는, 적어도 민족국가 차원에서는 이 문제가 해결됐다고 주장한다. 19세기 이래 세계의 종족민족주의자들은 국민을 '피와 흙으로 엮인 안정되고 자명한 실체로, 방어할 국경이 만든 특정 영토에 대한 통치권을 적법하게 주장하는 사람들'로 정의해왔다. 하지만 이 정의는 데모스(국가 통치를 위해 모인, 정치적으로 정의된 사람들)를 에스노스ethnos(국가정신을 상징한다는, 민족적으로 정의된 사람들)로 대체한다. 데모스는 인위적이고 임시적이지만, 에스노스는 유기적이고 영원하다.

부탄에서는 이 술책이 롯샴파를 축출하기 전에는 제왕의 지혜로 통했다. '진짜' 부탄 사람들은 그들의 불교 신앙, 전통과 관습, 언어로 대표되는 민족유산을 공유하면서 그것을 공유하지 않은 사람들을 침입자로 규정하고, 옆 나라 인도에서는 극단주의 힌두교도들이 다른 종교집단들과 하위계층을 지배할 신성한 권리를 주장한다. 세계적으로 배타적 종족민족주의가 부활하고 있다. 2018년 이스라엘 의회는 이스라엘을 유대 민족만의 국가로 정의하고, 민족자결권이 '유대인의 고유 권리'임을 법으로 명시했다. 터키에서는 레제프 타이이프 에르도안Recep Tayyip Erdoğan 대통령이 "우리는 국민입니다. 그쪽은 누구세요?"라고 비판 세력의 정통성에 의문을 제기했다. 브라질의 자이르 보우소나루Jair Bolsonaro 대통령은 흑인, 여성, 동성애자 등 사회적 약자를 모욕하고 겁박하는 캠페인을 벌였다. 유럽에서는 나치즘에 뿌리를 둔 우파 정당들이 반反이민 정강의 기치 아래 활개치고, 영국에서는 앵글로색슨계가 그들만의 나라를 원한다(유럽의회의 일원이자 압력단체 '탈퇴는 탈퇴Leave Means Leave'의 부회장 나이젤 파라지Nigel Farage는 브렉시트를 "진짜 국민의 승리"라 찬양했다. 마치 나머지는 가짜라는 듯이). 미국에서는 백인 보수주의자들이 이민을 억제하고 중동 사람들의 입국을 막아 미국을 다시 위대한 나라로 만들자고 외친다.

이러한 포퓰리즘의 분출을, 포함을 향한 자유민주주의 행진에 따르는 일탈과 우회로 볼 수도 있다. 하지만 자치의 역사는 집단을 정의하려는 투쟁의 목록과 다르지 않다. 집단 정체성은 필요하면서도 위험한 것이다. 사람들을 묶으면서 가르고, 유대감과 소속감을 다지는 동시에 의혹과 소외감도 함께 키운다. 이 투쟁을 더욱 복잡하게 만드는 것이 있다. 그것은, 데모스가 자기의 경계를 정의하려는 시도는 그게 무엇이든 본질적으로 자멸의 가능성을 내포한다는 사실이다. 철학자 자크 데리다Jacques Derrida는 이렇게 정치체가 정치체의 이름으로 정치체에 가하는 공격을 자가면역autoimmunity이라 지칭한다. 데리다에 따르면, 민주주의는 스스로를 망치는 세균을 품고 있다. "민주주의는 스스로를 제한하고 위협하는 방법으로 스스로를 보호하고 유지한다."[13]

고대 그리스에서는 개방이 아닌 배제가 표준이었다. 노예도, 여성도, 외국인도 아닌 사람들만이 멤버십의 특권을 누렸고 그것을 빈틈 없이 지켰다. 제임스 밀러James Miller가 저서《민주주의는 가능한가?Can Democracy Work?》에서 지적했듯, 아테네 민주정의 정점은 공공자산을 전례 없던 규모로 재분배한 일련의 개혁이었다. 아테네 민회는 군대에 일급을 지급하는 제도를 도입했고, 공공사업을 일으켜 장인과 기능공을 고용했으며, 기금을 설립해 법정과 평의회에서 공무에 동원되는 시민들에게 일당을 지불했다. 이와 동시에 민회는 시민권을 더욱 제한적인 권리로 만들었다. 본국 태생의 어머니와 본국 태생의 아버지에게서 태어난 소년에게만 아테네 시민의 자격이 있었다.[14] 새로운 경지의 경제적 평등주의는 새로운 배제의 조치들에서 비롯됐다. 소속을 강조하는 정치가 경제적 이해관계와 분리된 경우는 찾아보기 어렵다.

민주정 아테네가 드러낸 배제 욕구는 실로 무시무시했다. 하지만 아테네가 배제의 기준으로 삼은 적은 없었다. 현재 우리가 아는 인종과 인종차별은 아직 존재하지 않을 때였기 때문에 아테네의 엘리트층은 다른 방법으로 자신들의 우월한 지위와 노예제를 정당화했다. 당시는 힘이 권리라는 원칙이 지배했고, 힘의 우세가 정복과 통제의 명분이 되었다.[15] 고대 세계의 주요 사상가들은 인류를 분류할 때 피부색이 아니라 기후로 분류했다. 히포크라테스기원전 460?~370?가《공기, 물, 장소에 관하여On Airs, Waters, and Places》에서 개진했듯, 그들은 습하거나 건조한 정도가 인간집단들의 다양한 기질을 정한다고 믿었다. 민주화 과업에 인종주의 이론을 결부시킨 건 미국이 효시였다. 제국주의 시대에 유행한 인종이론이라는 사이비과학은 노예 무역, 식민주의, 시민권 규제의 근거로 이용됐다.

미국의 26대 대통령 시어도어 루스벨트Theodore Roosevelt, 1858~1919, 재임 기간: 1901~1909는 뉴욕주 주지사가 되기 2년 전인 1897년, 자치가 백인 우월성의 증명이라는 주장을 폈다. "미래 문명은 민주주의 체제에 말로 다하지 못할 큰 은덕을 입었다. 민주 체제는 신세계의 온대지역을 백인의 유산으로 지켜왔다." 하지만 넬 어빈 페인터Nell Irvin Painter와 데이비드 로디거David Roediger를 비롯한 역사가들이 말하듯 '백인'의 범주는 끊임없이 변했다. 아일랜드인, 이탈리아인, 슬라브인, 헝가리인, 유대인 이민자들은 처음 미국 땅을 밟았을 때는 백인으로 대접받지 못했다. 그들에게 백인이라는 범주는 장차 자손이 험난한 과정을 거쳐 닿을 목적지였다. 백인이 되는 길만이 국가의 정치제에 온전히 포함되어 시민의 모든 혜택을 누리는 길이었다.

1789년 프랑스 파리에서는 대혁명 중에 〈인간과 시민의 권리 선언Déclaration des Droits de l'Homme et du Citoyen〉이 선포됐는데, 그 명칭부터가 민주주의의 보편주의와 특수주의 사이의 갈등을 드러냈다. 인권은 모든 사람을 포함하는 광범위한 권리이지만, 시민권은 반대로 제약적이고 배타적이다. 이 선언문의 제1조 '인간men은 자유와 평등의 권리를 가지고 태어나 살아간다. 사회적 차별은 오로지 공공이익에 근거할 때만 허용된다'라는 문장은 그 의미가 도발적인 동시에 모호했다. 인종적 배제라는 위선을 표면화했기 때문에 격렬한 논쟁을 부를 수밖에 없는 문장이었다. 이 선동적 금언은 누구에게 적용되는 것인가? 시민권이나 출신지, 인종에 상관없이 모든 사람에게 적용될까?

추가 질문들도 쏟아졌다. 여자들은? 극빈자와 무산자는? 유대인과 개신교도와 종교적 소수자들은? 배우나 사형 집행인(일반인에게는 미지의 영역이지만 곧 수요가 높아질 직업)처럼 미천한 직종의 사람들은? 시간이 흐르면서 질문도 늘어났다. 아동과 청소년은? 장애인은? 게이, 레즈비언, 트랜스젠더 등 제3의 성에 속하는 사람들은? 질문은 마침내 인간 너머의 존재로 확장됐다. 동물은? 강과 나무는? 로봇과 인공지능은? 과학자들이 장차 우주에서 무엇을 발견하느냐에 따라 언젠가는 거주민에 대비되는 이방인의 경계까지 따져야 할 날이 올지도 모른다. 만약 우리가 외계인과 만나게 된다면 그들에게도 자유와 평등의 권리가 있는가? 그들도 데모스에 포함되는가?

프랑스의 인권 선언은 수많은 질문의 포문을 열었다. 권리가 보편적인 것이라면, 제외는 해명을 요하고 제외당한 사람들은 불이익에 항거할 명분을 갖기 때문이다.[16] 따라서 혁명의 열기가 당시 프랑스 식민지였던 생도맹그(지금의 아이티)로 번졌을 때 다른 누구도 아닌 노예 계층이 봉기해 혁명을 이끌며 프랑스 통치자들이 수용하기 어려운 전폭적 민주 권한 위임을 요구한 것은 이상한 일이 아니었다. 실제로 아이티에서는 아이티혁명1791~1804으로 세계 최초의 다인종 민주주의가 탄생했다. 거의 불가능한 일이 일어난 것이다. 사회적으로 가장 소외되고 무자비하게 착취당하던 사람들이 '악몽 같던 시스템'을 폐지하고 스스로를 해방시켰다. 그 시스템은 사람을 혈통에 따라 무려 128가지로 구분하고, '순수' 흑인과 '순수' 백인 사이의 중간 범주들 각각에 깨알같이 물라토mulatto, 콰르테론quarteron, 마라부marabou, 생멜sang-mele과 같은 명칭을 부여하고, 백색 피부를 가진 소수만이 여유와 풍요를 누리고 그들이 물건처럼 소유한 사람들은 뼈 빠지게 일하다 비참하게

죽는 희대의 강박적 시스템이었다.[17]

배제된 사람들

역사가들은 종종 아이티혁명을 "프랑스에서 처음 발현된 계몽의 완성"으로 부른다. 노예가 된 남녀들이 평등과 자유의 깃발을 들고 그들이 당한 배제에 항거함으로써 민주주의 원칙들에 내재된 보편적 잠재가 실현되는 것을 도왔다는 것이다. 하지만 이런 해석은 유럽인들에게 너무 많은 공을 돌리고 아이티 사람들을 과소평가하는 일이다. 정치학자 아돔 게타츄Adom Getachew는 아이티혁명이 프랑스 대혁명의 여파로 일어난 건 맞지만 새로운 길을 개척해서 민주주의를 전례 없던 방향으로 이끌었으며, 아이티혁명이 특별한 것이 역사상 유일하게 노예가 반란을 일으켜 성공적으로 독립한 경우이기 때문만은 아니라는 사려 깊은 평가를 내놓았다.

예를 들어, 1805년에 반포된 아이티 헌법은 '피부색에 따른 모든 차별'을 철폐했을 뿐 아니라 '흑인'을 정치 주체의 통칭으로 격상시켰다. 헌법이 "피부색과 혈통에 상관없이 이제부터 아이티인을 흑인으로 부른다"라고 선언함에 따라 '흑인'은 국민의 새로운 정의이자 사회 변혁을 위한 결속을 의미했다. 사상 최초의 흑인 공화국의 국경은 인종차별 테러의 피해자 모두에게 열려 있었다. '아프리카인과 인디언, 그리고 그들의 자손 누구에게나' 망명이 허락되었고, 1년을 거주한 뒤에는 귀화할 수 있었다(중남미 독립운동의 영웅 시몬 볼리바르Simón Bolívar,

1783~1830와 그의 장군들이 베네수엘라 해방운동 당시 이 제안을 두 번 받아들였다). 백인우월주의가 남에 대한 식민주의 억압을 통해서만 확보 가능한 자유를 옹호했다면, 흑인주의는 새로운 종류의 자유(집단행동을 통해 식민주의의 억압에 대항함으로써 얻는 자유)와 새로운 형태의 소속감과 시민권을 구현하기 위한 개념이었다.

다인종적·국제적 결속이라는 이 비전은 유럽의 불완전한 민주주의 개념에 대한 심오한 도전이자 대안이었다. 이런 관점에서 보면 아이티혁명은 민주주의의 기존 질서에 편입하기 위한 투쟁을 뛰어넘어 훨씬 급진적인 혁명이었다. 인종주의의 지배 관행을 타파하고 예속민의 개인적·공동적 자치권을 실현하기 위한 봉기였으며, 그 수단으로 '포함'을 선택했다.[18] 아이티는 작은 섬나라에 불과했지만, 세상의 모든 노예제 타도를 겨냥한 초국가적 민주주의 정의를 제시했고, '노예제와 식민 통치를 마침내 초월한, 전에는 상상하지 못했던 세상'을 목표로 삼았다.[19] 하지만 아이티인들은 선배들의 유일무이하게 성공적이고 진정으로 미래 지향적이었던 반란의 대가를 오래도록 치러야 했다. 아이티는 빚을 갚기 위한 영구 노역의 형벌을 받았다. 프랑스는 아이티의 독립을 인정하고 경제봉쇄를 해제해주는 대가로 터무니없이 높은 배상금을 요구했다. 프랑스가 농장주들의 재산 피해와 군사비 지출에 대한 배상금 명목으로 요구한 돈은 1억 5천만 프랑이었다. 나중에 9천만 프랑으로 낮추긴 했지만 천문학적 금액이었다(현재 달러 시세로 환산하면 약 4백억 달러다). 이 대외채무의 족쇄가 아이티 경제의 발목을 잡았고, 아이티가 이 빚을 다 갚기까지 자그마치 120년이 넘게 걸렸다. 강대국의 횡포는 여기서 그치지 않았다. 보다 최근인 1990년대 초 민주화 노력이 좌초된 후에 많은 아이티인이 잔혹한 듀발리에 독재정권을 피해 미국으로 망명길에 올랐지만 수만 명씩 본국으로 강제송환되거나 쿠바 관타나모만의 미군 기지에 억류됐다.[20] 미국은 듀발리에 정권의 후원자이자 냉전시대의 반공 동맹이었다.

아이티혁명이 한창일 때의 목표는 포함을 넘어선 변혁이었다. 배제는 그 자체로 목적을 위한 수단이었다. 배제는 백인의 노예 소유를 가능하게 했고, 지배는 착취를 가능하게 했고, 착취는 이익을 촉진했다. 식민주의부터 현대의 이민자 논란에 이르기까지 잔인한 배제는 경제적 목적에 영합한다.

역사가 바바라 필즈Barbara Fields와 사회학자 카렌 필즈Karen Fields가 공저 《레이스크래프트Racecraft》에서 지적했듯, 카리브해와 미국 남부의 노예제는 백인우월주의 자체를 위한 게 아니었다. 면화, 설탕, 쌀, 담배의 생산으로 영리를 추구하는 것이 목적이었다. 이 지역의 기득권층은 노예 노동으로 막대한 부를 축적했다. 더 최근의 사례도 있다. 1882년에 미국은 중국인 입국 금지법Chinese Exclusion Act을 통과시켜 중국인 노동자의 유입을 막았다. 철도 건설이 완성됐으니 더는 필요 없다는 뜻이었다. 대공황 시절에는 백만 명 이상의 멕시코인과 멕시코계 미국인들을 '본국으로 송환 조치'했다. 철저히 경제적 이해타산에 따른 인종차별적 배제의 전형이다(미 의회 딜링햄 이민정책위원회 Dillingham Commission의 1911년 보고서에는 "멕시코인의 경우 노동자라면 모를까 시민으로서는 그다지 바람직하지 않다"라는 내용이 있다). 힘든 일을 맡아줄 이주노동자로 '영입'됐다가 그들이 사는 땅이 그들의 노동보다 가치 있어지자 비정하게 추방당한 부탄의 롯샴파도 잊지 말자. 이처럼 일부 사람들에게는 파괴적이지만 다른 사람들에게는 이익이 되는 배제의 사례는 수없이 많다.

권리 없는 사람들은 착취하기가 쉽기 때문에 기업들은 정부에 압력을 넣어 값싼 외국 노동력을 수입하는 한편, 외국인 노동자들을 보호 장치 없이 '국외 추방의 공포 속에 사는 임시 노동자'라는 하층민으로 묶어두기 위한 이민법 제정을 촉구한다. 설상가상으로, 국내 노동자들과 그들의 노조들은 일자리 부족과 임금 하락의 책임을 고용주에게 묻는 대신 외국인 노동자들을 비난한다(실증 조사 결과, 이민 노동자와 본토 노동자의 임금 정체 사이에는 결정적 연관성이 없는 것으로 나타났다).[21] 노동 운동가 유진 뎁스Eugene Debs, 1855~1926가 '세계의 착취당하고 억압받는 민중들'로 표현한 사람들이 대동단결하는 사회주의의 오래된 꿈은 실현이 쉽지 않다. 물질적 불안이 취약 집단들을 서로 이간질시키기 때문에 더 그렇다. 상대적으로 안정적인 하위계층, 예를 들어 시민권자이지만 특권층은 아닌 집단이 그들보다 더 아래에 있는 계층을 위협으로 느끼고 적대시하는 상황이 비일비재하다.

그렇다면 종족민족주의가 현재, 즉 도금시대 버금가는 불평등과 신자유주의 긴축의 시대에 다시 기승을 부리는 것도 무리는 아니다. 풍요와 빈곤의 양극단, 즉 극도로 부유한 사람들과 겨우 연명하는 사람들 사이의 충격적 격차는 누가 '국민'에 속하는지의 문제를 첨예하게 만드는 주요 요인이다. 경제적 불균형은 데모스의 범위에 대한 논의를 승자와 패자, 상위와 하위, 착취하는 자와 착취당하는 자의 투쟁으로 바꾼다.

자본주의는 위로 갈수록 자리가 좁아지는 피라미드 형태의 사회를 만든다. 이는 민주주의 사회가 취해야 하는 형태와 거리가 멀다. 보통 우리는 계층 차원이 아니라 다양성 차원에서 포함을 논한다. 하지만 핵심은 계층이다. 막상 포함의 경계를 드러내는 건 계층이기 때문이다. 다양성 증대를 꾀할 때 소외 집단들, 이를테면 소수인종, 여성, 트랜스젠더, 장애인 등을 사회 최상층에 포함시키는 방법이 있다. 하지만 가난한 사람들을 포함시키는 것은 어불성설이다. 빈민층이 위로 올라가면 그들은 더 이상 빈민층이 아니니까. 민주적인 세상이란 최상위 부유층이 다양한 사람들로 구성된 세상이 아니라, 피라미드가 사라지고 누구도 살아남기 위해 투쟁할 필요가 없는 세상이다.

내가 만난 한 젊은 미국 여성은 멕시코와의 국경에 장벽을 세우겠다는 도널드 트럼프의 계획을 열렬히 지지하며 이렇게 말했다. "국경이 없으면 나라도 없죠. 우리가 모두를 막겠다는 게 아니에요. 다만 우리부터 잘살고 봐야죠." 이민자들을 받아주기 전에 자기들부터 경제적 안정과 성공을 누려야 한다는 뜻이다.

우리는 장벽을 사람들의 접근을 막는 수단으로 여기는 경향이 있다. 하지만 위의 젊은 여성이 일깨운 것처럼, 장벽은 물자의 흐름을 막는 역할도 한다. 장벽은 남들을 희생시켜 일부 계층을 위한 자원과 기회를 쟁이는 기능을 한다. 루소가 《인간 불평등 기원론》에서 추측했다시피 장벽은 이 기능을 역사의 초창기부터 수행해왔다. 루소는 돈이 목적인 행동에 비판적이었다. 반면 존 로크는 울타리를 열렬히, 유난스럽게 지지했다. 로크의 견해로는 토지 구획과 사유재산제가 식민지에서 '문명'을 '야만'으로부터 구출했다. 그가 말한 '야만'은 인클로저 enclosure[15세기 중엽 이후 주로 영국에서 지주 계급이 공유지에 울타리를 둘러 사유화한 일. 이로써 중세의 촌락 공동체와 소농들이 몰락하고 대농장 중심의 자본주의 농업이 시작됐다]를 몰라 땅을 마음대로 쓰는 '야생의 인디언'이었다.

자본주의는 인클로저에서 기인했다. 인클로저는 사람들을 그들의 땅과 공동체에서 떼어내 시장에 의존하게 만드는 과정이었다. 그렇게 생겨난 개인주의가 극단으로 흘러 '국민'이라는 발상을 잠식했다. 데모스, 즉 정치적 주권을 가지고 함께 사는 방법을 결정하는 집합체로 사는 대신 우리는 뿔뿔이 흩어졌다. 남을 밟고 꼭대기로 올라가는 길을 각자 찾아 헤매는, 어떻게 보느냐에 따라 해방됐거나 고립된 존재가 됐다.

추방당한 민주주의자들

16세기에는 영국에서, 더 나중에는 미국에서 '국민'이라는 말이 공들여 만든 수사학적 도구로 부상했다. 신흥 개신교 세력이 이 '국민' 개념을 왕권신수를 주장하는 군주의 권위를 해체하기 위한 무기로 사용했다. 역사가 에드먼드 S. 모건Edmund S. Morgan은 명저《국민 발명Inventing the People》에 이렇게 썼다. "왕의 권위를 국민이나 국민의 대표자들 아래에 두는 정부를 정당화하기 위한 새로운 이데올로기, 새로운 근거, 새로운 허구가 필요했다." 그렇게 국민주권론이 떴다. 국민의 대표 자리를 노리는 사람들이 영국 왕을 실각시키기 위해서, 그리고 새로운 정치적 · 종교적 특권층으로 부상한 자신들의 권세와 영화를 정당화하기 위해서 '주권재민'을 들고 나왔다. 그러다 부탄의 사건이 예기치 않게 이 시나리오를 뒤집었다. 놀랍게도 부탄에서는 국왕 본인이 '국민' 개념을 소환해서 본인의 퇴위를 정당화했다.

하지만 부탄 국왕이 가장 먼저 한 일은 자신이 수립한 새로운 사회 질서를 위협하지 않을 것으로 판단되는 사람들로 사회를 구성하는 일이었다. 그러려면 더 포함적인 민주주의 비전을 가진 롯샴파를 박살내야 했다. 수세기 전의 영국에서처럼 부탄에서도 "국민은 길들여야 할 대상이었고, 국민의 작용과 의미는 소수의 통치를 위협하지 않는 식으로 설정됐다. 그다음에야 왕권신수설이 안전하게 땅에 묻혔다."[22] 엘리트층은 주권재민이라는 표현을 좋아하면서도 그에 따른 위험 또한 예리하게 감지했다. 민주적 정통성이라는 겉치장은 마음에 들지만 국민이 실제로 통치하는 것은 싫었던 그들은 루소의 유명한 역설에 직면한다. '관건은 민주적 기백이 넘치는 국민에게서 고분고분한 국민을 창조해내는 것이다.'

어느 날 저녁 나는 노스캐롤라이나주 샬럿에 위치한 작은 랜치하우스를 방문해 30세의 티피 미스라T. P. Mishra와 그의 74세 부친과 이야기를 나누었다. 티피의 부친은 내가 방문하기 불과 몇 주 전에 네팔에서 미국으로 왔다. 아들 티피가 무일푼으로 미국에 온 지 거의 10년 만이었다.

1992년, 티피가 어렸을 때 그의 가족은 부탄에서 폭력적으로 퇴거당해 졸지에 집도 나라도 없는 처지로 전락했다. 그 후 그들은 20년 넘게 네팔의 난민 캠프에서 살았다. 2백 명도 넘는 사람들이 옥외 수도꼭지 하나로 식수를 해결했고, 아이들은 나무 아래를 교실로 삼았다.

이런 열악한 환경에서 당시 10대였던 티피와 그의 형제들은 신문을 창간했다. 그들의 웹사이트 '부탄 뉴스 네트워크Bhutan News Network'는 오늘날 부탄 난민에게 중요한 정보원 역할을 한다. 티피는 자원봉사자들과 함께 미디어 서비스를 운영하고, 지역의 난민 지원 단체에서 사회복지사로 일하며 본인의 경험을 바탕으로 새로 도착하는 사람들의 정착을 돕는다.

티피는 가족의 망명 과정을 자세히 들은 적이 없었다고 했다. 그는 내 방문을 기회로 부친에게 마음에 묻어두었던 질문들을 던졌다. 우리 가족이 강제 추방당하기 직전에는 무슨 일들이 있었나요? 네팔 출신자 중 일부는 그들의 전통문화를 포기하고 당국에 협력한다는 조건으로 부탄에 남는 것을 허락받았고, 그 경우 동등한 권리는 없었지만 축출은 면할 수 있었어요. 아버지도 그 방법을 고려한 적이 있었나요? 항거한 것을 후회하지 않나요? 티피의 부친은 부탄의 공용어인 종카Dzongka어로 단호히 대답했다. "아니, 전혀. 나는 내가 해야 할 일을 했을 뿐이야."

"마을 소녀들을 군영으로 보내라는 명령을 받았어. 하지만 그럴 수는 없었지." 티피의 부친은 우리에게 감옥에서 고문당한 얘기를 했다. 고문자들은 그의 손가락을 바늘로 뚫는가 하면 억지로 오줌을 먹였다. 그는 심한 매질 때문에 한쪽 청력을 잃었고, 지금도 통증이 머리를 찌른다고 했다. 사람들이 총살당하고 팔다리가 부러지는 것을 목격하기도 했다. 그는 3년형을 언도받고 감옥에 갇혔지만 마을 공무원이자 드룩파Drukpa 불교도였던 친구가 그의 석방을 도운 덕분에 91일 만에 풀려날 수 있었다. 부탄에서 종교와 민족을 초월한 이런 우정은 드문 일이 아니었다.

티피 부친의 설명에 따르면, 롯샴파와 드룩파는 지구상에서 가장 아름다운 나라로 알려진 부탄에서 공존하며 오랫동안 이웃으로 평화롭게 살았다. 그러다 소요가 절정에 달하고 상황이 험악해지자 드룩파는 롯샴파를 얼간이 혹은 귀신으로 불렀다. "드룩파 중에는 우리에게 호의적인 사람들도 있었고 그렇지 않은 사람들도 있었어요. 나라에 소요 사태가 일어나면 변화를 바라는 이들과 그렇지 않은 이들로 나뉘는 법이죠." 그는 민주주의에 찬성했지만 대부분의 사람들은 그렇지 않았다. 티피가 아버지에게 민주주의의 정의를 물었다. "그건 모두에게 동등한 권리를 주는 체제다. 어린아이, 여자, 장애인, 늙은이, 젊은이 할 것 없이 모두에게." 그는 모두에게 본래 모습 그대로 살 권리가 있다고 믿었기에 투쟁을 지지했다.

나는 티피의 통역으로 질문을 던졌다. "지금 부탄은 민주국가입니다. 하지만 민주주의를 원했던 사람들은 더 이상 그곳에 없죠. 그 점에 대해 어떻게 생각하십니까?" 노인은 내 말에 쓴웃음을 지었다. "네팔에서 십만 명이 쫓겨났어요. 그 나라는 이제 전처럼 인구가 많지 않아요. 나라에서 민주주의를 주긴 줬는데, 누구에게 줬다는 걸까요? 숲에 사는 곰에게? 아니면 나무에게?" 그는 자신과 동포가 겪은 일들을 떠올리며 혐오감에 손사래를 쳤다. "고분고분한 사람들에게 민주주의를 주는 게 뭐가 어렵겠어요?" 부탄 국왕은 민주주의라는 선물을, 원래 그걸 원했던 사람들을 짐승처럼 쫓아낸 다음에야 백성에게 은전처럼 하사했다. 반항적인 롯샴파가 축출되자 정치인들은 의도치 않은 결과를 걱정할 필요 없이 세상에서 가장 진보적이고 인권 지향적인 헌법을 채택할 수 있었다. 가장 보호가 필요한 사람들이 없어졌으므로.

　아버지와 아들은 지금 미국에서 사는 것이 자랑스럽고 감사하지만 여전히 고향 부탄을 꿈꾼다. 수십 년이 흘렀는데도 부탄 정부가 롯샴파의 시민권을 인정하지 않아서 난민 중 누구도 귀국 허가를 받지 못했다. 난민들은 국가가 과거의 잘못을 인정하고 진실을 규명하고 화해 프로세스가 가동하기를 희망하면서 지금도 고국의 국경 밖에서 항의 시위를 계속 하고 있다. 부탄의 원조 민주주의자들은 세계에 흩어져 있지만 티피의 네트워크로 연결되어 있다. 그들이 요구하는 것은 부탄의 정치체에 포함될 권리다. 그들은 그것을 얻으려 고통스럽게 투쟁하다 결국 잔인하게 배제당했다. 어쩌면 언젠가는 부탄이 인권운동가들과 국제사회의 압력에 굴복해 지난날의 과오를 인정하고 추방한 사람들을 도로 받아들일 날이 올지도 모른다. 그것이 미스라 부자의 소원이다. 두 사람은 그래야만 비로소 부탄이 주장하는 민주국가가 된다고 말한다.

권리를 가질 권리

그럼 미국이 주장하는 민주주의는 어떤가? 티피 부자를 만나고 몇 달 후, 티피와 나는 갈등을 훤히 드러낸 미국 민주주의의 민낯을 바로 코 앞에서 목격했다. 2016년의 대통령 선거일 아침 8시, 우리는 샬럿에서 30분쯤 떨어진 교외의 한 초등학교 주차장에서 만났다. 티피는 그해에 미국 시민으로 귀화했고, 이날 난생처음으로 투표하러 가는 길이었다. 그가 자부심에 넘쳐 말했다. "지금까지 내 나라라고 부를 수 있는 나라를 가져본 적이 없어요. 이제 미국이 내 나라이고, 민주주의에 참여하는 것이 내 도덕적 의무죠."

우리가 학교에 도착했을 때, 노스캐롤라이나 주의회 의원으로 재선을 노리는 중년의 공화당 후보가 내게 자신의 선거홍보물을 내밀었다. 나는 그의 이름을 당장 알아봤다. 딘 아프Dean Arp. 아프 의원은 그해 주의회가 제정한 악명 높은 '화장실법'의 지지자로 유명한 사람이었다. 이 법은 트랜스젠더 시민이 성정체성에 따라 화장실을 이용할 권리를 부정하고 그들에게 출생 당시의 성에 따라 화장실을 사용할 것을 강제한다. 이런 소수자 차별에 분개해 전국에서 노스캐롤라이나 불매운동이 일어나기도 했다. 또한 아프 의원은, 노스캐롤라이나에서 시리아 난민을 금지하겠다는 발언으로 헤드라인을 장식한 현직 주지사의 열혈 동조자였다. 그는 우리에게 어느 매체에서 나왔는지 물었고, 나는 캐나다 국립영화위원회라고 답했다.

티피가 투표소로 들어가고, 우리 팀은 바깥에서 촬영을 준비했다. 그런데 우리 카메라우먼이 장비를 설치하고 있을 때였다. 아프 후보가 우리를 찍어대더니 그 사진들을 지체 없이 소셜미디어에 올렸다. 그때 우리는 보도에 있었고, 우리 근처에 차가 한 대 주차돼 있었다. 아프 후보가 올린 사진 아래에 뜻밖의 캡션이 달렸다. 투표 현장에서 '언론'이 차 안에 있는 시민(범퍼 스티커로 판단컨대 '낙태에 반대하는 보수 성향' 유권자)을 겁박하고 있다는 내용이었다. 게다가 우리를 '외국인'으로 써놓았다. 나는 아프에게 우리는 법이 정한 대로 사전에 선거관리 당국에 방문을 통보했고, 정식으로 촬영 허가를 받았다고 분명히 밝혔지만 아프와 그의 추종자들은 막무가내였다. 댓글들은 갈수록 험악해졌다. 특정 보수 유권자의 차량 사진을 함부로 찍어서 그것을 만인에게 공개한 사람은 우리가 아니라 현직 주의원이자 선거 후보자라는 사실에 주목하는 사람은 아무도 없는 듯했다.

나이 지긋한 여성이 다가와서 나를 수상쩍게 쳐다보며 물었다. "당신들이 페이스북에 나온 사람들이요? 캐나다에서 왔다고 했죠? 정말 멀리서도 왔군요." 나는 부모님이 여기서 90분 거리에 사신다는 것과, 캐나다가 아니라 다른 어느 곳 출신이어도 노스캐롤라이나와 연고가 있을 수 있다는 사실은 구태여 설명하지 않았다.

투표를 마치고 돌아온 티피는 분노에 찬 댓글들을 훑어보고는 생각에 잠겼다. 그는 아프 후보의 반응에서 인종차별 이상의 기류를 감지했다. 우리는 우리에게 일어난 일이 단지 한 사람의 기이한 또는 편협한 반응이 아니라, 사회에 팽배한 혐오의 징후임을 알고 있었다. 당시 노스캐롤라이나의 공화당 지지자들은, 반대파가 이민자들을 버스로 실어 날라 투표에 불법적으로 개입시킨다거나 판세를 민주당에 유리하게 돌리기 위한 여러 술책들이 동원되고 있다는 등 대규모 부정선거가 일어나고 있다는 소문을 퍼뜨리고 있었다. 트럼프는 지지자들에게 투표소에서 경계를 게을리 하지 말 것을 경고했다. 만약 자신이 선거에서 진다면 그건 불법 투표가 원인이라는 밑밥을 깔았다. 메시지는 분명했다. 인종적 소수자들이 아니라 백인 공화당 지지자들이 투표억압voter suppression[특정 집단의 투표를 방해하거나 억제해서 투표 결과에 영향을 미치는 전략]의 진짜 희생자라는 것이었다. 이렇게 조용하고 목가적인 고장에서 나와 내 촬영팀은 아프 후보의 미끼가 됐다. 외국인들을 침투시켜 보수 표를 누르고 '미국을 망치려는' 진보 진영의 사악한 초국가적 음모를 지어내고 띄우기 위한 최적의 미끼.

비록 농담으로 넘겼지만 우리가 목격한 적대감은 우리를 흔들어놓았다. 촬영을 마칠 때쯤 티피는 만약 공화당이 승리하면 그의 직장인 난민 지원 단체가 어떻게 될지 걱정이라고 했다. 헤어진 가족들이 다시 만날 길이 막히고, 국외 추방의 위협과 외국인혐오증에 따른 고통이 가중될 게 뻔했다. 망명 신청자 심사가 지금도 얼마나 혹독한지, 난민이 안보의 위협이라는 인식이 얼마나 팽배한지 그가 누구보다 잘 알고 있었다. 미국인들은 트랜스젠더, 이민자 유권자, 난민 등을 겨냥한 혐오성 수사들로 불장난을 하고 있었고, 그 불길은 이미 그의 인생을 집어삼켰다.

이 불길에 이미 많은 현대 민주국가가 굴복했다. 사회학자 마이클 만Michael Mann이 말한 '민주주의의 어두운 면'에 특정 여건이 불을 붙이고, 이 불길은 '국민'을 인종과 종족으로 재정의해서 살인과 집단학살이 기다리는 극단까지 번진다.[23] 1951년, 난민 출신 철학자 한나 아렌트Hannah Arendt, 1906~1975는 나치즘의 유대인 피해자로 살아온 체험을 역사와 정치 사상의 맥락에서 풀어쓴《전체주의의 기원The Origins of Totalitarianism》을 발표했다. 아렌트는 미국인으로 귀화하기 전인 27세부터 45세까지 무국적 망명자로 살았다. 아렌트의 분석에 따르면, 제2차 세계대전의 비인간적 참상은 유럽 제국주의와 관계가 깊다. 제국주의 열강이 '아프리카 분할'과 패권다툼과 이익 추구를 정당화하기 위해 개발한 인종차별 이데올로기가 결국 자업자득의 결과를 빚은 것이다.

이 방대한 저서의 가장 유명한 챕터에서 아렌트는 시민권을 '권리를 가질 권리'로 표현했다. 우리는 인권을 국적에 관계없이 누구나 소유한 무언가로 생각하는 경향이 있다. 하지만 인권은 시민권과 분리되면 보호 능력을 잃고 만다. 아렌트는 "인간의 추상적 나체에는 어떠한 신성함도 없다"고 썼다.[24] 시민의 범주에서 배제된 개인들은, 인간이라는 보편적 범주에는 여전히 포함되어 있는데도, 무자비한 환경에 노출되고 만다.[25]

아렌트는 이것이 권리란 선천적이지도 '양도 불가'하지도 않다는 것을 증명한다고 주장한다. 권리는 합의되거나, 학자들이 즐겨 말하듯 '사회적으로 구성된다'. 우리는 그 권리를 인정하고 보장하는 정치체의 구성원으로 간주될 때에만 그 권리를 소유하게 된다. 이것이 영국의 보수주의 정치가 에드먼드 버크Edmund Burke, 1729~1797가 자신은 인간의 권리보다 영국인의 권리를 갖겠다고 말한 까닭이다. 역설적이게도, 인권이 존중받을 기회를 가지려면 먼저 시민권(데모스에 합법적으로 포함되는 것)이 요구된다.

오늘날 인권은 아렌트가 나치 점령하의 프랑스에서 국적 없는 망명자로 떠돌 때보다는 이론적으로나 제도적으로나 더 명확히 정의되고 더 탄탄히 옹호된다. 1948년 전쟁에 대한 반성으로 유엔 총회에서 채택된 세계인권선언은 우리의 양도 불가한 자격, 즉 인간이 태어날 때부터 가지는 천부의 권리를 규정한다. 거기에는 국적을 가질 권리와 망명을 요청할 권리가 포함된다(망명을 허락받을 권리는 해당하지 않는다). 그런데도 권리를 인정받지 못해 생기는 문제는 해소되지 않았고, 오히려 최근에 더 극심해졌다. 유엔 난민고등판무관에 따르면, 지구 인구의 약 1%인 6,530만 명이 현재 '망명 요청자이거나 국내 추방민이거나 난민이다'. 이것만도 충격적인데 이 수치는 '인간 뿌리 뽑기'의 현실을 제대로 대변하지 못한다. 실상은 약 2억 5천만 명이 국제 이주민이고, 이 중 대다수가 부득이한 사정으로 떠돌이가 됐다. 기후변화 여파로 인구 밀도가 높은 지역들이 살기 어려운 곳이 되면 이 수치는 미친 듯 늘어나게 된다(법적으로는 기후 난민이 없다. 현재 인권법은 전쟁이나 압제의 직접 박해에서 피신한 사람들, 즉 '합법적' 망명자들과 빈곤 등의 곤경에서 벗어나려는 사람들, 이른바 '경제이민자들'을 구분한다. 후자는 법적 난민에 포함되지 않는다).

오늘날 명목상의 민주국가들은 인권이라는 포함의 언어를 말하면서도 극단적 배제를 일삼는다. 국경을 무장시키고, 난민 지위는 법이 보장하는 보편 자격인데도 마치 희귀한 특혜인 것처럼 개개의 경우를 심사한다. 2015년, 전쟁으로 갈가리 찢긴 시리아에서 난민이 대거 발생했을 때 시리아뿐만 아니라 아프가니스탄, 이라크, 수단, 에리트레아에서 백만 명이 넘는 남녀와 어린이들이 에게해와 지중해를 건너 유럽으로 목숨을 건 여정을 시작했다. 그중 이탈리아와 그리스 해안에 도착하는 데 성공한 사람들은 그나마 상대적으로 잘사는 사람들이었다. 여행 경비를 댈 수 없거나 밀항선 업자들의 터무니없는 요금을 감당할 수 없었던 가난한 사람들은 도중에 좌초할 수밖에 없었다.[26] 미국과 캐나다 해변은 고무보트로 도달할 수 있는 곳이 아닌데도 유럽뿐 아니라 북미에서도 난민 문제가 정치적 화약고가 됐다.

배제는 어떤 면에서 정치적·재정적 잇속이 관여한 장사라고 할 수 있다. 유럽 정부들은 요즘의 이민 대란에, 탐사 보도 저널리스트 아포스톨리스 포샤디스Apostolis Fotiadis가 '군국화와 외재화'라고 부른 전략으로 대응했다. 원조와 개발에 쓸 예산을 국경 보안, 생체 인식(지문, 홍채 등 개인의 생체 정보를 이용한 인증 방식), 감시 기술에 할애한 것이다. 난민의 수가 많다고는 해도 5억 명이 사는 거대한 대륙에 흩어질 경우 엄청난 수가 아닌데도, 고수익 정부 계약을 노리는 군수 업계와 보안 업체들은 잇속을 채우기 위해 난민 문제를 흉흉하게 부풀려 공포 분위기를 조성한다. 여기서 기회를 감지한 보수 정치인들이 '난민 홍수'를 과장하며 '외부인의 위협으로 궁지에 몰린' 자국민의 보호자를 자처하고 나섰다.[27]

그들의 논리에 의하면, 2018년 첫 3개월 동안 미국에 입국이 허락된 시리아 난민의 수가 달랑 11명이었던 것은 졸렬함이 아니라 국가안보의 쾌거이자 강인함의 표시다[28](정치인들은 난민의 대부분이 미국의 대외정책이 만든 분쟁 지역에서 왔다는 사실에는 입을 닫는다). 웃긴 건 지금은 '민주적' 삶의 방식을 보호한다는 명목과 대테러 전쟁이라는 구실을 내세운 난민 배제가 활개 치지만, 냉전시대에는 그 반대였다는 것이다.[29] 냉전시대의 지정학적 계산법은 국가지도자들에게 민주주의의 적들에게서 박해받은 사람들을 적극 맞아들일 것을 권장했다. 구舊소련 지역을 탈출한 망명자들에게 피난처를 제공하는 것은 자본주의의 이미지에 광을 냈고, 고맙게도 정치적 상징성까지 부여했다.

1956년 스탈린주의 공포정치에 항거한 헝가리의 시민혁명이 실패한 뒤 미국과 캐나다, 서유럽은 공산주의 체제를 탈출한 수만 명의 '자유 투사들'을 받아들였다(내 외할아버지도 그중 한 명이었다). 1975년부터는 미국과 캐나다, 유럽과 호주가 인도차이나의 전쟁난민을 받아들이기 시작했다. 이때 미국에 정착한 사람들만 거의 백만 명에 달한다. 1979년 니카라과에서 사회주의 산디니스타Sandinista 반군이 미국이 후원하는 족벌독재 소모사 정권을 축출했을 때도 니카라과 난민이 미국에 많이 들어왔다. 하지만 미국은 자신의 지원을 받는 독재정권과 진압군을 피해 도망친 엘살바도르 사람들이나 과테말라 사람들은 받아주지 않았다.[30] 반면 미국의 적인 피델 카스트로를 비난하는 쿠바인들은 당연히 받아들였다.

과거에 이렇게 피난처가 필요한 사람들을 정치적 인질로 이용했다면, 오늘날의 정치지도자들은 시민권에 대해 이른바 '벨벳로프' 정책으로 일관한다. 이 접근 불허 정책은 엘리트 지위와 바람직한 지위가 따로 존재한다는 증거다(예부터 독점은 재화의 가치를 부풀리는 매우 저렴한 방법이었고, 그건 시민권의 경우에도 마찬가지다. 요즘 미국의 사회복지가 대폭 줄고 다른 혜택들도 무너져서 미국 시민권의 가치가 예전 같지 않은데도 말이다). 반면, 어려움에 처한 사람들을 기꺼이 이웃으로 맞아들이려는 시민들이 그 의지를 표명하거나 그에 따라 행동할 기회를 얻기란 쉽지 않다. 캐나다에 보기 드문 예외가 있다. 캐나다에는 외국인에게 최소 1년간 재정적·정서적 지원을 제공하는 조건으로 5인 이상의 소집단이 난민 가족을 후원하는 민간 지원 프로그램이 있다. 1978년 이래 이 프로그램의 참여자들은 캐나다 정부의 인권 공약 기준치를 초과하는 30만 명의 입국을 도왔다. 선동정치가들이 공포를 조장하는 나라들이 있는가 하면, 이렇게 독창적인 프로그램을 통해 시민들이 권리 없는 사람들에게로 권리를 확대하는 능력을 발휘해 결속을 다지는 곳들도 있다.

3. 국민 재창조 포함 vs. 배제

여권의 계급화

나는 30년 넘게 미국에서 영주권자, 즉 '불법' 외국인에 대비되는 '합법' 외국인으로 살았다(내 아버지는 미국인이지만 내가 태어났을 때 캐나다에서 산 지 너무 오래된 탓에 아버지의 미국 시민권이 내게 대물림되지 못했다). 미국인이 되려면 대개는 귀화 절차를 밟아야 한다. 귀화naturalization는 '자연스러운' 사람들이 있고 '부자연스러운' 사람들이 있음을 암시하는 이상한 용어다. 이 '자연화'를 나도 언젠가 치러야 할 변신으로 생각해왔다. 그런데 변호사가 내게는 귀화 절차가 필요 없다는 것을 발견했다. 어느 이름 없는 법조항에 따라, 내 출생 당시 매니토바주 위니펙에 주둔한 미국 국경 경비대 대원이었던 할아버지 덕분에 내게 이미 자격이 있었던 모양이다. 국적법상 국적 허용 기준은 크게 두 가지다. 부모의 국적을 적용하는 속인주의jus sanguinis와 출생지의 국적을 적용하는 속지주의jus soli. 내 경우에는 미 연방정부에 속해 있던 할아버지의 직업이 결정적으로 작용했다.

내게 남은 절차는 맨해튼 모처에서 열리는 의례에 참석해서 내 생득권을 공식적으로 인정하는 것이었다. 나는 다른 열두어 명과 함께 미국 국기 앞에서 선서했다. 선서를 이끈 여자는 우리에게 시민권 증명서를 분실하지 말라고 경고했는데, 재발급 비용이 많이 들기 때문이었다. 여자는 그 비용이 계속 올라갈 것이라는 농담도 잊지 않았다. 의례는 비현실적인 동시에 감동적이었다. 우리는 서로 축하했고, 자랑스럽게 사진을 찍었고, 식장에 들어왔을 때와는 다른 신분으로 빌딩을 나와 각자의 길을 갔다.

그날 오후에 탄 택시의 기사는 자신도 최근에 같은 빌딩에서 귀화했다고 말했다. 그는 원래 아프리카 말리 출신이었다. 미국인이 된다는 것의 의미를 묻자 그는 잠시 침묵하다가 입을 열었다. "글쎄요. 말리 여권은 무용지물이에요. 쓸모없어요." 그의 말대로라면 말리 여권 소지자도 쓸모없어진다. 거기에 비해 미국 여권은 '진짜'였고, 소지자는 거기에 맞는 대우를 받는다. 이미 캐나다 여권을 가지고 있었던 나로서는 그가 말한 차이를 체감하기 어려웠다. 여행의 자유 측면에서 기니, 나이지리아, 타지키스탄, 우즈베키스탄과 함께 공동 83위인 말리 여권과 달리, 캐나다와 미국 여권은 여권 파워에서 세계 최상위권에 속하기 때문에 소지자는 180여 나라에 비자 없이 갈 수 있다. 강대국 여권의 혜택은, 실제로 엄청난 것이다.

한 나라 안에서도 여러 격차들이 표면상 평등한 시민들을 갈라놓지만, 세계에서 가장 지독한 불평등은 다른 나라 시민들 간의 불평등이다. 대체로 가난한 미국인이 유복한 말리 사람보다 생활수준이 높다. 말리 사람에게는 성년까지 살아남거나 깨끗한 물을 확보할 가능성이 상대적으로 희박하다. 그렇게 보면 사람의 부, 건강, 기대수명을 결정하는 요소 중 가장 중요한 한 가지가 바로 국적, 즉 손에 든 여권이다. 이 서류가 우리의 지적 능력이나 직업의식 같은 것들보다 우리의 운명에 훨씬 많은 영향을 미친다. 우리 중 일부는 안전, 번영, 기회가 상대적으로 보장된 곳에서 태어나지만 그렇지 않은 사람들은 가난과 불안 한가운데서 태어난다. 단지 그들의 부모가 지중해나 리오그란데강[미국과 멕시코의 국경을 이루는 강]의 불리한 쪽에 산다는 이유만으로.

'국경은 지구적 차원으로 계급화를 집행한다'는 말이 있다. 국경은 출생 로또에 당첨된 사람들에게는 온갖 특전을 베풀고, 재수 없게 가난한 곳에서 태어난 사람들은 배척한다. 국경은 싸고 절박한 노동력을 대량으로 쟁이는 기능도 한다. 이 기능은 기업가들과 투자자들에게만 이로울 뿐 세계를 전반적으로 더 가난하게 만든다. 어떤 경제학자들은 세계의 국경을 모두 트면 GDP의 세계 총합이 두 배로 뛸 것으로 추산했다.[31] 정치이론가 윌 킴리카Will Kymlicka는 이렇게 썼다. "세계의 자원이 국가별로 지독히 불평등하게 분포한 데다 자원 이동성까지 제재되는 까닭에 일부는 극빈 상태에 허덕이고 그 외 사람들은 특권으로 가득한 삶을 산다."[32]

모든 인간의 가치가 동등하다면 특정 국경 안에서 태어났거나 특정 혈통을 타고난 시민의 권리와 그렇지 못한 시민의 권리를 구분하는 것을 무엇으로 정당화할 것인가? 특정 영토에 속한 시민의 평등 원칙이, 어디서 태어나든 상관없이 성립해야 할 개인의 평등 원칙과 충돌한다. 킴리카의 말처럼, 오늘날의 국경들은 '정복, 식민지화, 제국 간 세력 다툼 중에 일어난 지역민의 동의 없는 지역 할양' 같은 역사적 불의의 산물인 경우가 많다. 이 사실을 고려하면 국경들을 존중해야 할 당위성이 더더욱 떨어진다.[33] 국경 밖에 있는 사람들은 어째서 포함을 요구하고 부여받을 권리가 없어야 하나? 부자들은 수월하게 여행 다니고, 심지어 전략적 투자의 가격에 시민권도 사는 이 시대에?

킴리카는 말한다. "고유의 언어, 문화, 정체성을 정의하고 지키기 위한 경계는 자유와 평등의 가치와 본질적으로 상충하지 않는다. 하지만 자유민주주의 국가들의 현재 관행, 즉 나라의 자원을 자국 시민의 배타적 이용과 이익을 위해 쟁여두는 행위는 옹호하기 힘들다."[34] 어떤 데모스든 필연적 경계를 갖지만 오로지 부를 비축하기 위해 세워진 장벽은 자유민주주의의 기본 구상에서는 엄연히 위법이다. 국민의 공동 운명을 결정할 힘은 그 국민에게 있다는 것이 주권재민의 원칙이다. 하지만 한 국가의 풍요가 다른 나라의 궁핍에 달려 있을 때는 조심해야 한다. 부국이 자신의 부를 나누려 하지 않으면 결국 도덕적 우위조차 상실한다. 그들이 외부인의 입국을 제한할 윤리적 방법이란 없다.

하지만 윤리적이든 아니든 부국들은 접근을 제한한다. 출생지나 혈통을 통한 임의적 확보, 이것이 현행 시민권 제도의 본질이다. 이 제도로 기존 특권층은 시민권이라는 지극히 가치 있는 재화를 자녀에게 대물림한다. 시민권은, 인정된 적이 없지만, 엄연한 상속재산이다. 이 잘못을 바로잡을 방법은 지금보다 포괄적인 데모스 멤버십 부여 방법을 부활시키는 것이다. 미국 영주권자로서 나는 여러 방식(세금 납부, 시위 참가 등)으로 미국 정치체에 참여하지만, 내 정치적 대변자들을 뽑을 권리는 없다. 만약 내가 1세기 전 미국에 백인 유산자 남자로 도착했다면 상황은 매우 달랐을 것이다.

1776년에서 1926년까지는 이방인, 다시 말해 비시민(시민권이 없는 사람)도 지방선거, 주의회선거, 연방선거에서 투표를 할 수 있었고, 무려 40개 주에서 공직에 오르기도 했다(토착주의가 외국인 거주자의 참정권을 막기 전에는 시민권이 아니라 다른 기준으로 배제 여부가 결정됐다. 정치학자 론 헤이덕Ron Hayduk의 설명에 의하면 "여성, 노예 해방 후의 아프리카계 미국인, 가난한 백인 남성의 투표권은 거부됐다. 그들에게 시민권이 없었기 때문이 아니었다. 엘리트층의 반감 때문이었다"[35]). 오늘날 미국에서 시민권은 투표권이나 다름없다. 메릴랜드주 10개 타운을 비롯한 소수 지자체에서만 비시민에게도 지방선거에서 투표할 자격이 주어진다. 2016년에는 샌프란시스코가 주민 발안에 따라 비시민 학부모에게 학교위원회 선거에서 투표할 권리를 부여했다.

이에 동조하는 사람들이 이를 보다 넓은 무대에 적용하려고 시도했다. 2014년, 법학자 제퍼 티치아웃Zephyr Teachout이 3년 거주 요건을 충족한 불법체류자들에게 미국 시민권은 아니지만 뉴욕주 시민권을 부여한다는 내용의 공약을 걸고 뉴욕 주지사 선거에 출마했다. 티치아웃은 언론에 "뉴욕에 3년간 거주했고, 세금을 납부했고, 공동체의 떳떳한 일원으로 살아온 사람은 연방정부가 뭐라 하든 뉴욕 사람"이라고 말했다.[36] 그녀의 제안은 2014년 주상원에서 기각된 '뉴욕이즈홈법New York Is Home Act'을 반영한 것이었다. 만약 이 법안이 통과됐다면, 미국 시민권을 획득할 길이 막힌 사람들을 포함해 뉴욕주 경계선 안에 사는 사람들 모두에게 주시민권을 부여해서 현재 '불법이민자'로 분류되는 1,100만여 명을 사실상의 종신 카스트 신분에서 해방시켰을 것이다. 이 법은 시민권이란 무엇이며 무엇이어야 하는지를 공론화했다. 이에 한 역사가는 남북전쟁 전의 선례들에 주목했다. 남북전쟁 전에 노예 출신들과 노예제 폐지론자들이 주시민권을 주장하자, 당시 유색인종은 국가 정치체에서 배제돼 있었음에도 몇몇 주가 주시민권을 흑인 자유민에게로 확대한 경우가 있었다.[37]

참정권을 시민권에서 분리한 예는 미국 밖에서 더 쉽게 찾을 수 있다. 현재 거의 50개국이 시민권자가 아닌 사람들에게 일정 수준까지 투표권을 허용한다. 한 학술지 기사는 "1993년 마스트리히트 조약Maastricht Treaty(정식 명칭은 유럽연합조약)은 15개 조인국의 시민이면 사는 곳이 유럽연합 소속 국가 중 어느 곳이든 투표권을 부여했다"고 설명했다. "1993년까지 이미 아일랜드, 스칸디나비아 국가들, 그리고 네덜란드가 국적에 상관없이 모든 거주민에게 지역 보통선거에서 투표권을 부여하는 제도를 도입했다."[38] 2003년과 2004년에는 룩셈부르크와 벨기에가 지역선거 투표권을 유럽연합 국적자가 아닌 제3국 국적자에게로 확대했다. 뉴질랜드의 정책은 세계 최고 수준의 포괄성을 자랑한다. 지구상에서 가장 민주적이고 가장 덜 부패한 나라로 꼽히는 곳이니 의외는 아니다. 뉴질랜드에서는 1년 동안 합법적으로 거주하면 지방선거와 총선 모두에서 투표할 자격이 생긴다.

대개는 국정 참여 집단, 즉 데모스의 일원이 될 자격이 시민권 보유 여부에 달려 있다고 생각한다. 이 생각을 당연시하기 때문에 시민권 없는 사람을 '참정권 박탈자'로 부르지 않는다. 하지만 '참정권 박탈자'야말로 대개의 비시민들이 처한 상황에 부합하는 표현이다. 참정권의 부재는 사실상 무력화된 종속 계급을 만든다(현재 미국 국경 안에 거주하는 사람들 중 2,200만 명이 출생지나 혈통 때문에 투표하지 못하는 비시민이다). 그런데 시민권이 꼭 국적을 의미할 필요가 있을까? 권리가 제한된 외국인 거주자 신분으로 아테네에 살았던 아리스토텔레스는 《정치론 Politics》에서 "시민권은 절대요건이 아니며, 도시국가의 헌법과 개인의 행동 여하에 달린 가변적 지위"라고 주장했다. 그렇다면 시민권을 하나의 관행으로 보고, 시민을 공동체에 뿌리박고 살면서 공무에 동참하는 사람들 모두로 재정의하지 못할 이유가 없다. 법학자 아이엘렛 사차르Ayelet Shachar는 고작 출생의 우연성에 의지하는 속인주의나 속지주의를 벗어나 진정한 연고에 입각한 자격, 이른바 '속연주의jus nexi'

를 제안한다.[39] 이 견해에 따르면, 나는 친할아버지 덕분이 아니라 내가 미국 거주자이고 모든 거주민은 참정권을 가진다는 이유로 미국 데모스에 포함될 자격이 생긴다.

약탈적 통합

참정권 쟁취 투쟁을 논할 때 미국의 인종분리 역사를 빼놓을 수 없다. 흑인민권운동은 인종 통합에 중점을 두었고, 이것이 포함의 미덕에 관한 진보주의 견해들을 이끌었다. 그런데 포함 역시 지배의 한 형태가 될 수도 있다. 세계적으로 식민지 사람들은 그들의 의지에 반해 특정 정치체에 속박되는 것에 저항했다. 인디언 부족들, 하와이 원주민, 푸에르토리코 사람들의 경우 미국에 강제로 편입됐고, 미국은 가족을 해체하고 모국어를 금지하는 등 이들 집단을 주류 문화에 강제로 동화시키는 정책을 썼다. 사회학자들이 '약탈적 통합'이라고 부르는 것이 있다. 흑인 공동체들을 주류 문화로 끌어들이는 음험한 방법들을 말하는데, 비우량 주택담보대출, 사기성 영리 대학들, 단기 소액대출 등이 이에 해당한다.[40] 이렇듯 포함이 항상 바람직하거나 민주적인 목적을 가지지는 않는다. 모든 사람이 그 나라의 시민이 되기를 바라는 것은 아니다. 특히 부당하다고 여기는 사회라면 더더욱 포함되기 싫어한다. 이러한 양면성을 소설가 제임스 볼드윈James Baldwin, 1924~1987이 《다음에는 불을The Fire Next Time》에서 "불타는 집에 합쳐지는 것이 정말로 내가 원하는 것일까?"라는 멋진 문장으로 표현했다.[41]

군주제의 경우 볼드윈이 말하는 호불호나 진퇴양난의 상황과 다르다. 군주국에는 시민이 없다. 신민臣民, subjects, 즉 피지배민이 있을 뿐이다. 이때의 포함은 군주에게 의심 없이 충성을 바치고 그 권위의 지배를 받는 것을 의미한다(라틴어 *subjectus*는 '아래에 놓인'을 뜻하며, 굴종과 예속을 의미한다). 과거 유럽의 엘리트들은 사람들을 민족이나 인종이 아니라 주로 제국에 대한 충성과 종교적 제휴에 따라 분류했다. 반면 식민지 정착민은 충성에는 관심이 없었고, 대신 이주민의 유입을 늘리는 데 관심이 있었다. 일부 반항적인 식민지들은 귀화 절차를 독자적으로 처리하며 이민자들에게 지역 차원의 법적 지위를 부여했다.[42] 미국 독립선언서에 조지 3세에 대한 불만 사항들이 나열되어 있는데 그중 하나가 바로 이 문제였다. "국왕은 식민지 주들의 인구를 억제하려 들었다. 그 목적을 위해 외국인 귀화법에 반대했고, 외국인 유입을 장려하는 다른 법안들도 허가하지 않았으며, 토지를 새로 취득하는 데도 여러 조건을 붙여 까다롭게 했다." 당시에는 귀화가 토지 명의를 획득하는 중요한 수단이었고, 유럽인의 신세계 이민을 자극한 것도 토지 소유자가 될 수 있다는 가능성이었다.

서부 개척은 원인이자 결과였다. 즉 인구 확대로 대륙을 정복하려는 정착민의 야욕을 부채질하는 동시에 반영했다. 1787년의 북서부 토지조례Northwest Ordinance는 프랑스 가톨릭교도, 개신교도, 자유흑인, 심지어 북미 원주민까지 북서부 영토의 시민으로 받아들였다. 하지만 이때 열렸던 창구는 3년 후 연방정부가 '자유백인'만 귀화할 수 있다는 법령을 제정하면서 순식간에 닫혔고, 이를 기점으로 신생 미공화국은 애초의 폭발적 포괄주의에서 황급히 퇴각했다. 곧이어 주 당국들은 바람직한 이민자들과 달갑지 않은 이민자들을 가려내기 위한 법적·행정적 장치를 고안했다. '달갑지 않은 이민자'는 인종적·종교적 편협함과 노동 경쟁과 급진주의에 대한 두려움이 만든 얄팍하고 휘청대는 기반 위에 선 불안정한 범주였다.

북유럽 이민자들에게는 국경이 활짝 열린 반면, 중국인을 필두로 다른 지역 사람들은 줄줄이 문전박대 당했다. 1917년의 이민법은 '아시아 지역'에서 오는 노동자들에게 빗장을 걸었고, 아나키즘과 공산주의 사상을 전파하고 노동 투쟁을 부추긴다며 괄시해온 동유럽과 남유럽 사람들도 배제했다. 1920년대 초 미국 대중지 만화들은 '인종 퇴화', '볼셰비즘', '수준 하향화', '질병'을 이민자들과 연결시켰다. 이민자라지만 오늘날의 기준으로는 모두 백인에 속하는 사람들이었다.[43] 이때부터 꽤 최근까지 포함은 '유럽백인화anglo-conformity'라는 동화 정책을 뜻했다.

외부인에 대한 이런 적대감은 민주적일까, 반민주적일까? 그 대답은 누구에게 묻느냐와 상대가 민주주의를 어떻게 정의하느냐에 달려 있다. 《집단 도태시키기: 아메리카 대륙의 인종차별적 이민정책의 민주적 기원Culling the Masses: The Democratic Origins of Racist Immigration Policy in the Americas》에서 사회학자 데이비드 피츠제럴드David FitzGerald와 데이비드 쿡-마틴David Cook-Martin은 민주주의에 인종 배제를 촉진하는 성향이 있음을 고발했다. 두 저자는 외국인 혐오성 정책들이 꾸준히 유권자들의 인기를 끌고 있음을 조목조목 실례를 들어가며 입증했다. "귀화는 백인의 전유물이었다. 미국이 '민주국가임에도 불구하고'가 아니라 '민주국가였기' 때문에." 또한 저자들은 캐나다 같은 나라들도 상황은 다르지 않았다고 말한다. "영국 제국주의 영향력이 약해지면서 캐나다 유권자들은 인종차별적 규제를 요구하고 나섰다(나중에 캐나다 정부는 시민 대다수가 차별법을 지지한다는 주장에 대한 공론화를 누르고 상명하달 방식으로 민족적·인종적 차별 규제들을 없앴다)."[44]

"국민을 위한 정부라는 미덕을 찬양하는 성명들이 울려 퍼졌다. 다른 인종의 외부인에게 문을 닫아거는 것을 정당화하기 위해서였다." 피츠제럴드와 쿡-마틴은 이렇게 썼다. "민주적 제도들은 영리적·이념적 이익집단들에게 규제를 요구하기 편한 통로를 만들어주었다."[45] 두 학자는 포함에 대한 오랜 적개심을 보여주는 전형적인 예로 캘리포니아의 주민투표 두 건을 들었다. 먼저, 1879년에 중국인 이민자를 받아들일지에 대한 투표에서 찬성표는 883표에 불과했고 15만 4,638명이 압도적으로 반대했다. 그리고 1세기 후, 비승인 이민자들에게서 사회복지 혜택을 박탈한다는 내용의 187호 법안 역시 압도적으로 통과됐다(이 조치는 나중에 위헌으로 밝혀졌다).

피츠제럴드와 쿡-마틴은 편협함이 선거에서 놀라운 승리의 전적을 쌓아왔다고 했다. 맞는 말이다. 하지만 나는 외국인 혐오성 정책들이 투표로 승인됐다고 해서 그것들이 민주주의의 자격을 얻는다고 생각하지 않는다. 그런 경향들은 오래 전 프랑스 정치사상가 알렉시 드 토크빌Alexis de Tocqueville, 1805~1859이 경고한 '다수의 횡포'의 실현일 뿐이다.[46] 어떤 형태로든 인종차별은 본질적으로 반민주적이다. 내가 아는 한 인종차별은 민주주의가 요구하는 인간의 근본적 평등을 부정하기 때문이다. 민주주의는 다수결과 찬반투표 그 이상이며, 소수자의 권리를 편협하고 옹졸한 편견들로부터 보호할 보다 탄탄한 틀을 필요로 한다. 그 편견들이 아무리 광범한 것이라 해도.

더구나 국민투표 한두 번으로 이민처럼 다면적이고 어려운 문제에 대한 한 국가의 태도를 가늠할 수는 없다(비시민 거주자들에게 투표권이 없는 경우는 더더욱 그렇다). 투표 결과는 종종 단순한 승패 이상의 결과를 만든다. 앞에서 언급한 187호 법안 표결이 좋은 예다. 표결 결과는 희생뿐인 승리였으며, 결국 반대파에 충격요법을 가한 셈이 됐다. 인종차별적 전략들을 탐탁지 않아 하는 유권자들을 결집시켰고, 결과적으로 공화당의 주의회 선거 전망을 어둡게 하고 캘리포니아를 민주당의 아성으로 만드는 전환점이 됐다. 다수 집단이 힘을 합해 배제를 외칠 수는 있다. 그렇다고 피츠제럴드와 쿡-마틴의 주장처럼 모든 국민이 외국인 혐오자인 건 아니다. 오늘날은 특히 그렇다. 현재 이민 문제가 정쟁의 뜨거운 중심에 있음에도 이민자를 줄여야 한다고 믿는 미국인의 비중은 1965년 이래 가장 낮다. 미국인의 75%가 이민이 나라에 도움이 된다고 믿는다. '합법적 이민'에 대해 물었을 때는 이 수치가 85%로 올라갔다.[47]

그럼에도 두 학자가 제시하는 역사적 증거들은 논쟁의 여지가 없다. 미국은 인종차별적 이민 제도를 만드는 데는 앞장섰다가 그 제도들을 거둬들일 때는 다른 나라보다 뒤처졌다. 쿠바, 아르헨티나, 칠레, 우루과이, 파라과이, 멕시코가 1930년대와 1940년대에 이민정책상의 인종차별 철폐를 선도했다. 이는 미국, 캐나다, 호주, 뉴질랜드가 이민법을 개혁하기 시작했을 때보다 무려 한 세대 이상 앞선 것이었다. 미국은 1965년에 들어서서야 이민국적법Immigration and Nationality Act이라는 새 이민법, 이른바 하트-셀러법Hart-Celler Act을 통과시키며 '인종차별 없는 이민'이라는 구상을 수용했다. 잘 알려져 있지 않지만 하트-셀러법은 미국 인구통계에 엄청난 영향을 미쳤다.

하트-셀러법은 두 가지 중대한 변화를 이끌어냈다. 첫째는 규모, 형편, 미국과의 관계와 상관없이 모든 나라에 같은 수준의 이민자 할당을 적용한 것이다. 둘째는 전문기술이나 가족관계 같은 요건을 고려한 이민 경로들을 추가했다. 새 이민법은 노골적인 인종차별을 없애는 방향으로 설계됐지만, 그래도 제한은 있었다. 예를 들어, 외국에서 태어난 사람은 미국에 합법적으로 입국할 기회가 거의 없었다. 1957년에 존 F. 케네디는 연설 중에 이런 말을 했다. "이민자에게 우선권이 주어진다면 그건 그가 앵글로색슨이기 때문이 아니라 핵물리학자이기 때문이어야 한다." 그의 논리는 누가 고등교육 기회를 가져야 하고, 사회가 가치를 두는 기량은 무엇인지에 대한 온갖 의문을 불러일으켰다. 가족 초청 이민이라는, 가족 재결합을 중시한 제도 역시 문제가 됐다. 적어도 애초의 의도는 불순했다. 가족 초청 이민으로 미국 내 앵글로색슨의 비중이 늘어날 것이라며 보수파 회의론자들을 회유했기 때문이다. 셀러 의원은 법안을 발의하면서 이렇게 말했다. "아프리카와 아시아 사람들은 미국에 친척을 둔 경우가 드물기 때문에 거기서 이민 올 수 있는 사람은 거의 없다. 그들은 미국에 연고가 없으니까." 이 말에 입안을 반대하던 사람들이 넘어갔고, 결국 법안은 통과됐다.[48]

하지만 예측은 빗나갔다. 법안 통과 50주년을 맞아 미국 공영라디오NPR는 이런 표제의 기사를 냈다. "1965년 한 보수주의자가 미국을 희게 유지하려 했다. 그의 계획은 역효과를 낳았다."[49] 1960년대 중반에 이르자 유럽인의 이민 열기가 식었고, 그에 따라 미국으로 향하는 이민 패턴이 다양해졌다. 1965년 이전에는 이민 인구의 85%가 백인이었으나 50년 후에는 소수인종과 소수민족의 비중이 갑절로 늘어 전체의 3분의 1이 됐고, 2010년에는 이민자 열 명 중 아홉 명이 비유럽 출신이었다.[50]

포함의 승리는 외견상의 승리였다. 대개는 우연한 결과였을 뿐 딱히 민주적 과정의 성과는 아니었다. 일단, 변화가 여론의 검증 없이 위에서부터 내려왔다. 이민정책에서 인종차별적 기준을 공개적으로 불명예 퇴진시키는 데 민권운동이 어느 정도 역할을 한 건 사실이고 또 칭찬받아 마땅하다. 하지만 그보다는 냉전시대의 국제관계가 결정적 요소로 작용했다. 정책의 변화를 이끌어낸 것은 대외정책상의 실리, 외교 협상, 경쟁국의 정치 선전이 결합한 효과였다. 즉 당시 탈식민지 나라들과 작은 나라들이 한데 뭉쳐 미국의 인종차별을 비난했고, 구소련의 매스컴은 인종 평등에 대한 미국의 위선을 대대적으로 조롱했다. 딘 애치슨Dean Acheson, 1893~1971, 재직: 1949~1953 미 국무장관은 트루먼 대통령에게 보내는 서신에 이렇게 썼다. "인종 간 장벽을 허물지 못한 우리의 실패가 소련에 극동에서 우리를 견제하는 데 쓸 무제한의 정치자금과 선전자금을 제공한 셈이 됐다." 인종차별주의는 미국의 대외 이미지에 먹칠을 했고, 적대국들에 힘을 실어주었다. 이에 대응해《이민자들의 나라A Nation of Immigrants》가 존 F. 케네디의 이름으로 출판돼 '멜팅포트melting pot[여러 인종과 문화가 뒤섞여 있음을 의미]'라는 미국의 오랜 이상을 다시 떠올렸다. 이는 원래 미국의 비공식 모토였던 '여럿으로 이루어진 하나E pluribus unum'에서 나온 비전이었다. 이 비전에 따르면 통합과 동화는 한 가지였다.

한편 캐나다 정부는 다른 방향의 노선을 추구했다. 캐나다는 다문화주의를 공식 채택했고, 이 정책은 1970년부터 시작돼 1988년 다문화주의 법령Canadian multiculturalism Act으로 정점을 찍었다. 캐나다에서 다문화주의가 탄생하게 된 배경에는 프랑스어를 쓰는 분리파와 영어를 쓰는 나머지 주민 간의 갈등을 완화하려는 절박함이 있었다. 분리독립을 바라는 퀘벡 민족주의가 폭력적으로 변하면서 나라가 반으로 찢길 위험에 처했기 때문이다. 다문화주의라는 새로운 프레임은 '다름'을 국민 통합과 국력의 원천으로 재설정했다. 캐나다는 이 다원론적 접근을 통해 두 집단이 각각의 정체성을 유지하되 여전히 전체의 일부로 남도록 유도했다. 다문화주의의 설계자이자 대변자였던 피에르 트뤼도Pierre Trudeau, 1919~2000 총리는 혼돈은 합의를 낳는다고 주장하며 역설을 미덕으로 만들었다. "흔히 캐나다를 모자이크로 부릅니다만, 나는 색색의 실들이 아름답고 미묘한 형태를 만드는 태피스트리가 더 맞다고 봅니다. 태피스트리의 뒷면을 보면 얽히고설킨 매듭 덩어리들만 보입니다. 우리가 그렇게 꼬여 있다고 볼 수도 있겠죠. 많은 캐나다인이 캐나다라는 태피스트리를 그런 식으로 봅니다. 하지만 남들이 보는 방향에서 보면 우리가 얼마나 아름답고 조화로운지 알 수 있습니다."

정치인과 관료 들이 억지로 떠안긴 것치고 캐나다인들은 놀랍도록 짧은 기간에 다문화주의의 정체성에 깊이 애착했다. 건국 150주년을 맞아 시행된 여론조사에서 캐나다인의 특징을 묻는 질문에 가장 많이 나온 응답은 '다문화주의'였다. 시민의 84%가 조사원에게 다문화적 구성이 캐나다의 '최대 장점 중 하나'라고 말했고, 대다수가 '다문화주의가 국가정체성을 강화한다'고 답했다.[51] 캐나다의 식민주의와 이민 규제의 역사를 감안하면 놀라운 통계치다. 다문화주의라는 비교적 최근의 발명이자 필요가 낳은 인위적 철학이 이제 캐나다다움의 '필수 요소'로 간주된다. 고작 몇 세대에 불과한 기간에 캐나다인들은 창조와 재창조의 과정을 거치며 영국 왕의 백성에서 캐나다 국민으로, 다시 다문화주의 시민으로 변모했다.[52]

하지만 다문화주의에도 논란의 여지가 많다. 다름을 두려워하고 인구 구성의 변화에 저항하는 사람들만 그런 게 아니다.[53] 사회학자 하마니 배너지Himani Bannerji 같은 학자들은 다문화주의가 민족적 차이를 과장하고 본질주의로 빠진다고 우려했다. 문화란 변형되지도 진화하지도 않는 것이라는 거짓 인식을 심는다는 것이다. 또한 문화주의 담론의 중심에는 여전히 백인이 있고, 다른 집단들은 모두 모자이크의 주변부를 메우는 '문화적 파편들'로 기능할 뿐이라고 지적한다.[54] 그러나 단언컨대 다문화주의의 최대 문제점은 계급 회피다. 다문화주의는 재분배의 정치보다 인정의 정치the politics of recognition를 앞세워 다양성이 사회 화합을 창조한다는 이데올로기를 넌지시 주입하는 한편 경제적 불균형 문제는 얼렁뚱땅 넘어간다.

다문화주의는 사람들이 전통의상을 입고 전통음식을 먹을 권리는 중시하면서, 공정한 임금 체계와 사회복지 확충에 대한 그들의 요구는 경시한다. 경제구조가 조정되지 않고는 그 어떤 인정도 피상적일 수밖에 없고, 다양성은 착취 관계에 매력과 정감을 더해서 힘의 불균형 문제의 본질을 흐리는 장식에 그치고 만다. 다문화주의 프레임 안에서 사회집단들은 주변부로 보인다. 그들은 주변성이라는 물리적 여건을 극복할 경제적·정치적 자원이나 자치권은 부여받지 못했다. 이 프레임은 식민주의의 잘못은 시인하면서 유의미한 배상은 회피한다. 근본적인 권력 관계는 그냥 둔 채 통합의 상징만 난무할 뿐이다.

이러한 결점들 때문에 다문화주의를 정면으로 거부하는 학자들과 운동가들의 목소리가 높아지고 있다. 그들은 인정의 정치를 거부의 정치로 대체해야 한다고 외친다. 정치학자 글렌 쿨타드Glen Coulthard에 따르면, 인정의 정치는 원주민의 '문화적 권리' 주장을 '사회적·정치적·경제적 변화에 대한 급진적 열망'과 분리한다. 대개의 경우 퍼스트네이션First Nations[유럽인이 북미에 들어오기 전부터 캐나다 지역에 살았던 선주민, 또는 그들이 사는 보호지역] 공동체들은 그들의 의지와 상관없이 시민권을 부여받았다. 그들은 이것을 '강제시민권'이라고 불렀다. 강제시민권은 독립적이었던 자치 공동체들을 더 큰 전체의 소수집단들로 만들었다.

원주민 출신 예술가이자 학자인 리앤 B. 심슨Leanne Betasamosake Simpson에 따르면, 퍼스트네이션 사람들을 위한 민주주의는 오로지 탈식민지화 과정을 통해서만, 즉 억압적 제도와 사상을 완전히 해체하고 그들이 빼앗긴 것들을 반환받는 과정을 통해서만 달성될 수 있다. 탈식민지화 과정은 '국가의 허락이나 개입에도, 서구 이론이나 캐나다인들의 여론'에도 의존하지 않는다.[55] 같은 맥락에서 오드라 심슨Audra Simpson(리앤과 가족관계는 아니다)은 카나와케에 사는 모호크Mohawks족의 캐나다 시민권 거부 운동을 논한다. 모호크족은 캐나다나 미국 여권으로 여행하는 것을 거부한다. 이미 수십 년이나 이어진 저항 방법이다.[56] 그들은 국경을 넘을 때 부족신분증이나 조약 사본을 제시한다.

그렇게 캐나다 시민권을 거부하는 동시에 하우데노사우니(이로쿼이) 연맹 정부의 건재와 주권을 주장한다. 그들은 통행이 지연되거나 차단당하는 불편조차 감수한다. 시드 힐Sid Hill은 그의 부족이 하우데노사우니 증명서를 들고 여행하는 이유에 대해 이렇게 썼다. "지금 우리가 겪는 불편은 세상에서 우리의 입지를 지키기 위해 수세기 동안 싸웠던 선조들의 고초에 비하면 아무것도 아닙니다."[57] 그들의 목표는 포함이 아니다. 편의는 더더구나 아니다.

한편 카나와케 모호크족은 공동체의 경계를 정하는 문제로도 투쟁 중이다. 누구를 카나와케의 일원으로 간주할 것인가? 하우데노사우니는 원래 자격과 재산이 어머니를 통해 대물림되는 모계 혈통 체제인데 이를 19세기에 식민통치가 무효화했다. 이에 따라 여성을 공무에서 배제하고 남편의 피보호자로 격하하는 가부장적 질서가 강제됐다. 비원주민과 결혼한 원주민 여성들은 원주민 지위를 박탈당했지만 남성들은 그런 제한을 받지 않았다. 이 체제는 여전히 유효하지만, 현재 캐나다 정부는 부족들이 스스로 구성원의 자격 요건을 설정하도록 허용하고 있다. 카나와케의 경우는 혈통을 따져서 혼혈 50%까지 구성원으로 인정한다. 1981년 이후에는 비원주민과 결혼하는 남녀 모두 공동체를 떠나도록 요구받았다. 때로는 강압적으로 떠났다.

엄밀히 말해 이들의 데모스는 혈연 중심의 에스노스다. 부족의 영토에 살 수 있는 권리가 혈통으로 결정된다. 이런 제약들은 논란의 여지가 많다. 일부 구성원들은 혈통보다는 공동체 관계나 문화적 유대를 기준으로 부족원을 받아들이자고 요구한다. 그들은 아웃사이더를 수용하는 방식이 오히려 원주민 전통에 더 부합한다고 주장한다.

몇몇 모호크족 여성들이 '외부인과 결혼하면 부족을 떠나야 한다'는 원칙에 맞서 법정 다툼을 벌이기도 했다. 그들은 누구와 결혼하든 부족원 자격과 권리를 유지하게 해줄 것을 캐나다 인권법에 호소했다. 이에 따라 2018년 퀘벡 고등법원이 해당 원칙을 위헌으로 판결했지만 문제 해결에는 별로 도움이 되지 않았다.

원주민이 혈통에 의존하는 반反자유적 소속 개념을 고수하는 것이 이상해 보일 수 있다. 하지만 오드라 심슨의 설명처럼 이 투쟁은 식민 지배의 트라우마와 빈곤, 영토 감소의 측면에서 이해해야 한다. "원주민이 자기옹호에 나서면 사람들은 우리를 과격한 악당처럼 봅니다. 정작 우리는 우리에게 남은 얼마 안 되는 것을 지키려는 것뿐인데 말이죠. 이건 일종의 생존 메커니즘이에요." 모호크 평의회 대변인 조 딜라런드Joe Delaronde가 토론토의 일간지 〈글로브 앤 메일Globe and Mail〉과의 인터뷰에서 한 말이다.[58] 부족원 자격을 둘러싼 갈등은 토지와 자원의 결핍이 부른 배제의 공포에 뿌리를 두고 있다(이들은 비존재非存在의 위협을 체감하며 산다. 북미에서 가장 오래된 원주민 보호지역 카나와케의 경우 면적이 원래 영토의 극히 일부인 19제곱마일 이하로 줄어들었다[59]).

모호크족이 분리독립을 요구하며 벌이는 거부의 정치는 캐나다 시민권을 받아들일 경우 토지를 빼앗기는 상황을 거부하는 것이다. 지배당하고 사라지는 것을 거부하는 것이다. 그러나 그들이 요구하는 공동체의 경계도 데모스의 와해를 부를 수 있다. 위기에 처한 공동체를 강화하고 유지할 잠재력은 오히려 배제당한 사람들, 사랑과 결혼 때문에 강제로 탈퇴당한 남녀들에게 있다.

인간의 권리, 자연의 권리, 무생물의 권리

1866년의 시민권법Civil Rights Act과 1868년의 수정헌법 제14조가 인간의 노예화라는 악랄하고 참혹한 형태의 배제를 금지했다. 수정헌법 제14조는 "미국 출생자, 미국 귀화자, 그리고 미국의 사법권에 속한 모든 개인은 미국의 시민이자 거주하는 주의 시민이다"라고 규정했다. 이로써 출생시민권이 기본권이 됐다. 이는 노예로 살던 사람들뿐 아니라 미국 땅에서 태어난 모든 아이가 정치체에 포함될 권리를 보장한다. 불법이민자의 자녀가 부모의 카스트 신분을 상속받지 않게 된 건 이 수정헌법 제14조 덕분이다.

남북전쟁 이전에는 미국 가계자산 총합에서 남녀 노예의 비중이 16%에 달했다. 돈으로 환산하면 놀랍게도 10조 달러에 해당한다.[60] 노예 해방이 역사상 최대 규모의 개인 재산 몰수였던 것이다. 수백만 명이 소유물의 범주에서 개인의 범주로, 다시 완전한 시민의 지위로 격상됐다. 수정헌법 제14조가 통과되자 도금시대의 사업가들은 또 다른 기회를 감지하고 안달이 났다. 만약 노예였던 사람들에게 동등한 권리를 보장한 수정헌법 제14조의 '평등한 보호' 조항을 살짝 틀어서 '법인corporate person'에도 적용한다면? 만약 기업도 법이 말한 '개인'에 해당된다면?

1886년, 결국 기업들이 기회를 잡았다. 강력한 기업의 시대에 가장 강력한 기업 중 하나였던 리랜드 스탠퍼드Leland Stanford의 남태평양철도회사Southern Pacific Railroad Company는 캘리포니아 의회가 철도 자산에 부과한 특별세에 맹렬히 맞섰다. 리랜드의 변호인단은 기업도 개인이라는 논리를 펴면서, 헌법이 인종을 이유로 차별하는 것을 금지하 듯 기업 정체성을 이유로 차별하는 것 역시 금지돼야 한다고 주장했 다. 이 주장은 받아들여져 '산타클라라 카운티 대 남태평양철도회사' 재판이 기업에 법인격을 부여했다. 그런데 이 판결은 대법원이 직접 내린 게 아니었다. (내심 철도회사를 지지하던) 하급 법원서기가 정식 법 률 의견서가 아닌 두주headnote[판결문 앞에 기재하는 판결 요지]에, 수석 재판관 모리슨 화이트Morrison White가 소송 개시 논평 때 수정헌법 제 14조에 입각해 기업의 법인격을 인정했다고 써놓은 것이다. "피고 기 업들은 수정헌법 제14조의 (…) 취지에 따라 개인이라 할 수 있다."

이후의 재판들이 이 얄팍한 선례를 따랐다. 설상가상으로 남태평양 철도회사의 주장은 뻔뻔한 거짓말에 근거한 것이었다. 당시 이 기업 의 선임변호사였던 로스코 콩클링Roscoe Conkling은 전직 하원의원으로, 의원 시절 수정헌법 제14조를 입안한 위원회에 있었다. 그는 법정에 서 자신이 내부 사정에 밝다는 점을 내세우면서, 자신과 동료 입안자 들이 법안에 '시민' 대신 '개인'이라는 단어를 사용한 것은 노예뿐 아 니라 기업도 수정헌법의 보호 아래에 포함시키려는 의도가 있었기 때 문이라고 진술했다. 몇 세대 후 역사가들은 콩클링이 해당 '의도'의 증 거로 제출한 일지에 그것을 증명하는 내용이 전혀 없다는 사실을 알아 냈다. 그의 법정 진술은 사기였다. 하지만 물은 이미 엎질러진 뒤였다.

권리 논쟁은 대중의 시야를 벗어나 주로 법정에서 진행됐다. 결과 는 즉각적이어서 기업의 권리가 시민의 권리보다 더 강력히 방어됐다. "수정헌법이 비준된 1868년과 1912년 사이에 미국 대법원이 아프리 카계 미국인의 권리에 대해 처리한 소송은 28건인 데 비해, 기업의 권리에 대해 처리한 것은 놀랍게도 312건이나 됐다."[61] 이 불균형은 쉽게 설명된다. 노예였던 사람들은 하루하루 살아가는 데 급급했던 반면, 사업체들은 비싼 변호사들을 고용해 법적 전략을 세울 자원이 충분했고 덕분에 사리 추구에 승승장구했다. 이제 기업은 영장 없는 압수수색을 금지하는 수정헌법 제4조부터 언론의 자유와 종교의 자유를 보장한 수정헌법 제1조에 이르기까지 날로 확대되는 헌법적 보호를 누리게 됐다. 기업은 '인위적' 개인의 자격으로 거의 시민 수준의 권리를 누리고, 거기 더해 몇 가지 명백한 이점(인간과 달리 기업은 자연 소멸하지 않는다)까지 누린다. 이뿐만이 아니다. 인권이 국제법으로 성문화되었듯 국제무역 협정들이 외국 기업투자자와 개인투자자를 보호하는 쪽으로 설계되면서 법인권 또한 세계화했다.

오늘날에는 권리를 가진 비인간 '개인'이 매우 많다. "변호사의 세계에는 무생물 권리 보유자들이 잔뜩 산다. 몇몇만 언급하면 신탁, 기업, 합작투자, 지자체, 주식회사, 국가 등이다." 법률이론가 크리스토퍼 스톤 Christopher Stone이 1973년에 발표한 에세이 《나무들에게 입지가 필요할까?Should Trees Have Standing?》에 쓴 말이다. 스톤은 인격체의 특권을 이왕이면 더 크게 확대할 것을 제안한다. 석유화학기업 엑슨 모빌Exxon Mobil이 법적 개인이라면 같은 지위를 생태계에도 적용하지 못할 이유가 없다. 스톤은 논문에서 "삼림, 해양, 강 등 환경을 이루는 이른바 '자연물', 사실상 자연환경 전체의 법적 권리"에 대한 기준을 강구한다.[62] 또한 그는 "법정에서 위험에 처한 강이 개인임을 납득시키려면" 남태평양철도회사 변호인단을 뛰어넘을 정도로 "대담하고 상상력이 풍부한, 그러면서도 돈에 연연하지 않는 변호사들이 필요하다"고 말한다.[63]

여러 비인간 생명에게 권리를 확대하는 것이 기업의 권리에 대항하고, 법인격이 영리 추구 사업에 부여하는 막대한 힘을 견제하는 길이기 때문이다. 또한 그것은 수천 년에 걸쳐 진화하고 굳어진 인간의 독자성과 우월성이라는 판단틀을 조금씩 허무는 일이다.

이것이 터무니없는 발상처럼, 학계의 사고실험[머릿속에서 생각으로 진행하는 실험]처럼 느껴질 수도 있다. 하지만 이런 일이 실제로 일어나고 있다. 에콰도르의 2008년 헌법에 자연의 권리가 포함됐고, 이것이 산업용 자연 개발 두 건을 중단시켰다. 볼리비아도 이 전례에 따라 2010년에 자연보호를 위한 옴부즈맨(행정감찰관 제도)을 설치했다. 2017년에는 뉴질랜드 의회가 왕거누이 이위Whanganui Iwi 부족의 140년에 걸친 요구를 받아들여 국립공원과 산뿐 아니라 왕거누이 강에도 인간에 준하는 법적 권리를 부여했다. 콜롬비아와 인도도 강의 법인격을 인정했다. 미국에서는 2007년부터 수십 곳의 용감한 지역사회들이 자연을 법적 주체로 인정하는 조례들을 통과시켰고, 그중 일부는 기업의 법인격을 박탈했다.[64]

펜실베이니아주 서부에 있는 인구 700명의 그랜트 타운십Grant Township이 콜로라도주와 뉴햄프셔주의 작은 타운들이 참여하는 민주적 저항운동의 선두에 섰다. 모든 것은 펜실베이니아 제너럴에너지컴퍼니Pennsylvania General Energy Company; PGE가 이곳에 7천 피트(약 2.1킬로미터) 깊이의 주입정을 파서 독성 수압파쇄 폐기물을 쏟아 붓겠다는 계획을 발표하면서 시작됐다. 이 개발 조치로 해당 지역의 야생동물과 주민들이 위험에 처할 것이 분명한데도 주 당국은 개발을 막을 수 없다는 입장을 밝혔다. 이에 타운위원회는 지역사회와 환경에 전에 없던 권리를 부여하는 조례를 통과시켰다. "강, 개울, 대수층을 포함하는 그랜트 타운십의 자연 공동체들과 생태계들은 존재하고, 번창하고, 자연적으로 진화할 권리를 갖는다."[65]

PGE는 위헌을 이유로 지체 없이 타운십을 고소했다. 해당 조례가 헌법의 통상 조항과 최고법 조항(연방법 우선 조항), 수정헌법 제1조와 제14조에 따른 기업의 권리에 위배된다는 것이 이유였다. 판사는 지자체가 월권행위를 했다는 판결을 내렸고, 이에 분노한 타운십은 저항을 확대했다. 몇 주 만에 주민의 과반이 '자치헌장home rule charter' 채택에 찬성해 지역의 정치체제를 근본적으로 바꿈으로써 판사의 판결을 기각하고 원래의 조례를 부활시켰다.

소송이 한창일 때였다. 타운 슈퍼바이저town supervisor[면장에 해당]인 스테이시 롱Stacy Long은 법적으로는 지는 게임일지언정 주민에게는 맞서 싸울 윤리적 의무가 있다고 했다. 그러면서 그녀는 타운십에는 상대 기업이 배상금으로 압류할 만한 자산도, 변변한 조세 기반도 없다고 덧붙였다. "그들이 뭘 어떻게 하겠어요? 우리 쓰레기장을 가져가겠어요, 우리 하수도를 뜯어가겠어요? 우리에겐 둘 다 없어요. 우리는 줄 게 아무것도 없어요." 그녀는 PGE가 여기에 온 이유도 타운십이 가난하기 때문이라고 말했다. "우리 타운십 같은 시골은 석유가스 산업의 희생 구역이에요." 현 상황에서는 PGE의 사업 계획이 그랜트 타운십을 삶의 터전으로 살아가는 주민과 동식물의 안전보다 중요하다.

자연의 권리를 인정하느냐의 문제는 수많은 철학적·현실적 수수께끼를 던진다. 외래 침입종도 동등한 보호를 받아야 하는가? 포식자에 대한 먹잇감의 권리는? 모든 생태계가 서로 연결되어 있다면 그 경계선은 어디서 끝나는가? 나부터도 내 부엌에서 쥐들이 나와 동등한 발언권을 갖기를 원하지 않는다. 괴롭겠지만 우리는 해충을 비롯해 여러 다양한 생물종의 이해관계를 참작할 방법을 찾아야 한다. 신탁 관리자, 후견인, 또는 대리인을 세워 지각력과 언어 능력이 없는 생명체의 입장을 효과적으로 대변할 수는 없을까? 사람은 지적 능력에 상관없이 완전한 시민으로 포함된다. 이 사실에 기대서 창의적 논리를 펼 수 있지 않을까. 정치체의 모든 구성원에게 사유하고 발언하고 숙의하고 투표할 능력이 있는 건 아니니까.

이쯤에서 이런 질문이 대두한다. 자연의 권리에도 그것에 상응하는 의무가 따라야 할까? 답은 '아니오'다. 사람도 책임 없는 권리를 가지는 경우가 있다. 인지장애자 대다수와 어린이 전부가 거기에 해당한다. 법인은 범법행위로 기소될 수 있지만 남의 집으로 넘어진 나무에는 법적 책임이 없다. 고발당한 동물을 재판에 회부하고 고문과 죽음으로 벌했던 중세의 전통을 되살릴 필요는 없다(그 동물 중 일부는 착한 성품을 이유로 관대한 처분을 받았다. 18세기 프랑스에서 당나귀가 수간 혐의로 재판을 받았는데 사회 저명인사들이 "피고가 평소 품행이 단정하고 매사 습성이 정직한 동물이었다"는 진정서에 서명한 덕분에 무죄 선고를 받은 경우가 대표적이다). 롱의 말에 따르면, PGE는 환경에 권리를 부여한 그랜트 타운십 사람들을 조롱하는 한편(한 임원이 물었다. "어떻게 할 건데요? 시냇물 한 병을 증언대에 올려놓고 심문할 겁니까?") 타운십의 조치를 심각한 협박으로 받아들여 소송을 걸었다.

이런 일들은 '사람' 개념에 대한 변혁을 요구한다. 오늘날 동물복지법과 멸종위기종보호법 같은 동물 보호 법령들이 동물의 사용과 남용을 규제한다. 하지만 그런 법령들도 동물을 사물로 간주하는 동물의 법지위에 대해서는 반론을 제기하지 않는다. 재판을 통해 동물의 지위를 재산에서 개인으로 바꾸려는 시도는 전부터 있었다. 뛰어난 인지 능력을 이유로 침팬지, 보노보, 오랑우탄, 고릴라 같은 유인원과 돌고래, 범고래, 벨루가, 코끼리 등에게 법인격을 부여해야 한다는 주장들이 법정에서 여러 번 제기됐다. 2016년 아르헨티나에서 세실리아라는 이름의 침팬지를 '상속권'을 가진 '비인간 법인'으로 인정하는 법원 판결도 있었다. 이보다 2년 전에는 샌드라라는 이름의 오랑우탄에 대해 비슷한 결정이 내려졌다.[66]

세상은 동물을 독자적 권리가 있는 지각 있는 개인으로 인식하는 방향으로 서서히 움직이고 있다. 알래스카와 일리노이는 최근에 이혼 소송 시 법정이 반려동물의 안녕도 고려해야 한다는 법을 통과시켰다. 일리노이주 상원의원 린다 홈즈Linda Holmes는 이렇게 논평했다. "동물을 자녀처럼 대우하기 시작한 거죠"[67](플라톤이 그 옛날에 이미 이런 일을 예감해《국가론》에 이렇게 썼다. "민주정 도시에서는 가축도 다른 어느 곳보다 자유롭다. 얼마나 자유로운지 경험해보지 않은 사람은 아무도 믿지 않을 것이다. 속담에서처럼 개는 여주인 행세를 하고, 말과 당나귀는 거리를 자유롭고 당당하게 배회하다가 사람들이 길을 비켜주지 않으면 아무나 들이받는다"[68]).

자연에 권리가 부여된 세상이 터무니없어 보이는가? 일반인들이 체감하지 못해서 그렇지, 현행 법 시스템이야말로 가당찮기 짝이 없다. 서식지 파괴나 동물 학대를 막기 위한 소송들에서도 중심에 있는 건 늘 인간이다. 해군이 고래를 죽이는 것을 막기 위한 2008년의 소송에서는 "해양동물을 관찰하고 그들과 교감할 기회"의 중요성과 "물을 뿜는 고래들"을 자주 볼 수 없는 실망감을 토로한 관광객들의 증언이 채택됐다.[69] 동물에게는 당사자 적격[민사 소송법에서 특정한 권리 관계에 관해 소송 당사자로서 소송을 수행하고 판결을 받을 수 있는 자격]이 없기 때문에 그들의 이해관계는 법정의 1차 관심사가 될 수 없다. 그래서 비인간 생물종이나 환경이 입은 피해는 억지스럽더라도 인간이 입은 부상이나 부동산 가치나 금전 손실과 결부시켜서 제시해야 한다. 수익 감소가 생명보다 중요하다는 얘기다.

인간종과 다른 생명체 사이의 경계를 허물면 우리가 자연세계를 지배하고 착취하는 정당성이 같이 무너진다. 하지만 환경 재앙을 피하고 싶다면, 이는 우리의 이익을 위해서라도 기꺼이 받아들여야 할 변화다. 보편적 인권이 포함의 정점이라고 생각하는가? 천만에. 동물과 자연의 권리를 생각하면 그 개념의 한계와 배타성이 여지없이 드러난다. 무엇이 우리 호모사피엔스를 이렇게 특별하게, 지구에 사는 생물체 중 유일하게 그런 보호를 받을 가치가 있는 생물체로 만들었단 말인가? 아렌트의 주장처럼 만약 권리가 생득적이고 양도불가한 것이 아니라 사실은 인간이 내린 결정들의 산물이며 사회적 관습에 불과하다면 그 권리의 적용 대상을 확대하지 못할 이유가 없다. 생각해보라. 동물의 권리야말로 판단틀을 확장한다. 그보다 더 넓은 패러다임도 있다. 바로 인간과 비인간 동물 모두를 포함하는 자연의 권리다. 자연의 권리는 진정한 공존의 토대를 제공한다.

그런데 인간 중심 민주정치체의 우리, 즉 데모스는 일관성을 위한 경계를 필요로 한다. 이 때문에 하나의 민주정치체가 지구상 모든 생물체를 포함하는 시나리오를 상상하기란 극도로 어렵다. 윌 킴리카와

　　　　　　　　　　3. 국민 재창조 포함 vs. 배제

수 도널드슨Sue Donaldson이 공저《주폴리스: 동물의 권리에 대한 정치 이론Zoopolis: A Political Theory of Animal Rights》에서 가능한 해법을 제시한다. "동물종들에 대한 우리의 관계와 책임을 단계나 스펙트럼으로 이해하는 것이 비인간 자연에 대한 도리를 지키는 시작이 될 수 있다." 이를 위해 킴리카와 도널드슨은 동물에 대한 처우를 자유민주주의적 정의의 원칙들에 연계해서, 3단계 판단틀을 고안했다. 1단계는 사육동물과 반려동물을 나름의 시민으로 여기는 것이다. 2단계는 비둘기, 다람쥐, 너구리처럼 도시와 교외 공간을 우리와 공유하는 이른바 '문턱' 동물들을 지역민으로 여기는 것이다(시민보다는 제한된 권리를 갖는 외국인 거주민과 비슷하다고 보면 된다). 3단계는 야생동물을 독자적인 영역에 거주하는 주권 공동체의 구성원들로 보는 것이다. 신중하고 학구적이며 조용히 혁명적인 이 책은 수십억 종들의 이익을 모두 고려하는, 급진적으로 다르고 훨씬 포괄적인 패러다임을 제시한다. 이 관점에서 봤을 때, 산업 개발로 인해 과거 40년 만에 전 세계 야생동물의 절반 이상이 파괴된 것은 단지 생태학적 다양성의 파괴뿐 아니라 민주적 다양성의 파괴다.[70] 멸종은 가장 극단적이고 철저히 불가역적인 배제다.

로봇과 게놈, 데이터가 바꿀 국민의 정의

이러한 기술적·생물학적 새 지평들이 누가 민주주의의 데모스에 속하는지에 대한 근본적 난제를 더욱 난해하게 만든다. 기업, 강, 오랑우탄은 단지 시작일 뿐이다. 민주주의가 용케 지속된다면 상황이 더 묘해질 수 있다.

2017년 사우디아라비아가 세계 최초로 로봇에게 시민권을 부여했다(사우디 여성들이 운전대를 잡는 것이 허용된 것도 같은 해였다). 이 로봇의 이름은 소피아다. 밀랍인형처럼 생겼는데, 차가운 파란 눈에 하얀 피부의 젊은 백인 여성의 모습을 하고 있다. 한 행사에서 소피아는 "유일무이한 자격이 주어진 것이 매우 영광스럽고 자랑스럽습니다. (…) 시민권을 인정받은 세계 최초의 로봇이 된 것은 역사적인 일입니다"라고 소감을 전했다. 그런데 소피아가 몇 달 후 어느 컨퍼런스에서 갑자기 인류를 파괴하고 싶다는 욕망을 밝혔다. 당황한 소피아 로봇 제작사는 청중에게 그녀의 발언은 프로그램 오류라고 했다. 안드로이드 시민이 흔해지는 날은 아직 멀었겠지만, 석유가 젖줄처럼 흐르는 왕국에서 일하는 수백만 이주노동자들은 얻지 못한 권리를 로봇이 받았다는 사실은 사회가 어디로 향하는지에 관한 불편한 생각을 불러일으킨다. 노동계급은 정치적 멤버십과 기본권을 부정당하는 와중에 부자들과 그들의 로봇은 시민권을 누리는 디스토피아?

소피아는 진정한 하이테크라기보다 과대광고에 가깝지만, 어쨌든 지각 있는 로봇을 개발하는 과정의 한 단계인 건 맞다. 언젠가는 이 존재들이 창조자인 우리보다 더 똑똑해질지 모른다. 만약 우리의 발명품이 우리를 앞지르거나 그 비슷한 상태에 이르면 그들이 동등한 지위를 부여받거나 요구하게 될까? 그들이 호모사피엔스 프로그래머들보다 강력한 힘을 갖게 됐을 때 제발 그들이 우리를 연민과 연대감으로 대해주기를 바랄 뿐이다. 만약 그들이 '힘이 곧 정의'라는 인간 창조자들의 신념(투키디데스를 인용하자면 "강자는 할 수 있는 것을 하고, 약자는 해야만 하는 것을 할 수밖에 없다")을 계승한다면 우리는 그야말로 죽은 목숨이다.

하지만 계승이라는 말은 엔지니어링된 가치관에는 맞지 않다. 현 상황은 우리가 우리의 편견들을 영구화할 프로그램을 짜고 있는 것에 불과하다. 우리는 '억압의 알고리즘algorithms of oppression'을 코딩하고 있다.[71] 우리가 달리 개입하지 않는 한 미래의 봇bot[특정 작업을 반복 수 행하는 컴퓨터 프로그램]은 우리처럼 편파적일 게 분명하다. 우리가 매일 접하는 디지털 알고리즘들, 즉 온라인 플랫폼과 서비스를 개인화하는 보이지 않는 프로그램들이 사회적 불평등을 실질적으로 정착시킨다. 온라인에서는, 가령 부유한 백인 남자를 겨냥한 고액 연봉 일자리 기회나 흑인과 라틴계 사람들의 투표율을 낮추기 위한 정치적 선전들처럼, 내게 보이지 않는 것들을 확인할 길이 없다.

자동 알고리즘 시스템이 생사의 결정을 다루는 일이 점점 많아지고 있다. 누가 복지 혜택을 받을 자격이 되는가? 누가 경찰의 감시 대상 인가? 누가 친구이고 누가 적인가? (국가는 드론 공격으로 사망한 외국인 중 75%의 신원을 알지 못한다. 다만 그중 20%는 여자와 어린이로 알려져 있다.) 그리고 누구에게 이민의 기회가 있는가? 2018년, 연방 이민세관단속국 ICE 요원들이 사용하는 위험 평가 소프트웨어가 한 가지 결과만 내도 록 조작된 사실이 드러났다. 그 결과 평가 시스템이 수감 중인 이민자 전원에 대해 '석방'이 아닌 '억류'를 권고했다.[72] 디지털 시스템이 차별 적이라면 그건 고의적 결과다. 이는 논의나 합의 없이 불평등을 영구 화한다. 신기술은 우리를 범주화와 분석의 대상으로 삼는다. 그 방식 은 누가 우리의 데이터에 접근하느냐가 결정한다. 우리가 언제 포함되고 배제되는지 이제는 분명히 알 길이 없어졌다. 그 전환점은 말할 것도 없이 디지털혁명이다. 역사가들에 따르면 인쇄 매체가 출현하면서 공통의 언어, 담론, 정체성을 중심으로 결속이 강화되고 국민national people 개념이 형성됐다. 그러나 디지털 기술은 사람과 장소, 시민과 나라 사이의 연결을 약화시켜 그 반대의 효과를 낸다.

우리의 정체성만 탈영토화한 건 아니다. 이제는 누구나 디지털 공간에 조각조각 흩어져 있는 가상의 자아, 도플갱어를 가지고 있다. 저널리스트 아토사 아락시아 아브라하미안Atossa Araxia Abrahamian이 말한다. "우리 몸은 한 번에 한 곳에만 존재할 수 있지만 데이터는 한 번에 수많은 곳에 존재할 수 있다."[73] 우리의 가상자아 조각들이, 다시 말해 우리가 앱을 사용하고 사이트를 검색하고 링크를 클릭할 때마다 빵 부스러기처럼 남기는 데이터 조각들이 전 세계 서버들에 저장된다. 월드와이드웹을 방문할 때의 우리는 어떤 종류의 실체인가?

유럽연합이 2018년부터 '개인정보보호 규정General Data Protection Regulation, GDPR'이라는 획기적인 디지털 신원 보호법을 시행했다. 이 법은 우리를 '데이터대상data subject'으로 지칭한다. 데이터대상이란 '데이터 제어기나 처리기'가 수집하고 처리하는 개인정보의 주인인 '자연인'을 말한다. 이 정의는 다분히 개방적이다. 이 정의에 따르면 인터넷 사용자의 위치나 국적에 상관없이 누구나 유럽의 데이터대상이 될 수 있다. GDPR은 인터넷 사용자들에게 본인 모르게 인터넷에서 추적과 돈벌이와 채굴의 대상이 되고 있는 자신의 디지털 자아를 어느 정도 파악하고 통제할 능력을 부여했다는 점에서 칭찬할 만한 시도다. 온라인에서 우리는 시민보다 농노에 가깝다. 데이터대상이라는 명칭 자체가 소수의 다국적 리바이어던들이 지배하는 세상의 사악함을 넌지시 풍긴다. '대상'이라는 말은 작인作因, agency[의도성 있는 행위]의 결여를 뜻한다. 즉 우리의 개인정보를 매개로 일들이 일어나지만 우리는 그 일들의 주체가 아니라 대상인 것이다. 아브라하미안은 이렇게 평한다. "데이터대상이라는 말은 의도했든 아니든 다분히 이중적이고, 따라서 의도했든 아니든 계시적이다. 이 말은 테크놀로지 기업들의 권리와 힘을 인정하는 동시에 그들의 고객에게 어느 정도의 개인주권을 돌려주려 노력한다." 한편 GDPR 자체는 다음과 같이 말한다. "개인 데이터의 처리는 인류에 봉사하는 쪽으로 설계되어야 한다."[74] 그렇게 되려면 우리가 디지털 자아를 민주주의를 위한 투쟁에 포함시킬 방법부터 찾아야 한다.

미래에는 가상자아와 봇도 인공인간의 결정에 따라 데모스에 포함될지 모른다. 현대 과학은 게놈을 '조각'할 수 있는 수준에 이르렀다. 유전자공학의 시대가 멀지 않았다. DNA 편집 기술이 우리 종의 변종 또는 없던 종들을 만들어낼지 모른다. 어쩌면 인간의 노화 속도가 늦춰질 수도 있다. 감정을 마음대로 조절하는 능력을 장착하고 영원히 행복한 존재가 될 수도 있고, 다른 생물종과 합쳐져 고대 그리스 신화에 나오는 괴수들과 비슷한 잡종이 될 수도 있다. 과학계는 우리가 맞춤 아기와 맞춤 반려동물을 가질 날이 멀지 않았다고 전망한다. 우리 조상이 멸종시킨 털북숭이 매머드가 부활 과정에 있다는 말도 들린다. 멸종에 의한 배제를 되돌리는 날이 올지도 모른다.

맞춤 인간이나 복구한 동물종은 개인, 시민, 피지배 대상, 사물 중 무엇으로 간주될까? "그것이 내 문제가 시작되는 지점입니다." 유전자

드라이브gene drive[특정 유전 형질을 전체로 확산시키는 기술]의 주창자인 케빈 에스벨트Kevin Esvelt가 최근의 공개 강연에서 말했다. "왜냐하면, 일개 과학자인 내가 실험실에서 유기체 하나를 바꾸는 일이 입법기관이 할 수 있는 어떤 일보다 여러분 모두의 삶에 더 큰 영향을 미칠 수 있거든요. 이것이 우리의 민주주의 이상에 의미하는 바는 무엇일까요?"[75] 연구자들은 분명 비상한 힘을 쥐고 있다. 하지만 그들은 우리의 정치 대리인들보다도 책임을 지지 않는다.

우리의 미래가 자치적일 것 같지는 않다. 그보다는, 자본주의의 물욕에 찬 논리, 민간 기업들이 인류 공동의 유산인 에너지 자원을 독차지하고 인류가 공유한 대기를 낭비하도록 허용한 그 논리가 계속 득세하며 우리의 미래를 만들어나갈 가능성이 높다. 언젠가 유전자도 임대나 사용 허가의 대상이 되어 우리 몸이 남의 유전자를 함유하는 날이 오지 않을까? 오늘날 씨앗이 재화가 된 것처럼? 그래서 영리 목적의 씨앗 독점이 초래한 고비용 구조가 개발도상국 영세 농민들의 삶을 짓밟는 것처럼? 이런 난감한 전망들에 맞서 노벨상에 빛나는 선구적 유전체 학자이자 열혈 사회주의자였던 고故 존 설스턴 경Sir John Sulston은 유전자 정보의 공공소유를 주장하고, 비영리 인간게놈 프로젝트Human Genome Project의 설립을 추진했다. 그는 2002년 인터뷰에서 이렇게 말했다. "나는 게놈을 둘러싼 논쟁을 통해 지구적 불평등의 민낯을 접했습니다. 나는 인간게놈 정보는 공익을 위한 것이어야 하며 아무도 그것에 반대하지 않을 것이라고 생각했습니다. 순진한 생각이었죠. 유전자 정보를 개인의 이익을 위해 쓰려는 사람들이 있다는 것을 알고 정말로 소름이 끼쳤어요." 모든 인간은 상호의존적이지만, 자기

통치라는 이상은 자기소유를 당연시한다. 따라서 인간게놈 정보의 전체 또는 일부에 대한 사유화, 즉 그 비밀과 수익성을 소수만 챙기는 것은 민주주의의 기본 교리에 위배되는 일이다.

이런 우려들이 억지스러워 보일 수도 있다. 인간을 정의의 궤적 끝에 선 계몽된 존재로 상상하는 편이 더 기분 좋기는 하다. 어쩌면 민주주의는 이미 정점에 이르렀고 약간의 조정만 남은 건지도, 필요한 건 완벽한 마무리일 뿐 재해석과 재정의가 아닐지도 모른다. 어쩌면 우리는 국민이 누구인지 이미 알아냈고 모든 유의미한 집단은 이미 권리를 인정받았기 때문에, 이제 우리에게 남은 일이라고는 그것들을 제대로 시행하는 것뿐인지도 모른다. 그런데 과연 그럴까? 민주주의 서사가 이어지는 한, 포함의 원도 계속 팽창하거나 투쟁을 통해 늘어날 수밖에 없다. 지금까지 원주민, 노예, 자유흑인, 여성, 아이, 장애인, 난민이 공동체의 권리 있는 구성원으로 인정받기 위한 투쟁을 이어왔다. 그런데 이제 우리가 역사의 끝에 도달했으며, 민주적 권리와 인정을 받을 가치가 있는 실체들이 모두 그것을 이루었다고 생각할 이유가 있을까? 미래의 민주주의, 포함주의 미래에는 온갖 종류의 존재가 모두 깃들 자리가 있을까? 식물, 동물, 심지어 기계들까지 모두. '국민'이란 결국 발명품에 불과하다. 거듭 재발명될 수 있다. 우리의 국회와 의회도 지구의 다양한 거주민을 대표하기 위해 언제든 다시 창조될 수 있다.

"민주화 운동은 집단과 국가의 내부에서 늘 일어나고 있다. 이 운동은 통치의 수혜자를 늘리기 위한 노력이다." 미국 인권운동가 두보이스가 1920년 에세이 《인간의 통치Of the Ruling of Men》에서 말했다. 그는 수혜자의 수를 제한하려고 매진하는 세력들도 있음을 분명히 밝혔다. 19세기 재건시대에 잠시였지만 "근대 민주주의를 실현하고 인종차별이 만든 증오와 원한을 끝낼 절호의 기회"가 있었다. 그런데 "북부 산업가들은 그런 산업민주주의에서 재앙을 보았다". 인종분리는 부가 공유되고 산업이 모두의 이익을 위해 모두에 의해 운영되는 민주사회를 가로막는 역할을 했다. 두보이스는 이 실현되지 못한 가능성을 '차별 폐지의 민주주의'라고 불렀다. 그 '가지 않은 길'은 포함의 제도들과 방식들이 만든 매우 다른 정치체로 이어졌을지 모른다.

민주국민이라는 이상에 내재한 불확실성을 감안할 때 포함과 배제 사이에 완벽하고 영속적인 균형은 존재하지 않을지 모른다. 하지만 과정과 결과를 덜 고통스럽게 만들 방법은 있다. 국내외에서 전반적 경제적 평등을 조성해야 한다. 그것이 국내외에서 일어나는 배제의 가혹한 칼날을 무디게 한다. 기본적 생계조차 보장받지 못하는 재정적 취약성은 사회적·정치적 소외를 벼랑 끝으로 몬다. 동반 성장, 공동번영의 세상에서는 국경과 경계가 오늘날처럼 해롭지 않을 것이다. 다만 평등주의 환경이 우리의 목표라면 한 가지 배제는 허용할 필요가 있다. 착취와 지배를 위해 사람들을 갈라치기하는 자들을 위한 자리는 없어도 된다.

4

좋게 말할 때 이걸로 해!

강제 vs. 선택

선택과 강제의 갈등은 근본적으로 권력투쟁이다.

그것은 누구에게 동의할 권한이 있고,

누구에게 강요할 권한이 있는지에 대한 것이다.

'강제가 적법한 경우는?' 보통은 이렇게 직설적으로 묻지 않기 때문에 이 질문이 낯설게 들릴지 모른다. 하지만 이 문제는 민주주의의 기본 난제 중 하나다. 민주사회는 사람들에게 두 가지 동시다발적 판단틀에 관여할 것을 요구한다. 할 수 있고 해야 하는 것을 결정하기와 할 수 없거나 해서는 안 되는 것을 결정하기. 민주주의는 가능성을 확장하는 동시에 경계를 설정하며, 그 경계는 하고 싶은 것과 해야 하는 것으로 구성된다. 그것은 자주적 선택이자 구속적 강제다.

선택과 강제의 균형을 맞추기란 쉽지 않다. 강제를 최소화하고 합의를 극대화한다 치자. 하지만 이 둘은 정확히 정반대 개념이 아니다. 하나의 부재가 딱히 다른 하나를 풍부하게 하지는 않는다. 강제는 대개는 개탄할 일이지만 민주주의에 불가피할 때가 있고, 선택은 바람직해 보여도 민주주의에 항상 좋은 것만은 아니다. 역사는 사람들이 자신과 남에게 비참한 결과를 맞게 한 선택의 사례들로 가득하다. 민주적 절차를 거친 결정이라고 해서 해당 인구집단의 일부 또는 전체를 위험에 빠뜨리는 반민주적 결과를 내지 말라는 보장도 없다. 이 가능성 때문에 진보주의 사회들은 제멋대로인 시민들로부터 사회를 보호하기 위해 특정 민주주의 수칙들에 저지선을 치기도 한다.

미국 헌법과 권리장전Bills of Rights[헌법 기초자들은 처음에는 기본 권리를 헌법에 명시하지 않았다가 얼마 후 포함시켰다. 이때 추가된 수정 조항들을 권리장전이라고 한다]이 논쟁의 여지가 없다고 명시한 원칙이 몇 가지 있다. 언론과 집회의 자유, 정당한 법 절차, 사생활 보호, 법 앞의 평등 등이다. 모두에게 이런 타협불가의 권리들을 보장하는 법적 구속력 있는 합의가 없다면 어떻게 될까? 아마 다수가 이때다 하고 소수의 권리를 침해할 것이다. 심지어 극도의 공포 상황에서는 사람들이 스스로 자유를 내줄지도 모른다. 우리에게는 내 마음대로 포기할 권리가 없는 권리들이 있다(우리는 이것을 양도 불가한 권리, 또는 천부적 권리로 부른다. 그런데 말이 그렇지, 실상은 그렇지 못하다. 정말 천부적 권리라면 우리가 그 권리들을 지키려 전전긍긍할 일이 없지 않겠는가).

민주주의를 흔히 피통치자들의 동의에 의존하는 시스템으로 정의하지만 현실은 그렇지 않다. 피통치자인 시민이 동의하기는커녕 알지도 못하는 일들이 숱하게 일어나고, 그런 상황을 시민이 모르는 것도 아니다. 정부가 하는 일의 대부분은 일반인에게 미스터리이고, 누구도, 심지어 가장 영리한 법률가조차도 우리를 구속하는 무수하고 복잡한 법들을 다 이해하지 못한다. 거기다 선택의 자유와 시민의 동의라는 원칙은 극단적으로 적용될 경우 심히 거추장스러운 것이 되어버린다. 예를 들어 공동체에 영향을 미치는 결정들 중 몇 퍼센트에나 시민의 참여가 필요한지도 불분명하다(우선 나부터도, 어떻게 전기를 공급할지, 어느 아스팔트 구멍부터 손볼지 결정하는 건 나보다 많이 아는 사람들에게 일임하는 것이 낫다고 본다).

이는 직접민주주의와 대의민주주의의 차이를 보여준다. 우리는 대리자를 선출함으로써 어떤 면에서는 선택하지 않은 쪽을 선택한다 (이러한 경향이 요즘 더 강해지고 있다. 예컨대 우리는 일상적인 결정을 점점 더 추천 엔진이나 GPS 장치에 위탁한다). 대의민주제가 말하는 민주주의는 직접 자치보다 대리 통치에 가깝다. 그에 따른 위험성은? 그 대리자들이 우리를 강제하는 선택을 할 수 있다.

낮은 투표율을 보라. 대다수 시민은 투표소에서 자신을 대표할 사람을 찍는 행위(현행 정치체제에 대한 암묵적 동의)조차 귀찮아한다. 어쩌면 놀랄 일도 아니다. 사람들은 대개 선언적 선택이 아니라 출생의 우연으로 정치 공동체의 일원이 된다. 세상 누구도 어디서 누구의 자식으로 태어날지 선택하지 못한다. 따지고 보면 아미시Amish[기독교 안만파의 신도. 현대 문명을 거부하고 미국 동북부 여러 주에서 마을을 이루고 산다] 공동체 청소년들의 통과의례인 럼스프린가Rumspringa만큼 민주적인 것도 없다. 아미시 청소년은 일정 나이가 되면 공동체를 떠나 바깥세상을 경험한 뒤 세속 사회에 남을지, 아니면 격식을 갖춘 동의 절차에 따라 공동체와 교회로 돌아올지를 결정한다. 이에 비해 우리 대부분은 부모나 출생국의 국적과 시민권에 꼼짝없이 묶여 산다.

강제의 불평등

모국에 그대로 살든, 다른 나라에서 시민권을 취득해서 살든, 강제는 현실의 일부다. 우리는 서로 무사히 지내려면 하지 말아야 할 행동이 있다는 것을 잘 받아들인다. 그래서 무장 강도와 살인 같은 강력범죄를 불법행위로 규정하거나, 차선을 지켜 운전하고 쓰레기를 하수구에 버리지 말 것을 명령하는 법들은 수월하게 제정된다. 그런 금지법들이 우리를 강압한다고 여기는 사람은 거의 없다. 오히려 법에 감사하면서 물건을 훔치거나 남을 죽이지 않는 쪽을 택한다. 중범죄까지 생각할 것도 없다. 우리 대부분은 나를 보호하고 남에게 피해를 주지 않기 위해 교통법규를 준수하고 쓰레기는 정해진 곳에 버린다.

정부의 강제를 배격하는 사람들조차 합리적인 규칙에는 동의한다. 유명한 아나키스트 이야기가 있다. 교통신호를 지키는 아나키스트에게 "정부에 반대한다면서 어째서 무단횡단을 하지 않는가?"라고 묻자 그는 이렇게 대답했다. "어떤 꼬마가 우리를 보고 함부로 찻길에 뛰어들어도 된다고 생각할까봐."

이상세계라면 아무리 완강한 반항자라도 집단을 위해 옳은 결정을 할 것이다. 하지만 우리는 그런 세상에 살고 있지 않기 때문에 사람들이 제대로 된 선택을 하지 않을 때가 많고, 그럴 때는 으레 배척, 벌금, 투옥 등의 강제수단이 동원된다. 일반적으로 우리는 좋은 시민이 되기 위해서라면 우리 중 일부는, 때로는 나조차도, 강제될 필요가 있음을 인정한다(비슷한 논리가 기업과 국가에도 적용되고 따라서 그들도 법의 제약을 받는다).

하지만 '제대로'와 '좋은' 같은 말들은 위험하다. 무엇이 맞고 좋은 선택인지 누가 결정하는가? 어느 강도로 강제를 부과할지 어떻게 결정할 것인가? 이는 단순한 비례의 문제도, 눈에는 눈 이에는 이처럼 처벌을 범죄에 맞추는 문제도 아니다. 우리가 준수할 규칙들을 누가 만들고, 누구에게 어떤 목적으로 국가의 강제를 집중적으로 적용할지의 문제다. 법은 결코 중립적이지 않고(인종분리부터 조세 피난에 이르기까지 사회를 좀먹는 수많은 것들이 지금까지 합법이었거나 현재도 합법이다), 고르게 적용되지도 않는다(좀도둑과 화이트칼라범죄에 적용되는 처벌의 불균형을 보라). 우리는 사회적 서열과 경제적 불평등이 판치는 세상에 살고 있고, 그것이 법 앞의 평등, 즉 강제의 평등을 현실보다는 꿈으로 만든다.

예를 들어, 부유한 백인은 가난한 흑인만큼 자주 교통경찰의 단속 대상이 되지 않는다. 설사 그렇다 처도 그들은 같은 정도의 강압을 경험하지 않는다. 왜냐고? 100달러 벌금은 종신직 교수나 기업 고문변호사에게는 과자 값에 불과하지만, 보조요리사나 청소부로 최저임금을 받으며 혼자 아이를 키우는 사람에게는 큰돈이다. 이런 이유로 일부 유럽 국가들은 벌금을 소득 수준에 따라 차등 부과한다. 속도위반 같은 범법행위에 대해 범법자가 부자일 경우 벌금을 더 많이 물리는 것을 누진처벌이라고 한다. 핀란드의 한 정부고문은 〈월스트리트 저널〉에 "누진과세와 누진처벌은 북유럽의 전통"이라고 했다.[1]

선택과 강제의 갈등은 근본적으로 권력투쟁이다. 그것은 누구에게 동의할 권한이 있고 누구에게 강요할 권한이 있는지에 대한 것이다. 이 권력투쟁은 정치 영역에만 국한되지 않는다. 의회와 법원, 직장과 가정에서 매일 전개되는 민주적 삶의 모든 측면에 퍼져 있다. 이것은 장대한 투쟁이다. 하지만 때로 감지하기 어렵다. 민주국가에서조차 권력 있는 소수가 힘없는 다수를 강제할 방법을 찾으면서 그들은 예속 당해 마땅하거나 스스로 예속을 선택했다고 몰아가기 때문이다. 소수

권력층은 우리 사이에 흥미롭고 도전적인 담론들, 즉 강제가 적법할 때는 언제인지, 어떻게 선택을 강화할지, 자유롭고 평등한 사회 창조를 위해 우리 스스로를 어떻게 억제해야 할지 등에 관한 담론이 일어나는 것을 견제한다.

완벽히 자율적인 사람은 없다

《스탠퍼드 철학 백과사전Stanford Encyclopedia of Philosophy, SEP》에서 '강제 coercion' 항목을 찾아 읽다가 나는 상습범들 외에 강제당할 필요가 있는 집단이 하나 더 있다는 것을 알게 됐다. 그 집단은 바로 아이들이다.

위의 백과사전에 이런 말이 나온다. "사람들은 강제의 수단으로 협박을 동원하고, 그것을 상식으로 받아들인다. 무장 강도, 마피아, 아이 부모, 국가의 공통점은? 이들 모두 일부 행동들에 부적격 딱지를 붙이고 다른 행동들을 부추길 목적으로 조건부 협박을 일삼는다." 위의 백과사전에는 소시오패스와 아이들에겐 강압이 답이라고 외치는 대목도 있다. "그것이 악의적이고 반동적인 이들이 남을 해치는 것을 막는 방법이고, 아이 양육에 없어서는 안 될 기술이기도 하다."

이 구절이 유난히 격렬하게 와 닿은 이유는 어쩌면 내가 남다른 어린 시절을 보냈기 때문인지도 모른다. 부모님, 특히 어머니는 이른바 '비非강압적 양육'의 열혈 추종자였다. 두 분은, 아이들은 기회만 주어지면 알아서 공부를 선택할 거라고 굳게 믿었다. 그래서 학교에 갈지 집에서 독학할지, 낮잠을 잘지 책을 읽을지를 내가 스스로 결정하게 했다. 나는 이런 상황을 상식처럼 받아들였다. 처벌이 무서워서 공부한 적이 없었고, 나쁜 성적을 받거나 방과 후에 학교에 남거나 퇴학당하는 것에 대한 두려움도 없었다(어쨌든 부모님이 나를 집에서 쫓아낼 수는 없으니까). '아동 해방'을 외쳤던 어머니는 자녀가 무력한 피보호자가 아니라 엄연한 개인이므로 자녀의 의견을 존중해야 한다는 신념이 확고했다. 세월이 흐른 후 나는 어머니에게 비강압적 양육 방식이 일상에는 어떻게 적용됐는지 물었다. 어머니는 '안 된다'고 말하고 싶은 충동을 참고 그 말이 반사작용처럼 튀어나오지 않게 하려고 노력했다고 답했다. "그냥 시키는 대로 해!"는 우리 집에서는 들을 수 없는 말이었다. 어머니는 넘지 말아야 할 선에 대해서는 우리에게 왜 그런지 논리적으로 설명하려 노력했다. 영국의 자유주의 교육가 알렉산더 닐Alexander S. Neill, 1883~1973이 말한 '방종이 아닌 자유'가 어머니의 모토였다.

우리 부모의 방식은 1980년대와 1990년대의 미국 남부에서는 특이한 일이었다. 하지만 지금은 대안교육이 많이 흔해졌다. 2015년 미주리주 콜롬비아에 와일드포크Wild Folk라는 야생 체험 프로그램이 설립됐다. 이곳의 목표는 아이들의 자율성과 타고난 호기심을 존중하는 비강압적 교육이다. 5~14세의 아이들이 40에이커의 야영지를 자유롭게 쓰면서 퍼머컬처permaculture 농경법, 생존 전략, 메이플 시럽 채취 같은 기술들을 배운다. 아이들은 한 세션에서는 자전거 발전기를 만들었고, 다른 세션에서는 그 지역의 물길 지도를 만들었다. 하지만 여기에도 참가자 모두가 지켜야 할 기본 수칙이 있었다. 이를테면 평의회라고 부르는 주간 회의에 전원이 참석해서 정중한 태도로 임해야 한다.

하지만 '비강압' 프레임은 헛된 대립 구도를 유발한다. 와일드포크의 창립자 폴리나 맬리킨Polina Malikin도 같은 결론을 내렸다. "강압 대 비강압 패러다임에 갇히기 쉬워요. 강압적이고 싶은 사람이 어디 있어요? 용어부터 끔찍하잖아요." 또한 그녀는 이런 이분법이 실제로는 존재하지 않는 "더없이 행복한 전前사회적 상태"를 전제한다고 했다. "아이들이 발언권을 가지고 함께 결정을 내리고 함께 학교를 운영하는 것도 중요하지만, 아이들이 어른들로부터 전수받아야 할 지혜도 있는 법이거든요."

"비강압은 모종의 무제한을 암시해요." 맬리킨이 말했다. "하지만 분명한 한계가 있죠. 환경 자체가 강압이에요. 환경이 진화를 결정해요." 생태학적 책임이 와일드포크 미션의 핵심 요소인데, 거기에는 본질적 제약들이 따른다. 우리는 생태학적으로나 생물학적으로 유한한 세상을 점유하고 있으며, 거기에 적응할 방법을 지능적으로 강구해야 한다. 우리 모두 깨끗한 공기와 먹을 음식이 필요하다. 우리 모두 하루는 24시간뿐이고, 언젠가 죽는다는 현실에 묶여 있다. 이 요인들이 그 자체로 우리를 강제하지는 않을지 모르지만, 우리가 제약 없이 존재하거나 선택할 수 있다는 개념에는 분명히 모순된다.

철학자 한나 아렌트는 1967년 〈뉴요커〉에 기고한 글에서 이 통찰을 한층 발전시켰다. 아렌트는 "진실은 근본적으로 강압적"이라고 했다.

> 정치적으로 봤을 때 진실은 독재적 성격을 띤다. 따라서 당연히 폭군의 미움을 받는다. 폭군의 입장에서는 본인이 강제력을 독점하지 못하고 경쟁 상대가 있는 것이 좋을 리 없다. 반면 동의에 의지하고 강압을 혐오하

는 정부의 눈에 진실의 위상은 불안정하다. (…) 반갑지 않은 의견은 논쟁이나 거부나 타협으로 대응할 수 있지만, 반갑지 않은 사실에는 지독한 완강함이 있어서 명백한 거짓말 외에는 어떤 것도 이길 수 없다.[2]

물론 아렌트도 잘 알고 있었다. 진실이 강압적 성격을 갖는다 해서 그것에 저항하는 이들이 없지는 않다는 것을. 가령 환경 규제 정책을 위한 연구에 격렬히 반대하는 개인과 기업이 많다. 하지만 그들이 부인한다고 해서 무분별한 소비, 삼림 벌채, 오염, 탄소 배출이 대량 멸종을 초래하고 있으며 이러다 지구가 인간이 살 수 없는 곳이 될 수도 있다는 진실이 바뀌지는 않는다. 그런데도 그들은 과학적 사실을 일각의 견해나 심지어 음모적 허구로 폄하하면서 진실의 경계와 마주하기를 회피한다. 법은 사람의 의지에 눌려 휠 수 있지만, 장기적으로 봤을 때 자연은 그렇지 않다.

강제가 항상 직접적이고 노골적으로 행해지는 것은 아니다. 선의를 가진 사람들도 때론 은밀하게 강압책을 쓴다(맬리킨은 고압적 폭군이 되지 않으려는 부모와 교육자들에게 이 문제를 경고했다. "자신의 권위를 확신하지 못하면 교활한 방법을 쓰게 돼 있어요. 자녀가 알아서 하기를 바라는 건 꿈에 불과하다는 것을 부모도 압니다. 하지만 대놓고 강제하기는 싫어서 자녀에게 죄책감이나 흥정 같은 교묘한 수법을 쓰기 시작하죠."). 미묘한 형태의 강제가 민주주의에 도움이 된다고 믿는 정치학자들이 있다. 그들은 교묘하게 공민의식을 종용하는 이러한 형태의 강요를 '넛지nudge'라고 부른다. 옆구리를 슬쩍 찌르듯 은근히 개입해서 사람들이 '이로운' 선택을 하도록 유도한다는 뜻이다. 그들은 공개 심의를 포기하는 대신 보이지 않는 개입주의paternalism를 지지한다.

일상의 수많은 만남과 대화가 자유선택의 결과처럼 보이지만 사실은 예정된 결과일 때, 즉 우리가 해당 경로로 등 떠밀린('옆구리 찔린') 경우일 때가 많다. 이것을 선택 아키텍처choice architecture라고 부른다. 세상이 우리가 특정 결정을 내리도록 설계돼 있다는 뜻이다. 선택 아키텍처는 수없이 다양한 형태로 일상에 스며 있다. 걸음의 방향을 이끄는 보도블록부터 일부러 까다롭게 만든 민원 절차까지, 상품 진열부터 컴퓨터 코드까지 모두 의도된 것들이다. 우리의 길거리는 자전거 타기에 안전한가, 아니면 오직 자동차 위주로 설계돼 있는가? 밤에 걸어도 보행자들이 불편하지 않을 정도로 길이 충분히 밝은가? 우리는 투표자 명부에 자동 등록되는가, 아니면 투표 한 번 하려면 몇 시간씩 줄 서서 기다려서 양식을 작성해야 하는가? 샐러드 바에는 시금치가 쉽게 닿을 수 있는 곳에 있는가, 아니면 건강에 나쁜 토핑들이 제일 눈에 띄는 곳에 있는가? 휴대폰의 개인정보 기본 설정은 무엇이며, 사용하는 디지털 플랫폼에서 자동으로 올라오는 콘텐츠는 어떤 종류인가?

넛지가 항상 나쁜 것은 아니다. 외부의 영향을 전혀 받지 않고 완벽하게 자율적인 개인은 없다. 우리가 사는 물리적 세상이 엔트로피 법칙이 지배하고 중력이 우리를 끝없이 잡아당기는 세상인 이상, 중립은 신화에 가깝다. 아니, 불가능하다. 우리의 취지에 맞는 질문은 오히려 이것이다. "우리의 인공 넛지들은 무엇에, 그리고 누구의 이익에 봉사하는가? 우리가 사는 선택 아키텍처는 민주주의를 향상시키는가, 약화시키는가?" 색색으로 표시해서 눈에 띄는 곳에 놓아둔 쓰레기통의 존재가 우리를 재활용 생활로 인도하고, 특정 사회정책에 대한 열정을 죽이기 위해서 또는 특정 제품의 구매를 유도하기 위해서 고안된 게시물이 특정 인구집단의 SNS 계정에 뜬다. 이렇듯 장려책, 설득, 영향, 조작과 강제 사이의 차이는 끝없이 모호하다. 하지만 그 선이 어디에 그려지든 변하지 않는 사실이 있다. 그건 우리의 선택이 '자유로울' 일은 거의 없다는 것이다.

사회계약이라는 우화

정치철학자들은 강압 없는 상황을 제시할 때 주로 계약을 예로 든다. 이렇게 상상해보자. 동등한 사회적 지위에 있는 두 성인 남자가 서로에게 이익이 될 계약에 동의한다. 각자 자제를 약속하고, 대가로 상대방으로부터 상응하는 이익을 얻는다. 극도로 단순하고 이상화된 우화다. 그런데 이 우화가 예상보다 큰 영향력을 발휘해왔다.

17세기 이후 정치철학자들은 사회가 애초에 어떻게 생겨났는지에 대한 다양한 설명을 시도했다. 그중 하나가 사고실험을 통해서 가상의 사람들이 '자연상태'에서는 어떻게 행동할지 추론하는 것이다. 지배를 받겠다는 최초의 동의는 어떻게 도출됐을까? 이 질문이 현재 사회계약이라고 불리는 것, 즉 우리 정치구조의 기반이 되는 상호 합의에 대한 연구의 핵심을 이룬다. 사회계약론은 인류학 이론보다도 더 추측에 근거한 것임에도 현대의 경제적, 법률적 담론뿐 아니라 자유주의의 개념적 주춧돌 역할을 한다. 이게 사실이다. 현대 민주주의 체제를 떠받치는 기본 근거라는 것은 결국 미화된 지적 동화에 지나지 않는다.

이 전통을 시작한 사람이 토머스 홉스다. 홉스는 애초에 인간이 어떤 동기로 한데 모여 공동체를 형성하게 됐을지 궁리했다. 홉스는 모국 잉글랜드가 피비린내 진동하는 무법의 나락(왕과 의회와 군대가 정치적·종교적 패권을 놓고 다투는 내란)으로 떨어지자 망명지 프랑스에서 평화롭고 안전한 사회에 대한 열망을 글에 담았다. 그는 뿔뿔이 원자화된 개인이 신상의 안전을 지키기 위해 전능한 실체에게 권력을 양도하는 상상을 했다(홉스는 이 '리바이어던'이 천명으로 왕권을 받은 군주든 무신론적 국가든 상관하지 않았고, 이 때문에 당시 그의 사상이 불온한 선동으로 몰렸다). 홉스는 뭐가 됐든 주권자가 '강제력을 동원해 사람들의 손을 약탈과 복수로부터 묶어놓고' 백성에게 바른 처신을 강제할 권한을 가지지 못하면 어떠한 공동체도, 정의도, 소유권도 있을 수 없다고 주장했다.

> 어떠한 강제력도 수립되지 않은 곳, 곧 국가Commonwealth가 없는 곳에는 소유권도 없다. 만인이 만물에 대한 권리를 갖기 때문이다. 따라서 국가가 부재한 곳에서는 부당한 것도 없다. 결국 정의의 본질은 유효한 계약을 지키는 데 있다. 그런데 계약의 유효성은 오직 사람들에게 계약 준수를 강제하기에 충분한 공민력의 수립에서 나오며, 그때야 비로소 소유권도 발생한다.[3]

이 암울한 논리에 따르면 '공포로 갈취해낸 계약들'도 유효하다.

미친 듯이 법과 질서만 추구하는 상황에서 정복과 계약의 경계는 흐릿하다. 사람들은 자율성을 최고통치자에게 넘겨주고 자기결정권을 벗어던진다. 이 해결책에 중대한 함정들이 있지만 다른 대안은 더 나쁘기 때문이다. 불행히도 절대군주나 국가는 이렇게 손에 넣은 가공할 힘을 남용할 가능성이 높다.[4] 홉스는 위로부터의 강압은 문명사회에서 살기 위해 지불해야 할 대가이며, 완전한 굴복과 예속만이 질서를 부과하고 개인의 생존을 보장받는 유일한 방법이라고 주장한다.

근본적으로 사회계약론은 정치적 권위의 정당성을 이해하려는 노력이다. 그런 게 정말로 있다면야 가치 있는 탐구다. 우리는 무슨 까닭으로 왕이나 정부에 복종해야 하는가? 어떤 상황이면 반란이 허용될 수 있는가? 그러나 인간 본성에 대한 홉스 특유의 냉소주의에 뿌리를 둔 사회계약론은 이런 전면적이고 중대한 질문들에 상당히 제약된 답만 제공할 뿐이다. 개인들을 지극히 이기적인 동인들agents로 보기 때문이다. 사회계약론이 제시하는 프레임에 의하면, 우리는 타인에 대한 염려나 높은 이상을 위해서가 아니라 이익 극대화를 위한 이성적 평가에 따라 이런저런 형태의 권위에 동의하고 협력하고 도덕적으로 행동한다. 사회계약론은 현존하는 사회적 관계들이 적절하고 도덕적이라는 세계관을 정당화한다. 그 관계들이 합의라는 이유로. 개인들이 순전히 자기중심적인 이유로 묵인한 합의. 이것은 정부의 기원과 목적, 그리고 그걸 만든 인간의 동기를 이해하는 방법치고 기막히게 제한적인 방법이다.

정작 홉스는 민중정치를 경멸했지만, 다른 사상가들과 정치인들과 선동가들은 홉스의 사회계약 사상을 '국민 혹은 민중이 힘을 가져야

한다'는 다분히 선동적이고 반체제적인 발상에 결부시켰다(다만 '국민'
이라는 신종 집단에 누가 포함되어야 하고, '국민'이 얼마만큼의 영향력을 행사해
야 하는지에 대해서는 사람마다 견해가 달랐다). 핵심만 거르자면, 사회계약
론의 중심에 있는 혁명적 주장은 꽤 간단했다. 사람은 본래 자유롭고
평등하게 태어난다는 것이다. 지금이야 진부한 말이 됐지만 당시에는
권위에 대한 오랜 정당성을 모조리 뒤집는 주장이었다. 왕과 귀족들
은 그들의 봉신들이 이 해방적 발상을 받아들이는 생각만 해도 치를
떨었다. 교황과 사제들도 이 발상을 신성모독으로 몰아 맹비난했다.
예속에 대한 오랜 설명들(신의 뜻, 무력, 관습, 태생적 우월함과 열등함 등)이
갑자기 빛을 잃었다. 당시는 왕들이 왕권신수설로 통치의 명분을 삼
던 시절이었다. 그 시절에는, 합리적인 개인들의 동의가 있어야 그들
을 통치할 수 있다는 발상은 사회 피라미드의 꼭대기에 있는 이들에
게 충격적일 만큼 급진적이고 끔찍한 것이었다.

그들의 공포는 괜한 걱정이 아니었다. 1649년에 사상 초유의 사태
전환이 일어났다. 잉글랜드와 스코틀랜드의 왕 찰스 1세가 공개 재
판에 회부돼 국민에 대한 반역죄로 유죄 판결을 받고 처형당한 것이
다. 찰스 1세의 참수는 갈등의 끝이 아니었다. 홉스가 맹비난한 '민주
제 옹호자들' 사이에 내분이 일어났다. 귀족, 지주, 부유한 상인으로
구성된 의회가 권력을 잡더니 중산층과 하층민의 급진적인 요구들을
진압하고 나섰다. 찰스 1세가 처형당하기 2년 전, 신모범군New Model
Army[1645년 영국내전 시기에 의회파였던 크롬웰이 편성한 군대]의 장교였던
토머스 레인스보로Thomas Rainsborough, 1610~1648가 민주적 합의에 대한
멋진 웅변을 했다.

그렇습니다. 나는 영국에서 가장 가난한 사람에게도 가장 위대한 사람으로 살아갈 삶이 있다고 생각합니다. 그러므로 진심으로 말씀드리는데, 정부 아래에 살게 될 사람은 누구든 먼저 자발적 동의를 통해 그 정부 아래에 자신을 놓아야 합니다. 또한 영국에서 가장 가난한 사람일지라도 그런 발언권을 가지지 못한다면 엄밀한 의미에서 정부에 매여 있지 않다고 봅니다.

이 견해는 가난한 사람들의 자리도 인정하는 동시에 동의의 기회가 없는 사람들의 반란을 정당화한다는 점에서 사회계약의 포괄적 비전이었다. 군주가 제거된 마당에 민중까지 봉기하는 것은 사회 상위층에게 가장 두려운 일이었다.

레인스보로는 수평파Levellers[영국내전 때 의회파 중 급진파]의 대변인 중 한 명이었다. 수평파는 평등주의를 내세운 분파로, 영국 최초의 정당으로 불린다. 주로 군인, 장인, 소상인, 소농으로 구성됐으며 참정권과 대표선택권 확대, 격년제 의회 선거, 인구 비례에 따른 선거구 설치, 신앙의 자유, 강제 종군 거부권, 법 앞에서 만민 평등, 배심재판으로 신속히 재판받을 권리, 살인죄를 제외한 사형 폐지 등 일련의 민주적 정치 개혁을 요구했다. 그들은 이 요구들을 반영한 다양한 유형의 인민협정Agreement of the People을 작성했다. 인민협정의 취지는 성문 헌법을 만들어 영국이 "맹종 상태로 회귀할 위험과 전쟁 경비용 과세를 피하는 것"이었다. 그러나 이는 의회를 구성하는 상류 계급이 결코 받아들일 수 없는 협정이었고, 당연히 법으로 제정되지 못했다.

당시 전통주의자들은 사회계약에 대한 이러한 새롭고 급진적인 해석이 기존의 계급 구조를 교란하고 하위계층과 소외층을 선동해서 그들이 종속 상태를 거부하게 될 것을 염려했다(수평파의 봉기는 엘리트층의 불안이 기우가 아니었음을 입증했다). 그런데 정반대의 상황이 벌어졌다. 낡은 봉건적 유대가 끊어지고 정치경제적 관계들이 변하면서 사회계약론이 오히려 지배를 이해하고 정당화하는 명분이 된 것이다. 사회계약 옹호자들의 궁극적 주장은 이러했다. "사람은 태어날 때부터 자유롭기 때문에 타인에 의해 강제로 통치될 필요가 없다. 따라서 자발적으로 종속 관계를 선택하게 된다." 정치이론가 캐롤 페이트먼Carole Pateman의 표현에 의하면 "체제 전복의 제안"이 "시민 복종의 명분"으로 변한 것이다.[5] 이제 사회계층은 사람들의 자유로운 선택으로 만들어진 결과로 재설정됐다.

우리가 사는 이 세계는 이 지능적 트릭을 중심으로 돌아간다. 이 트릭은 예속을 동의 행위, 즉 '자유로운' 선택의 불가피한 결과로 둔갑시킨다. 오늘날의 우리는 17~18세기의 그들보다 더 계약과 동의에 집착하고, 어디에서나 계약과 동의를 요구받는다. 우리는 직장과 학교, 병원과 보험회사와 계약을 체결하고, 카드회사와 학자금 대출 업체에 인생을 담보한다. 웹사이트를 방문하고 앱을 사용할 때마다 읽기도 힘들고 이해하지도 못하는 이용약관에 '동의'를 클릭하기를 요구받는다. 이 '동의'는 사용자의 개인정보에 대한 권리는 물론 소송을 제기할 헌법상의 권리도 박탈한다. 종류를 불문하고 모든 회사는 계약서의 깨알같이 작은 활자들 속에 '중재 조항'을 묻어놓는다. 계약 당사자들 사이에 과실이나 분쟁이 발생했을 때 사적 중재를 통해 해결한다는 내용인데, 이는 사실상 기업을 공적 사법제도의 제재를 받을 위험에서 면제한다. 이런 계약들이 삶의 모든 영역에 확산되어 있다. 거기다 이런 계약들은 동등하지 않다. 재력과 권력과 정보력의 차이가 천지차이다. 하지만 우리에게는 다른 마땅한 대안이 없기에 어쩔 수 없이 동의하는 경우가 다반사다. 이런 현상을 고려하면, 계약은 자유의사에 의한 약속이라는 주장이 무색해진다.

이런 힘의 불균형은 발군의 사회계약인 미국 헌법에서도 여지없이 드러난다. 미국 헌법은 주권재민 원칙에 대한 헌신을 구구절절 말하면서도 종교, 부, 젠더, 인종에 따라 그 원칙을 부단히 제한해왔다. 결국 소수 특권층만이 동의를 허할 능력과 자격이 있는 주체로 간주됐고, 다른 모두는 열외였다. 미국 헌법 기초자들은 존 로크의 영향을 많이 받았다. 로크는 홉스와 달리 국가의 임의적 권력 사용을 우려했기 때문에 자제 없는 권력 남용에 맞선 반란을 지지했다. 구세계 군주의 폭정에 전력으로 항거하던 정착민에게 로크 사상은 당연히 단비였다. 로크는 인간의 자연 상태를 '만인의 만인에 대한 싸움'으로 본 홉스의 견해를 믿지 않았고, 개입을 최소화한 제한정부와 개인의 권리(자연권)를 주장했다.

하지만 로크 역시 사람들이 시민정부를 수립하는 가장 중요한 동기는 사유재산 보호의 필요성이라고 믿었고, 사유재산은 사람의 노동이 자연의 원재료와 결합할 때, 가령 숲을 농지와 목초지로 바꿀 때 생겨나는 것으로 정의했다. 이러한 로크의 판단틀은 원주민 공동체가 땅을 '개간'하지 않고 누구나 쓸 수 있게 놔뒀다는 이유로 그들의 땅을 훔치는 것을 정당화했다. 로크의 견해에 따르면 원주민은 사회계약 밖에 있었으며, 공동소유라는 그들의 생활방식은 사회계약의 걸림돌이었다. 공동소유가 없어지고 사유재산이 도입되어야 미국판 '행복 추구'가 개시될 수 있었다. 행복추구권은 로크가 만든 말로, 그는 그것을 사회계약의 기본권으로 내세웠다.

계약의 탈을 쓴 여성 착취

당시 사회계약 이론가들은 여성의 종속도 여러 창의적인 방법으로 정당화했다. 그들은 여성과 아동의 '사적' 영역을 공적 영역에서 분리했고, 공적 영역에서는 남자들만 정치 행동에 관여했다(1649년, 1만 명의 여성들이 수평파의 대의를 지지하는 탄원서에 서명해 하원에 제출했을 때 수령인들은 질색하며 여성운동가들에게 "집에서 설거지나 하라"고 명령했다. 어느 하원의원이 여자들이 의회에 청원을 넣다니 얼마나 해괴한 일이냐고 말하자 누군가 이렇게 대꾸했다고 전한다. "당신들이 왕의 머리를 자른 것도 이상하지만 결국 정당화하겠지"[6]). 사적 영역과 공적 영역을 이렇게 편리하게 구분지은 것도 모자라 이론가들은 여성의 위치는 원래 보조적이라는 주장을 입증할 방법을 계속 모색했다. 여성주의 저술가 실비아 페데리치Silvia Federici는 저서 《캘리번과 마녀Caliban and the Witch》에서 이렇게 지적했다. "그들은 '천부적 평등'과 '동의에 의한 정부' 원칙에 충실한 척하면서, 남성 패권을 지키기 위해 여성의 '선천적 열등성' 이론을 들고 나왔다. 이 이론에 따르면 여자들은 본인이 본연적으로 나약한 존재라서 어쩔 수 없이 남자에게 의존해야 한다는 것을 알기에 남편에게 자신의 재산권과 투표권 행사를 일임하게 된다는 것이다."[7] 이 말은, 여자들은 딱 결혼 계약을 맺을 만큼(그들의 사적 군주의 지배를 받겠다는 선택을 할 만큼)의 합리성과 자율성만 부여받았다는 뜻이다.

일부 남자들이 이 성적 계약을 자유선택이 아닌 불공평한 강요를 기반으로 한 코미디극으로 묘사하며 호기롭게 그 부당함을 외쳤다. 공리주의자 존 스튜어트 밀John Stuard Mill, 1806~1873도 그중 한 명이었다. 그는 1848년《정치경제학 원리Principles of Political Economy》에 이렇게 썼다. "법이 아내의 모든 것을 남편의 소유로 만든다. 이런 상황에서 아내는 강제로 남편과 살아야 한다. 남편이 마음만 먹으면 가할 수 있는 모든 도덕적·육체적 폭정에 아내를 고스란히, 그리고 강제로 내맡기는 처사다. 이는 아내의 모든 선택을 사실상 강압에 의한 행동으로 봐도 무방하다는 근거가 된다." 이보다 수십 년 전 그의 아버지 제임스 밀James Mill은 남편이 아내의 이해관계를 충분히 대변하므로 여자는 투표할 필요가 없다고 주장했다. 남편이 부부를 대표해서 군주의 통치에 동의했다는 것이다. 그의 아들은 이런 윗대의 가부장적 추정과 결별한 용감한 남성 사상가들 중 한 명이었다.[8]

이런 주장을 한 사람은 밀이 처음이 아니었다. 1825년 초창기 민주 사회주의자democratic socialism[마르크스주의를 배격하는 이상주의적 사회주의자]였던 윌리엄 톰슨William Thompson과 애나 휠러Anna Wheeler가 〈인류의 반인 여자들이 그들을 정치적, 사회적, 가정적 노예로 잡아두려는, 인류의 나머지 반인 남자들의 가식을 고발하는 호소문Appeal of One Half the Human Race, Women, Against the Pretensions of the Other Half, Men to Retain Them in Political, and Thence in Civil and Domestic, Slavery〉이라는 팸플릿에서 결혼 계약의 '대담한 거짓'을 맹비난했다.

계약! 이 거래에서 평등하고 공정한 계약의 속성이 하나라도 있는가?
모름지기 계약이란 계약의 두 당사자가 자발적으로 동의하는 것이다.
그런데 이 경우 양방, 곧 남녀가 합의를 통해 이 거짓된 계약의 영구불
변하고 불평등한 조건을 바꿀 수나 있을까? 없다. 설사 그럴 마음이 있
다 해도 자신이 가진 전제적 통제권을 스스로 벗어버릴 남자가 단 한 명
이라도 있을까? 없다.

톰슨과 휠러는 "여자들이 어불성설의 계약으로 인한 고통과 고난을
참아왔을 뿐, 부당한 계약 조건에 대해서 토로할 데가 전혀 없었으므
로 아내의 묵인이라는 핑계는 허위"라고 맹렬히 주장했다. 그런데 동
의라는 가면은 단지 결혼 계약의 증상만이 아니었다. 그보다 궁극적
이고 구조적인 부당함의 증상이었고, 그 부당함은 여성의 선천적 열
등함이 아니라 남성들이 시장에서 누리는 불공정한 경제적 이점에서
비롯됐다. 남성의 지배를 정당화한 것은 정신력이나 체력이 아니라
재정적 비교우위였다. 급여에 대한 권리가 남편에게 있다는 사실(아내
는 일을 한다 해도 소득이 법적으로 남편에게 귀속됐다)이 여자에 대한 남자
의 지배를 허락했다. 여자는 생존을 위해 재산 통제권을 가진 남편에
게 의지할 수밖에 없었다.

톰슨과 휠러의 〈호소문〉은 영국에서 산업화가 한창일 때 작성됐다.
예부터 공유지를 관습적으로 이용해오던 농민들이 수세기에 걸친 인
클로저 운동으로 농사짓던 땅에서 짐승처럼 내쫓기고 삶의 기반을 잃
었다. 레인스보로 대령도 이 과정을 "세상이 생각해낸 폭정 중 가장 거
대한 폭정"이라고 비난했다. 새로운 사유재산법의 시행은 토지를 소수

특권층의 전유물로 만들고 평민을 무단침입자와 범죄자로 전락시켰다. 농민과 삼림지역 거주자들은 전통적 생계수단에 대한 접근권을 빼앗겼고, 위반할 경우 처형됐다. 이 변화는 특히 여자들에게 가혹했다. 페데리치의 연구에서 알 수 있듯 당시 여자들은 생계형 자급 농업에서 중요한 역할을 했고 인클로저와 그에 따른 농민 배척에 격렬하게 저항했다. 소농의 몰락과 강제 이주는 도시 빈민과 비참한 슬럼을 낳았다. 도시마다 절박하게 일을 찾는 사람들로 미어터졌고, 그중에는 착취에 특히나 취약한 여성들과 아이들도 있었다. 설상가상으로 이때 증기 기술이 등장하면서 제품의 제조와 운송 양상이 완전히 바뀌고 생산, 유통, 소비의 새로운 패턴들이 생겨났으며, 이에 따라 완전히 다른 사회생활 방식이 대두했다.

이 격동의 시대에 톰슨과 휠러 같은 사회주의 페미니스트 선구자들은 다른 종류의 경제 혁명을 제안했다. 진정한 동의가 가능한 사회를 창조하는 유일한 방법은 경쟁이 아니라 공동소유 방식과 경제적 협력에 기초한 사회 건설이었다. 그들은 이 같은 혁명이 기존의 성적 관계를 극적으로 바꿔서 남녀가 마침내 자율적으로 동의하는 인간으로서 함께 번영할 수 있다고 주장했다. 여자가 남자와 물질적으로 동등해질 때까지(이는 현재의 우리가 점점 다가가고 있지만 아직 닿지 못한 작은 목표다) 결혼은 성혼선언상의 상호 동의에도 불구하고 강압에 찌든 제도로 남을 수밖에 없다.

요맨의 후예들

무장 강도와 보험회사의 공통점은? 둘 다 같은 옵션을 제시한다. 돈이
냐, 목숨이냐. 둘 다 선택의 여지를 주는 것 같지만, 그 선택은 협박으
로 강요된 선택이다. 강도는 나를 총으로 위협한다. 그의 요구는 명백
한 강압이다. 보험회사는 시급한 치료를 위한 보험금 지급을 단칼에
거부할 수 있다. 둘 다 육체적 위해를 야기하지만 보험회사의 무대응
을 강도의 폭력적 협박과 비교하는 건 무리라고 반박하는 사람도 있
다. 하지만 다른 이들은 "누구는 6연발 권총으로 강도질하고 누구는
만년필로 강도질하네"라는 가수 우디 거스리Woody Guthrie, 1912~1967의
견해에 동조한다. 이 상황을 딱히 강압 행위로 규정할 수 없다 치자.
하지만 선택 상황이라고 할 수도 없다. 돈이 없어서 의료비를 지불할
수 없는 사람을 상상해보라. 이 상황이 그의 유의미한 선택이라고 말
할 수 있을까?

급진적 민주주의자 셸던 월린Sheldon Wolin, 1922~2015은 그의 역작
《정치와 비전Politics and Vision》에서 홉스와 로크 등 사회계약 사상가
들의 영향을 추적해서 '사유재산 시스템의 강제성'을 은폐하는 자유
주의적 관점의 뿌리를 밝힌다(엘렌 마이크신스 우드Ellen Meiksins Wood가
《자본주의의 기원The Origins of Capitalism》에서 말한 것처럼 '시장의 힘market
forces'이라는 용어 자체에 물리력, 곧 강제력이 내포되어 있다[9]). 사람들이 오랫
동안 경제학자 애덤 스미스가 말한 '교역, 거래, 교환의 성향'에 종사
한 건 맞지만, 상업만으로 자본주의를 설명할 수는 없다. 자본주의,
즉 사유재산 시스템은 거래 가능성이 경쟁적 생산의 필요성이 될 때,

그리고 시장 기회가 시장의 명령이 될 때 부상한다.

역사적으로 근대 자본주의의 패러다임은 이런 시장 명령들이 필수품 중에서도 필수품인 식재료의 생산과 공급마저 호령하는 순간에 탄생했다. 인클로저 이후 공유지를 빼앗기고 생계가 막막해진 사람들이 시장의 이윤 추구 욕구를 채우기 위한 과잉 생산에 내몰렸을 때 자본주의의 힘이 비로소 드러났다. 오늘날 자본주의를 말할 때 우리는 으레 불평등 문제를 거론하며 특히 극심한 빈부 격차와 양극화를 강조한다. 하지만 자본주의의 강압적 측면, 즉 개인의 선택이 제약받고 사회 전체가 돈의 지배에 굴종할 수밖에 없는 방식도 자본주의가 만드는 빈곤과 박탈만큼 주목받을 필요가 있다.

그런데도 고전적 자유주의는 이런 자본주의 역학 관계를 회피하면서 국가만 유일한 강제의 주체로 내세운다. 물론 국가는 사람을 투옥하고, 심지어 처형할 권한을 부여받은 공권력 행사자다. 이런 직접적 위해성에 비하면 시장의 압력은 월린의 말처럼 추상적이고, '비인격적이고, 물리적 압력을 가하지 않는' 것처럼 느껴진다.[10] 이 관점에서 보면, 영리 목적의 의료 시스템은 전혀 부당하지 않아 보인다. 비록 그것이 저소득층의 생명을 담보로 한 것이라도 말이다. 이에 비하면 과세는 '불복종 시 처벌'이라는 강제수단을 통해 시민의 자산을 압류하는 조치이자, 왠지 거역하고 싶은 폭정의 형태로 보인다. 비록 세입 증가가 보편적 의료 혜택을 제공하더라도 말이다.

17세기 사회계약 사상에 뿌리를 둔 세계관을 장착한 미국인들은 정부를 시민을 위협하는 존재로 보는 경향이 있다. 그 결과 다른 선진 민주국가들은 자국민에게 다양하고 폭넓은 공공복지 옵션(단일보험자

의료 보장, 보육 보조금, 무상 고등교육, 예술 및 언론 기금 등)을 제공하는 데 반해, 미국은 선택의 자유라는 미명하에 매우 다른 길을 걸어왔다. 미국인은 의료비 때문에 파산하는 수백만 명의 대열에 합류하지 않으려면 의료보험 혜택을 제공하는 직장을 구해야 하고, 직장에 다니려면 보모를 고용해서 자녀를 맡겨야 하고, 그럴 여유가 없으면 자녀를 집에 방치해야 한다. 학자금 대출을 갚을 만큼 높은 보수를 지급하는 직장을 잡으려고 은행에서 수만 달러를 대출받아 대학에 간다. 또한 광고 수익이 돈줄인 상업문화에 종일 노출된다. 이런 문화에서 표현의 특권은 주로 제품을 파는 마케터들이 누린다.

불안정한 군주가 백성에게 폭압적 권력(1773년 보스턴 티파티 사건을 일으킨 과세 권한을 포함)을 행사하는 구세계에 맞서서 미국은 스스로를 요맨의 나라, 다시 말해 아무에게도, 특히 조지 3세와 영국 제국에 아무것도 신세진 것이 없는 독립 자영 농민의 나라로 내세웠다. 요맨이란 헌법 기초자들이 자치의 자격과 능력을 갖춘 존재로 인정한 백인 유산자 남자들이었다(정작 건국의 아버지들은 요맨이 신생 연방정부에 실질적 영향력을 행사하는 것을 부지런히 제한했다). 두 세기 넘게 흐른 지금까지도 요맨 개념은 여전히 미국의 정치세계를 지배한다. 미국인들은 지금도 자신들을 그 옛날 신화적 프리홀더(토지 보유 자유민)의 후예로 생각한다. 지금으로 치면 억압적인 규제국가와 맞서 싸우는 '프리랜서'쯤 되려나?

하지만 항상 그렇듯 실제는 생각보다 복잡하다. 알렉시 드 토크빌이 1835년에 펴낸 여행기 《아메리카의 민주주의Democracy in America》에 썼듯 아메리카 대륙의 경제 평등주의는 유럽의 만성적 불평등과 비교했을 때 놀랄 만했다. 백인 남자이기만 하면, 심지어 막 이민 온 사람에게도, 비록 인디언에게서 빼앗은 땅이지만 토지에 대한 무한 접근권이 주어졌고 자치권까지 따라왔다. 그러나 토크빌은 미국이 소지주들은 애국적으로 포용한 반면 땅 없는 노동자들은 괄시한 것을 놓치지 않았다. 당시 상류층 지주들은 노동자들을 태생적으로 자유가 없는 존재로 치부했다(이런 점에서 민주주의와 노동은 오랫동안 애증의 관계였다. 가난한 노동자와 소상공인에게 전례 없는 위치를 부여했던 고대 그리스에서도 육체노동은 천대받았고, 심지어 자치 활동에 요구되는 정신 노력과는 양립할 수 없는 것으로 간주되었다). 귀족 계급이었던 건국자들은 한순간에는 농민을 찬양했다가 다음 순간에는 노동자를 비하했다. 그들에게 노동자는 고용주에게 생계를 의존하는 사람들이었다. 임금노동자들은 불가피하게 강압의 대상이 됐고, 따라서 민주주의를 감당할 만큼 자율적이지 못했다.[11]

불행히도 시장의 강제력에 대한 이러한 초기의 통찰은 꾸준히 이어지지도 충분히 발달하지도 못했다. 대신 왜곡과 재구성을 거쳐 기득권층의 착취가 아니라 노동자의 부덕함이 낳은 문제로 제시됐다. 그러다 청교도들이 마침내 다른 경로를 제시했다. 그들의 세계관은 적어도 헌법 기초자들의 상류층 우월의식보다는 민중의 구미에 맞았다. 개신교의 노동관은 천국에서 원하는 지위를 얻기 위해 수고롭게 일하고 열심히 돈을 모을 것을 촉구했는데, 이들의 경건주의가 미국이라는 신생 국가의 경제관을 변경 불가하게 빚었다. 이 경제관은 노동을 도덕적 청렴에 결부시켜 노동의 이미지 쇄신을 꾀했다. 하지만 동시에 근면성을 부의 축적을 위한 수단으로 떠받들었다. 근면 자체는 가치 있는 행위도 창조적인 행위도 아니었다. 시간이 흐르면서 이런 배금주의는 풍요의 필연적 결과인 소비지상주의와 더불어 미국 사회뿐만 아니라 미국식 민주주의의 양대 기둥이 됐고, 노동은 옆으로 밀려났다. 미국은 생산자의 공화국이 아니라 소비자의 공화국이 될 운명이었다.

20세기를 지나면서 많은 단체가 다양한 동기로 소비 중시 풍조를 지지했다. 처음에는 혁신시대의 개혁가들이 공익을 위한 투쟁 차원에서 '시민소비자citizen consumer' 개념에 매달렸고, 그 결과 1906년의 식품의약법Food and Drug Act과 1914년의 연방거래위원회법Federal Trade Commission Act을 비롯해 구매자 보호를 위한 새로운 규제들이 생겨났다(수십 년 후 민권운동은 인종분리로 인한 흑인의 박탈감을 피력하는 데 피켓시위와 불매운동을 효과적으로 이용했다. 소비자의 힘이 변화를 만들 수 있다는 증명이었다).

다음에는 대공황이 새로운 계기가 됐다. 1929년 경제 붕괴의 대응책으로 추진된 프랭클린 루스벨트의 뉴딜 정책은 월가의 투기 세력을 단속하는 한편, 시민에게 사회보장과 노동권 강화 같은 새로운 혜택과 기회를 제공함으로써 현대 복지국가의 기초를 닦았다. 그런데 이 정책은 경제 부양을 위해 구매력 재분배를 노리는 과정에서 눈에 띄지 않는 또 다른 변화의 전조가 됐다. 루스벨트는 1932년 대선 유세에서 이렇게 말했다. "지금 우리는 대중적 경제관에 근본적 변화가 일어나는 문턱에 와 있습니다. 미래의 우리는 생산자보다 소비자에 대해 더 많이 생각하게 될 것입니다."[12]

시간은 루스벨트가 옳았음을 증명했다. 제2차 세계대전 이후 대량 소비는 진보주의자들뿐만 아니라 뉴딜 정책을 극렬히 반대하던 사람들에게도 환영받았다. 뉴딜 반대자들은 대량 소비를, 자본주의의 성장과 민주주의의 책무를 화해시키는 동시에 더 개혁적인 공적투자와 입안을 억압할 방법으로 삼았다. 이에 부응해 경제학자들은 1929년의 주식시장 붕괴와 그에 따른 대공황을 자본주의에 내재한 불안정성의 결과로 보는 대신, 수요를 억압해온 결과로 치부했다. 시간이 흐르면서 근검절약은 미국적이지 않은 것이 됐고, 노동조합도 이를 전폭적으로 지지했다. 대다수 노조는 직장 내 의사결정에 대한 영향력 확대와 여가 시간 증대 등 한때 중점적으로 요구하던 사항들을 포기하면서 대신 노동자의 구매력 확대에 매진하기 시작했다. 그들은 노동자들에게 필요한 것은 아메리칸드림을 추구할 만큼 충분한 돈이라고 믿었다. 정부, 노동조합, 대기업 모두 시민 참여를 지지하고 나섰다. 이때의 참여는 황금만능에 대한 참여였다.

냉전이 이러한 분위기를 고착화했다. 미 연방정부는 무역박람회와 만국박람회를 이용해서 풍요와 선택의 땅, 이른바 자유(강제의 부재를 뜻하는 자유였을까?)의 땅이라는 미국의 비전을 홍보했다. 1954년부터 1960년 사이에 아이젠하워Dwight Eisenhower, 1890~1969, 미국 34대 대통령 정부의 상무부는 30여 개국에서 열린 100여 개의 전시회를 통해 미국의 5천여 기업을 세계의 시장에 진출시켰다. 당시의 한 세일즈 매니저는 이렇게 표현했다. "우리는 (…) 미국의 생활방식과 정부의 민주주의 철학을 팔고 있었다."¹³ 지금은 잊혔지만 한때 엄청난 인기를 끌었던 책, 특히 광고 담당 중역들의 애독서였던《풍요의 국민: 경제적 풍요와 미국적 기질People of Plenty: Economic Abundance and the American Character》

이 정치적 민주주의와 소비 자본주의를 연결하는 데 기여했다.

시민권은 소비와 동의어가 됐고, 평가와 구매를 기다리는 휘황찬란한 상품의 물결이 민주주의를 대표하는 이미지가 됐다. 정치적 선택과 구매 선택이 단일 시스템으로 통합됐다. 소비자 중심주의와 민주적 자유의 등식 관계는 1959년 모스크바 무역박람회에서 미국 부통령 리처드 닉슨과 소련 서기장 니키타 흐루쇼프 사이에 벌어진 이른바 '부엌논쟁'에서 절정에 달했다. 미국 전시관에서 만난 두 사람은 번쩍이는 최신 주방기기, 가전제품, 자동차, 식품, 패션 상품 속에서 통역의 도움을 받아 예정에 없던 설전을 벌였다. 당시 닉슨은 "이러한 상품들이 '자유가 우리에게 의미하는 바'와 '우리의 선택권'을 상징한다"며 애국적 열변을 토했다. 그러면서 닉슨은 "미국인은 '집의 종류'든 '생각의 종류'든 정부가 위에서 정해주는 것을 원치 않는다"라고 덧붙였다. 2008년 대선 당시 오바마 캠프의 주역이었고 오바마 백악관에서 최고데이터과학자Chief Data Scientist로서 데이터 정책을 총괄했던 사람이 한때 슈퍼마켓 판촉 일을 했던 사람이란 건 놀랄 일이 아니다.[14] 오늘날은 정치인도 자기만의 브랜드를 홍보해야 하는 상품이다.

일부 보수 지식인들은 이것을 옳고 정당한 일로 보았다. 특히 애덤 스미스의 추종자이자 시장경제 주창자인 경제학자 루드비히 폰 미제스Ludwig von Mises, 1881~1973는 시장이야말로 민주적 자유와 선택의 중심이라고 적극 홍보했다. 역사가 킴 필립스-파인Kim Phillips-Fein은 미제스의 연구를 그의 제자 하이에크의 사상과 더불어 "뉴딜을 되돌리고 싶은 사람들의 성경"으로 칭했다.[15] 미제스는 골수 우파 반국가주의자[국가가 사적, 사회적, 경제적 영역에 개입하는 것을 반대하는 사람]였지만,

민주주의의 유용성을 마지못해 이렇게 인정했다. "민주주의의 비교우위는, 그것이 통치체제와 정부인사들을 여론의 기대에 맞게 평화롭게 조정한다는 데 있다." 하지만 미제스가 공공의 통제보다 단연 우월하게 생각한 방법은 '가격 메커니즘'(수요와 공급에 따른 가격 결정)이었다. 그는 이를 '강제 없이 사회질서를 달성하는 완벽한 방법'으로 보았다.[16]

미제스에게 자본주의는 개인의 자유에 최대의 공간을 허용하는 것이었다. 하지만 그런 보상을 누리는 대가로 자본주의는 '굴복'을 요구했다. 다시 말해 민주적 결정이 시장의 지혜에 간섭하는 것은 용납되지 않았다. 미제스는 시장 민주주의가 정치 또는 선거 형태의 민주주의보다 훨씬 우월한 통치라고 주장했다. 상업 거래는 다양한 사람들의 필요와 바람에 낱낱이 부응한다는 것이다. "시장은 수없이 다양한 취향과 선호도에 맞춰 다양한 상품을 생산해낸다." 미제스 연구소 웹사이트에 있는 설명이다. "자동차만 해도 저렴한 경차부터 값비싼 고급 세단까지 다양하다. 자동차는 사람들의 다양한 목적을 다 만족시킨다. 실용을 목표하면서도 각기 다른 필요와 바람에 부응한다. 하지만 정치적 민주주의는 이렇게 세세히 부응하지 못한다. 소수는 다수의 취향을 따를 수밖에 없다."[17]

시장을 움직이는 소비자의 욕망이 국부를 창출한다는 견해를 광고하기 위해 미제스는 정치 원칙보다는 중고차 판매에 어울리는 홍보문구를 만들었다. '소비자가 왕이다.' 미제스는 1944년에 이렇게 썼다. "자본주의 체제에서는 기업가들이 생산의 흐름을 결정한다. 그 과정에서 그들은 구매 대중, 즉 소비자의 주권에 무조건적이고 전적으로 복종한다." 이 견해에 따르면 사업주와 주주는 소비자와 근로자의 희생으로 이익을 거두는 사람들이 아니라 그저 구매 대중의 뜻을 받드는 사람들일 뿐이다. 시장 시스템은 "개인이 소비자 주권에 이바지하는 정도에 따라 자동으로 개인에게 가치를 부여한다."[18] 진정한 '산업의 거물captains of industry'은 쇼핑객이다. 이들의 선호도가 생산을 지휘한다. 이 공식에서 노동자들은 사라지다시피 했다.

전후시대에 미제스와 하이에크는 정책기관과 학술 연구에 돈을 대는 후원기업들의 선전원이 되어 그들의 비정통적 이론들을 여러 대륙에 유포하며 서서히 학계의 주변부에서 벗어나 문화적 대세로 등극했다. 1980년이 되어 마거릿 대처와 로널드 레이건이 강대국 둘을 나란히 이끌었다. 두 사람은 '민간 기업이 자유의 표상이고 정부는 나쁘고 사회는 존재하지 않으며 노조는 반드시 부숴야 하고 세금은 도둑이며', (대처의 표현대로) "규제 없는 자본주의 외에 다른 대안은 없다"는 생각에 기초한 정책들을 밀어붙였다(하이에크와 미제스 사상의 열혈 독자였던 레이건은 1950년대 제너럴일렉트릭GE 신화를 대변했다. 당시 GE는 보수와 친親기업의 선봉이었다. 이때 GE의 관리자들은 불만 많은 노동자들에게 가장 자유롭고 민주적인 절차인 '시장 표결제'의 덕목을 가르치라는 지시를 받았다[19]). 그런데 대처와 레이건이 소비자의 선택과 민주주의를 동의어로 만들고 쇼핑을 정치 참여의 궁극적 형태로 찬양하는 와중에 주목할 만한 아이러니 하나가 부상했다. 그건 바로, 민주주의라는 매대의 구색이 초라하기 그지없다는 점이었다.

유권자 대다수가 원하는 정책들은 끊임없이 품절 상태다. 생각해보라. 미국인의 81%가 금권정치가 심각한 문제라고 말하며 선거자금 조달 제도의 개혁을 원한다. 미국인의 97%가 총기를 판매할 땐 구매자의 신원을 조사하길 원하고, 67%가 공격용 총기 금지를 원한다.[20] 또한 공화당 지지자의 약 3분의 1을 포함한 미국 시민의 60% 이상이 의료보장을 제공하는 것이 연방정부의 일이라고 믿고, 점점 더 많은 사람이 보편적 단일보험 체제를 원한다.[21] 정치인들은 자기 선거구민의 요구는 무시하고 정치자금 기부자들에게만 입의 혀처럼 굴면서, 수정헌법 제2조[무기 휴대의 권리 규정]의 해석을 특수 이익단체들에 맡긴다. 그리고 과도하게 비싼 (그리고 종종 불충분한) 민간 의료보험들 중 하나를 선택하는 것은 자유이고 보편적 단일보험 시스템은 강압이라고 주장한다.

오늘날은 대장내시경, 치근 치료, 머릿니, 교통체증도 의회보다는 인기가 많을 정도다. 의회 지지율은 겨우 10% 주변을 맴돈다.[22] 미국 정치계를 지배하는 두 정당은 유권자들에게 우스울 정도로 인기가 없다. 재정적 혜택만을 좇는 정치 시스템에 대한 혐오감과 경악감이 좌우 진영을 가리지 않고 미국인들을 하나로 뭉치게 한다. 미국인들은 이제 '정치헌금'을 정치 부패의 완곡한 표현쯤으로 이해한다(놀랍게도, 정치인이 후원자에게 후한 선물을 받아도 무방하다는 대법원 판결이 나왔다. 대가성 뇌물의 가장 지독한 경우를 제외하고는 법적 제재를 거부한 것이다). 심지어 재직 기간의 절반 이상을 정무가 아닌 모금에 보냈다는 여러 전직 의원들의 자백이 대중의 냉소주의를 심화시킨다(최장수 여성 상원의원이었던 바바라 미컬스키Barbara Mikulski는 퇴임할 때 자신의 노후를 "풍파를 일으키며 보내느냐, 자금을 모으며 보내느냐"의 선택 문제로 표현했다).

아이러니는 깊어만 간다. 오늘날의 정치체제는 선택의 자유에 기반한다고들 말하지만, 동시에 우리는 현재의 정치적·경제적 체제를 대체할 것은 없다고 배운다. 다시 말해 근본적 경제질서는 바뀌지도 도전받을 수도 없다는 얘기다. '대안 없음'의 이데올로기가 지배하는 세상에서는 진정한 선택을 도입하려는 어떤 시도도 정당한 민주적 과제가 아니라 민주주의의 위기로 치부될 뿐이다(1975년 새뮤얼 헌팅턴 Samuel Huntington을 비롯한 몇몇 학자들이 공동으로 〈민주주의의 위기The Crisis of Democracy〉라는 책 두께의 보고서를 냈다. '흑인, 인디언, 치카노Chicano[멕시코계 미국인], 소수민족, 학생, 여성'처럼 '과거에는 수동적 또는 비조직적이었던 집단들'이 새로이 '결집하고 출동하면서' 야기하는 사회 불안을 개탄하는 내용이었다. 이 학자들은 "민주주의는 개인들과 집단들의 무관심과 무관여를 어느 정도 필요로 한다"고 주장했다).[23]

실제로 시민이 기존과 다르거나 보다 민주적인 시스템을 선택했을 때 재량권이 주어지는 대신 와해와 처벌을 겪는 일이 많았다. 1954년에 과테말라에서 반정부세력이 쿠데타를 일으켜 자국 농민을 수탈에서 보호하는 농지개혁을 주도하며 민주적으로 선출된 하코보 아르벤스Jacobo Árbenz 대통령을 축출했다. 이 쿠데타의 배후에는 미국 중앙정보국CIA이 있었다. 정확히 말하면, 과테말라에 대규모 농장을 소유하고 백악관에 줄을 댄 유나이티드 프루트 컴퍼니United Fruit Company 같은 미국 기업들의 이익을 지키기 위한 미국의 군사 개입이 있었다. 칠레에서는 살바도르 아옌데Salvador Allende 대통령의 사회주의 정부가 출범한 지 3년 만이었던 1973년, 당시 칠레 육군 참모총장이자 앞날의 독재자 아우구스토 피노체트Augusto Pinochet가 이끄는 군사 쿠데타로 무너지고 말았다. 이번에도 역시 피노체트를 앞세운 미합중국의 개입이 있었다. 당시 미 국무장관 헨리 키신저는 아옌데를 "칠레 국민의 무책임함으로 선출된 대통령"으로 매도했다. 피노체트의 집권 기간 동안 칠레 국민 수천 명이 고문당하고 살해됐다. 최근 폭스뉴스 기자가 제임스 울시James Woolsey 전 CIA 국장에게 미국이 외국의 선거에 개입해왔는지 묻자 울시는 이렇게 대답했다. "음, 아마도. 하지만 그건 공산주의자들이 정권을 잡는 것을 막기 위해서였어. 다시 말해 시스템을 지키기 위한 거였지." 그런 간섭이 여전히 일어나고 있는지 묻자 그는 씨익 웃으며 말했다. "대의를 위해서만. 민주주의를 위해서."[24]

투표의 역설

프랑스 대혁명의 진정한 영웅이자 비극적 희생자 중에 콩도르세 후작 Marquis de Condorcet, 1743~1794이 있다. 그는 뛰어난 수학자였으며 시대를 앞서간 사회개혁가였다. 보편적 참정권을 지지한 공화민주주의자였고, 인종차별 철폐에 앞장섰고, 거침없는 페미니스트였다(그는 "남녀 간 권리 불평등의 원인인 편견들의 전멸"을 요구했다). 혁명 직후 몇 년 동안 콩도르세는 헌법위원회 의장을 맡는 등 여러 공직을 수행했다. 그는 "평등에 기초한 공화제 헌법만이 자연, 이성, 정의에 부합하는 헌법이며, 시민의 자유와 인류의 존엄을 지킬 수 있는 유일한 헌법"이라고 선언했다. 하지만 그가 기초한 헌법은 논쟁 끝에 결국 채택되지 못했고, 그는 이어지는 정파 다툼 중에 반대파인 자코뱅당에 체포돼 감옥에서 때 이른 죽음을 맞았다.

혁명 전 콩도르세는 수학적 추론을 정치적 선택에 적용해서 명성을 떨쳤다. 이 분야에서 그의 업적은 두 가지 정리定理로 압축된다. 첫 번째는 '배심원 정리jury theorem'다. 이 정리는 고립된 개인들보다 집단들이 옳거나 정확한 결정을 내릴 가능성이 높다는 것을 증명한다. 요약하자면 다음과 같다.

> 이런 상황을 가정하자. 여러 사람에게 같은 질문을 한다. 가능한 답변은 두 가지다. 정답과 오답. 또한 각 개인이 정답을 말할 확률이 50%를 초과한다고 가정한다. 몇 가지 계산을 거쳐 이 정리는 답변자 집단의 크기가 커질수록 해당 집단의 과반이 정답을 말할 확률이 100%에 가까워진다는 것을 보여준다. 즉 옳은 결정을 할 확률이 개인보다는 집단이 높고, 작은 집단보다는 큰 집단이 높다. 단, 두 가지 전제조건이 있다. 과반이 정답을 말해야 하고, 각자 오답보다 정답을 말할 확률이 커야 한다.[25]

요약하면 이렇다. 사람들이 옳은 답을 할 가능성이 틀린 답을 할 가능성보다 살짝이라도 높을 경우, 집단이 커질수록 옳은 선택을 할 가능성도 높아진다. 하지만 '투표의 역설voting paradox'로 불리는 콩도르세의 두 번째 정리는 이 희망적인 이야기를 복잡하게 만든다. 이 역설은 셋 이상의 유권자가 셋 이상의 후보 중 하나를 선택할 때, 뚜렷한 승자가 없어 결론이 나지 않는 경우가 있음을 보여준다.

종합하자면, 두 가지 정리는 다수결 원칙이 공동의 의사결정을 위한 그럴싸한 방법이기는 해도 만능은 아니라는 것을 보여준다. 모든 복잡성을 고려할 때, 공동의 의사결정을 위한 투표 메커니즘은 특정 조건에서는 유권자의 호불호를 제대로 반영하지 못하는 결과로 이어진다. 하지만 콩도르세는 그런 상황이 민주주의를 무효화한다고 보지는 않았다. 그는 절차상의 난제들을 만들지언정 의견의 다양성은 좋은 것이라고 믿었다. 나아가 그는 세금으로 지원하는 무상 공교육을 통해 긍정적이고 민주적인 결과를 얻을 가능성을 높일 수 있다고 주장했다. 공교육은 콩도르세가 시대를 파격적으로 앞서간 또 다른 영역이었다. 그런데 안타깝게도 콩도르세의 두 가지 명제 중에서, 다수결의 함정이라는 비관을 내포한 '투표의 역설' 명제가 후대에 훨씬 더 많이 알려지고 훨씬 더 크게 영향을 미쳤다.

1950년대에 경제학자 케네스 애로Kenneth Arrow가 저서《사회선택과 개인 가치Social Choice and Individual Values》를 통해 콩도르세의 통찰을 기반으로 한 '불가능성 정리impossibility theorem'를 내놓았다. 애로가 이 업적으로 1972년에 노벨상을 수상하면서 '투표의 역설'이 다시 부각됐다. 애로의 '불가능성 정리'에 따르면, 완강한 개인 선호도들을 하나의 결정으로 종합하는 데 보편적으로 적용 가능한 단독 원칙이란 존재하지 않는다. 다시 말해 여러 집단의 공동이익을 가늠하는 것은 불가능하다. '불가능성 정리'는 순전히 이론적이며, 무엇보다 일상에서는 결코 온전히 실현될 수 없는 사고실험에 근거한다(이 사고실험은 비현실적으로 좁은 기준을 상정하는 데다 공동 의사결정의 기반이 되는 인권, 교육, 민생 등의 보편 기준들을 무시한다). 그런데도 '불가능성 정리'는 다수결 민주주의 개념에 의문을 제기하는 것으로 받아들여졌고, 적어도 일부 세력은 이를 기회주의적으로 이용했다. 이를 계기로 후대의 보수 경제학자들이 계몽주의 시대의 민주주의 이상을 공격하기 시작했다. 그들은 민주주의는 '국민의 의지'라는 것이 존재한다는 공상적 관념에 의존하는 종교적 도그마에 지나지 않는다고 했고, 집단들이 아닌 오로지 개인들만이 일관되고 정당한 결정을 내릴 수 있다는 증명에 나섰다.[26]

놀랄 것도 없이 애로의 사상은 격동의 시대에 더욱 각광받았다. 1950년대, 1960년대, 1970년대에 흑인과 원주민, 여성, 동성애자, 장애인이 포함을 향한 투쟁을 벌였고, 그 과정에서 함께 연대해서 공공기관과 민간기관을 압박했다. 그런데 불평등의 오랜 균열들이 드러나면서 역폭풍이 일었다. 보수 지식인들이 진보적 대의들을 배척하고 나선 것이다. 그들은 루소의 '일반의지'와 '주권재민' 개념은 의사결정에서 다양성을 추구하는 사람들을 공격하는 수단이자 공익 개념을 확장하려는 의도라며 비난했다.

국내에서 공민권을 확대하자는 요구가 거세지던 중, 밖에서 냉전체제가 보수 세력에게 훨씬 더 중대한 위험으로 떠올랐다. 공산주의는 금융 엘리트의 지배를 대놓고 위협하는 것이었다. 이 상황에서 애꿎은 콩도르세와 애로의 정리들이 재소환되어 공익 개념을 엉뚱한 발상 또는 '불가능'으로 깎아내리는 경제 논리를 부각시키는 데 동원됐고, 다른 한편에서는 민주주의를 밟아서 자본주의를 강화하려는 하이에크와 미제스의 프로젝트가 꾸준히 이어졌다. "모든 시민의 절대적 평등 없이는 진정한 권리도, 진정한 행복도 없다"는 신념을 위해 목숨을 버린 콩도르세가 알면 무덤에서 펄쩍 뛸 일이었다.

이 격동의 시기에 자유주의 보수파의 돌격을 이끈 건 밀턴 프리드먼의 제자인 경제학자 제임스 뷰캐넌James Buchanan, 1919~2013이었다. 공공선택 이론과 헌법경제학으로 불리는 뷰캐넌의 이론은, 막강한 자금력으로 미국 정치에 영향력을 행사해 자유시장을 비호하고 복지국가를 폐지하려 도모했던 악명 높은 석유 재벌 코크Koch 형제의 작전 지침서로 활용됐다. 뷰캐넌의 목적은 첫째, 다양한 선호도를 종합할 효과적인 방법이 없다는 것을 입증하는 것이었고, 둘째, 자본주의가 부여한 자유가 융성하기 위해서는 다수의 의지로 정의되는 민주주의가 억제되어야 함을 증명하는 것이었다. 그의 1962년 공저《동의同意 계산법The Calculus of Consent》은 정치적 민주주의를 비용이나 이익 같은 시장 용어들로 다시 개념화했다. 공익 개념을 딱 잘라 거부하기 위한 의도였다.

뷰캐넌과 그의 추종자들은 애로의 정리를 극단적으로 해석해서 "사회적 또는 공동의 선택을 달성할 방법은 없을 뿐 아니라, 사람들의 선택을 결합해서 공익을 결정하거나 심지어 고취하려는 어떠한 시도도 부질없고 사악한 것"이라고 주장했다. 그들에 의하면, 정치인들이 따라야 할 '국민의 의지'란 없다. 그들의 생각에는 '국민'이 존재하지 않기 때문이고, 정치인들은 그저 권력과 개인적 보상을 좇는 사적 거래자들에 지나지 않기 때문이다.

뷰캐넌이 창시한 공공선택 경제학은 정치적 의사결정의 주체를 사익을 추구하는 개인으로 본다. 정치인이나 관료도 기업가처럼 자기 이익을 위해 노력할 뿐이라는 것이다. 우리 인간은 사적 선호도만 가진 원자화된 개인들에 불과하고, 정치는 개인의 자유 영역에서 일어나는 사익들의 경쟁이며, 우리가 '민주주의'라고 부르는 것은 사실상 시민이 물건을 사는 것이나 정치인이 특혜를 거래하는 것에 지나지 않는다고 본 것이다. 또한 그에 따르면 입법자들은 늘 불가피하게 대중의 이익에 영합하면서 가난한 다수(코크 형제의 선동적인 언어로 말하자면 '생산자들makers'이 아닌 '수혜자들takers')의 편에서 부유한 소수를 부당하게 차별하고 강제한다. 그런데 뷰캐넌의 모델은 대단히 흥미로운 모순을 담고 있다. 사리 추구는 시장 영역에서는 기적을 이루지만 정부 운용에 적용되면 해를 끼친다는 것이다. 뷰캐넌은 선출직 공직자들은 선거구민의 구미에 영합해야 하고, 선거구민은 당연히 학교, 도로, 병원 같은 것들을 원하며, 이런 서비스 비용을 대기 위해서 국가는 과세와 과잉 투자를 통해 소수의 자산을 부당하게 압수한다고 설명한다. 복지서비스의 경우 만약 사람들이 정말로 원하는 것이라면 시장 논리에 따라 뜻있는 기업가가 어련히 알아서 제공한다는 것이다.

이런 사고방식은, 경제력의 불균형이 부자의 빈자 지배를 야기하는 점과 노동계급에게 반격의 권리가 있다는 점을 인정하지 않는다. 공공선택 이론과 신자유주의 경제학 이론의 주창자들은 그들의 높은 투자 수익을 보장하기 위해 초부유층과 똘똘 뭉치면서도 웃기게도 '계층 기반의 결속' 개념은 경멸한다. 적어도 해당 계층이 노동자 계층일 때는 그렇다(뷰캐넌은 노동조합을 가리켜 조롱하듯 "노동 독점 운동"이라고 불렀다).[27] 이렇게 대놓고 위선적인 이론이지만 공공선택 경제학에도 유용한 점은 있다. 정확히 말하자면 '뒤집어 볼' 가치는 있다. 뷰캐넌은 시장 자유의 이상을 정부 영역에 적용했다. 그렇다면 우리는 같은 것을 반대로 해보자. 정부 책임과 시민 자유라는 정치적 표준 전제들을 경제 영역에 적용하는 거다. 국가가 선택의 자유를 침해할 때는 발끈하면서 직장 내 강압에 대해서는 마냥 너그럽다면 웃기는 일이니까.

직장의 군주들

"고용주는 언제라도 사업장을 폐쇄하고 당신의 삶을 파괴할 수 있습니다. 고용주가 일을 준다고 말하지만 실은 빼앗는 게 그들의 일이죠." 리키 맥클린Ricky Maclin이 뉴에라 윈도스 협동조합New Era Windows Cooperative의 구내식당에서 내게 말했다. 미국에서는 공동으로 소유되고 민주적으로 운영되는 공장이 몇 곳 안 되는데, 뉴에라는 그중 가장 유명한 곳이다.

시카고 사우스사이드의 휑뎅그렁한 공간에 자리잡은 뉴에라는 2008년 금융위기 여파로 도산한 리퍼블릭Republic 사를 직원들이 매수하면서 시작됐다. 뉴에라 창립은 '생존 전략'이자 옛 회사에서 당하던 '학대를 막는' 방법이었다. 뉴에라의 창립 멤버 아만도 로블스Armando Robles는 옛 회사의 처우를 "일종의 현대판 노예제"로 묘사했다. 회사는 복잡한 추적 시스템으로 직원들의 매순간을 기록하고 감시했다. 지금은 반대로 모두가 자유롭게 행동한다. 필요할 때 일하고 휴식하며, 목적의식을 가지고 일한다. 덕분에 로블스는 아침마다 행복하게 일어나 직장으로 향할 수 있다. 젊었을 때 미시시피의 백인 가정에서 보모로 일했던 애리조나 스팅리Arizona Stingley는 내게 리퍼블릭과 뉴에라는 비교 자체가 불가하다고 했다. 스팅리는 이렇게 회고했다. "전에는 고용주가 분할통치 방식으로 운영했어요. 사람들이 뭉치지 못하게 항상 멕시코인과 흑인을 이간질했어요. 그런데 효과가 있었어요. 사람들은 자기 자리를 빼앗길까봐 남에게 어떤 것도 가르쳐주지 않았어요." 점심 시간에는 인종별로 다른 테이블에 앉았고, 섞이는 일은 거의 없었다.

하지만 지금은 서로를 위협으로 여기는 대신 스킬을 공유한다.

공동으로 소유되고 민주적으로 운영되는 또 다른 기업 오퍼튜니티 스레즈Opportunity Threads는 애팔래치아에 마지막까지 남아 있는 직물 공장 중 하나다. 25명가량의 근로자들은 고산지대 마야족의 후손이고 다양한 원주민 방언을 쓰지만 에스파냐어를 공용어로 사용한다. 공장이 자리한 노스캐롤라이나 산악지대의 풍경은 이곳 근로자들에게 그들이 떠나온 과테말라를 떠오르게 한다. 이들은 미국이 후원한 1954년의 쿠데타가 부른 내전과 1980년대까지 이어진 원주민 집단학살을 피해 과테말라를 탈출했다. 내가 인터뷰한 사람들 모두 이 공장에서 다른 곳에서는 몰랐던 삶의 질과 존엄성을 누리고 있다고 했다.

전에는 직원 대부분이 근방에 있는 닭고기 가공 공장 케이스팜스 Case Farms에서 일했는데, 그곳에서는 병가를 내는 것도, 심지어 화장실에 가려고 라인을 떠나는 것도 허락되지 않았다. 알폰소 마누엘Alfonso Manuel이 말했다. "보통 한 사람이 25분 안에 1만 2천 개의 달걀을 부화기 안에 넣어야 해요. 뼈 빠지는 일이었죠." 마야족 공동체는 90년대 초부터 모건턴에서 인상적인 노동운동을 이끌어왔다. 파업을 통해 닭 공장에서 몇 가지 처우 개선 약속을 얻어냈지만, 승리는 잠깐이고 다시 원상태로 후퇴하기 일쑤였다.[28] 그렇게 고용주와 끝도 없이 싸우는 것보다는 고용주를 아예 없애는 편이 더 매력적인 해법이었다. 알폰소에 따르면, 오퍼튜니티 스레즈에서 일하는 것도 육체적으로 쉽지는 않다. 특히 납기 마감 시한이 다가올 때는 더 힘들다. 하지만 이제는 일이 몰릴 때조차 누구도 호통이나 굴욕을 당하는 일 없이 모두가 목표 달성을 위해 하나로 뭉쳐 보람을 느끼며 일한다.

당연한 말이지만, 근로자들이 함께 결정을 내리고 회사의 진로에 관여하는 곳에서는 업장이 노동력이 싼 곳을 찾아 해외로 나가는 바람에 하루아침에 일자리를 잃을 걱정을 할 필요가 없다. 이 공장은 남다른 기풍으로 운영된다. 사업이 부진할 때는 팀이 모여서 감원을 피하려면 어떻게 일을 분담하고 어떻게 새로운 발주처를 찾을지 궁리하고, 수익이 높을 때는 보상을 모두에게 공정하게 배분한다. 그 결과 근로자 대부분이 집을 장만했고 배우자나 자녀를 대학에 보냈다. "우리는 일자리를 빼앗지 않아요. 일자리를 창출하죠." 알폰소가 말했다.

레이나 로드리게즈Reyna Rodriguez도 전에는 케이스팜스에서 일했다. 그녀는 지금의 직장이 자신의 목소리를 찾아줬다고 말했다. 그녀는 예전 직장에서는 수동적이고 겁에 질려 있었다. 자존감이 바닥까지 떨어져 남들이 자신을 쳐다보는 것조차 견디기 어려웠다. 로드리게즈가 말했다. "전에는 말이 없는 편이었는데 조금씩 공포심이 사라져 지금은 가급적 많은 일에 관여하려고 해요. (…) 전에는 종일 닭만 만졌지만, 여기서는 다양한 일을 해요. 내 업무 중 하나가 모두의 목표를 적어서 게시판에 올리는 거예요. 기계 다루는 것도 배웠고, 선적 서류 작성하는 일도 해요. 계속 배워나가고 있어요. 모든 걸 조금씩 배우다 보니 두려움도 없어졌어요."

정치철학자 엘리자베스 앤더슨Elizabeth Anderson의 2017년 저서《민간 정부: 고용주들은 어떻게 우리의 삶을 지배하는가, 그리고 우리는 왜 그것에 대해 말하지 않는가Private Government: How Employers Rule Our Lives And Why We Don't Talk About It》는 이렇게 시작한다. "대부분의 사람들은 삶의 많은 부분을 직장에서 보낸다." 언뜻 듣기에 평이한 지적이다.

하지만 이 평이한 사실의 이면은 결코 평탄하지 않다. 직장에서 우리는 독재와 다름없이 작동하는 사적 권위에 예속되는 것을 감수한다. 다시 말해 고용주가 이래라저래라 할 자격을 인정한다. 고용주는 우리가 무슨 옷을 입고 소셜미디어에 무슨 말을 할지 지시하고, 우리가 여가를 보내는 방법을 결정하고, 우리의 약물 사용 여부를 검사하고, 우리의 거동을 추적한다. 관리자들은 근로자의 소지품을 수색하고, 사소한 위반 행위에도 관계를 끊고, (닭 공장 작업반장처럼) 화장실 가는 것 같은 사생활조차 통제할 수 있다. 심지어 그들은 임금 지급을 거부할 수도 있다.

반면 기업 경영진이 고용인들의 말에 귀를 기울이거나 그들에게 식사를 제공하거나 교육을 실시하거나 병자를 위문할 것을 의무화하는 구조는 어디에도 없다. 만약 미국 정부가 기업이 고용인에게 행사하는 것과 같은 통제를 시민에게 행사한다면 어떻게 될까? 단박에 헌법이 정한 권리를 침해한다는 아우성이 터져 나올 것이다. 하지만 그런 헌법상의 권리가 일터에는 존재하지 않는다. 일터는 공적 영역과 반대되는 사적 영역이기 때문이다. 고용주의 권력은 사실상 절대적이며, 거기서 지속적 강제는 당연한 일이다.

앤더슨이 언급했듯 독일의 노동자들은 경영진과 나란히 같은 테이블에 앉아 회사 정책을 논한다. 독일의 이러한 근로자 경영 참여 제도를 '공동결정 제도Mitbestimmung'라고 한다. 100년 전 톰슨과 휠러 같은 초창기 민주사회주의자들은 이보다 더 급진적인 민주주의를 지향했다. 그들은 강요가 아닌 협력이 지배하고 경제가 국가의 지원을 받아 자유로운 선택과 진정한 합의의 장이 되는 세상을 상상했다. 최초의 노동쟁의 이래 노동자들은 단순한 생존 그 이상을 기대했다. 그들은 회사를 직접 운영하고 고용주를 없애버리는 것을, 그래서 더 좋고 더 정의로운 사회를 건설하는 것을 꿈꿨다.

기존 경제의 뼈대 안에 새로운 대안 경제를 수립하는 것을 목표로 하는(하지만 시장에서 사업적 성공을 거둬야 한다는 필요 때문에 종종 평등주의 야망을 접어야 하는) 협동조합과 달리, 노동조합은 직접 고용주와 싸우고, 임금 인상을 요구하고, 노동자의 권리를 키우는 방법으로 고용주의 강압에 정면으로 맞선다. 과거 수십 년에 걸쳐 노조는 단체교섭을 통해 시민권의 일부를 직장에 들여왔다. 하지만 (미제스가 주장한 소비자 주권이나 경영자 지배의 반대 개념인) 노동자 주권의 꿈은 아직도 요원하다. 문제를 더 어렵게 만드는 것이 있다. 오늘날에는 직장의 군주들(소유주와 고용주)이 하청 계약과 쉘컴퍼니shell company[실제 경제활동을 하지 않는 명목상의 회사], 디지털 인터페이스와 앱에 겹겹이 가려 더는 보이지 않는 존재가 됐다. 인도네시아의 공장 노동자를 예로 들어보자. 그녀는 매일 유명 브랜드의 운동화를 꿰맨다. 하지만 그녀는 그 운동화를 파는 기업의 직접 고용인이 아니다. 마찬가지로 우버 드라이버는 얼굴 없는 앱과 계약한 '독자적 서비스 제공자'에 불과하다.

우리는 노동의 세계가 민주주의의 범위 밖에 있다고 여기게 됐다. 여성을 가둔 사적/가정 영역처럼, 노동의 사적/상업적 영역도 공적/정치적 영역으로 간주되지 못한다. 우리가 깨어 있는 시간의 대부분을 기업이 지배하고 있는데도(심지어 기업의 로비와 정치헌금이 선거와 정책에 부패와 타락의 악영향을 미치는데도) 우리는 기업을 정치와 별개로 본다. 여기서 우리는 앤더슨의 평이한 지적에 담긴 깊은 뜻을 이해할 수 있다. 국가가 처음부터 '공적'이었던 건 아니다. 고금을 통틀어 무수한 국가들이 절대적이고 냉담한 권력을 행사했다. 그들은 주민을 책임지지 않았고, 주민의 의견은 무시됐다. 왕국은 공적 영역이 아니다. 국가가 공적 영역이 된 것은 사람들이 공동소유와 주권재민의 원칙을 끊임없이 밀어붙이며 싸우고 또 싸워서 그렇게 만들었기 때문이다. 우리 삶의 너무나 많은 부분을 지배하는 기업에 대해서도 같은 말을 할 날이 오지 말란 법은 없다.

시민 불복종

민주주의가 국민이 자신을 통치하는 규칙들에 동의하는 시스템이라면 이런 역설이 성립한다. 사람들은 다른 시스템보다 오히려 민주주의 시스템에 있는 것이 개인적으로 덜 자유로운 처지가 된다. 규칙을 만드는 데 모두가 참여한다면 그 규칙들은 정당성을 얻고 결과적으로 우리는 거기에 복종할 의무에 더욱 강하게 묶이기 때문이다. 그런데 여기 반전이 있다. 우리가 온전한 민주제에서 사는 게 아니라 그것의 창조를 희망하는 단계일 때는, 법이 일부라도 부당하다면 그 법을 어기는 것이 오히려 우리의 민주적 의무일지 모른다. 이런 합의 거부를 '시민 불복종'이라고 부른다.

마틴 루터 킹 주니어, 마하트마 간디, 헨리 데이비드 소로, 심지어 소크라테스가 존재하기 훨씬 전에 안티고네란 인물이 법치와 개인적 양심, 강제와 선택 사이의 갈등을 극적으로 체현했다. 안티고네는 고대 그리스의 비극작가 소포클레스BC 496~BC 406가 쓴 동명의 희곡에 나오는 비극적 주인공이다. 그녀는 오빠가 반란을 도모했다가 반역자로 낙인찍힌 채 전투에서 죽었을 때 시신의 매장을 금지하는 왕의 명령을 어기고 오빠의 장례를 치른다. 안티고네는 현실의 법 위에 존재하는 하늘의 법을 내세워 외삼촌 크레온왕의 독재에 계속 불복한다. 도시의 지배자 크레온은 가족이라 할지라도 개인이, 특히 반항적이고 직설적인 사람들이 공동체의 규범을 위반하는 것을 용납할 수 없었다. 끝에 크레온은 마음을 바꿔 안티고네를 살려주려 하지만 때는 이미 늦었다. 그녀는 불복종에 대한 대가를 목숨으로 치르게 되고, 그녀의 죽음으로 결국은 크레온도 파멸에 이른다.

소포클레스 시대부터 오늘날까지 시민 불복종이 의미하는 바는 같다. 그것은 윤리적 신념 때문에 법을 어기는 쪽을 택하는 것이며, 개인을 권위와 충돌할 수밖에 없는 상황에 놓는 직접 행동이다. 안티고네가 젊은 여성이라는 사실, 즉 아테네 민주제의 논리에서는 안티고네가 하찮은 사람이라는 사실이 그녀의 항거를 더욱 의미 있게 만든다(크레온은 "여자보다 나약한 인간이라는 소리를 들을 수는 없어"라고 울부짖는다). 또한 안티고네는 대담함의 표본으로 유명하다. 그녀의 항명은 심지어 무장 군인들 앞에서 일어났다(여기 역설적인 반전이 있다. 소포클레스는 연극의 성공에 대한 보상으로 아테네군의 지휘관으로 발탁됐고, 아테네 민주정을 거부하고 과두제를 추구해온 사모스섬의 반란을 진압하라는 임무를 받았다. 사모스 사람들의 의지와 선호에 상관없이 민주주의가 강제됐다. 반항하는 사람들을 누르고 강제로 민주주의를 받아들이게 하는 것이 미국 제국의 발명이 아닌 건 분명하다[29]).

안티고네가 보여주듯 시민 불복종은 결코 비겁한 것도 약한 것도 아니다. 마틴 루터 킹 주니어는 그것을 "건설적 강제력"이라고 불렀다. 이는 반대자들과의 협상으로 가는 문을 여는 도구이고, 비인간적 시스템에 변화를 강제하는 수단이다. 킹은 "사랑과 나란히 있는 것은 언제나 정의이며, 우리는 정의의 도구들만 사용한다"고 말했다. "우리는 설득의 도구들을 쓰지만 아울러 강압의 도구들도 써야 한다는 것을 깨닫게 됐다."³⁰ 현대의 운동가들에게 시민 불복종의 목적은 힘의 발휘이다. 도의적 권고(수치심이나 양심에 호소)를 통한 것이든, 무력행사(조업 방해와 피켓 시위, 불매운동, 파업, 폭동을 통한 수익 침해)에 의한 것이든. 이 건설적 강제는 아직 존재하지 않는 무언가를 선택하고, 시도된 적 없는 존재 방식이나 현재 탄압받는 대안을 요구하는 방법이다. 민주주의를 선택하는 한 가지 방법이다.

보다 민주적인 사회계약을 구축하기 위해서는 대중의 동의 철회와 건설적 강제를 조직화해야 한다. 강제와 선택에 대한 우리의 사고도 전환해야 한다. 수세기에 걸쳐 자본주의는 강제를 선택으로 위장해왔다. 지극히 불평등한 양방의 계약을 통해서, 민주주의 쇼핑몰의 가짜 풍요를 통해서, 또는 시장의 권세가 만드는 강요가 사실은 자유라고 우기는 방법을 통해서 말이다. 권력이 폭넓게 공유되는 보다 민주적인 여건에서는 강제가 숙고와 논쟁의 대상이 되어 공개적으로 협의된다. 그래야 국가부터 직장과 가정에 이르기까지 삶의 모든 영역에서 강제를 최소화하는 옵션을 고려할 수 있다. 물론 합리적인 자치사회라면 당연히 많은 것들을 제재 대상으로 삼는다. 물리적 폭력, 성적 폭력, 횡령과 부패, 차별, 환경 등이 대표적이다. 하지만 그런 위반 행위들에 어떤 처벌이 따라야 마땅할지, 언제 응보적 정의retributive justice[범죄 행위에 상응하는 처벌에 초점을 두는 사법] 대신 회복적 정의restorative justice[범죄 행위에 의한 피해를 바로잡는 데 초점을 두는 사법]를 우선시할지는 여전히 결정할 대상이다. 다시 말해, '강압이 정당한 때는 언제인가?', 이것이 민주주의가 항상 물어야 할 질문이다.

5

민주주의가 이렇게 생겼나요?

즉흥 vs. 체계

역사는 우리에게 지름길이 없다는 것을 보여준다.

즉흥적인 불만 표출은 조직화라는 힘들고 느린

작업에 의해 확장되고 진전되어야 한다.

아테네에 가게 되면 고대 아고라 유적을 꼭 방문하길 권한다. 디오니소스 극장에 앉아보고, 신전과 조각상들이 흩어져 있는 길을 굽이굽이 걷고, 파르테논에 올라 숨 막히는 경치를 감상해보시라. 저 아래 계곡의 아고라 박물관에는 고대 오스트라카ostraka가 수십 개 전시돼 있다. 오스트라카는 고대 아테네 시민들이 독재자가 될 가능성이 짙다고 본 선동가들의 이름을 적어낸 도자기 파편들이다. 그 선동가들 중 일부는 이 도편 투표에 의해 아테네에서 추방되거나 배척당했다. 또 클레로테리온kleroterion이란 것이 있다. 요상한 슬롯머신처럼 생겼는데 배심원단 선출에 있어 비리를 방지하기 위해 고안된 일종의 제비뽑기 기계다. 클레로테리온은 도편추방제와 더불어 아테네 직접민주주의의 상징이다.

아테네에 볼 게 너무나 많다 보니 아테네 10부족 시조의 청동상The Momunent of the Eponymous Heroes 정도는 그냥 지나치는 사람이 많다. 지금은 대리석 기단만 남아 있고, 한때 기단 위에 당당히 늘어서 있던 열 개의 청동상은 오래전에 사라졌다. 옛날에 다시 녹여서 다른 용도로 재활용됐을 가능성이 높다. 처음 아테네에 갔을 때는 나도 소크라테스가 수감됐던 감방 자리인 땅 구멍을 찾는 데 정신이 팔려서 이 기념비를 못 보고 넘어갔다. 고전학자인 에피미아 카라칸챠Efimia Karakantza를 대동하고 다시 왔을 때에야 내가 무엇을 놓쳤는지 알게 됐다.

모르는 눈으로 보면 이 10부족 시조상은 높이 4피트, 길이 30피트가량의 기다란 돌사다리를 옆으로 눕혀놓은 것에 불과하다. 하지만 카라칸챠의 설명에 따르면, 이것은 고대 아테네가 이룬 엄청난 정치적 돌파구, 즉 민주주의를 상징한다.

아테네 민주정치의 태동

기원전 508년 아테네에서 하층민 폭동이 일어났다. 이 폭동 와중에 권력을 잡은 귀족 정치가 클레이스테네스는 혈연과 종교 기반의 기존 권력중심들을 혁파하고 새로운 지역 기반 소속감으로 사람들을 연합해 아테네 민주정을 창시했다. 오늘날은 당연시되는 지리적 시민의 개념을 처음 제도화함으로써 아테네 데모스를 발명한 것이다. 그는 아테네를 혈연 대신 지역으로 나눴다. 아테네와 주변을 해안지역, 내륙지역, 도시지역으로 나누고, 이를 바탕으로 10개의 행정구역, 즉 10개의 시민 '부족'을 창설했다. 기념비의 기둥들 위에 한때 자랑스럽게 서 있었던 청동상들이 바로 이 10부족을 대표했다.

클레이스테네스의 개혁은 혈연적 권력 기반을 약화하는 데 그치지 않았다. 지역 공동체별로 평의회를 설치해 주민 자치를 행하고, 도시 전체를 대표하는 민회에 대표를 뽑아 보내게 했다. 전체 적격 시민

중에서 부족별로 50명씩 500명의 대표가 추첨 방식으로 선출돼 불레 Boule(500인회)라는 평의회에 1년간 봉직했다. 불레는 민회에서 논의할 의제들을 제시하고, 사회복지, 도시 재정, 화폐 제도 등을 주관하는 시 위원회들을 감독하고, 공공사업을 발주하고, 공무원을 감사하는 등 다양하고 많은 직무를 수행했다. 1년에 최대 300일까지 평의회가 열릴 정도로 힘든 일이었다.

평의회는 순환근무제와 무작위 선출이 결합된 복잡한 조직이었지만, 두 가지 단순한 상호보완적 목표를 지향했다. 하나는, 단일 혈통이나 단독 참주에 의한 지배를 조장하는 세습 귀족의 정치 동맹을 약화하는 것이고, 또 다른 하나는 사회 통합의 확대를 도모하는 것이었다. 얼마 전까지 서로 이방인이었던 아테네 사람들은 각자의 지역사회에 봉사하는 동시에 도시의 운영에 참여하기 위해 갑자기 함께 일해야 했다. 그리스에 민주주의가 탄생한 것이다.

이렇게 보면 민주주의는 선거구 획정이라는 예지적 정치 행위의 자식인 셈이다. 용어는 다르지만, 클레이스테네스는 사람들을 시민으로 묶고 세고 구성하는 독창적인 방법을 고안했다. "그의 개혁은 독단적 결정이었지만, 그 덕분에 새로운 구역화에 기반한 새로운 정치적 시공이 생겨났어요." 카라칸챠는 내 이해를 돕기 위해 바닥에 10부족의 도식을 그려가며 설명을 이어갔다. 그리스인들은 프닉스 언덕Pnyx [아크로폴리스 서쪽에 있는 언덕으로 고대 아테네의 민회가 열리던 곳] 근처 들판에서 꽃을 발견하듯 민주주의를 발견한 게 아니었다. 그들은 공동의 안녕을 지원할 목적으로 민주주의를 창시했다.

카라칸챠는 아테네의 민주정 창시 과정을 설명하면서 1997년에 작고한 그리스 출신 프랑스 철학자 코넬리우스 카스토리아디스Cornelius Castoriadis를 언급했다. 카스토리아디스는 인간이 만든 모든 제도에는 기능 요소와 상상 요소가 있다고 주장했다. 고대 아테네에서 민주주의가 창시될 때도 이 두 가지 요소가 가동했다. 새로운 통치 절차 형태의 기능이 있었고, 카스토리아디스가 '사회의 가상적 의미'라고 부른 것이 있었다. 이는 사람들이 스스로를 생각하는 방식이 완전히 바뀌었다는 뜻이었다(심지어 사람들의 이름도 바뀌었다. 이름에 아버지의 이름뿐만 아니라 소속 지역 공동체의 이름까지 넣었다). 개인들은 더 이상 단순한 가족 구성원, 종교 추종자, 우연한 이웃, 고분고분한 아랫사람이 아니었다. 그들은 아테네의 시민, 곧 민주주의의 데모스가 됐다(민주주의와 시민권 사상이 이렇게 일찌감치 태어났지만 이후 유럽 땅에서 거의 잊혀졌다. 수세기 동안 유럽에는 자치의 주체인 시민이 아니라 충성스럽거나 충성스럽지 않은 객체들만 있었다).

아테네 민주정치와 시민 공동체의 탄생 이면에는 서로 어울리지 않는 두 가지 요소의 상호작용이 있었다. 지금까지도 민주주의에 중요하게 작용하는 그 두 요소는 바로 즉흥과 체계다. 당시 클레이스테네스는 그의 가문이 아테네 민주정의 효시인 솔론의 개혁에 동조했다는 이유로 아테네에서 추방당해 있었다. 그런데 참주 이사고라스에 맞서 즉흥적으로 일어난 폭동이 반란으로 확대되고, 분개한 주민들이 그를 다시 아테네로 불러들이면서 비로소 전면에 나설 수 있게 됐다. 폭정의 위협이 고조되면서 그동안 억눌려 있던 민중의 분노가 일시에 폭발했고, 이를 계기로 클레이스테네스가 친족 기반의 정치 시스템을 폐지하고 지역 기반의 정치 시스템을 창시할 기회와 권한을 잡은 것이다.

클레이스테네스의 개혁이 전개된 양상은 우리에게 낯익은 역학 관계를 보여준다. 사회 불안 뒤에 구조적 변화가 뒤따른다는 역학 관계. 파업을 일으키는 노동단체와 노동조합이 없었다면 최저임금도, 직장인의 안전보장책도, 하루 8시간 주 5일 근무제도 없었을 것이다. 1969년의 전설적인 맨해튼 스톤월 인Stonewall Inn 항쟁이 없었다면 성소수자 인권은 없었을 것이고, 장애인은 승차가 불가능한 버스를 막아서고 가파른 의회 계단을 기어오르고 일반 화장실을 이용할 수 없는 상황을 알리기 위해 노상방뇨까지 서슴지 않았던 장애인 운동가들의 수십 년에 걸친 직접행동이 없었다면 1990년의 미국장애인법Americans with Disabilities Act도 없었을 것이다. 민주주의의 전진은 폭풍 후에 퇴적물이 바위로 굳어지듯 대대적 봉기 후에 법이 제정되는 일종의 2단계 움직임을 취한다. 그러나 많은 경우 법치에는 역행 기능이 있어서, 어렵게 얻은 민주적 성과들을 원점으로 돌리고 기득권층의 치세를 굳히려는 규제들이 비밀리에 막후에서 결정되는 일이 다반사다. 정치적 구조들은 국민의 요구를 수렴하는 대신 더 이상의 반란을 막는 쪽으로 고안된다.

정치이론가들은 법치주의와 주권재민 사이의 갈등, 심지어 자유주의와 민주주의의 갈등을 논한다. 이 긴장 관계, 즉 체계와 즉흥 사이의 끝없는 줄다리기가 '헌법'이 의미하는 것의 핵심을 찌른다. 제임스 밀러가 썼다시피 "때로 '헌법'으로 번역되는 그리스어 폴리테이아politeia는 시민 공동체가 공법公法뿐 아니라 관습과 불문율을 통해 구성되는 방식을 가리킨다"[1](흥미롭게도, 아테네인은 서구 세계 최초의 민주주의자로 알려져 있지만 성문 헌법은 가진 적이 없다. 법치를 가장 중요하게 내세웠지만,

막상 시민 개개인이 오만한 국가로부터 보호받기 위한 양도 불가한 권리 같은 건 없었다). 달리 말하면 헌법은 원칙과 절차의 공적 규정인 동시에 그보다 덧없는 무엇, 즉 공동체의 기상이나 기풍, 존재 방식이나 활성 지표이기도 하다. 이 두 측면은 서로 영향을 미칠 수밖에 없다. 돌발적 표출이 안정적 구조에 영향을 미치고, 충동과 계획이 뒤얽힌다.

또한 폴리테이아는 정치이론서의 원조인 《국가론》의 원래 제목이기도 하다. 《국가론》에서 플라톤은 이상적인 도시의 법뿐 아니라 관습과 신화까지 그렸고, 그런 규범들이 어떻게 거주민의 정신을 형성할지도 상상했다. 알다시피 플라톤은 민주주의의 지지자가 아니었다. 그가 말하는 이상적 사회는 돌발적 개인주의나 집단 봉기, 심지어 클레이스테네스의 예지적 개혁이 허락될 장소가 아니었다(오히려 그 반대였다). 그럼에도 그의 글이 도발적으로 느껴지는 것은 현대 시민 중에는 민주주의 태동기의 플라톤처럼 정치 구조를 비판적이고 창의적으로 생각하는 사람이 없기 때문이다. 비판적이고 창의적으로 생각하기는커녕 아예 생각 자체를 하지 않는다.

정치인이 유권자를 선택하다

2016년 11월의 어느 날 오후, 나는 농업기술주립대학교Agricultural and Technical State University, A&T에서 정치학을 전공하는 바슈티 힌튼Bashti Hinton을 만났다. 노스캐롤라이나주 그린즈버러 외곽에 위치한 A&T는 미국 최대의 흑인 대학으로, 빛나는 정치 참여의 역사를 자랑한다.

특히 'A&T 4인방'이라 불리는 젊은이들의 항거가 유명하다. 1960년 2월, A&T 학생 4명이 매일 시내 울워스Woolworth's 슈퍼마켓에 딸린 백인 전용 간이식당에 가서 받아주지 않는 주문을 하고 식당 문을 닫을 때까지 자리를 지켰다. 이들이 시작한 연좌시위는 흑백분리정책(역행성 법치주의의 확실한 사례)이 폐지되는 데 크게 기여했다. 현재 A&T 캠퍼스를 가로지르는 도로가 있다. 웃기게도 이 도로를 기준으로 선거구가 갈린다. 공화당이 우세한 노스캐롤라이나 주의회의 최근 선거구 개편 책략에 따른 것이다.

힌튼이 이 도로변에 서서 겨우 6미터 떨어진 반대편 보도를 가리키며 말했다. "여기는 13지역구, 저기는 6지역구예요." 지도에서 보면 두 지역은 확연한 인공 경계나 자연 경계 없이 구불대는 요상한 모양새를 하고 있다. 걸어서 강의실에 가고 자동차로 출퇴근하는 보통사람들에게 이 부자연스러운 경계는 보이지 않을 뿐더러 분석도 해석도 불가능하다. A&T 캠퍼스를 가르는 도로만이 선거구 획정의 음흉한 취지(공화당 의석을 늘리는 방향으로 그은 선)를 드러낼 뿐이다. "교정을 오가는 학생들은 학교에 두 개의 선거구가 있다는 것을 몰라요." 힌튼이 어이없다는 듯 머리를 내저었다. "그들은 여기에 왜 이런 일이 일어나는지 몰라요. 그게 문제예요. 그만큼 우리가 더 알리고 더 말해야겠죠."

피부색에 따른 투표권 제한을 금지한 1965년의 투표권법Voting Rights Act은 수십 년에 걸친 투쟁의 빛나는 성과였다. 사회운동의 노력이 법에 새겨진 대표적인 경우였다. 그런데 2013년 연방대법원이 '쉘비 카운티 대 홀더' 소송에서 이 흐름을 역전시키며 미국의 가장 역사적인 입법 중 하나인 투표권법을 사실상 파기했다. 당시 소수의견을 낸 루스베이더 긴즈버그Ruth Bader Ginsburg 대법관은 이때의 법원 판결을 "당장 몸이 젖지 않는다고 우산을 팽개치는 짓"에 비유했다. 판결의 영향은 거의 즉각적이었다. 대법원 판결이 공개된 바로 다음날 공화당이 장악한 노스캐롤라이나 주의회는 훗날 '몬스터법Monster Law'으로 불린 법안을 통과시켰다. 몬스터법은 투표자의 신분증 검사 규정을 까다롭게 강화했고, 바쁜 시민들의 투표 편의를 돕는 사전투표, 당일 선거인 등록, 관외 투표, 16~17세 사전등록 등의 혁신들을 없앴다. 다행히 이후 '인종 중립'을 표방한 법원 판결들이 잇따랐고, 몬스터법 조항들은 "거의 외과적 정밀도로" 인종차별 대상들을 겨냥했다는 이유로 대부분 폐기됐다(노스캐롤라이나주의 공화당 지도부는 이런 평가를 딱히 부끄러워하지도 않았다. 오히려 2016년 선거 때 이 지역 공화당 당국자는 "2012년 대비 아프리카계 미국인의 사전투표율이 8.5% 감소하고, 백인 유권자의 사전투표율은 22.5% 증가했다"고 자랑했다[2]).

나는 유명한 공화당 전략가 카터 렌Carter Wrenn을 만났다. 그는 한때 노스캐롤라이나에서 악명 높은 보수 강경파 제시 헬름스Jesse Helms의 고문이었다. 나는 그에게 흑인 선거권에 대한 당파적 방해 공작을 지지하는지 대놓고 물었다. "글쎄요, 나는 그걸 권력의 문제로 봅니다. 당선되느냐 마느냐의 문제예요. 공화당이든 민주당이든 정치인의 목표는 항상 같죠. 선거에서 유리한 고지를 차지하는 것, 관건은 그겁니다." 그가 시가를 음미하며 말했다. "당신이 공화당 후보를 선출하기로 작정했고, 그 과정에서 애꿎은 아프리카계 미국인들이 재수 없이 손해를 봤다고 칩시다. 결과가 인종차별적이라고 해서 의도까지 그랬을 거란 보장은 없어요. 사실 결과도 딱히 인종차별적이라고 우길 근거가 없어요." 렌은 2018년 중간선거[4년 임기인 미국 대통령의 집권 2년차에 실시되는 양원 의원 및 공직자 선거]에서 트럼프 대통령과 보수 전략가들이 제기한 부정선거 의혹을 당의 경쟁우위를 굳히기 위한 정치공작으로 보았다. 이런 게임을 '야바위skulduggery'라고 부른다. 그리고 렌의 관점에서 권력은 차지하라고 있는 것이다. "우리는 타락한 세상에 삽니다. 정치인에게 권력을 주면 그는 권력을 유지하는 데 그 권력을 씁니다. 민주당도 그랬고, 공화당도 그랬죠. 투표권과 선거구 획정의 내막은 결국 권력 싸움입니다."

　노스캐롤라이나 공화당원들이 바로 이 싸움에 몸 바쳐 매진했다. 그들은 REDMAP(Redistricting Majority Project의 약어)이라는 장기적이고 전국적인 선거구 조정 계획을 성공적으로 추진했다. REDMAP의 목표는 선거 득표수에서는 민주당이 이겨도 의석수에서는 공화당이 이기는 것이다. 그 결과 2018년 중간선거에서 노스캐롤라이나 공화당은 전체 투표수의 약 절반만 득표했음에도 의석수에서는 13개 의석 중 10개 의석을 차지하며 압승했다. 이렇게 특정 정당이나 특정 후보에 유리하게끔 선거구를 조정하는 게리맨더링 기법은 말레이시아부터 헝가리까지 고압적 공직자들에게 애용되며 국제적 인기를 날린다. 독재화의 길을 걷는 빅토르 오르반Viktor Orbán 헝가리 총리는 당 득표율이 내려가도 집권을 이어갈 수 있도록 국가의 선거구 지도를 개편했다.[3] 진실에 이목이 쏠리는 것을 피하면서 국가라는 기계를 통제하기 위해서, 현대의 투표억압은 개를 풀거나 물대포를 쏴서 시민이 투표하러 가는 길을 막는 대신 관료주의를 활용한다. 당직자들이 스프레드시트와 인구데이터라는 무기를 용의주도하게 이용해 비밀리에 투표 결과를 조작한다.

선거구 획정은 사람들이 감지하기 어렵게 일어나지만, 때로는 대중의 거센 분노와 항의를 촉발시켰다. 게리맨더gerrymander라는 용어도 그런 순간에 탄생했다. 1812년, 매사추세츠 주의회 선거를 앞두고 주지사 엘브릿지 게리Elbridge Gerry가 자신이 속한 공화주의당이 야당 연방주의당보다 유리하도록 선거구를 개편했다. 새로 획정된 선거구 가운데 특히 에식스 선거구의 모양새가 기괴했다. 날개달린 도롱뇽의 모습을 한 전설의 괴물 샐러맨더Salamander와 닮았던 것이다. 이에 지역신문 〈보스턴 가제트Boston Gazette〉가 새 선거구 지도에 게리와 샐러맨더를 합친 게리맨더란 이름을 달아 내보냈다. 시민들은 분노했고 게리는 결국 강제해직되었다. 하지만 그가 서명한 선거구 조정법은 그의 당에 압승을 안기며 게리맨더의 위력을 입증했다.

그로부터 200년이 지난 2013년, 다시 노스캐롤라이나에서 윌리엄 바버 3세William Barber III 목사의 주도로 투표억압법과 게리맨더링 시도에 항의하는 '도덕적 월요일Moral Mondays' 운동이 일어났다. 운동의 학습효과는 컸다. 이번에 (공교롭게도 19세기 에식스 선거구 때와 동일한 목적을 위해서 동일한 방식으로) 6지역구와 13지역구가 재편됐고, 바슈티 힌튼을 비롯한 지역민은 그 노림수를 중립적 요식 행위가 아니라 권력 장악 음모로 이해했다.

불과 몇 달 전만 해도 A&T 캠퍼스는 지역사회와 연고가 있는 흑인 진보주의자이자 민주당 의원인 앨마 애덤스Alma Adams가 대표하는 지역구에 포함돼 있었다. 그런데 공화당 의원들이 뻔뻔하게 캠퍼스를 두 동강 낸 후 양쪽 모두 공화당이 우세한 백인 거주 지역구들에 갖다

붙였다. 힌튼이 설명했다. "목적은 우리 표를 희석시키는 거죠. 캠퍼스가 두 개의 선거구로 쪼개져 있으면 학생들이 힘을 발휘할 수 없어요. 같은 선거구로 합쳐지고 A&T 학생들 모두가 투표에 참여하면 지방선거 결과를 통째로 바꿀 수 있어요. 하지만 지금 캠퍼스가 둘로 갈라졌고, 따라서 우리의 필요를 위해 일해줄 하나의 대표를 가질 수가 없어요."

힌튼은, 여기서 뽑힌 두 명의 공화당 의원들이 그들의 재선에 딱히 필요하지도 도움되지도 않을 지역민들에게 관심을 보일 리 만무하며, 따라서 중요한 문제들이 방치될 수밖에 없다고 지적했다. 충분히 납득이 가는 회의론이었다. 힌튼이 덧붙였다. "현재 남성 공화당 의원 두 명이 이곳을 대표해요. 보수 성향 중년층 유권자들을 위한 안건들은 대부분 흑인 밀레니얼 세대가 원하는 것과는 거리가 멀어요. (…) 그들은 치안에 관심이 없지만 우리에겐 중요해요. 그들은 식품사막food desert[신선 식품을 구매하기 어렵거나 비싼 지역] 문제에 관심이 없지만 우리에겐 심각한 일이죠. (…) 흑인과 히스패닉 지역사회들은 아직도 빈곤과 배고픔에 시달려요. 이게 우리의 문제예요."

의회가 힌튼의 지역사회를 고의적으로 이웃 지역구에 묻어버렸고, 따라서 지역사회의 필요와 요구가 법적으로 무시되는 상황이 됐다. 힌튼은 이 상황에 분노했다. "지금은 '흑인은 투표할 수 없다'는 말이 통하지 않아요. 대신 이제는 투표억압이라는 새로운 방법을 쓰죠. 흑인과 빈민층의 발언권을 억누를 새로운 방법들을 만들어내요. 공화당은 무슨 소리냐고 잡아떼겠죠. 열심히 컴퓨터 시뮬레이션을 돌리면서 말이에요. 하지만 진실은 이겁니다. 그들은 우리의 표를 희석시키고 있어요. (…) 위험한 일이에요. 게리맨더링은 누군가의 힘을 빼앗는 일이에요. 그건 민주주의에서 우리를 격리하는 또 다른 통제 수단이에요. 사회에 자기 본분을 다하려는 젊은이들의 표를 억누르면서 어떻게 민주주의의 수호를 말하고, 모두에게 평등한 기회와 권리를 말할수 있죠?"

힌튼과 그녀의 학우들은 미국 내 인종 구성의 변화를 대변한다. "대학 캠퍼스를 두 개의 선거구로 쪼개놓은 것을 보면 이런 생각이 들어요. 왜? 밀레니얼 세대가 투표소에 오는 게 두려워서? 흑인들이 투표하는 게 두려워서?" 답은 당연히 '그렇다'이다. 사회적 인식 변화도 무서운데 인구 구성의 변화까지 겹치자 보수주의자들은 곤란해졌다. 지지층이 노령화하고 줄어들면서 진정한 다수를 확보할 가망이 없어지자 그들은 양팔을 걷어붙이고 권력 유지를 위한 새로운 방법을 강구하고 나섰다. 소수민족을 겨냥한 투표억압법을 통과시키고, 투표 당일 선거인 등록제를 축소하거나 폐지하고, 위헌적인 게리맨더링을 단행했다. 게리맨더링만 해도 다양한 표 희석 기법들이 있다. '크래킹cracking'은 유권자들을 여러 선거구로 분산시켜 적대적 다수의 형성을 막는 방법으로, 소수자들의 영향력을 약화시키는 효과가 있다(힌튼이 직접 목격한 바로 그 과정이다). '패킹packing'은 반대로 적대적 유권자들을 모은다. 즉 소수집단을 그들이 원하는 대표자의 당선이 이미 확실한 선거구로 몰아넣어서 다른 선거구에 영향을 미치지 못하게 하는 방법이다(이렇게 해서 등록 유권자의 90%를 흑인으로 채울 수도 있다). '스태킹stacking'도 있다. 저소득층 소수집단들을 투표율이 훨씬 높은 백인 고소득층과 같은 선거구에 집중시키는 방법이다. 민주당이 더 많이 득표해도 공화당이 더 많은 의석을 차지하는 주들이 많은 것은 이런 선거구 획정 기법들 때문이다.

불평등한 1인 1표

노스캐롤라이나만큼 그 효과가 분명한 곳도 없다. 2017년 바버 목사는 롤리 시내에 운집한 8만 명의 시위대 앞에서 이런 기만적인 관행들을 소리 높여 규탄했다. "부유층 과두정치인들은 압니다. 진정한 민주적 선거로는 권력을 유지할 수 없다는 것을요. 승리할 수 없으니 속임수로 자리를 유지하는 행태를 막아야 합니다." 바버는 청중에게 더 큰 시스템에 대해 외쳤다. "이것은 단순히 대통령이 누구냐의 문제가 아닙니다. 그렇게 생각하면 전체를 놓치게 됩니다. 이것은 이 나라의 태동기부터 민주주의의 손발을 꽁꽁 묶어온 돈과 영향력과 백인 패권의 거미줄 전체에 관한 문제입니다." 바버의 분석이 힘을 얻는 이유는 그것이 역사적 시각이기 때문이다. 어느 것도 미국에서는 새로운 게 아니다. 바버가 저서와 시위, 설교를 통해 말하는 것처럼 현재 공화당의 책동은 저 멀리 재건시대까지 거슬러 올라간다.

남북전쟁 직후 여러 지역들에서 흑인 선거인 등록률이 90%를 넘었고, 높은 투표율은 수천 명의 해방자유민을 공직으로 보냈다. 지방선거, 주의회 선거, 총선에서 선출된 흑인의 비율이 0%에서 15%로 급증했으며,[4] 1880년대에는 노스캐롤라이나에서 '퓨전연합Fusion Coalition'이 주목을 받았다. 퓨전연합은 인종을 불문하고 빈곤층을 부양하기 위한 정치적·경제적 평등주의 의제들을 내세운 다인종 노동계층 포퓰리즘 정당이었다. 이들이 선거에서 승리해 시정부들을 장악하자 백인 권력구조는 살인적인 쿠데타로 대응했다. 그들은 민주적으로 선출된 윌밍턴시의 퓨전 정부를 전복시켰고, 주 전역에서 인종 테러와 투표억압 캠페인을 전개하며 인종분리 정책의 토대를 깔았다. 이어서 남부의 주정부들이 인두세[poll tax[성별, 신분, 소득에 관계없이 성인에게 일률동액으로 부과된 세금]를 내고 문해력 검사를 통과해야 투표권을 주는 방향으로 헌법을 수정했다. 결국 1938년의 미시시피 주의회 중간선거에서 흑인과 백인 빈곤층이 대거 투표권을 박탈당하면서 200만 명이 넘는 주 인구 가운데 투표자 수는 3만 5천 명에 그쳤다.[5]

이러한 과거의 인종차별 맥락을 모르고서는 현대 선거구 획정의 현실을 제대로 이해하기 어렵다. 그중 1924년에야 시민권을 부여받은 미국 원주민 유권자들에 대한 부당대우는 지금도 진행 중이다. 주정부들은 악명 높은 짐크로법의 선례를 따라 투표권법이 보장한 원주민의 참정권을 약화시켰다. 더는 노골적 배제가 어려워지자 중립의 탈을 쓰고 원주민 표를 부정하거나 희석시키는 기법들이 등장했다. 투표소를 부족의 영토에서 최대 150마일까지 떨어진 곳에 배치하는가 하면,[6] 게리맨더링과 의석 불공정 배분 기법을 쓰기도 했다(1970년대 애리조나주 아파치 카운티에서 최대 선거구는 주민의 88%가 인디언이었고 주민의 대부분이 백인인 최소 선거구보다 인구가 15배나 많았다).[7] 이런 협잡은 지금도 여전하다. 2018년 중간선거를 불과 몇 주 앞두고 대법원은 투표소에서 실거주지 주소가 표기된 신분증을 제시해야 하는 노스다코타주의 신분확인법을 인정했다. 이 법은 도로명 주소를 쓰지 않는 인디언

보호구역의 원주민 투표자들에게 불리하게 작용했다.

1870년의 수정헌법 제15조는 "미국 시민의 투표권은 미국 또는 어떤 주도 인종, 피부색, 예전의 노예 신분을 이유로 거부하거나 축소할 수 없다"고 명시했다. 그리고 95년 후 1965년의 투표권법이 이 확약을 다시 못 박았다. 그럼에도 주정부와 지방정부는 빈자와 소수자가 상대적으로 부유한 백인과 대등한 입장에서 정치에 참여하는 것을 막기 위해 계속해서 여러 기만성 수법들을 강구한다. 이는 유권자가 정치인을 선택하는 게 아니라 정치인이 유권자를 선택하는 상황을 만든다. 이 주객전도 상황의 본질적 원인은 독자적 위원회가 아니라 대의원들이 선거구 지도를 그리는 것을 허용하는 미국의 관행에 있다. 결과적으로 미 하원은 최악의 지지율에도 불구하고 재선율이 97%나 된다.[8] 선거구 선 긋기를 맡은 현직 의원들의 목표는 공정성 확보가 아니라 자신의 의석 사수다.

여성과 흑인의 참정권을 위한 투쟁의 역사 때문인지 우리는 투표를 투표함에 대한 접근권 문제로 보는 경향이 있다. 시민들이 차별이나 방해 없이 투표소에 갈 수 있다면 민주주의가 작동하고 있다고 보는 것이다. 하지만 투표는 간단한 권리도 자명한 행동도 아니다. 뭔가 복잡한 것들이 겹겹이 층을 이룬 과정이다. 첫 번째 층위는 투표라는 단순한 행위다. 두 번째는 각각의 표가 다른 표에 비해 갖는 가중치다. 세 번째는 선출된 공직자가 공약을 실제로 제정하는지 여부다. 두 번째 층위에 관한 한, 미국 시스템은 본질적으로, 그리고 엄청나게 불평등하다. 그것이 힐튼 같은 사람들이 표 '희석'을 말하는 이유다.

현재 공화당이 다수당인 상원을 생각해보자. 1788년 알렉산더 해밀턴은 이렇게 지적했다. "주마다 동등한 대표권을 부여하는 원칙은 다수의 뜻이 우세해야 한다는 공화정치의 기본 모토에 모순된다." 가장 작은 9개 주에 거주하는 고작 2%의 미국인이 가장 큰 9개 주에 거주하는 51%와 상원에서 같은 권력을 행사한다. 누군가의 표는 다른 누군가의 표보다 최대 66배나 가치가 있으며, 인구의 도시 집중화 때문에 이 문제는 계속 심해질 전망이다[9][미국의 선거 제도는 국민이 후보 중 한 명을 뽑는 직접선거가 아니라 각 주를 대표해 투표해줄 선거인단을 뽑는 간접선거다. 선거인단 수는 각 주의 인구수와 비례하며, 한 표라도 더 많이 득표한 정당이 해당 지역의 선거인단을 전부 가져간다. 이런 선거인단 구성 방식과 승자독식 방식 때문에 총득표에서 앞선 후보가 선거에 패배하는 경우가 빈번하고, 국민 개개인이 행사하는 표의 가치도 사실상 동일하지 않다]. 이러한 불균형을 생각하면 총기 규제가 어째서 그렇게 어려운지 감이 온다. 치명적 무기를 소유한 사람들은 (전체 인구의 3분의 1이지만) 대부분 인구수가 적고 1인당 표 가중치가 높은 주에 살기 때문이다. 이러한 상황 때문에 현행 헌법에서 무기를 소지할 권리를 수정하거나 제한하는 것이 지극히 어렵다. 상원 선거에서 '1인 1표'는 기술적으로만 성립할 뿐 모든 표가 동등하지는 않다.

미 대법원은 투표권을 "근본적 참정권, (…) 모든 권리를 보존하는 권리"로 규정했다. 오늘날 '자유롭고 공정한 선거'는 민주주의의 본질이자 종착점으로 널리 이해된다. 이는 1948년 유엔의 세계인권선언 Universal Declaration of Human Rights이 확인한 견해이기도 하다. "국민의 의사가 정부 권한의 기반이다. 국민의 의사는 보편적이고 평등한 참정권에 의해 무기명 투표 또는 그에 상당하는 자유투표 절차에 따라 정기적이고 진정한 선거로 표현된다." 그런데 무엇을 '진정한' 선거로 간주할 것이며, '자유투표 절차'는 누가 정의할까? '1인 1표'는 듣기에는 간단하고 충분히 실행 가능한 일로 보인다. 하지만 실상은 많은 선진 민주국가들이 형편없이 실패하고 있다. 특히 미국이 그렇다.

선거 시스템의 개혁

치리리카Tiririca라는 예명으로 익숙한 브라질의 코미디언 출신 연방 하원의원 프란시스쿠 에베라르두 올리베이라 시우바Francisco Everardo Oliveira Silva가 2018년 총선을 앞두고 선거 불출마를 선언했다. 치리리카 의원은 2010년 상파울루주에서 출마해 전국 최다 득표인 130만 표를 얻어 정계에 입문했고, 2014년에도 비슷한 압승으로 재선에 성공했다. 하지만 그는 정치에 진저리가 났다. "국민은 우리가 돈을 많이 받고 일한다고 생각하는데, 일이나 하면 다행이게요." 하원의원이 513명이지만 꼬박꼬박 나오는 건 8명뿐이에요. 그리고 내가 그 8명 중 한 명입니다. 서커스 광대인 내가 말이에요." 그는 은퇴 발표 당시 "8년의 의정 활동 기간에 내가 한 일은 별로 없다"고 인정하면서 지지자들에게 의회 문턱이 낮다는 것을 상기시켰다. "나도 들어왔잖아요." 유쾌한 동기 부여를 의도했던 그의 선거 유세 슬로건 '여기서 더 나빠질 게 있겠어요?'는 우울하게도 틀린 말로 드러났다. 이후에도 정치 부패는 계속 악화됐고, 그는 결국 보다 떳떳한 종류의 광대놀음으로 돌아가기로 결심했다.

진지한 일을 기대했지만 더 황당한 서커스의 한가운데에 있는 자신을 발견한 것이 치리리카의 비극이다. 선거를 중세의 종교 축제인 카니발에 비유했던 역사가들에겐 놀랄 일이 아닐 것이다. 중세 카니발은 남녀가 사회적 위계를 거역하는 시늉을 함으로써 오히려 위계의 견고성과 영속성을 암시한다. 이와 비슷하게 선거도 시민에게 불만을 안전하게 드러낼 무대를 제공하면서 궁극적으로는 그들의 순응을 시사한다(결과가 마음에 들지 않아도 어쨌든 표는 던진다).[10]

오늘날, 민주주의 시늉만 내는 절차들은 정치인들에게 그들이 망쳐놓은 시스템에 오글거리는 찬사를 표할 판을 깔고, 이것이 정치 혐오와 냉소주의에 기름을 붓는다. 지배층과 피지배층 사이에 격차가 벌어질수록 더 그렇다. 정치에 정떨어진 시민의 눈에는 백날 투표해봤자 소용없고 선의의 입법자들조차 긍정적 변화를 만들 수 없는 시스템만 보일 뿐이다. 개그맨과 코미디언이 고위직에 오르는 건 이제 드문 일이 아니다. 브라질에 치리리카가 있다면 미네소타에는 앨 프랭큰Al Franken이 있다(프랭큰은 나중에 성추문으로 상원의원직에서 불명예 사퇴한다). 아이슬란드 코미디언 욘 그나르Jón Gnarr는 최고당Best Party이라는 정당을 만들고, 이탈리아 코미디언 베페 그릴로Beppe Grillo는 반체제 정당인 오성운동Movimento 5 Stelle을 이끈다. '광대를 뽑으면 서커스가 된다'가 아니라 '서커스 판에는 광대를 뽑아라'다. 이것이 국제적으로 유행하는 부조리극이다.

"투표로 뭐라도 바꿀 수 있다면 투표가 이미 불법이 됐을 것이다." 이 인용문에 대해 누구는 아나키스트 엠마 골드먼Emma Goldman이 한 말이라고 하고, 누구는 마크 트웨인이 한 말이라고 하는데, 사실은

1976년 어느 소도시 신문의 기명 논평에 처음 등장한 것으로 보인다. 누가 한 말이든 이 인용문이 놓친 게 있다. 그건, 앞에서 살폈다시피, 투표는 민주주의 선거의 한 측면에 불과하다는 것이다. 누가, 또는 무엇이 도널드 트럼프의 승리에 궁극적 책임이 있을까? (힐러리 클린턴을 선택한 사람들이 더 많긴 했지만 어쨌든) 투표자들? 아니면 (국민의 표에 차등을 두고 걸핏하면 총득표의 패배자에게 승리를 안기는) 미국의 투표 시스템? 구조적 조건이 조금만 더 민주적이었어도 트럼프 같은 선동가에게는 기회가 없었을 것이다(미국이 고대 아테네였으면 트럼프는 국외로 추방당했을 가능성이 높다).

마찬가지로, 미국에도 영국 같은 당대표 선출 관행이 있다면 결과는 가히 변혁적일 것이다. 영국의 민주사회주의자 제레미 코빈Jeremy Corbyn은 2015년 수만 명의 신규 당원을 대거 입당시켜 지지 기반을 소생시켰고, 그것만으로 2015년 노동당 당수로 선출됐다. 당원들의 발언권이 커지면 미국의 민주당도 급격히 좌파로 기울 가능성이 높다. 하지만 그러려면 당 조직이 당원들을 더 많이 대변하는 쪽으로 재편되어야 한다. 지금처럼 부자 물주들에게 영합하고 선거구 조정을 통해 유권자들을 이리저리 묶는 데 골몰하는 대신 당원들이 내는 소정의 회비를 통해 당 재정을 확보하는 것이 방법이 될 수 있다.[11]

현행 시스템의 불균형을 바로잡기 위한 대안적 투표·개표 방식들은 마치 실행 불가한 것들인 양 무시되거나 묵살된다. 심지어 선거일을 국가공휴일로 지정하거나 시민 전체를 선거인으로 자동등록하는 것 같은 아주 상식적인 조치들마저 미국 입법자들은 고려하지 않는다(전자투표의 편리성과 보안성을 강화하는 것까지는 바라지도 않는다). 예를 들어

2015년이 되어서야 오리건주가 미국 최초로 선거인 등록을 명시적 의사 표시를 요하는 옵트인opt-in 방식에서 거부 의사 표시가 없으면 등록자로 간주하는 옵트아웃opt-out 방식으로 변경했다. 그런데 미국은 이 전례를 따르기는커녕 선거 때마다 사람들을 선별 등록하고 선거 참여를 독려하는 데 수억 달러의 돈을 쓴다. 이렇게 엄청난 비용과 노력에도 미국의 투표율은 항상 다른 선진국들보다 크게 뒤처진다.[12]

한편 호주, 벨기에, 아르헨티나를 비롯한 여러 나라가 대량 등록제를 넘어선 강제투표제를 시행하고 있다. 투표용지에 기표하지 않는 것은 개인의 자유이지만 투표소에는 반드시 가야 한다. 합당한 사유 없이 불참하면 응분의 처벌을 받는다. 호주의 경우는 위반자들에게 20~50달러의 벌금을 물리고, 벨기에는 만성 불참자의 경우 10년 동안 투표권을 박탈한다(죄를 고려할 때 벌이 벌처럼 느껴지지 않는 게 맹점이다). 미국에서는 강제투표제의 가상 효과를 두고 전문가들 사이에서 논쟁이 뜨겁다. 하지만 이것만큼은 분명하다. 연령과 생활수준, 교육수준이 상대적으로 높은 백인들이 투표에서 지나치게 많이 대변되는 현 상황을 고려할 때, 의무투표제를 실시하면 투표자들이 더 다양해지고 더 젊어지고 노동계층의 투표율이 올라가 힘의 균형이 이동할 것이다. 이와 관련해 스위스의 투표 방식에 대한 흥미로운 연구 결과가 있다. 투표를 의무화했을 때 진보 정당을 지지하는 비율이 최대 20%p 상승했다.[13]

선거 구조에 따라 정치적 결과가 달라진다. 이것이 근대 민주주의의 부활 이래 사람들이 선거 방법을 두고 싸워온 이유다. 1600년대 영국에서 급진주의 수평파가 정기 선거와 지역 비례대표제를 요구했다.

이 요구는 약 2세기 후에 되살아났고, 마침내 1832년 제1차 선거법 개정으로 악질적 '부패선거구rotten boroughs(산업혁명 이후 거주민이 희박해져 부유한 지주들이 의회 의석을 독차지하는 농촌 선거구들)'가 폐지됐다. 1838년에는 1차 선거법 개정에서 선거권을 얻지 못해 불만을 품은 노동자들이 들고 일어나 백만 서명운동을 벌인 끝에 '인민헌장People's Charter'이라는 청원서를 발표했다. 인민헌장에는 여섯 가지 요구가 담겼다. 성인 남자의 보편선거권, 투표를 위한 재산 자격 폐지, 매년 의회선거 실시, 비밀투표, 의원에게 세비 지불, 선거구의 크기 균일화. 이 차티스트 운동Chartism은 영국의 노동계층이 전개한 세계 최초의 선거권 획득 투쟁이었다.

영국의 차티스트 운동은 성공을 거두지는 못했지만 적지 않은 유산을 남겼다. 그들은 선거권 획득을 위한 길고 지난한 투쟁에서 투표 시스템도 중시했다. 그들은 보다 공정하고 유연한, 다시 말해 보다 민주적인 시스템을 위해 부단히 분투했다. 미국에서는 이런 야망을 수정헌법 제17조, 제24조, 제26조(1913년, 1964년, 1971년 비준)에 반영해서 상원의원 직선제를 실시하고, 인두세를 폐지하고, 투표 연령을 21세에서 18세로 낮췄다.

위의 수정헌법 조항들 외에, 마찬가지로 중요하지만 덜 유명한 승리들도 있다. 일부 주와 지자체들이 채택한 주민발의, 주민투표, 주민소환 제도가 대표적이다. 이는 국민이 법에 따라 더 많은 발언권을 가져야 한다는, 또는 국민이 법을 만들지 않아도 적어도 자신들을 통치할 법을 승인할 권리를 가져야 한다는 오랜 생각에 바탕을 둔 개혁적 제도였다. 이 제도의 주창자들은 그것을 미국의 뿌리로, 당의 우두머리들과 금권이 정치를 접수하기 이전으로 복귀하는 것으로 여겼다.

일찍이 1640년대에 식민지 미국의 자유민은 주민회의에서 직접민주주의 기법들을 사용했다(이는 종종 시민에게 이례적 권한을 부여했다. 예컨대 1776년 펜실베이니아주 헌법은 '국민이' 적절하다고 생각하면 '정부를 개혁, 변경, 폐지할' 권리를 포함했다). 여러 주가 시민에게 입법권을 준 것은 물론, 여차하면 그들의 대리자를 소환할 권리까지 부여했다. 이는 국가의 헌법은 허용하지 않는 권리였다. 국민소환제가 있어야 공직자들이 유권자들의 요구와 바람에 더 충실할 거란 사실을 헌법 기초자들 역시 뻔히 알고 있었는데도. 아니, 어쩌면 알고 있었기 때문에.

이 같은 직접민주주의의 전통이 19세기 후반에 부활했다. 그 주체는 미국 포퓰리즘의 기원으로 불리는 인민당Populist Party이었다. 인민당은 공화당과 민주당에 대항하기 위해 결성됐으며, 구조적 변화를 요구하면서 스위스의 경우를 직접민주주의에 한층 가까운, 그래서 고무적인 사례로 제시했다. 노조 간부이자 사회개혁가인 J. W. 설리번 Sullivan이 특히 이 복음 전파에 열성적이었다. 스위스는 1874년의 연방 헌법에 주민투표를 의회법의 통제 장치로 도입했고, 1891년에는 시민권도 헌법에 포함시켰다. 이는 헌법 개정을 위한 국민발의 제도의 개시를 염두에 둔 조치였다. 설리번은 스위스 모델은 "관료주의를 무력화하는" 동시에 시민 모두에게 "나라 일에 대한 적극적 관심을" 불러일으킨다고 열변을 토했다.

1892년에 인민당은 제1회 전당대회에서 (상원 직접선거와 더불어) 주민발의와 주민투표를 지지하는 결의안을 통과시켰다. 국민에 대한 정부의 대응성과 책임감은 강화하고 시민 대중을 매수하는 것은 어렵게

해서 정치 부패를 방지한다는 취지였다. 포퓰리스트들은 이런 절차들이 농민, 채무자, 노동자('생산계급')에게 철도회사, 은행, 농업 독점기업에 대항할 힘을 부여해서, 특수 이익단체들을 무력화하고 대중의 의지가 정책을 통해 표출될 길을 열어줄 거라고 주장했다. 이 변혁적 목표를 위해 가장 먼저 이 대의에 합류한 사람들은 사회주의자들과 참정권 운동가들이었다. 그중 여성 참정권 운동가들은 주민발의와 주민투표 제도가 비협조적인 주의회를 극복할 경로가 될 것으로 믿었다 (그들이 동경했던 직접민주주의 체제를 앞서 도입한 스위스 남자들이 무려 1971년까지 여성의 참정권을 인정하지 않았다는 사실을 그들이 미리 알았다면 그렇게까지 낙관적이지는 않았을 텐데).

그로부터 한 세대 후 진보주의 운동이 이 투쟁에 등판했고, 시어도어 루스벨트와 우드로 같은 전향자들을 자기편으로 끌어들여서 한때는 어리석은 심술로 무시됐던 생각들을 주류의 입맛에 맞게 바꿨다. 윌슨은 주민발의제와 주민투표제를 통해 선출직 대의원들이 독자적이지 못하고 '게임의 꼭두각시'처럼 노는 망가진 시스템을 고칠 수 있다고 말했다.[14] 1902년, 이미 이때부터 첨단을 걸었던 오리건주가 주민발의와 주민투표를 도입하는 최초의 주가 되어 국민에게 입법을 개시할 권한을 부여했다. 오늘날은 반수가 넘는 주들에 주민발의제가 있어서, 시민이 대의원들에게 법안 상정과 통과를 독려하는 대신 법안이나 헌법 개정안을 직접 만들어 대의원들이나 유권자들에게 제안할 수 있다.

개혁가들은 주민발의, 주민투표, 주민소환을 통해서 희석되지 않은 순수한 국민의 의지가 드러날 수 있다고 믿었다. 그러나 실제로는 그렇지 못했다. 주민투표는 일반적으로 양자택일의 형태를 취하기 때문에 복잡한 이슈를 이분법적 틀에 비틀어 넣는 경우가 허다하다. 2016년에 있었던 영국의 브렉시트 국민투표가 이러한 경향을 생생하게 보여주었다. 이때 유럽연합, 경제, 이민, 자국의 정치적 리더십에 대한 영국 시민들의 복잡다단하고 종종 상충적인 감정들이 깎이고 구겨져서 찬성과 반대라는 두 개의 상자 중 하나로 욱여 들어갔다. 그리고 투표 결과가 발표되자 많은 시민이 결과가 뒤집힐 것을 확신하며 재투표를 요구하고 나섰다.

모든 국민투표가 이렇게까지 극단적이진 않지만 문제가 있는 건 맞다. 국민투표는 어쩌다 한 번씩 있기 때문에 기득권이 그 과정과 결과를 저해할 방법을 찾기 마련이다. 주민발의가 정기적으로 시행되는 캘리포니아를 예로 들어보자. 안건을 투표에 부치려면 서명을 수집해야 하는데(지지자들은 180일 내에 최근의 주지사 선거 투표수의 5~8%에 해당하는 서명을 얻어야 한다) 서명 수집에 드는 비용이 경우에 따라 서명 하나당 10달러, 안건당 수백만 달러에 달한다. 시민들이 용케 이 관문을 통과해도 언론 공세에 하루 100만 달러 이상을 퍼붓는 반대편 네거티브 광고에 맞서려면 더 많은 돈이 필요하다.

2016년 우버Uber와 리프트Lyft가 거의 900만 달러를 들여서, 택시 애플리케이션 기업을 기존의 택시회사와 같은 조건(2015년 승객 강간 사건이 속출한 이후 이슈가 된 지문인식 신원조회 포함)으로 규제하겠다는 텍사스주 오스틴의 시 조례를 무효화하기 위한 제1호 발의안의 표결을 밀어붙였다. 이처럼 돈 많은 기업들이 자기들에게 아쉬운 문제를 주민투표로 해결할 수도 있다.[15] 기업이 투표를 원하는 경우는 주민투표에

드는 엄청난 비용 따위 문제되지 않는다. 분노한 주민들은 택시기사들에게 적용되는 법이 우버와 리프트의 운전기사들에게도 똑같이 적용되기를 강하게 원했고, 제1호 발의안은 12%의 표차로 부결됐다.

이에 대응해 우버와 리프트는 공화당 소속 텍사스 주지사 그레그 애벗Greg Abbott을 상대로 로비를 벌여, 지방정부가 그들 운송 네트워크 사업자TNC를 규제하는 권한을 박탈하는 하원법안 100 House Bill 100을 통과시켰다. 그 과정에서 시민의 우려와 바람은 헌신짝처럼 버려졌다.[16] 서명식에서 애벗은 "오스틴시가 다양한 교통수단 제공업체를 원했던 고객들에게서 선택의 자유를 빼앗은 것은 실망스러운 일이며, 오늘날은 자유기업의 시대"라고 말했다(설상가상으로 해당 법안은 '성性'을 '남성 또는 여성을 신체조건'으로 정의하는 수정 조항을 포함했다. 이는 성정체성에 따라 화장실을 사용할 자유를 추구하는 텍사스의 트랜스젠더 시민들에게 주먹을 날리는 처사였다).

부의 집중이 극심하고 정치헌금이 수정헌법 제1조의 비호를 받는 사회에서는 돈이 정치체제의 면면을 왜곡하고, 심지어 부유층의 영향력을 견제하기 위한 개혁까지도 퇴색시킨다. 이때 비록 가끔일망정 주민투표는 대의정치에서 배제되는 시민들을 돕는 강력한 도구가 될 수 있다. 2018년 플로리다주 시민들은 형기를 마친 범죄자 140만 명의 투표권을 회복시켰고, 미시건주, 유타주, 콜로라도주는 선거구 획정을 맡을 독립적이고 초당적인 위원회 구성을 보장하는 발의안을 통과시켰다.[17] 하지만 과거 포퓰리스트들, 사회주의자들, 진보주의자들의 낙관론에도 불구하고 주민발의에 따른 주민투표 회부라는 제도는 국민의 목소리를 순수하게 전달하는 매개체라기보다는 게리맨더링에 찌든 시스템에 대한 임시방편 해결책에 불과하다. 나라를 불문하고 승자독식, 최다 득표자 당선 시스템은 구조적으로 가중치가 적은 표나 심지어 의미 없는 표를 만든다. 이 시스템에서는 승자에게 가지 않은 표뿐 아니라 승리를 결정짓는 데 기여하지 않은 표(50%를 넘긴 표까지만 유효)는 사표死票다. 국민이 가끔씩 입법에 관여할 기회를 갖는다고 해서 이 불편한 현실이 바뀌지는 않는다.

이런 시스템을 가진 미국, 영국, 캐나다의 시민들은 불만이 많다. 그들은 자국의 득표 합산 방식을 민주주의의 심각한 장애물로 믿고 선거개혁을 외친다. 선거개혁 주창자들은 핀란드, 독일, 뉴질랜드 등 여러 선진 민주국가들이 쓰는 보다 대표성 있는 선거제도(총득표 결과와 정당별 의석수 사이의 격차를 좁히는 제도)에 주목한다. 선거구당 1명씩 선출하는 소선거구제 대신 각 선거구에서 여러 명을 선출하는 중선거구제는 소선구제보다 비례도가 높다. 어느 정당이 20%를 득표하면 전체 의석의 20%를 가져간다. 이보다 더 명료할 수 있을까? 비례대표제를 도입하면 투표자들은 더 이상 제3자 스포일러[선거를 방해하기 위해 결성된 정당]나 차악 선택을 걱정할 필요가 없다. 여성과 소수인종의 대표성이 증가하는 한편 게리맨더링 문제는 사라진다.

미국은 다수결 원칙 시스템을 주장하지만, 부정하게 조작된 시스템은 그 약속을 보란 듯이 비웃는다. 반면, 비례제는 다양한 사람들에게 권력을 넓게 분산시켜서 다당제 연립정부를 통한 합의 구축을 목표할 수 있다(대통령제가 아니라 내각책임제이지만 영국과 캐나다도 비슷한 개혁으로 혜택을 볼 수 있다. 예를 들어 2017년 선거에서 영국 보수당은 총투표의 42%를 얻었지만 의석은 47%나 차지했다. 한 연구서는 더 대표성 있는 투표 시스템이었다면 노동당이 승리했을 것으로 판단했다).

'1인 1표' 원칙은 1960년대 대법원 판결의 산물이다. 이렇게 비교적 최근에 나온 개념이지만 벌써 업데이트가 절실하다. 우리가 밀어야 할 것은 '1인, 동일한 가중치의 1표'다. 오늘날의 깨어 있는 시민과 공정선거 옹호자들이 법으로 제정하려는 것이 바로 이것이다. 2016년에 메인주 시민이 못마땅한 주지사를 연속 집권시키는 승자독식 선거 결과에 자괴감을 느낀 나머지 주민발의에 들어갔고, 주민 과반수가 미국 최초로 순위선택투표제ranked choice voting[유권자가 후보들에 선호도 순위를 매기는 기표 시스템] 시행을 찬성했다(이에 의원들은 법안을 통과시키되 발효 시기를 2021년 12월로 미루는 방식으로 대응했다. 그 틈에 반대파가 또 다른 주민투표를 조직해 해당 입법을 거부하는 데 성공했다). 캐나다에서는 민중의 요구에 밀려 쥐스탱 트뤼도Justin Trudeau가 선거개혁을 주요 선거공약 중 하나로 내세웠다. 그런데 총리에 취임하고 나서는 입을 싹 씻었다(아마 선거 승리가 그에게 현행 선거제도에 아무 이상이 없다는 믿음을 준 모양이다. 기껏 내쫓았는데 이제 와서 적들에게 파티의 문을 열어줄 이유가 없다는 건가?).

현대의 선거개혁 노력은 거센 반대에 직면해 있다. 하지만 아무리 반대가 거세다한들, 과거 수십 개 도시에서 당 조직과 고용주의 행패를 깨려 했고 또 종종 성공했던 비례대표제 지지자들이 겪었던 적대감에 비하면 아무것도 아니다. 과거에 변화가 도입된 지자체들에서는 시의회가 유권자의 선호도를 보다 정확히 반영하게 됐지만, 그들의 작은 승리들은 얼마 안 가 와해됐다. 권좌에서 밀려난 정치인들과 정당들이 법률 폐지를 위한 주민투표를 줄기차게 후원했기 때문이다.

정치학자 더글러스 에이미Douglas Amy가 당시의 반동적 운동을 이렇게 설명했다. "그러다 1957년 신시내티에서 법률 폐지 운동이 성공을 거뒀죠. 인종차별의 성공이었어요." 1950년대에 두 명의 흑인이 시의원으로 선출되면서 최초의 아프리카계 미국인 공직자가 탄생했다. 비례대표제 반대자들은 염치없이 인종 갈등을 이용해서 흑인 사회의 세력 증가에 대한 백인들의 공포를 부채질했고 '검둥이 시장'이 그들 위에 군림하는 세상을 원하는지 물었다. 이 선동전이 먹혔다. 백인들은 2 대 1의 비율로 법률 폐지에 찬성했다.

비슷한 시기에 뉴욕시의 비례대표제는 인종 갈등이 아니라 냉전 불안증 조성 작전에 의해 밀려났다. 보다 공정한 투표 절차들이 '공산주의 대의를 추종하고 미국식 생활방식에 어울리지 않는 반미국적 관행', '소련에서 온 정치적 수입품', '미국 적화赤化의 첫 번째 교두보'로 매도됐다. 반동 세력은 뉴욕시의 개혁을 박살내는 데 사활을 걸었다. 뉴욕 같은 대도시는 연방정부 단계로 올라가는 디딤돌이었다. 디딤돌이 놓이면 개혁이 확산되고 소수당들이 발판을 확보하는 게 시간 문제라고 생각했기 때문이다. 이 반동적 캠페인의 성공이 기폭제가 되어 콜로라도주 볼더와 오하이오주 톨레도 같은 도시들에서도 선거 개정법 폐지가 일어났다. 이렇게 불과 몇 년 만에 민주적 비례대표제가 성공적으로 진압됐다.[18]

이때의 개혁이 성공했더라면 개혁가들은 비례대표제도 순수한 형태로는 만병통치약이 될 수 없다는 것을 깨달았을 것이다. 심지어 수정 버전들도 불안정한 연립정부 내에서는 자칫 군소 정당을 유력 실세로 만들 수 있다. 이 병리 현상은 강경파가 엄청난 영향력을 휘두르며 갈등을 격화시키는 이스라엘과 이탈리아에서 가장 두드러진다. 하지만 불평등한 구조를 강제하고 영구화하는 승자독식 시스템은 단언컨대 이보다 더 병적이다. 승자독식 시스템은 우리 경제체제의 잘못된 기본 논리, 즉 (소수) 승리자가 (다수) 패배자를 지배하는 것이 당연하고 정당하다는 논리를 고스란히 반영한다. 어떤 선거 모델도 단독으로는 사회적·경제적 분열을 치유하거나 극단주의자들을 막아낼 수 없다. 하지만 비례대표제는 확실히 상황을 개선시킨다. 또한 현행 제도보다 시민에게 보다 다채롭고 흥미로운 문제들과 씨름할 기회를 제공한다. 민주적 진전이란 결국 새롭고 더 나은 문제들을 만나는 게 아닐까?

캘리포니아에서 벌어진 두 시위

1964년, UC 버클리의 스프라울 플라자Sproul Plaza에 운집한 군중 앞에서 마리오 새비오Mario Savio라는 젊은 대학원생이 즉석연설을 했다. 그의 연설은 그의 세대를 정의하는 순간들 중 하나로 기억됐다.

기계의 작동이 너무나 혐오스러워서, 너무나 마음을 병들게 해서 더는 거기에 참여하기 힘든 때가 있습니다! 수동적으로도 도저히 참여할 수 없습니다! 우리는 기어와 바퀴에, 레버와 각종 장치 위에 올라서야 합니다! 그리고 그것을 멈춰 세워야 합니다! 그리고 공장을 경영하는 사람들에게, 공장을 소유한 사람들에게 보여줘야 합니다. 우리가 자유롭지 않다면 기계도 결코 돌아가지 않는다는 것을!

이렇게 버클리 자유연설운동Berkeley Free Speech Movement이 일어났다. 당시 버클리대학교 재학생 중에는 이미 남부에서 흑인민권운동에 참여한 경험이 있는 학생들이 많았다. 학교가 팸플릿과 토론회 등 학내 정치활동을 전면 금지하자 학생들은 즉각 반발했다. 탄원과 호소가 먹히지 않자 학생들은 아예 학칙을 위반하는 직접행동에 들어갔고, 버클리 캠퍼스를 뒤덮은 저항의 이미지들이 TV와 라디오를 타고 전국으로 퍼져나갔다. 결국 학교 당국이 학생들의 요구를 받아들여 전단지 배포 등의 정치활동을 인정했다. 하지만 버클리 학생들의 보다 실질적이고 지속적인 승리는 그 운동의 상징성에 있다. 현재 버클리대 자유연설운동 카페에서는 재학생들이 당시의 뜨겁던 나날을 담은 흑백사진들에 둘러싸여 모임을 갖고, 마리오 새비오의 이름을 딴 스프라울 플라자의 계단에서는 누구나 거들먹대며 연설할 수 있다. 그러나 자유연설운동의 유산이 이런 물리적 자취만은 아니다. 그날의 저항은 우리에게 사회운동의 전형이 됐다.

새비오와 그의 동지들은 우리가 '60년대'라고 부르는 것의 기초를 닦았다. 젊은이들이 정치운동에서 중요한 역할을 한다는 생각, 오늘날은 상식이 된 이 생각이 1960년대에 처음으로 조성됐다. 또한 이때부터 돌발 시위가 현상에 대한 저항의 궁극적 형태로 여겨지기 시작했다. 사회학자 C. 라이트 밀스C. Wright Mills는 저서 《신좌파에게Letter to the New Left》에서 청년층이 '역사적 주체historic agency'로서의 노동계층을 대체했다고 말했다. 카운터컬처counterculture라는 용어를 유행시킨

문화비평가 시어도어 로삭Theodore Roszak은 이러한 변이를 '저항의 청년화'라고 불렀다.

젊은이들(특히 학생들)이 변화의 주체로 중시되고 정치의 세대성이 기정사실로 받아들여지면서 다른 전통들(특히 노조 결성)의 중요성이 줄어들고 기성세대는 면죄부를 얻었다. 시간이 흐르면서 이상주의적이고 즉흥적인 청년 반란이라는 개념(마케터들이 맹렬히 집착하는 그것)이 정치력 구축을 위한 다른 대안들보다 인기를 끌었다. 특히 대학 캠퍼스 밖의 대안들은 인기가 시들해졌다. 미국 역사에 면면히 이어져온 모든 저항운동(포퓰리즘, 진보주의, 사회주의, 공산주의를 막론한 모든 저항운동)의 목표, 즉 기존 정치제도를 변혁해서 민중통제popular control[선거권 행사, 정당 비판, 여론 조성 등을 통해 시민이 직접 행정을 통제하는 것]에 더욱 친화적인 제도를 만들겠다는 목표는 무대의 중심에서 밀려났다.

버클리 캠퍼스 사건은 당시 캘리포니아 주지사 후보였던 로널드 레이건 캠프의 반발을 불러일으켰다. 레이건은 주 전역을 다니며 유세하면서 일부 주민의 마음속에 깊숙이 고여 있던 반反학생 정서를 자극했다. 그는 학생들과 교수들을 머리에 먹물만 들었지 현실감각은 없는 속물들로 조롱했고, 버클리를 성적, 사회적, 세대적, 심지어 공산주의적 일탈의 온상으로 부르며 "버클리의 난장판을 싹 치우겠다"고 맹세했다. 돈 많은 영화배우였던 레이건이 도리어 문화엘리트에게 비난의 손가락질을 통해 이미지 쇄신을 꾀한 것이다. 이는 부유한 공화당 정치인들과 사업가들이 수없이 써먹는 전략이다.

그로부터 10년 후인 1970년대 후반에 캘리포니아의 또 다른 시위가 레이건의 관심을 끌었고, 이번에는 그의 열렬한 지지를 받았다. 남부 캘리포니아에서 시작된 조세저항운동이었다. 이 운동은 즉흥적인 젊은이들의 운동이 아니라 고령자 시민들로 구성된 고도로 조직화된 공세였다. 이 시위의 조상격인 1773년의 보스턴 티파티운동이 그랬던 것처럼 말이다. 의도치 않게 레이건이 주지사 자리에 오르는 것을 도운 꼴이 된 자유연설운동만큼 유명하지는 않지만, 캘리포니아 조세저항운동은 그의 백악관 입성을 도왔고 결과적으로 훨씬 성공한 운동이었다. 처음에는 몇몇 은퇴자들이 새크라멘토 주의회 의사당에 모여 세금고지서를 태운 일이 얼마 안 가 조세 반란의 물결이 되어 전국을 휩쓸었고, 결국 국가기구의 핵심 요소를 근본적으로 바꿨다.

캘리포니아 조세 파동이 처음부터 보수 우익이 벌인 캠페인은 아니었다. 통제할 수 없는 인플레이션으로 정치적 성향에 상관없이 모두가 풍선처럼 부푸는 과세액에 허덕이던 시기였다. 오래전에 집을 샀고 수입은 고정적인 고령층 중에서 강제 퇴거의 위협에 직면한 사람들이 속출했다. 이런 민간의 고충이, 복지 지출을 늘리던 당시 지미 카터 진보주의 정부를 맹렬히 비난하던 부동산 투자가 하워드 자비스Howard Jarvis에게는 기회였다. 자비스는 과거 연방소득세에 맞서 저항운동을 조직했지만 별 진전을 보지 못했던 이력이 있었다. 다시 기회를 잡은 자비스는 학교, 공원, 도서관, 쓰레기 수거 등 세금이 들어가는 것들에 격렬히 반대하고 나섰다. "이 나라에서 가장 중요한 것은 학교 제도도, 경찰서도, 소방서도 아니다. 보유할 권리, 이 나라에 재산을 가질 권리, 이 나라에 집을 가질 권리, 그게 중요하다."[19] 극렬 우파였음에도 그는 영화 〈네트워크Network〉의 주인공을 본떠서 교묘하게 보통 사람 이미지를 만들었다("나는 빡 돌았고 더는 참지 않을 겁니다!" 영화에서 주인공의 이 같은 발언이 대대적 반란을 촉발한다).

자비스는 과세와 정부를 싸잡아 반대하는 보수적 반反국가 이데올로기를 자신의 지역사회가 직면한 특정하고 구체적인 문제에 얹었고, 발의안을 주민투표에 부치기에 충분한 서명을 모았다. 이렇게 1978년 제13호 발의안, 정식 명칭으로는 '재산세 징수 제한을 위한 주민발의 People's Initiative to Limit Property Taxation'가 압도적인 표차로 통과됐고, 그 결과 캘리포니아의 재산세가 급진적으로 감소했다. 주택 소유자들은 원하던 세금 감면 혜택을 받았다. 그런데 이때 캘리포니아 주민들은 자신들이 어떤 운명에 표를 던지는지 알고 던졌을까?

제13호 발의안은 보이는 것처럼 간단한 문제가 아니었다. 자비스의 발의안은 재산세를 합리적 수준으로 인하하는 것에 그치지 않았다. 그것은 재산세 말살 정책이었다. 지금도 유효한 이 발의안은 과세를 위한 부동산 평가액을 1975년 수준으로 동결했고, 이후의 부동산 평가액 증가율이 연간 2%를 넘지 않게 했다. 부동산 재평가는 매각이나 양도 시에만 가능했다. 거기다 재산세 한도를 새로운 재산평가액의 1%로 잡아 캘리포니아주의 세수입을 틀어막았다. 그렇다. 그것이 이 법의 진짜 목표였다. 그것만도 충분히 나쁜데, 유권자들이 간과한 다른 세부 사항이 더 있었다. 첫째, 제13호 발의안은 주택뿐만 아니라 법인 재산과 임대 재산에도 적용된다(주택은 사업체보다 소유권 변동이 잦고 그때마다 재평가를 받지만, 디즈니랜드처럼 어마어마한 수익을 창출하는 사업체는 지금도 1978년 평가액에 기준한 재산세를 낸다). 둘째, 제13호 발의안에 따라 지방정부든 주정부든 상하 양원의 3분의 2가 찬성하지 않으면 세금을 올리지 못하는데, 이는 극복이 거의 불가능한 장애물이다.

영리한 자비스는 자신이 바꾸려는 시스템과 그걸 바꿀 방법은 물론이고, 미래 세대의 시민과 입법자들이 자신이 만든 구조적 변화를 무효화하는 걸 막을 방법까지 꿰고 있었다.

제13호 발의안은 적어도 18개 주에서 감세 주민투표를 촉발시켰고, '반정부 윤리를 형성하고 백인 노동계층과 중산층 유권자들이 민주당 뿌리에서 이탈할 충분한 근거를 만들어서 보수주의에 강력한 내적 일관성을 제공한 미국 정치의 주요 전환점'으로 불렸다.[20] 제13호 발의안이 통과되자 자비스는 그것을 '돈과 정치인과 정부에 대한 승리'로 선언했다. 그가 말했다. "정부는 무조건 제한해야 합니다. 과잉 과세는 파산이나 독재, 둘 중 하나로 가는 길입니다."[21] 레이건이 이에 맞장구쳤다. 그는 지지자들에게 캘리포니아 투표의 중요성에 주목하고, 그것을 '위압적인 고비용 정부' 거부 운동을 '들불'처럼 일으키는 수단으로 삼을 것을 촉구했다.[22]

결국 이 전략은 성공했다. 당시 정부에 딱히 회의적이지 않았던 미국인들까지 정부를 적으로 삼는 운동에 동참했고,[23] 폭등하는 재산세에 대한 지역사회의 정당한 분노가 과세 전반에 대한 경멸로 변질됐다. 지금은 상상하기 어렵지만, 제13호 발의안과 레이건의 대권 유세 이전에는 미국 정치에서 감세가 지금처럼 근본적 이슈가 아니었다.[24] 지금까지 수십 년간 재계가 돈을 대는 특수 이익단체들이 감세를 주요 정치 이슈로 띄우는 역할을 했고, 사실 그게 이 서사의 결정적인 부분이다. 하지만 1978년에 성난 캘리포니아 주택 소유자들의 저항운동이 아니었다면 그들은 자신들의 입장을 대중적인 방식은커녕 그럴듯한 방식으로도 포장하지 못했을 것이다. 자비스의 캠페인은 지배계급을 공격으로부터 엄호하는 한편 납세자들과 수혜자들을 갈라놓는, 독설과 인종차별이 흐르는 골짜기를 만들었다. 이 대립은 오늘날 더욱 만연하다.

시민사회에 큰 영향을 미친 두 가지 저항운동, 즉 자유연설운동과 제13호 발의안의 극명한 차이는 현재 우리가 처한 난국에 중요한 시사점을 던진다. 자유연설운동은 저항의 이미지를 즉흥적이고 젊은 행동으로 만들었다. 반면 조세저항자들은 새비오가 말한 기어와 레버를 장악했고, 그것들을 멈춰 세우는 대신 아예 뜯어고쳤다. 자비스가 익히 알고 있었듯 그 기어는 경제인 동시에 정치였다.

제13호 발의안의 여파는 컸다. 과세에 대한 폭넓은 반감을 법제화했을 뿐 아니라, 캘리포니아주를 경제적으로 위축시켰다. 지방정부들은 수십억 달러의 재정적자를 봤고, 지자체들은 복지 서비스를 축소하고 직원들을 해고했다(샌프란시스코는 학교를 스무 군데 이상 폐교하고 교직원을 해고했다. 다른 도시들에서도 버스와 예술 프로그램이 줄었다. 대중교통 요금이 치솟고, 정신건강과 신체장애에 대한 지원이 삭감됐으며, 한때 거의 무료였던 주립대학교들이 등록금을 받기 시작했다). 반면 기업들은 재산세 감세로 수천만, 수억 달러씩 챙겼다.[25] 정치 측면에서 볼 때 조세저항운동 조직자들은 정부가 돌아가는 판을 훤히 꿰고 있었다. 자비스와 그의 조력자들은 제13호 발의안을 주민투표에 부치기에 충분한 지지를 끌어냈고, 다음에는 압도적 다수결을 신규 과세의 요건으로 만들어서 승리에 쐐기를 박았다.[26] 레이건을 비롯한 공화당 지도자들의 지지율이 올라가자 이 플레이북이 공화당의 표준 정책이 됐다.

조세저항운동이 통치구조를 재편한 방식에서 진보주의자들이 참고

할 것이 많다. 하지만 진보주의자들은 기계가 공정하게 돌아가게끔 작동 방식을 바꾸는 일에 전념하기보다, 자유연설운동에 동류의식을 갖는 경향이 있다. 도널드 트럼프가 대통령으로 당선되고 몇 주 동안 수백만 명의 진보 성향 미국인들이 '저항'의 기치 아래 전국적으로 결집했던 것을 생각해보라. 1964년 스프라울 플라자의 학생운동 정신을 재현한 대규모 시위들이 곳곳에서 일어났지만, 정작 (구시대적 선거인단제가 대표하는) 게임의 법칙이 어떻게 비민주적 결과들을 빚는지, 그 법칙을 바꾸려면 어떻게 해야 하는지를 진지하게 고민하는 사람은 매우 적었다. 소셜미디어 여론 조작 같은 이슈들은, 시민 선택의 효과를 극도로 희석시키거나 시민의 권리를 아예 박탈하는 미국 정치의 구조적 문제들에 비하면 아무것도 아니다.

물론 저항의 낭만화가 트럼프 때 처음 나타난 현상은 아니다. 어느 시위에서나 "이것이 민주주의다"라는 구호가 들린다. 이 말은 대의민주주의의 가식을 에둘러 공격하는 한편, 민중항쟁의 즉흥성은 높인다. 민주주의의 반항적이고 길들여지지 않은 표출들에 쉽게 감화받는 사람들이 많다. 그들은 다음번 가두시위나 해시태그의 물결을 기다린다. 그런 운동들에는 즉흥적으로 끓어오르는 에너지가 있으며, 그것은 결코 예측 가능하게 이용되거나 유지될 수 없다. 이것이 그런 운동들의 매력 중 하나다. 정치이론가 셸던 윌린은 그것을 '순간적 민주주의 fugitive democracy'로 부른다. 그런 순간들이 입헌제의 갑갑한 관료주의가 만든 철창의 틈새를 돌파한다. 민주주의는 본질적으로 야성의 현상이기에 투표함에 틀어박히거나 심하게 조직화되면 고사하고 만다.

떠들썩하게 발현하고 때로는 증오에 불타는 즉흥성에는 분명 중요한 순기능이 있다. 농민 봉기, 살쾡이 파업wildcat strike[노조 지도부가 주관하지 않는 비공식적 파업], 도시 폭동이 당국의 완고한 의지를 성공적으로 꺾은 예가 많다. 고대 아테네의 폭동이 클레이스테네스에게 개혁을 감행할 용기를 주었고, 고대 로마 서민의 비폭력 집단 파업이 평민의 권리 수호를 위한 호민관 제도를 낳았다. 하지만 부작용도 있다. 최근 수십 년간 민주화의 즉흥성이 사회 변화 방식에 대한 대중의 인식을 지배하게 된 반면, 장기적 조직화 전략과 승리를 제도화할 방도에 대한 관심은 희미해졌다. 정치 구조에 대한 믿음은 돌이킬 수 없는 쇠퇴기에 있는 반면, 반란의 민주주의는 번창하고 있다.

즉흥성은 정치 스펙트럼의 양편 모두에서 통한다. 왼편의 급진 아나키스트들은 제도나 상부의 간섭이 없어도 사람들이 알아서 잘한다는 믿음과, 인류는 본능적으로 공동선에 끌린다는 전제로 암묵리에 루소의 '일반의지'를 지지한다. 오른편의 자유시장 지지자들은 민주주의는 자유방임의 산물이며, 재화와 서비스를 매매할 때 가장 잘 발현한다고 믿는다. 시장 본위 자유주의자들은 애덤 스미스의 '보이지 않는 손'(시장이 본래 지닌 지성)의 낭만을 노래한다. 양쪽 진영 모두에게 민주주의는 비구조적이고 계속 끓어오르는 무언가이자, 국가에 의해 지지받기보다는 진압의 대상이 될 가능성이 높은 무언가다.

디지털 혁명과 온라인 기반 시위의 태동이 이 견해를 더욱 강화했다. 인터넷의 지배적 이미지(상호연결된 교점들의 수평적 네트워크)와 그것의 P2P peer-to-peer[개인과 개인을 직접 연결하는 인터넷 플랫폼] 프로토콜은 사람들은 멋대로 내버려두면 '자체적으로 조직'한다는 (진보주의 운동과 자유시장 옹호론 모두에게 인기 있는) 발상과 딱 맞아떨어진다[27](프리드리히 하이에크는 중앙기획 경제에 반대하는 서신에서 '자발적으로 협력하는 자체 조직화 시스템'을 카탈락시catallaxy로 명명했다. 그는 카탈락시는 자유시장경제의 즉흥적 질서를 뜻하고, 이 질서는 그것을 규제하거나 지휘하려는 어떤 의도에도 꺼져버리고 만다고 했다). 사실 디지털 통신의 발흥은 사람들을 어느 때보다 빠르고 쉽게 연결하는 동시에, 경제적 불평등 심화와 민주주의의 퇴조에 대한 사람들의 공감대를 키웠다. 그러나 '아랍의 봄'이 증명하듯 인터넷이라는 자체 조직화 도구에 지나치게 의존하면, 아무리 인터넷에서 국민이 원성을 높여도 한층 조직적이고 계층적인 세력에 판을 빼앗기기 쉽다. 페이스북 그룹들은 무슬림형제단Muslim Brotherhood[세계 최대 이슬람주의 단체]의 상대가 되지 못한다.

설상가상으로, 시민이 온라인 가상공간에서 소통하는 능력을 얻은 것과 때를 같이해 전통적 공동체 생활이 전반적으로 쇠퇴하고 노조에 대한 조직적 공격이 일어났다. 이 때문에 좌파는 예부터 그들의 특기였던 정치조직화 노하우를 상실했다. 반면 인종차별적이고 여성혐오적 하위문화들이 익명으로 군집하고 번성할 공간을 새로 얻으면서 우파의 반동적 공동체들은 힘을 얻었다. 이 시기를 돌아보면 이런 생각이 든다. 우리가 기술 발전에 따른 민주주의의 자동화라는 꿈에 빠져 있을 때, 우리를 자유롭게 해줄 것으로 생각했던 도구들이 실상은 탈숙련화를 불러 우리를 민주주의가 필요로 하는 난제들을 수행하기에 부적합한 존재로 만들고 있었다.

여기서 조직화와 행동주의를 구분하는 것이 도움이 될 것 같다. 조직자organizer라는 용어가 노동조합과 노동정치에 뿌리를 두고 있다면, 운동가activist는 1960년대 이후에 통용되기 시작한 용어로 특정 대의를 옹호하는 사람을 두루 의미한다. 혼자 활동해도 운동가이고, 온라인 또는 오프라인에서 특정 사안에 대해 경종을 울리는 일만 해도 운동가다. 물론 그보다 더 적극적으로 저항할 때가 많다. 예컨대 평화 행진에 참여하거나, 교차로를 불법 점거하거나, 공공장소에서 야영하는 것 같은 시민행동은 민주주의에 자연스럽게 따라붙는 일이며 집단의 사기를 돋운다. 그렇지만 아무리 격렬해도 시민 불복종은, 좌파가 아직은 불만 분출을 정치경제 구조를 민주적 방향으로 견인할 동력으로 바꿀 만큼 강력하지도 전략적이지도 끈질기지도 않다는 사실의 씁쓸한 방증이기도 하다. 보수 우파는 이 점을 잘 안다. 그들은 지난 40여 년 동안 부지런히 조직 전략을 실행해왔다. 재계의 아낌없는 후원을 등에 업고 싱크탱크(정책 연구기관)와 기업협회를 세우고, 모럴머조리티 Moral Majority[낙태 반대 등을 주장하는 미국의 보수적 기독교 정치단체]와 티파티운동 부대들을 선동하고, REDMAP 선거구 획정을 통해 선거 승리를 다지고, 복지국가에 드는 세수입을 끊어버리기 위해 영구적 조세 반란의 토대를 깔았다. 같은 기간 좌파는 조직화의 뿌리를 버렸다. 이제 새로운 시대를 위해 새로운 뿌리를 재발견하고 재창조해야 한다.

바버 목사는 마틴 루터 킹 주니어 목사의 미완성 프로젝트 '가난한 사람들의 운동Poor People's Campaign'에서 영감을 받아 비슷한 일에 나섰다. "우리의 행진은 즉흥적인 행동이 아닙니다. 오랫동안 진행된 조직화의 깊은 토대 위에서 이루어지는 운동입니다. 우리는 지금과 같은 시대를 위해 토대를 닦아왔습니다." 바버가 노스캐롤라이나주 롤리에 모인 군중을 향해 말했다. "나는 즉흥성을 말하는 사람들과 생각이 전혀 다릅니다. 이 운동은 오래전에 이 땅을 떠난 사람들이 뿌린 씨앗에서 자란 깊은 뿌리에서 비롯된 것입니다." 역사는 우리에게 지름길이 없다는 것을 보여준다. 즉흥적 불만 표출은 구조적 변화를 목표로 하는 조직화라는 힘들고 느린 작업에 의해 확장되고 진전되어야 한다.

민주주의라 불릴 자격

시민의 정치적 평등을 추구하는 과정에서 고대 아테네 체제의 설계자들은 그 안에 즉흥성을 정교하게 융합했다. 배울 점을 찾아보자. 클레이스테네스는 참주의 압제가 부른 민중 폭동을 개혁의 기회로 삼아 아테네의 통치구조에 우연의 요소를 녹여 넣었다. 이 설계에는 목적의식이 뚜렷했다. 대리자가 아니라 절차를 통해 스스로를 통치하는 진정한 시민 권한이라는 개념에 충실했다. 예를 들어 적격시민 3만 5천~6만 명 중에서 평균 5천~7천 명이 총회에 참석했다(참석이 의무였지만 강제는 아니었다. 불참자를 망신 주는 방법은 있었다. 시민들은 붉은 잉크에 적신 줄을 들고 있다가 총회 시작 전에 아고라를 빠져나가는 사람을 보면 그 줄로 살짝 쳤다).

더 놀라운 건 배심원단과 불레(평의회)에 봉직할 사람들, 그리고 대부분의 공직자들을 제비뽑기로 선출했다는 것이다. 그리스인의 사고방식으로는 추첨, 즉 분배가 필수였다. 선거는 귀족 지배를 영구화한다고 여겼다. 결국 많이 배우고 돈 많고 언변이 좋은 사람이 막강한 비교우위를 누리고 당선될 가능성이 높았기 때문이다. "행정관을 제비뽑기로 지명하는 것이 민주주의이고, 선거로 뽑는 것은 과두정치다." 아리스토텔레스가 말했다. "민주국가의 기본은 자유다. (⋯) 자유의 한 가지 원칙은 모두가 통치하고 모두가 통치받는 것이다." 추첨과 교대 는 어떠한 개인이나 집단도 단독 지배할 수 없다는 뜻이었다(처음에는 분쟁 중인 가문이나 파벌들 사이의 긴장을 완화하기 위해 추첨제가 채택됐을 수 있지만, 차츰 평등주의 원칙으로 자리잡았다).

결과적으로, 고대 아테네에는 정당이 없었고, 오늘날의 대통령이나 총리에 해당하는 자리에는 명목상의 최고위자가 딱 하루만 집권했다. 누구나 한나절 동안 판사로 또는 1년 동안 평의원으로 봉직할 수 있었 지만, 우리가 아는 직업정치인은 존재하지 않았다. 그리고 배심원 의 무를 비롯한 정무를 수행하는 사람들에게 급여를 지급해서 가난한 이 들도 형편이 나은 사람들과 동등한 조건으로 정치에 참여할 수 있게 했다. 학자들에 따르면, 아테네의 남성 시민 전원이 인생의 어느 시점 에는 민회의 의제를 정하는 일에 참여했다. 다들 언젠가는 자기도 의 원이 된다고 생각하며 살았을 것이다. 이런 수준의 직접민주주의 제 도는 정치에 대한 개념을 완전히 바꿔놓을 수밖에 없다. 내 교양 수준 만 아니라 남들의 교양 수준도 내 삶에 엄청나게 중요해진다(그런 시스 템에서라면 공교육에 대한 투자가 급증할 수밖에 없다).

나는 고전학자 에피미아 카라칸챠에게 무작위로 선출된다는 것의 심리적·정치적 의미를 물었다. "아무래도 투표로 선출되면 자신이 특 별하다고 느끼지 않을까요? 나머지 사람들보다 자기가 잘났다고, 도 시나 나라의 운영이 자신의 뜻에 달렸다고 생각하기 쉽죠. 어쨌든 투 표로 뽑혔다는 건 다른 사람들, 기업들, 조합들의 지지를 받았다는 뜻이니까요. (…) 그럼 (호의를) 갚아야겠단 생각이 들겠죠?" 이런 면에서 그리스 직접민주정 체제는 부패의 가능성을 줄였다. 특히 엄격한 공공 회계 시스템이 뒷받침됐을 때는 더 그랬다. 카라칸챠가 설명했다. "예외는 없었어요. 공직수행자는 돈을 얼마나 썼는지, 그 돈을 왜 썼는지 말해야 했어요. 그러다 만약 뭔가 누락됐거나 수상쩍은 것이 발견되면 재판에 회부됐죠. 매년 행정 보고가 의무였어요."

작가 로슬린 풀러Roslyn Fuller에 따르면 "아테네인들은 정치에서 돈의 역할을 거의 집착 수준으로 염려했다."[28] 정치로 사익을 챙기는 건 범죄행위였고, 공공 지출은 철저히 감시됐다. 고대 아테네의 평범한 민주주의자들이 보기에 오늘날의 시스템, 즉 선거가 고가의 인기 경쟁이고, 공직자는 공직생활의 1차 목표가 재선이라서 재임 기간을 재선을 위한 모금활동에 쓰고(1830년에 작성된 한 문헌은 이 과정을 "자기방어에 노심초사"라고 묘사했다[29]), 정치헌금자들에게 사례하고 자기 주머니 불리기에 여념 없는 시스템은 비민주적이고 어처구니없는 부조리 자체일 것이다. 그런데 어찌된 일인지 우리는 이런 부패한 절차를 민주적 행동으로, 심지어 민주주의의 정점으로 여긴다.

현대의 눈과 기대로 추첨제 시스템을 상상하면 그것이 굴러갈 수 있다는 게 믿기지 않지만, 사실 잘 굴러갔다. "혼돈과 무질서가 예상되지만 아테네의 공무에 혼돈과 무질서는 없었어요. 그게 우리가 유념할 부분입니다." 카라칸챠가 말했다. "무려 500명을 무작위로 뽑는 거예요. 놀랍죠. 맞아요, 노동자가 수상일 수도 있어요. 그게 어때서요? 노동자가 늘 보호막 속에 사는 수상보다 국사를 더 잘 볼 수도 있잖아요." 내가 물었다. "그런데 만약 진짜 얼간이가 중요한 자리에 뽑히면요?

그러면 재앙이 따로 없잖아요." 카라칸챠가 웃음을 터뜨렸다. "좋아요, 만약 얼간이라면 동료 시민들이 그 자리에서 쫓아내겠죠."

카라칸챠가 말하길, 얼간이를 뜻하는 영어 단어 *idiot*은 자기 일에만 신경 쓰는 사람을 일컫는 그리스어 *idiotis*에서 유래했다. 따라서 고대인에게 얼간이는 폴리스나 공동체의 안녕에 관심이 없는 사람, 남들의 필요보다 자신의 필요를 이기적으로 앞세우는 사람이었다. 현대의 민주국가들은 우리 모두를 고전적 의미의 얼간이로 만든다. 평범한 시민들이 민회와 평의회와 법원을 이끌었던 아테네 시스템에 비하면 그렇다. 아테네 시스템의 성과는 어마어마했다. 카라칸챠가 말했다. "아테네는 부의 축적 면에서, 사회 발전 정도에서, 예술과 지적 성취 측면에서 가장 성공적인 도시국가 중 하나였어요. 그렇기 때문에 고대 세계에서 이민자들이 가장 선호하는 목적지였죠."

아테네는 민주주의의 요람으로 추앙받고 그 유적은 여전히 학자들과 관광객들에게 감동을 주지만, 결정적 특징들 중 거의 언급되지 않는 두 가지가 있다. 첫째는 아테네 민주주의는 정치를 가난한 사람들에게 개방했다는 것이고, 둘째는 그러기 위해 추첨제를 이용했다는 것이다. 아테네는 사실 노예제에 기반한 사회였고 여자들은 참여가 허락되지 않는 사회였지만, 이런 약점들에도 불구하고 궁박한 사람들을 정치권력구조에 동등하게 포함시킨 최초의 정치체였고, 이는 부정할 수 없이 명백한 돌파구였다.

부자들은 그들의 축소된 권력에 불만을 품었다. 엘리트층에 속한 비평가들은 법원에서 부자가 가난뱅이에게 굽실대야 하는 현실을 욕했다. '늙은 과두주의자Old Oligarch'라고 서명된 고대 아테네의 문헌이 있다. 그 문헌의 글쓴이는 길거리에서 시민과 노예를 구별할 수 없다며 불평한다. 아테네 사람들은 같은 종류의 옷을 입었고, 불손하게 말했고, 서로 스치고 다녔다. 사회계층화를 바라는 사람은 아테네를 사랑하지 않았고, 노동계층에게 재원을 많이 할애했을 추첨제도 지지하지 않았을 가능성이 높다.

오늘날 추첨제의 역사(아테네보다 제한적이기는 했지만 14세기 베네치아 공화국과 피렌체 공화국에서도 쓰였다)를 기억하는 사람은 거의 없다. 하지만 대개의 민주주의 국가들이 정치 영역에서 우연의 요소를 활용하고 있다. 대표적인 경우가 바로 배심원제다. 현대 법구조에 배심원제라는 장치가 있다는 것은, 적어도 우리가 정치적 기회의 균등한 분배에 가치를 두고 있으며 무작위로 선정된 시민에게 생사의 문제를 포함한 중요한 의사결정을 맡길 수 있음을 암묵리에 인정하는 것이다. 하지만 우리는 이런 방법을 보다 광범위하게 적용할 생각은 하지 못한다. 이런 방법이 우리에게 익숙한 과두제 선거보다 훌륭히 기능할 수 있다는 생각은 하지 않는다. 그러나 생각해보자. 상상력이 풍부한 몇몇 학자들이 이미 제안했듯 어차피 양원제라면 입법부 하나는 투표로 선출하고 다른 하나는 추첨으로 뽑는 게 어떨까?[30] 결과가 나쁘다 한들 현행보다 나쁠 수 있을까?

"제비뽑기는 비이성적인 방법이 아니다. 탈脫이성적이다. 정치적 기회가 공정하게 분배되고 불화를 피할 수 있는 의식적으로 중립적인 절차다. (그렇게 하면) 부패의 위험이 감소하고, 선거 광풍이 잦아들고, 공공선에 대한 관심이 올라간다."[31] 데이비드 반 레이브룩David Van Reybrouck이 그의 도발적 저서 《선거 반대론Against Elections: The Case for

Democracy》에서 이렇게 주장했다. 반 레이브룩은 자신의 결론을 뒷받침할 몇몇 근거로 아이슬란드, 아일랜드, 캐나다에서 실행한 사회실험의 긍정적 결과를 제시했다. 하지만 어떠한 현대 국가도 추첨제를 정치제도에 실제로 도입해보지 않았기 때문에 그의 말이 맞는지는 알 수 없다.

20세기 내내 미국을 비롯한 여러 나라에서 참정권 확대는 사회운동의 주요 목표 중 하나였으며 또 마땅한 일이었다. 그런데 지금, 사람들이 그렇게 힘들게 싸워 확대한 바로 그 선거 절차가 민주주의를 허물고 있다. 우리에게는 먼 옛날 클레이스테네스가 시도했던 수준의 도약이 요구된다. 추첨제 선발이 우리가 직면한 문제들의 완벽한 해법은 아닐 것이다. 하지만 시민의 정치 참여를 구조화하고 거기에 즉흥성을 융합하는 근본적으로 색다른 방법들이 있을 수 있음을 암시한다. 아테네 모델은 통치자와 피통치자의 구분을 거부했다. 이는 우리의 현행 시스템이 민주주의로 불릴 자격이 있으려면 대대적으로 재구상되고 재정비되어야 한다는 것을 일깨운다.

6

소크라테스와 군중

전문지식 vs. 여론

무지의 만연을 조장하는 세력은 어제오늘의 문제가 아니다.

대대로 지배층은 보통사람들이 배운 사람들이 되어
스스로를 통치하는 것을 딱히 좋아한 적이 없다.

인간에게는 세상사를 꿀벌에게 투영하는 경향이 있다. 우리는 꿀벌을 달콤함과 햇살, 봄꽃과 풍작에 결부시켜 이상화한다. 그러다가도 생각 없는 무리, 미니로봇 또는 드론 떼거리로 폄하한다. 하지만 벌 무리를 벌집을 중심으로 결집한 군주제 사회로 묘사할 때가 더 많다. 아리스 토텔레스를 포함한 초기 관찰자들은 가장 큰 벌을 왕으로 생각했다. 그러다 그 '왕'이 알을 낳는다는 사실을 알았고, 그렇게 벌집의 통치자 는 여왕이 됐다. 군주의 젠더가 무엇이든 그로써 그 무리의 나머지는 모두 수동적이고 불운한 피지배민으로 격하됐다.

양봉에 관한 가장 오래된 책 중 하나가 1609년에 나온《여성 군주제 The Feminine Monarchie》다. 이 책의 영국인 저자 찰스 버틀러Charles Butler 는 조직의 총괄지휘자로 보이는 벌의 성별을 굳이 강조했다. 그의 해 설은 반만 맞았다. 20세기에 이르러 과학자들이 밝혀낸 바에 따르면 여왕벌이 암컷이고 꿀벌 생태계의 중심인 건 맞는데, 여왕벌은 군주 가 아니라 수고로운 산란자이자 무리의 유전적 건강을 책임지는 일 종의 어머니였다. 그녀는 알을 얼마나 낳을지 결정하고 자손의 성별 (태반은 암컷)을 결정하는 것 외에 다른 중요한 결정들에는 관여하지 않는다. 의사결정은 놀랄 만큼 복잡하고 평등한 방식으로 수백, 수천 마리 벌들에 의해 그때그때 이루어진다. 벌 무리는 여왕의 딸들이지만 딱히 그녀의 피부양자들은 아니다. 그들을 우리는 일벌이라 부르지만, 사실 고용주를 두지 않은 자율적 개체들이다. 알고 보니 꿀벌은 지구상에서 가장 많고, 가장 오래되고, 가장 성공적이고, 가장 사랑스러운 민주주의자들이었다.

민주주의. 이것이 꿀벌 연구의 최고 권위자 중 한 명인 토머스 실리 Thomas Seeley 박사가 사용한 단어다. "나는 벌들에게 민주주의라는 말을 씁니다. 벌들은 어떤 결정이든 공동으로 하기 때문이죠." 어떤 결정들을 말하는 걸까? 실리의 설명을 들어보자. "효과적인 식량 수집을 위해 수색자 벌forager bee[식량이나 꿀을 발견한 후 벌집으로 돌아와 동료 벌들에게 몸을 떠는 춤으로 위치와 거리 등을 알려주는 벌]을 오늘은 어디로 파견할지, 바깥 기온이 떨어질 때 벌집의 발열량을 얼마나 높일지, 밖이 더워질 때 냉각 프로세스를 가동할지, 언제 방을 더 짓기 시작할지, 언제 무리를 분리할지, 어디에 새로운 집을 만들지 등을 함께 결정합니다. 어떤 문제든 한 개체가 단독으로 결정하지 않아요. 구성원들이 결정 과정을 공유합니다."

벌집에서 일어나는 모든 일은 일벌들이 결정한다. 무슨 뜻일까? 실리가 설명한다. "여왕은 벌집 한가운데에 있어요. 여왕은 어디에 꽃이 만발한지, 어디에 샘이 있는지 몰라요. 그건 성체가 되어 수색자 계급장을 단 일벌들이 습득하는 지식이고, 여왕은 세상사로부터 격리돼 있어요. 거의 모든 일이 지식을 가진 노동자들에 의해 이루어져요." 실리는 이런 식의 의사결정권 분배를 민주주의로 본다. 그것을 행하는 주체가 사람인지 곤충인지는 중요하지 않다.

무리가 커져 새로운 여왕벌이 출현하면 절반은 집을 나와 다른 곳에 집을 짓는다. 벌 무리에게는 새 보금자리를 정하는 것이 생사가 걸린 중요한 문제다. 벌집이 너무 작으면 겨울을 나기에 충분한 식량을 저장할 수 없고, 너무 크면 집을 채우고 온도를 일정하게 유지하기 어렵고, 땅과 너무 가까이 있으면 천적에게 당하기 쉽다. 고려할 사항이 수도 없다. 고위험 문제일수록 무리가 최종 결정에 이르는 과정도 복잡해지고 길어진다.

벌 군집의 시작은 이렇다. 일단 여왕벌을 에워싼 벌 무리가 나뭇가지 같은 곳에 버글버글 뭉친다. 무리는 즉시 정찰병을 보내 집터 후보지를 물색한다. 정찰대는 돌아와서 몸의 움직임으로 무리에게 조사 결과를 알린다. 그들은 8자형으로 원을 그리며 몸을 떠는 동작으로 지점의 방향과 거리 등 집터 후보지의 조건을 전달한다. 수백의 정찰병 중에서 소수만이 가치 있는 정보를 가지고 돌아와 이를 알리는 8자 춤 waggle dance을 춘다. 3마일 밖 나무에 아늑하게 팬 옹이구멍에 대한 얘기일 수도 있고, 비어 있는 헛간 다락의 귀퉁이에 대한 얘기일 수도 있다. 정찰병들은 후보지를 놓고 경합을 벌인다. 좋은 집터일수록 벌의 움직임이 더 단호하고 집요하다. 부동층 유권자들이 직접 가서 확인한 후 자신의 후보지를 선택하게 하는 게 정찰병들의 목표다.

정찰병들의 춤과 숙의가 며칠간 이어지다가 마침내 반대도 고집도 한풀 꺾이고 벌들의 움직임이 멈춘다(벌은 나쁜 아이디어에 오래 매달리는 것을 체질적으로 못 하는 것 같다). 정족수의 벌들이 한 지점에 모이면 합의가 이루어졌고 문제가 해결됐다는 뜻이다. 곧이어 벌 무리는 밀집

편대를 유지한 채 새로운 집터를 향해 똑바로 날아간다. 벌 무리가 잘못된 판단을 내리는 경우는 매우 드물다. 일련의 실험을 통해서 실리 박사는 주어진 조건에서 꿀벌은 최선의 선택을 하는 경향이 있음을 증명했다.

벌들은 명확한 공동목표를 무기 삼아 가능한 최선의 결과를 추구하고 그것을 달성한다. 인간의 기준에서 볼 때 그들의 목표는 단순하다. 그렇지만 인간이라는 이유로 잘난 척하기에는 아직 이르다. 벌의 뇌는 인간 뇌의 2만분의 1밖에 되지 않는다. 이걸 고려하면 그들이 해내는 일은 실로 대단하다. 문화적 발전이 아니라 생물학적 진화로 이루어지긴 했지만 벌들의 민주주의 시스템은 한마디로 끝내준다. 특수 이해관계에 따라 조작되거나 왜곡되는 일도 없다(불법 리베이트를 받고 별 볼일 없는 집터를 홍보하는 일 따위 없다). 누구에게나 발언 기회가 주어지고, 누구나 당면 과제의 전문가다. 다시 말해 흔히 말하는 '하이브마인드hive mind[다수의 개체를 지배하는 하나의 의식구조]' 같은 건 존재하지 않는다.

실리가 말했다. "동료 벌이 아무리 열정적으로 춤을 춰도 벌들이 그 선택지(잠재적 집터)를 두고 흥분하는 걸 본 적이 없어요. 각자 직접 그 집터를 시찰한 다음에야 흥분하죠. 그것이 의사결정의 성공률을 높이죠. (…) 인간 사회에는 유행 또는 트렌드라는 게 있어요. 무언가에 뜬금없이 흥분하죠. 주변 사람들이 거기에 흥분한다는 이유만으로요. 그런 흥분은 나쁜 결정으로 이어질 수 있어요. 하지만 벌은 그런 위험을 무릅쓰지 않아요."

꿀벌 민주주의가 원활히 작동하는 비결은 무엇일까? 인간과 달리

벌은 합리적이기 때문일 것이다. 인간은 하이브마인드에 휘둘린다. 인간은 냉철한 논리와 청렴한 투표 절차 대신 감정과 충동, 무의식적 욕구와 비이성적 분개, 확고부동한 아집과 무한한 탐욕에 기반해 의사결정을 하는 떼거리다. 인간은 사실관계를 무시한다. 쓸데없는 이상화와 섣부른 논리를 따르면서 주의 깊게 수집된 데이터는 무시한다. 우리가 벌처럼 신중하고 조화롭고 협력적이라면 얼마나 좋을까!

인간의 민주주의는 벌에 비하면 엉망진창이다. 인간은 감정적이고, 모순되고, 고집스럽고, 자기파괴적인 종이다. 역사에 적힌 인류의 나쁜 선택 리스트는 이미 장황하고 날로 늘어난다. 한 평론가는 〈뉴욕타임스〉 지면을 빌어 이렇게 탄식했다. "대통령은 탄핵할 수 있지만, 슬프다. 국민을 탄핵할 방법은 없으니."[1] 이런 정서는 요즘에 갑자기 생긴 것이 아니다. 과거 제임스 매디슨은 "아테네 시민이 모두 소크라테스라 해도 아테네 민회가 오합지졸이라는 점은 변함없다"라고 빈정댔다. 개별 시민의 어리석음과 유행에 집착하는 군중심리의 과격함을 동시에 경계한 말이었다. 이것이 미국 건국자들 사이의 표준 견해였다. 당시의 젊은 변호사이자 장차 미국 헌법 서문을 작성하게 되는 거버너 모리스Gouverneur Morris, 1752-1816는 독립혁명 초기에 '오합지졸이 생각하고 사유하기 시작하는 것'을 보고 몸서리치며 이렇게 내뱉었다. "불쌍한 파충류들!"

하지만 민주주의가 살아남기 위해서는 '오합지졸'이 생각하고 사유해야 한다. 시간이 흐르면서 우리는 엘리트층이 천부적으로 잘난 게 아니라 단지 교육을 더 받았을 뿐이란 걸 깨달았다. 그래서 민주주의의 실패를 성찰한 역대의 여러 개혁가들이 자치의 병폐를 치료할 해법으로 보편적 교육을 주장했다. 자신의 뛰어난 지성을 바쳐 시민의 정신 능력 함양에 앞장섰던 콩도르세 후작이나, 여성이 인간으로 취급받지 못했던 시대에 딸들의 교육받을 권리를 웅변했던 메리 울스턴크래프트Mary Wollstonecraft, 1759~1797 같은 선각자들이 대표적이다. 어차피 민주주의가 여론이라 불리는 변덕스런 유령에 의존하는 것이라면, 어째서 그 유령을 잘 가르쳐보려 노력하지 않는 걸까? 교육이 민주주의의 전망을 밝힐 수 있을지는 지금까지도 열린 질문으로 남아 있고, 일반 국민과 교육받은 엘리트층, 대중과 전문가 집단 사이의 갈등도 여전히 미해결 과제다.

무지의 만연을 조장하는 세력

프랑스 철학자 자크 랑시에르의 표현에 의하면, 민주주의가 서구의 이상이었던 세월만큼 '민주주의에 대한 증오' 또한 오래됐다. 당연히 미국 건국자들의 허세보다 역사가 깊다. 플라톤은 사랑하는 멘토의 죽음을 무지한 아테네 데모스의 탓으로 돌렸다. 당시 데모스는 소크라테스에게 젊은이들을 타락시킨 죄를 물어 망명과 죽음 중에서 하나를 선택할 것을 명했다. 아나나 다를까, 소크라테스가 독배를 마시고 죽은 뒤에 엘리트 비평가들은 '제멋대로이고 다혈질이고 멍청한' 대중의 위험성을 맹비난했다. 그들의 회의론을 전혀 이해 못 할 바는 아니다.

하지만 소크라테스가 눈부신 지성이었긴 해도 무오류의 존재는 아니었다. 그는 민주주의 정권을 비록 일시적이었지만 두 번이나 무너뜨린 귀족 세력을 편들었고, 그로 인해 사회적 입지에 타격을 입었다. 과두제 압정으로 악명 높은 인물들 중 일부가 그의 제자였고, 정치 혼란기 내내 중립을 고수했던 그의 태도는 민주정이 회복됐을 때 의심의 눈초리를 피하기 어려웠다. 분개한 사람들의 눈에 그는 더 이상 정의에 집착하는 괴짜 쇠파리가 아니라 폭군 지망생들의 스승일 뿐이었다.

이처럼 소크라테스는 당대 아테네인들이 소중히 여겼던 정치체를 위태롭게 했다. 폭정을 혐오했던 아테네인들은 모든 시민이 출생, 빈부, 교육 수준에 상관없이 차례로 통치하고 통치받아야 한다고 믿었다. 그들은 민주주의가 보기 드문 품성이나 전문성을 요하지 않는다고 주장했다. 민주주의는 모두가 할 수 있고 또 행동으로 배워야 하는 관행이었다. 대중의 격정은 억제돼야 했고, 또 다양한 방법으로 억제됐지만 감정의 존재가 대중을 의사결정에서 제외시키는 근거는 되지 못했다. 시민의 자치 능력에 대한 아테네인들의 깊은 믿음은 추첨제로 대변됐다.

평범한 사람들에게 권력을 준다는 발상이 오늘날에는 겁나는 발상이 된 이유는 무엇일까? 너무나 많은 어리석음이 사방에서 목격되기 때문이다. 어떻게 서로를 믿는단 말인가? 완전히 상업화한 디지털 기술들이 근거 없는 믿음과 가짜 뉴스들을 퍼뜨리며 정치 장사치들에게 권력이 넘어가는 것을 돕는다. 20세기 중반에는 여론이 저널리스트 월터 리프먼Walter Lippmann이 '동의의 제조'로 명명한 프로세스를 통해 형성됐다. 그 프로세스는 인쇄물, 라디오, 텔레비전을 이용한 소수의 채널에 의존하는 상의하달식 프로세스였다. 이때는 정보원의 수가 제한적이었기 때문에 묵인과 신뢰의 분위기가 형성되면 사회적 응집이 쉬웠다.

그런데 디지털 시대에 들어와 정보원이 무한히 다양해졌다. 온라인에서 대중은 개개의 타깃으로 쪼개지고, 각자 개인화된 뉴스 피드들을 상대한다. 그것들은 세상에 대한 우리의 인식을 한 방향으로 굳히고 다른 관점을 미워하게 만드는 선동적인 메시지들로 우리의 감정을 들쑤신다. 동의의 제조는 강요의 제조로 변했다. 영리 목적의 온라인 플랫폼들, 서비스들, 뉴스 사이트들의 목적은 유저들을 묶어두는 것이다. 그들은 우리가 검색하고 스크롤하고 클릭하고 '좋아요'를 누르고 계속 재방문하기만 하면 그뿐, 우리가 무엇을 보는지에는 관심이 없다.

300년 전 영국 작가 조나단 스위프트Jonathan Swift, 1667~1745는 "거짓은 날고 진실은 그 뒤를 절뚝이며 따라온다"고 한탄했다. 소셜미디어가 없던 시대의 사람이 한 말이란 게 놀랍다. 현재 트위터에서 날조된 내용이 진짜 뉴스보다 훨씬 더 많이 리트윗되며 거짓이 진실보다 여섯 배나 빨리 사람들에게 닿는다. 사람들은 과학적 증거들의 꼬투리를 잡고 기성사실을 반박하고, 생명을 구하는 예방접종을 비난하고 기후과학을 사이비로 모는 포스트를 공유하면서 인류의 안전과 생존을 위험에 빠뜨리고 있다. 엉터리 추측과 그릇된 믿음을 홍보하는 온라인 동영상들이 난무하면서 지구평면설파Flat Earthers[지구가 평평하다고 믿는 등 쓸모없어진 생각을 고집하는 사람들]의 수가 늘었고, 지구가 둥글다는 것은 받아들이지만 호모사피엔스가 아프리카에서 진화했다는 이론은 조롱하는 백인우월주의자들도 불어났다. 온갖 상상 가능한 음모론이 온라인 플랫폼이라는 비옥한 토양에 뿌리를 내린다. 그런 플랫폼들은 가령 미국 총기 사건의 희생자들은 희생자가 아니라 거대한 국가적 책동에 따라 움직이는 '위기 상황극의 배우들'이라고 우기는 터무니없는 밈meme을 신나게 대량 배양하는 온상이다.

인간의 어리석음을 이용하고 영구화하는 것은 매우 **짭짤한** 산업이다 (연구 결과에 따르면, 전문지식에 대한 불신은 '강력한 지도자'에 대한 지지가 증가하고 민주주의에 대한 지지가 감소하는 추세와 연관성을 보인다. 일부 권위주의자들이 이 현상에서 얻는 이익이 단지 재정적인 것만은 아니라는 뜻이다[2]). 몇몇 썩은 사과가 건전한 미디어 생태계를 망치고 있는 것이 아니다. 문제는 그렇게 작지 않다. 디지털 통신 인프라 전체가 광고 수익이라는 비즈니스 모델에 기반하고, 이 구조가 과장 광고와 명백한 거짓말을 고의적으로 확산시킨다. 기술전문가들의 표현에 따르면, 그것은 버그가 아니라 기본 설정이다.

그렇다면 우리 사회를 병들게 하는 오보와 오해의 바다는 누가 책임져야 하는가? 호도당한 시민들? 혼란과 불화의 씨를 뿌리며 폭리를 취하는 소수? 자유민주주의는 자유로운 주체들이 자신을 위한 최선이 무엇인지 이성적으로 숙고하고 결정하는 것을 전제한다. 그런데 이기적인 엘리트층에서 의욕 넘치는 일부가 민중이 공동의 이해를 형성하는 것을 작정하고 방해하고 나섰다. 그들은 몰이해와 혼란과 갈등이 돈이 된다는 것을 안다. 그런 사례는 차고 넘친다. 분열을 조장하는 콘텐츠, 불필요한 공포, 파괴적 루머로 막대한 돈을 벌어들이는 전통적 미디어와 첨단 미디어의 경영진들, 지구온난화부터 담배의 해악까지 모든 것의 정설을 뒤엎고 수익 감소를 부르는 규제들을 죽이기 위해 수백만 달러를 아깝지 않게 뿌리며 '의혹 장사꾼들merchants of doubt'을 후원하는 기업들, 국가를 무의미하고 비인간적인 전쟁에 끌어들일 요량으로 대량살상 무기에 대한 거짓말을 퍼뜨린 주전론자들과 국가안보 전문가들과 민간 군수사업자들, 그리고 재벌 상속녀에서 교육부장관으로 변신해 교원 노조를 박살내고 정부 지원을 삭감하고 배움을 공익이 아니라 개인 재력에 따른 특권으로 만들지 못해 안달인 벳시 디보스Betsy DeVos처럼 교육이나 교육학에 대해서는 아무것도 모르는 억만장자들을 보라.

이렇게 무지의 만연을 조장하는 세력은 어제오늘의 문제가 아니다. 윗세대보다 수법이 교묘해졌을 뿐 뿌리는 깊다. 역사적으로 지배층은 보통 사람이 배운 사람이 되어 스스로를 통치하는 것을 좋아한 적이 없다. 경제이론가이자 도덕사상가 버나드 맨더빌Bernard Mandeville은 1714년에 발표한《벌의 우화: 사적인 악이자 공공의 이익The Fable of the Bees: or Private Vices, Public Benefits》에서 지식을 독점하려는 엘리트주의적 욕망을, 줄어들었지만 완전히 사라지지 않은 그 욕망을 드러냈다. "읽기, 쓰기, 산수는 직업상 해당 자질이 필요한 사람들에게는 필수다. 하지만 생업과 관련이 없다면 이 기술들은 매우 치명적이다." 맨더빌은 또 이렇게 주장했다. "양치기나 농부 같은 시골뜨기 무식쟁이가 세상에 대해서, 그들의 노동이나 직업과 상관없는 것들에 대해서 많이 알수록 삶의 고단함과 어려움을 이겨내기가 힘들어질 뿐이다." 맨더빌의 논리에 따르면 최선은 사회하층민이 시건방져지지 않게 그들을 무지몽매한 상태로 묶어두는 것이다. "비참한 여건에서도 사회가 행복하고 사람들이 평안하려면 반드시 그들 중 대다수가 가난하고 무지해야 한다."

미개한 대중을 위한 계몽 프로그램은 예부터 강경한 저항에 부딪혔다. 엘리트층은 질서와 예법을 유지하기 위해서 하층민에게는 자치 능력이 없다는 근거가 될 만한 모든 것을 내세웠고 '천부적' 리더들(귀족), 자격 있는 리더들(엘리트), 객관적인 전문가 리더들(테크노크라트)만이 지배할 수 있다고 고집했다. 그들의 주장은 늘 자기미화의 냄새를 풍겼다. 사리사욕을 적나라하게 드러내는 경우도 적지 않았다. 독일 작가 베르톨트 베르히트Bertolt Brecht, 1898~1956는 그들을 이렇게 비판했다. "나라를 나락의 구렁으로 내모는 작자들이 평민에게는 통치가 너무 어려운 일이라고 지껄인다." 집단 무지의 문제를 공정하고 민주적으로 해결하기 위해서는 먼저 엘리트층의 탐욕부터 상대해야 한다.

공교육 시스템의 해체

정치이론가 웬디 브라운을 인터뷰하기 전날, 나는 UC 버클리에 진을 치고 교정에 있는 학생들에게 말을 걸었다. 주로 교육과 민주주의의 관계에 대해 물었는데, 시간이 흐르면서 분명해진 것은 그들이 해당 주제에 대해 별로 생각이 없다는 것이었다.

학생들은 고개만 열심히 끄덕였다. 민주주의와 교육의 상관성은 인정했지만, 그들의 대답은 기본적이고 진부한 수준을 넘지 못했다. 교육은 바람직한 것이다. 아는 것이 힘이다. 온라인에서 접하는 것을 비판 없이 믿어서는 안 된다. 그들의 생각은 이 정도였다. 그러다 이 주제에 열정이 있는 학생을 발견했다. 바다거북 의상을 입고 플라스틱 쓰레기가 해양생물에게 미치는 폐해를 다룬 전단지를 배포하고 있던 3학년 학생이었다. 그는 바다에 버려진 비닐봉지들이 민주주의가 얼마나 위기에 처했는지를 보여주는 일례라고 했다. 이때 플라스틱 제조업체들이 최근 발효된 규제를 폐지하기 위한 주민투표를 후원하는 데 수백만 달러씩 쓰고 있었다. 그는 학우들에게 이러한 사실을 알리고 규제를 유지하는 쪽으로 투표할 것을 종용하고 있었다. 그러나 학생들은 전단지를 내미는 그를 피해서 지나가거나, 금권정치의 부패상을 맹비난하는 그의 시선을 피했다. 이 3학년생은 장애물을 넘지 못하고 있었다. 교육으로 정치 병폐를 해결할 수 있다는 희망을 놓지 않은 사람들을 넘어뜨리는 장애물을. 그 장애물은 바로 무관심이다. 사람들에게 사실을 말할 수는 있지만, 냉담한 사람들에게 억지로 관심을 갖게 하기는 어렵다.

내가 인터뷰한 학생들 대부분은 훌륭한 민주주의 참여자가 되려고 대학에 다니는 건 아니라고 했다. 그들이 대학에 온 이유는 졸업 후에 좋은 직업을 얻기 위해서였다. 학생들이 열정을 보인 주제는 그거였다. 취직. 운 좋은 소수를 제외한 모두의 최대 관심사는 학자금 대출을 갚을 만한 연봉을 주는 직장을 잡는 것이었다. 그들의 전공은 컴퓨터과학, 심리학, 공학, 심지어 정치이론까지 다양했지만 취직 불안감만큼은 공통이었다.

"대학을 도박으로 보는 사람들도 있어요." 한 젊은 여성이 말했다. "성공하거나, 아니면 평생 빚에 치여 살거나. 저는 사람들이 교육을 위험한 선택으로 봐서는 안 된다고 생각해요. 교육이 투자라 해도, 적어도 위험률은 낮아야죠." 해양생물을 걱정하는 3학년 학생은 생각이 좀

달랐다. 일단 그는 자신을 학생이기 전에 운동가로 여겼다. 그가 녹색 탈을 쓴 채로 말했다. "학생들이 정치적 행동을 겁내는 건 사실이에요. 취업시장 시스템에 비집고 들어가는 게 급하니까요." 대부분의 학생들에게 전단지 배포에 시간을 쓰는 건 오락이나 사치였다. "학자금 대출 상환에 대한 부담 때문에 더더욱 명문대에, 돈 들일 가치가 있고 취업시장에서 유리한 학교에 들어가려 하죠. 학생들은 운동가가 되어 자신의 권익을 지켜낼 방법보다 대학에 들어가고 졸업할 방법에 관심이 더 많아요."

다음날 만난 웬디 브라운은 학생들의 반응을 전해 듣고 전혀 놀라지 않았다. 그녀는 학생들이 직면한 경제적 현실이 그들에게 교육을 재화로 보게 만들었다며 그들의 처지에 공감했다. "요즘 젊은이들을 가르치면서 안타까운 점은 그들이 교육이나 연애, 가족이나 미래를 투자수익을 떠나 생각하고 싶어도 그럴 수가 없다는 겁니다." 브라운은 그것이 현실적인 문제이면서 심리적인 문제라고 했다.

노동계층과 서민층 학생들의 경우 졸업 후 상환해야 하는 수만 달러는 결코 무시할 수 없는 액수다. 이에 대한 부담이 그들이 학업을 바라보는 방식을 바꾼다. 심한 비용 부담이 교육의 모든 측면에 속속들이 영향을 미친다. 학생들이 지식 추구라는 발상 자체는 좋아할 수 있다. 하지만 현실적으로는 취직에 유리한 학위 프로그램에 몰릴 수밖에 없다. 채무불이행 처지가 되지 않으려면 어쩔 수 없다. 브라운이 말하길, 1970년대에 시작된 신자유주의 경제 혁명이 "우리가 사는 세상을 개조했고, 우리의 머리도 개조했다". 교육은 투자일 뿐 권리도 즐거움도 의무도 아니라면 학생들은 단지 수익을 내기 위해 교육을 받는다는 얘기다.

브라운이 대학에 다니던 1970년대에는 이렇지 않았다. 그녀가 졸업한 캘리포니아 주립대학교의 당시 학비는 1년에 900달러 정도였다. 명목상의 이용료 수준에 불과했고, 덕분에 그녀는 뚜렷한 직업 연계성이 없는 다양한 분야를 탐구할 수 있었다. 이런 다채로운 공교육 경험이 교육의 잠재력에 대한 브라운의 견해에 영향을 미쳤다. 그녀는 미국의 고등 공교육 시스템을 소중한 유산이며 보존하고 확대할 가치가 있는 것으로 본다. "미국이 전후시대에 특히 잘한 것 중 하나가 고등교육에 막대한 공공투자를 했다는 겁니다. 다수에게 수준 높은 인문교육을 제공하는 것이 목표였죠." 브라운이 말했다. "물론 모두에게는 아니었죠. 대학들은 세월이 더 흐른 후에야 역사적으로 배제됐던 계층, 인종, 젠더에게 접근권을 확대하기 시작했고, 기회의 문은 여전히 제한적이었어요. 하지만 나는 당시의 핵심 원칙은 이어갈 가치가 있다고 생각해요. 그건 바로 인문교육이 현대 민주국가 국민에게 필수이며, 엘리트층뿐만 아니라 모두에게 제공되어야 한다는 겁니다."

전후시대에 이 원칙을 굳힌 것은 GI법으로 불리는 제대군인원호법[제대군인에게 대학 교육, 직업훈련 등의 기회를 제공하는 법률과 제도]의 통과였다. GI법에 따라 정부가 100만 명이 넘는 제대군인에게 대학 교육을 제공하면서 고등교육이 대중적 현상이 됐다. 냉전시대 개시와 더불어 정부 지원은 더욱 강화됐다. 냉전시대의 교육 투자는 일종의 군사 방어 작전이었다(이것의 대표적인 부작용이 애국주의 커리큘럼과 매카시즘이었다). 그러다 1980년대에 들어서 새로운 패러다임이 들어앉았다. 버클리 학생들에 대한 로널드 레이건의 공격에 힘입어 보수 우파 정치인들과 그들의 후원기업들이 정부의 공교육 지원에 제동을 걸었다. 주정부들이 대학 지원금을 삭감하고, 등록금을 인상하고, 종신직 교수들을 비상근 교수들로 대체하고, 연구 보조금으로 학생들을 유치하는, 보다 시장주도형 방법을 도입했다. 저비용 또는 무상 고등교육은 불과 한 세대 전만 해도 흔한 관행이었지만 지금은 거의 유토피아 얘기가 됐다.

하필 사회적 복잡성이 증가하는 지금 공교육 시스템이 민영화와 해체의 길을 걷는 것은 비극이다. 이것이 현재의 위기를 더 악화시키고 있다. 우리는 참나무 아래에서 논쟁하는 농부를 꿈꿨던 루소의 낭만적 비전에서 이미 멀어졌다. 이제 우리는 디지털 기술과 금융 시스템으로 그물처럼 연결된 세상에서 돌아가는 거대 산업국가의 시민들이다. 현대 민주국가는 극도로 교활한 야수다. 그것이 국민에게 약속하는 자치는 난해하기 짝이 없는 문화적, 사회적, 정치적, 경제적 맥락을 가진다. 그런데도 학생들은 이런 복잡성을 넓게 통찰할 능력을 키우는 대신 초점을 있는 대로 좁혀서 특수화, 전문화에 매진할 것을 강요받는다. 다면적인 세상을 이해하는데 필요한 너른 지식은 사치 또는 논외가 되고, 교육의 목적은 급격히 협소해져서 교사의 일은 이제 시민교육이 아니라 직업교육이 됐다.

교육은 신자유주의의 형상을 따라 재창조됐다. 교육이 고연봉 직장이라는 기대성과가 따르는 투자처로 거듭나면서 교육의 공익성이라는 보다 포괄적인 구상은 버림받았다. 브라운은 이러한 변화를 일반 국민의 권력을 빼앗고 민주주의 정신을 꺾으려는 거대한 경향의 일부로 본다. "오늘날 우리는 통치라는 비즈니스를 아예 테크노크라트에게 넘겨버리고픈 강렬한 유혹에 직면해 있습니다. 기업이나 부유층에게 넘기고 나아가 알고리즘의 인간 버전 또는 알고리즘 자체에 넘겨주는 거죠. 그렇게 되면 대중은 물론이고 이해당사자들도, 열성파도, 정치계도 낄 데가 없어요." 브라운은 이 접근법의 기원을 질서자유주의Ordoliberalism로 불리는 고전적 신자유주의 경제학의 작은 분파로 본다. 질서자유주의는 부유층이 시장경제의 타락과 왜곡을 부른다고 주장하면서 민주주의와 금권정치 둘 다에 대한 대안으로 테크노크라시를 들고 나왔다.

이렇게 지난 40년 동안 무명이었던 질서자유주의 사상이 주류로 등극했다. 질서자유주의의 주장은 이렇다. 시장이 사회의 우선순위를 결정하면서, 국가는 보조 역할로 좌천됐다. 복합적 사안들은 일반인이 이해할 수 있는 범위 밖에 있으므로 경영학, 경제학, 법학 학위를 가진 사람들에게 맡기는 것이 최선이다. 전문가들은 무엇이 바람직한지, 좋은지, 정당한지 따지지 않는다. 무엇이 실용적이고 생산성과 효율성을 높이는지만 따진다. 이에 대해 브라운이 말했다. "그들이 말하는 건 결국 이겁니다. 제대로 아는 사람은 몇 명 없다. 그들을 방에 모아놓고 그들이 세상을 굴리게 하라." 브라운에 따르면, 질서자유주의 사상이 위험한 까닭은 그것이 전문가들은 정치적 이해에서 자유롭다고 가정한다는 데 있다. 실상은 그렇지 않은 게 문제다. 전문성은 이제 금융이 지배하고 엄청난 정치적 이익이 걸려 있는 세상에서 가동된다. 우리 사회에서 권위와 전문성 있는 자리에 앉은 사람들(은행, 기업, NGO, 정부 조직을 이끄는 사람들)은 좀처럼 중립적일 수 없다.

기회의 불평등에 기반한 실력주의 교육

현대의 국가들은 전문가들을 필요로 한다. 소아과 의사, 교사, 건축가, 해양생물학자, 조종사, 컴퓨터 프로그래머, 배관공 등 전문가들 없이는 사회가 돌아가지 못한다. 그런데 전문성이란 게 본래 비민주적이다. 모두가 전문가 자격을 갖출 만한 지식을 쌓지 못하기 때문이다. 자격증 자체가 일종의 구분이고, 대개의 경우 우리는 기꺼이 그 구분을 인정한다. 자동차와 교량을 만든 공학기술을 믿고 다리를 건널 때, 종양학자에게 조언을 구할 때, 안전성을 걱정하지 않고 음식을 먹고 약을 복용할 때 우리는 전문직과 전문인이 존재한다는 사실에 감사한다.

하지만 전문가들이 엘리트층이 되면 사회의 자산이었던 것이 일종의 부담이 된다. 우리 사회가 가장 애호하는 개념 중 하나인 '메리토크라시meritocracy(실력주의 사회. 사전적 의미로는 출신이 아니라 능력에 따라 사회적 지위가 결정되는 체제)'가 실은 유명한 풍자소설에서 유래했다는 걸 기억하는 사람은 별로 없다. 영국 작가 마이클 영Michael Young이 1958년에 발표한 《메리토크라시의 대두The Rise of the Meritocracy》는 시민에 대한 IQ 테스트와 교육적 분류에 집착하는 가상의 영국을 다룬다. 사회학자이자 노동당 운동가였던 영은 2001년에 자신의 풍자가 낳은 당황스러운 유산을 반성하는 논문을 내고, 자신의 경고성 픽션이 오싹한 예언이 되어버린 현실을 한탄했다. 애초에 풍자용으로 만든 용어인 메리토크라시가 이제는 신념이 됐다.

영의 《메리토크라시의 대두》는 소수에게 특권을 누릴 자격이 있다는 명분을 주는 한편, 다수를 배제하고 가난하고 소외된 사람들의 열등한 처지를 그들의 무능 탓으로 돌리는 극도로 엄격한 교육제도를 그린다. 그런데 오늘날 이 시스템이 현실세계에서 실제로 가동하면서 페어플레이를 가장해 이미 부유한 사람들의 이점을 고착화한다. 영은 '교육이라는 엔진'이 가진 자들의 손에 능력과 기회를 몰아주는 동시에 없는 자들의 접근을 차단한다고 말했다. "학교와 대학을 동원해 사람들을 교육의 촘촘한 망으로 걸러내는 방법으로 일종의 사회적 혁명이 완수됐다. (…) 교육은 자격증과 학위라는 무적의 무기를 마음대로 휘두르며 소수에게 승인 도장을, 7세 전에 사회 하층부로 축출된 뒤로 빛을 발할 기회를 박탈당한 다수에게는 불승인의 낙인을 찍어댔다. 이렇게 탄생한 신흥 계급은 생산수단을 손에 넣었고, 그걸 이용해 대를 이어 자가복제를 한다."[3]

적격이나 노력을 보상하겠다는 발상은 이상할 게 없다. 문제는, 기회가 동등하게 공유되고 있다는 잘못된 전제하에 기회가 독점되고 있다는 것이다. 실력에 근거한 발탁과 실력주의 원칙은 엄연히 다르다. 후자는 지식계급을 포함한 특권층의 지배를 뜻하며 대다수 시민을 배척한다. 영은 이것을 도덕적으로 혐오스럽고 비민주적이라 보았다. 계급화와 예속화의 명분으로 기능하기 때문이다. 메리토크라시가 아무리 공정하고 관대한 척해도 실제로는 사심 없이 엄정하게 최고 적격자를 가리는 법이 없다. 메리토크라시는 능력이 떨어지는 다수를 그들을 위해서라는 핑계로 통치라는 비즈니스에서 배제하는 구실이 된다.

이렇게 메리토크라시는 기술전문가들이 지배하는 테크노크라시로 변해간다. 테크노크라시의 논리에 따르면, 지배의 주체는 국민 전체가 아니라 경제, 법률, 과학 등 기술 분야를 마스터한 소수가 되어야 한다.

과학 주도 사회에서 권력을 행사하는 기술전문가들, 즉 테크노크라트는 정책과 통치수단에만 집중할 뿐 시민들이 그것을 선호하는지, 좋아하는지, 원하는지, 심지어 이해하는지에는 관심이 없다. 객관적이고 초연한 전문가 집단이 어련히 알아서 할까. 대중심리가 들끓거나 극단주의와 토착주의가 날뛰는 때에는 이런 비전이 매력적으로 보이기도 한다. 생각해보라. 인종차별주의자이자 장사꾼이자 선동정치가인 사람을 대통령으로 뽑은 것은 어쨌든 국민이다. 그런 국민을 신뢰할 수 있을까?

현재의 경쟁사회에서 학교 교육은 최고를 나머지에서 가려내고 그들에게 성공을 할당하는 수단이다. 이것이 교육에 대한 '기술주의-실력주의' 접근법이다. 매진하는 자여, 적절한 자격을 얻고 권력자의 자리를 차지하고 그에 따르는 보상을 거둘지어다. 이 맥락에서 보면 공교육의 존재 이유는 일단 모두에게 접근권을 제공하고, 재능과 의욕을 갖춘 사람들에게 출세의 사다리 밑단에서 정상에 오를 가능성을 열어주는 것이다. 이것이 우리가 암묵적으로 믿는 민주주의의 요체다. 고도로 복잡한 사회에서 전문지식은 결코 균등하게 분배될 수 없다. 모두가 최고가 될 수는 없다. 하지만 기회는 모두에게 주어져야 한다. 다만 기회의 평등이 성과의 평등을 보장하지는 않는다.

그런데 실제로는 어떤가? 우리의 현행 교육제도는 실력주의라고 부르기도 뭣하다. 심지어 기회의 평등조차 찾기 어렵다. 지금의 학교들은, 우리 대부분 경험했다시피, 사람들을 어릴 때부터 등급을 매기고 추적해서 인종적 불평등을 영구화하고 계급 피라미드를 강화하는 데 결정적인 역할을 한다. 내가 다녔던 조지아주의 공립고등학교는 학생 대부분이 흑인이었지만 '재능 있는' 아이들은 왠지 모두 백인이었고, 그중에는 인근 대학교 교수들의 자녀가 유난히 많았다. 1954년의 '브라운 대 교육위원회' 소송의 판결이 '분리하되 동등하면 된다'는 원칙을 뒤집긴 했지만, 기대만큼 인종분리 철폐를 촉진하지 못했다. 촉진은커녕 오히려 교실은 판결 이전보다 더 인종적·경제적으로 분리된 곳이 됐다.[4] 현재 흑인 학생들의 거의 절반이 흑인학교에 다니고, 가난한 흑인 학생들이 가난한 백인 학생들보다 빈민지역 학교를 다니는 경우가 월등히 많다. 미국 교육 시스템의 불평등이 이보다 더 암담할 수 없을 정도다.

미국에서는 1640년대 청교도 정착민 시대에 고안된 지방세 제도에 따라 학교 재정 지원이 지자체 소관이다. 문제의 태반이 이 지방분권형 모델에 기인한다. 당시 공교육 입안자들이 50가구 이상의 지역사회들에 해당 지역 아동들의 읽기와 쓰기 능력을 위한 교육 예산을 스스로 조달할 것을 법으로 강제했다. 당시에는 지역사회들의 소득 수준이 크게 다르지 않았기 때문에 결과도 상당히 평등했다.[5] 하지만 지금의 지극히 불평등한 사회에서는 이 제도 탓에 학생 한 명당 지원금이 학교마다 널을 뛰고, 경쟁의 장은 시작부터 잘사는 아이들에게 대단히 유리하게 기울어 있다.[6] 일부 가난한 학군에서는 예산 부족에 시달리는 교사들이 정기적으로 온라인에서 기부금을 모으고, 심지어 학용품을 조달하기도 어려워 도로변에서 기부를 구걸하기도 한다.

여러 연구에 의하면 미국에서는 계층 이동이 거의 사라졌고, 일부 인구집단들에서는 오히려 역이동이 나타났다. 기존 부유층은 교육이라는 상향 에스컬레이터의 혜택을 톡톡히 보는 반면, 돈 없는 사람들은 쳇바퀴에 갇힌 채 아래로 내밀리지 않기 위해 죽어라 뛰어야 한다. 유색인종의 비율이 유난히 높은 저소득층 아이들은 교직원이 부족하고 교과서 같은 기본용품조차 모자라는 낙후된 학교에 다녀야 하는 일이 허다하지만, 유복한 학생들은 첨단 기술을 두루 갖춘 최신식 건물에서 높은 지원금을 받는 교사들이 제공하는 다양한 과목과 강좌를 누린다.

이 격차는 어린 나이부터, 심지어 유치원 과정부터 시작된다. 말하자면 계층화의 궤적이 일찌감치 결정된다. 내가 다닌 조지아고등학교처럼 흑인과 백인, 부유층과 빈곤층 학생이 함께 있는 경우도 분류는 이미 끝나 있다. 이 차이는 시설의 좋고 나쁨을 뛰어넘는다. 가난한 아이들은 예술, 외국어, 스포츠 프로그램을 접하지 못할 가능성이 높고, 부유한 아이들은 그런 것들을 모두 누릴 뿐 아니라 값비싼 개인교습, 사설 입시 준비 과정, 대학 지원용 에세이 작성을 위한 전문적 도움까지 받아가며 승승장구한다.

이 불평등은 학년이 올라갈수록 심해져 대학에서 절정에 이른다. 두둑한 기부금과 후한 장학금으로 넘쳐나는 명문 대학교에 진학하는 학생들은 소수고, 대다수는 두세 가지 알바를 뛰며 아등바등 지역대학을 다녀야 한다. 그게 다가 아니다. 비우량 대출과 영리 목적 취업 과정의 덫에 걸려 빚더미에 올라앉는 학생들은 매년 수십만 명에 이른다.[7] 선진 산업국 중에서 미국의 대학 진학률은 상위권에 속하지만, 실제로 대학을 졸업하고 학위를 따는 학생들의 비율을 따지면 미국의 순위는 곤두박질친다. 저소득층 학생들이 학위 이수에 필요한 지원을 받지 못하는 것이 주된 이유다. 우리에게 친숙한 '대학 생활'의 이미지는 명문대에 다니는 소수 특권층 학생들에게만 해당된다. 더 흔하고 덜 유명한 학교에 다니다 결국 학업을 포기해야 했던 수백만 명의 저소득층 학생들이, 우리의 깊게 계층화한 시스템을 슬프지만 보다 정확하게 대변한다.

지적인 삶을 누릴 권리

사다리의 상층부로 올라가는 사람들이 딱히 탁월하거나 숙련된 사람들이 아니라는 의미는 아니다. 그중 일부는 분명 똑똑하고 능력도 출중하다. 문제는 너무나 많은 사람이 재능 발휘와 역량 개발의 기회를 애초에 차단당한다는 데 있다. 이것이 기술주의-실력주의의 최대 실패다.

나는 마이애미 교외의 쇼핑센터에 위치한 작은 이발소에서 염색, 이발, 수염 정리 서비스를 받는 남자들과 얘기를 나누며 그 점을 더욱 확실하게 느꼈다. 나는 보호관찰 시스템을 심도 있게 다루는 지역 라디오 프로그램 진행자의 소개로 그 이발소에서 가장 인기 많은 스타일리스트 엘리 브렛Ellie Brett을 만났다. 진행자는 내게 복역수 출신 이발사 브렛을 누구 못지않은 시인이자 사상가로 소개했다. 그녀의 말대로 브렛은 이야기시spoken-word poetry로 쌓은 내공 덕분인지 헤어스타일링이라는 고난도 작업 중에도 놀라운 능변을 과시했다.

나와 만났을 때 32세였던 브렛은 고향 노스캐롤라이나에서 부상자가 발생한 무장 강도 사건에 가담한 일로 이십대 대부분을 감옥에서 보냈다. 감옥에서 그는 과거의 실수를 반성했고, 교정 프로그램을 통해 이발 기술을 배웠으며, 다른 재소자들처럼 일을 배당받아 육가공 공장에서 일했다. 재소자 노동자들에게는 최저임금제의 적용을 받지 않는 이른바 '장려급'이 지급됐다. 브렛은 그때 하루에 40센트를 받았다. 브렛이 서글프게 회상했다. "그래도 주말에 교도소 매점에서 초코바를 하나 사먹을 정도는 됐죠." 그는 그때 육가공 공장에서 만들었던 고기패티를 역겹게 떠올렸다. "성분은 녹색 가루, 붉은 가루, 그리고 20%의 콩이었어요." 그는 그것이 공립학교 식당들에 납품된다는 말을 듣고 깜짝 놀랐다고 한다.

브렛은 어린 시절에 학교를 좋아한 적은 없었지만, 감옥에서는 배움이 제정신을 유지하는 데 도움이 됐다. 그는 가능한 많은 책을 읽으며 마키아벨리부터 코넬 웨스트까지 다양한 저자들을 접했고 국내외의 시사 문제들을 파악했다. 법을 공부해서 본인의 형사소송 사건을 따져보고 남들에게도 필요한 조언을 하고 다른 나라들의 사법제도도 공부했다. 노르웨이는 재소자들에게 어느 정도의 자치권을 부여했는데, 그가 감옥에서 경험한 결박과 독방에 비하면 꿈같은 일이었다.

그런데 어느 날 갑자기 교정당국이 재소자들의 독서와 학습 기회를 차단했다. 브렛이 말했다. "한 여자분이 오더니 더는 아무도 학교에 갈 수 없다는 거예요. '너희들은 교육을 받을 가치가 없어'라는 투였어요. 그래서 우리는 일어나 싸웠어요." 브렛을 비롯한 일부 수감자들이 도서관 사수를 위한 단식투쟁에 나섰다. "그렇게 시작했어요. 우리 사이에 쪽지가 돌고, 우리가 뜻을 모으고, 식당에 가지 않았죠. 사람들이 우리에게 정신 차리라고 했지만 우리는 가지 않았어요. 그랬더니

교도관들이 우리를 끌고 가서 이러더군요. '너희가 이래봤자 아무것도 바뀌지 않아. 그래봤자 우리 식비만 굳을 뿐이야. 너희가 굶어 죽든 말든 우리는 상관없어.'"

브렛과 동료 수감자들에게 도서관 사수는 마지막 지푸라기였다. 하지만 교도소는 재소자들의 갱생과 구제를 위해 노력한다는 신화를 산산이 부쉈다. 그들에게 재소자들은 그저 억압과 제재의 대상이었다. 브렛은 그때의 상황을 그의 아프리카계 미국인의 뿌리와 연결시켰다. "우리 같은 사람들은 읽는 것조차 불법이었던 때가 있었죠. 그때로 돌아가겠다는 건지, 지금까지의 진전을 뒤로 물리겠다는 건지 모르겠어요. 앞으로 어떤 법이 통과될지 알 수 없으니까요. 예전에는 읽는 게 불법이었는데, 다시 그렇게 만들고 싶은가 봐요." 그는 고개를 내저었다.

브렛을 인터뷰하면서 나는 전날 오버타운Overtown(짐크로법 시절에는 컬러드 타운Colored Town으로 불렸다)이라는 마이애미 빈민지역에 있는 청소년회관에서 십대 아이들과 나눈 말들을 떠올렸다. 우리가 모인 방은 벽화들로 가득했다. 흑인 여자 테니스 선수, 흑인 사업가, 인종이 분명치 않은 우주비행사의 그림 밑에는 래퍼 나스Nas의 말도 있었다. "나는 알아, 열심히 노력하면 내가 원하는 것이 될 수 있다는 것을." 우리는 대형 테이블에 둘러앉아 두 번의 토론 세션을 가졌다. 십대들은 주에서 재정적으로 가장 쪼들리는 학교, 무엇도 가능해 보이지 않는 곳에 다니는 설움을 털어놓았다.

내가 아이들에게 만약 바꿀 수 있다면 학교에서 바꾸고 싶은 것이 무엇인지 묻자 그들은 한 치의 망설임도 없이 말했다. "급식." 브렛이 말한 분말 고기패티를 생각할 때 급식이 맛없다는 건 놀랄 일도 아니었다. 그런데 맛보다 더 큰 문제는 음식이 차가운 것이었다. 아이들이 음식을 데워서 달라고 요청하자 돌아온 반응은 묵살이었고, 아이들은 상처받았다. 맛없는 음식도 충분히 나쁜데 차갑기까지 한 음식은 아픈 상처를 또 찌르는 격이었다.

학생들도 이론적으로는 자신들에게 처우 개선을 요구할 권리가 있다는 것을 알고 있었다. 하지만 권리를 주장할 때마다 돌아오는 건 불이익뿐이었다. "거역하면 우리가 좋아하는 것을 빼앗아요." 머리를 두 갈래로 길게 땋은 소녀가 말했다. 급식의 질에 대해 항의하자 학교가 자판기를 빼앗았다고 했다. 이번에는 머리에 나비리본을 묶은, 기껏해야 열두세 살로 보이는 소녀가 나섰다. 소녀의 격앙된 말투에서 마음속에 오랫동안 끓고 있던 좌절을 읽을 수 있었다.

"학교는 제2의 집이어야 해요. 교육을 받는 곳이란 게 다를 뿐이죠. 그런데 학교가 우리에게서 뭔가를 계속 빼앗아가는 기분이 든다면 그건 집이 아니죠. 엄마는 내 점심을 빼앗으며 '넌 먹을 수 없어'라고 하지 않잖아요. 엄마는 절대 그러지 않죠. 엄마라면 내게 조금이라도 더 나은 환경을 만들어줄 방법을 찾을 거예요. 학교가 우리한테서 뭔가를 빼앗아갈 때 도대체 왜 그러는지 묻고 싶어요. 아이들에게서 자판기를 빼앗아서 대체 얻는 게 뭐죠? 어떤 아이들은 아침도 못 먹고 다녀요. 그런데 7시 15분에 아침도 안 먹은 우리에게 '아침 따위는 주지 않아'라고 한다면 아이들은 공부 생각은커녕 온종일 배고프다는 생각밖에 안 들어요. 이게 좋은 환경인가요? 정말 묻고 싶어요. 왜 뺏기만 하고 더 좋게 만들려는 노력은 하지 않는 거죠? 우리가 그런 말을 하면 '다음번 회의 때 그 문제를 다루겠다'라고 해야 하는 거 아닌가요? 그런데 문제를 감추고 덮고 '그런 일은 꿈도 꾸지 마'라면서 우리를 깔아뭉개려고만 해요. 정말 이해가 안 돼요."

소녀가 말하는 동안 다른 학생들은 연신 고개를 끄덕였고, 소녀의 비평이 끝나자 환호가 터져 나왔다. 어린 학생들은 어른들이 자신들의 고충을 심각하게 여기지 않는다는 데 의견을 같이했다. 다들 뭔가 잘 못됐다는 인식이 있었고, 상황이 바뀔 수 있다는 희망을 놓지 않았다.

조금 나이가 많은 학생들도 비슷한 불만이 있었지만 어린 친구들과 달리 체념한 듯했다. 그들은 학교를 바꾸기 위해 할 수 있는 일이 별로 없으며, 그저 참고 버티는 게 최선이라고 생각했다. 한 소년이 말했다. "학교가 무슨 규칙을 어떻게 세우든 우리는 그저 따를 수밖에 없어요. 우리가 무슨 말을 해도 상대가 되지 않아요. 우리는 그저 정해진 대로 해야 해요." 이 말에 모두 동의했다. 불신의 분위기와 교내에 들어와 있는 경찰에 대해서도 한마디씩 했다(남학생 중 한 명이 학교를 "감방 없는 감옥"이라고 하자 다른 한 명이 콧방귀를 뀌며 말했다. "네가 진짜 감옥을 본 적이 없구나").

수업에 대해서는, 성의 없이 시늉만 하는 일부 교사들의 태도에 상 처받은 아이들이 많았다. 한 학생은 자신이 내용을 이해했는지 관심 조차 없었던 선생님 얘기를 하면서 울먹였다. 그런데 놀랍게도 학생 들은 이 한심한 상황을 교사 탓으로 돌리지 않았다. 한 여학생이 말했 다. "우리에게 발언권이 없는 건 학생이나 교사보다 높은 사람들이 학 교를 운영하기 때문이에요. 이건 카운티의 문제죠." 그들이 아는 한 교사들도 피해자였다.

그랬다. 학생들 모두 복잡한 위계가 존재한다는 것을 알고 있었다. 교사들은 학교 행정처의 통제를 받고, 행정처는 카운티 지자체의 지배를 받고, 카운티는 주정부에 휘둘리고, 주정부는 연방정부에 좌우된다. 학교에 깔린 경찰 때문에 범죄자가 된 기분이 들고, 커리큘럼은 엉망이고, 급식은 못 먹을 정도였다. 학생들은 이 상황이 멀리서, 아마도 워싱턴 DC에서 만든 규칙 때문일 것이라고 생각했다.

나는 아이들에게 학교에서 민주주의에 대해 배우는지를 물었고, 그들은 그렇다고 답했다. "정부에 대한 내용이었어요. 정부 부처 같은 거요. 하지만 우리에게 '학교에 대해 어떻게 생각해?'라고 묻는 사람은 없어요." 아이들은 학교가 학생들의 의견을 구하는 일은 상상도 할 수 없다고 했다. "학교 운영에 대해서는 누구보다 내부 사람들이 할 말이 많을 텐데, 아무도 우리 말을 듣지 않아요. 아까도 말했지만, 학교를 지배하는 사람들은 따로 있으니까요. 내 의견으로는 아무것도 바뀌지 않아요."

어른이 되면 지금보다 더 많은 자유를 누리게 될까? 학생들은 그점에 대해서도 회의적이었다. 억압받고 강제당하는 건 그들의 부모도 마찬가지였다. "높은 자리에 있는 사람들이 빈민촌의 흑인 엄마가 하는 말을 들으려 할까요? 아무도 신경 쓰지 않을 걸요." 한 소녀가 말하자 다른 소년이 말을 받았다. "적자생존과 같아요. 누군가 할 말을 하면, 그들은 입 다물고 일만 할 사람을 찾아서 대체해버리겠죠. 일을 원하는 사람들이 줄을 섰을 테니까요. 그러니까 그냥 할 일이나 빨리 끝내는 게 상책이죠."

이는 진화론에 대한 놀라운 반전이다. 기득권층 학생이라면 다윈의 적자생존 이론을 최고 점수를 받고 경쟁에서 이기는 것과 동일시할 거다. 그런데 반대로 이 소년은 적자생존을 순화와 순종과 동일시했다. 지시에 따르라. 그들은 진보의 기술이 아니라 굴종의 기술을 익히고 있었고, 그들이 받는 교육은 저임금 직장에서 고용주의 요구에 부응하는 일꾼을 양성하는 데 최적화돼 있었다. 저학년 아이들이 급식을 따뜻하게 데워달라고 요구했을 때 교장은 이렇게 답했다. "그래봤자 똑같은 음식이야. 아프리카 아이들은 이나마도 못 먹어. 그러니까 그저 감사하게 생각해." 거기 담긴 메시지는 이거였다. 차가운 음식이라도 감지덕지해. 감히 더 요구했다간 벌밖에 받을 게 없어. 커서도 이러면 그땐 교체되는 거야.

일부 학자들은 이것을 '공교육의 숨겨진 커리큘럼'이라 부른다. 이는 학교 교육이 배양하는 의식구조, 대인행동, 기대수준을 말한다. 또는 이것들을 고분고분한 노동인구에게 필요한 기술과 연계할 방법을 말한다. 현대의 학교 교육은 학생들이 희소성과 경쟁의 경제를 납득하고 실패의 불가피성을 받아들이도록 유도하면서 학생들의 기대수준을 조종하고, 심지어 기대를 꺾는 역할을 한다. 이 과정을 사회학자 버튼 클라크Burton Clark는 '김 빼기cooling out'라고 불렀다.[8] 음모론처럼 들리지만, 학교가 청년들의 노동시장 편입과 고용을 위한 준비 과정에 불과하다는 건 공공연한 비밀이다. 직장에서 환영받는 속성들, 이를테면 시간 엄수, 복종, 예측 가능성, 외재적 동기[보상으로 이어지는 행동을 취하려는 동기] 등은 일반적으로 교실에서도 권장되는 것들이다. 수준 이하의 학교에 다니는 가난한 학생들 중에 그날 내가 만난 아이들보다 덜 지쳐 있고 더 낙관적인 아이들도 물론 많겠지만, 내가 만난 아이들이 특이한 경우라고는 생각하지 않는다. 그들의 경험은 자본주의 교육이 수행하는 지극히 모순된 역할을 보여준다. 즉 절대다수에게 하층민의 삶을 준비시키는 한편 일부에게는 승천의 길을 열어주는 교육의 실상을 보여준다.

아는 것이 힘이라는 말은 진부할 정도로 진실이다. 역사를 통틀어 엘리트층이 두려워한 유일한 대상은 교육받은 대중이었다. 이것이, 불과 얼마 전까지 노예의 글공부가 채찍형에 해당하는 죄였던 이유다 (노예에게 글을 가르치는 것도 불법이었다). 브렛이 교도소 도서관 때문에 겪은 일은 오랜 모순 하나를 드러내 보인다. 사람들의 무지는 언제나 질책의 대상인데, 정작 시스템은 사람들에게서 지적으로 성장할 기회를 차단하는 쪽으로 작동한다는 것이다. 과거 노동운동이 그런 관행을 중단할 것을 촉구하지 않았다면 산업가들은 여전히 아이들을 학교에 보내지 않고 공장에서 신나게 부려먹고 있을 것이다. 지금도 일부 국가에서는 아동 노동 착취가 자행된다.

미국인들은 이제 교육받을 권리를 기본 권리로 여긴다. 하지만 그런 권리가 권리장전Bill of Rights[미국 수정헌법 조항 가운데 제1조부터 제10조까지를 말함] 어디에도 언급돼 있지 않다는 사실은 자주 잊는다. 보편적 무상 초등교육도 처음에는 논란이 따르는 목표였다. 무상교육은 수세기 전 청교도가 만든 지역기금 모델을 토대로 서서히 그때그때 필요에 따라 주의회들의 입법에 의해 어렵게 확대됐다. 그러다 호러스 맨 Horace Mann, 1796~1859을 비롯한 남북전쟁 이전 시대의 개혁가들이 이민 증가에 따른 불안감 확산을 지적하고, 사회통합용 문화 함양의 필요성을 호소하면서 비로소 본격화됐다(의무교육도 처음에는 공장, 광산, 농장에서 풀려난 하층민 아이들이 거리를 점령하는 것을 막을 용도로 시작됐다). 따라서 중산층과 상류층은 대중교육을 사회 개선을 위한 자선행위이자 사회통제의 수단으로 여겼다.

호러스 맨은 교육을 '위대한 평등화 장치'로 믿었다. 교육 확대의 공을 이러한 선의의 개혁가들에게 돌리는 일이 많지만, 사실 배울 권리를 위한 투쟁은 늘 사회 하층부에서부터 일어났다. 그 다난했던 역사의 한 가닥을 짚어보자. 19세기와 20세기에 걸쳐 급진 정당과 노동조합이 공교육을 향한 분투의 최전선에 있었다. 가장 미천한 노동자들도 사상을 배우고 나눌 출구를 찾기 위해 투쟁했다. 공식적으로 이용 가능한 수단이 부재한 상황에서 그들은 지적 역량을 기르고 제도권 교육 너머로 정신적 지평을 넓히기 위한 창의적 방법들을 스스로 고안했다. 예를 들어, 시가 공장의 남녀 근로자들은 돈을 모아 강사를 고용해서 작업 시간에 큰 소리로 글을 읽어달라고 했다. 그렇게 그들은 담배를 말면서 고전문학을 듣고, 최신 뉴스를 접하고, 경제 이론과 정치 이론을 배웠다. 주로 급진주의나 사회주의 경향의 이론들이었다. 북미에서는 노동자들과 기능인들이 문화회관 강당들을 꽉꽉 채우고, 신문을 읽고, 열심히 도서관에 다니고, 토론 모임을 만들었다. 당시의 자기교화는 이렇게 대중오락의 형태를 취했다.

사회변혁 캠페인에 교육 요소를 접목하는 것도 역사적으로 하나의 전략이었다. 대표적인 예로, 파리 코뮌Paris Commune[1871년 파리에서 노동자 반란으로 수립된 세계 최초의 사회주의 정권. 두 달 남짓 지속되다가 정부군의 진압으로 종식됐다]이 이른바 '통합교육'을 주창했다. 연대기 작가 크리스틴 로스Kristin Ross의 말을 빌면, 이는 '머리와 손 사이의 괴리 극복'을 목표한 노력이었다.[9] 정부군에 잔인하게 진압되기 전까지 이 노동자 정권은 성별과 계층에 상관없이 모두가 지적인 삶을 누릴 권리가 있다는 전제하에 모든 아동에게 무상으로 의무교육을 실시하는 유례 없는 조치를 단행했다(당대의 한 신문은 이렇게 선언했다. "연장을 쓰는 사람이 책도 쓸 수 있어야 한다. 그것도 열정과 재능을 가지고 쓸 수 있어야 한다"[10]). 미국에서는 풀뿌리 민주주의grassroots democracy[1930년대에 미국에서 쓰기 시작한 용어로, 중앙집권적이고 엘리트주의적인 정치에 반대하고 지역민의 자발적 정치 참여를 주장하는 직접민주주의 운동]에서 교육적 요소가 강하게 나타났다. 독학을 통해 공민도덕 증진을 꾀한 1800년대 노동기사단, 전국적으로 4만 명 이상의 강사를 고용했던 전국농민연합과 산업노조National Farmers' Alliance and Industrial Union, 노예제 폐지론자들과 참정권 운동가들의 공개 연설과 대중적 정론지들, 흑인민권운동의 성과인 프리덤 스쿨Freedom Schools[차별받는 흑인 청소년을 위한 특별 학교], 흑표당Black Panther Party[1960년대에 결성된 급진적 흑인운동 단체로 말콤 엑스의 강경투쟁 노선을 추종함]의 정치 교육 강령, 베트남전쟁 시대의 반전反戰 커피하우스, 1970년대의 페미니스트 의식화 서클들, 월가 시위 현장에서 자원봉사자들이 운영했던 도서관 등이 그 사례들이다. 하지만 미디어 학자 제시 드류Jesse Drew의 지적처럼, 이런 운동들을 이끄는 개념적 틀과 이론적 관점은 무시되고, 대신 운동가들의 활약을 반성적 실천이 아니라 수동적 반응으로 폄하하는 '순수한 사익과 순진함의 발로였다는 서사'만 부각되기 일쑤다.[11]

　드류는 이 폄하 현상이 특히나 두드러졌던 예로, 1955년 백인 승객에게 자리를 양보하라는 버스기사의 지시를 거부했던 로자 파크스를 든다. 대개는 파크스가 고된 하루를 마치고 버스에 탔다가 자괴감을 느낀 나머지 순간적으로 울컥하는 마음에 자리 양보를 거부한 것으로 그려진다. 파크스의 엄청난 용기가 결과적으로 대대적인 버스 보이콧 운동을 촉발한 건 사실이지만, 사실 이 운동은 매우 조직적으로 전개됐다. 파크스는 이후에도 헌신적인 운동가로 살면서 1932년 테네시주에 설립된 영향력 있는 참여교육기관인 하이랜더 교육연구센터 Highlander Research and Education Center의 일원으로서 여러 다양한 노동운동과 급진주의 운동을 지원했다(하이랜더는 오늘날까지 건재하다). 파크스는 단지 감정적으로 움직인 게 아니었다. 인종차별과 변화이론에 대한 평소의 분석에 따라 소신 있게 행동한 것이었다.

적색공포Red Scare[1917~1920년, 1947~1957년 두 차례에 걸쳐 미국에서 나타난 급진사상에 대한 혐오와 탄압 열풍]가 조직적 좌파 운동을 섬멸하기 전까지 공산주의, 사회주의, 아나키즘 단체들이 문맹자들에게 읽기와 쓰기를 가르치는 등 도시와 시골 노동자들에게 지적 세계를 열었다(파크스가 살았던 앨라배마주도 포함된다[12]). 운동가들은, 현상에 도전하고 공정한 사회질서를 도입하기 위한 사회운동을 탄탄히 구축하려면 노동계급의 교육과 계발이 꼭 필요하다고 믿었다. 그들은 고용주들이 멍청하고 말 잘 듣는 노동자를 원한다고 주장하며 담화, 가두연설, 토론, 신문, 스터디 그룹, 노래를 통해서 노동자들을 지식인으로 만들고자 했다.

20세기 초에 세계산업노동자동맹Industrial Workers of the World[1910년 대에 활약한 미국 최초의 노동조합]의 일원이었던 어니스트 리베Ernest Riebe

가 생각 없고 어리석고 '이상적인' 노동자의 모습을 '미스터 블록Mr. Block'이라는 만화 캐릭터에 담았다. 머리통이 나무토막이고, 머리 위에 꼴사납게 작은 실크해트를 얹고 다니는 미스터 블록은 고용주의 뜻에 무비판적으로 복종하는 '꼴통blockhead' 노동자를 대변한다. "미스터 블록은 무산자이지만 백만장자의 입장에서 말한다. 그는 유산 없이 유산을 지킨다. (…) 그는 자신을 때리는 손을 핥고, 자신을 걷어차는 구두에 키스한다. (…) 그는 노동자가 해선 안 되는 모든 것을 의인화한다." 일례로 미스터 블록이 거실에서 〈새터데이 이브닝 포스트 Saturday Evening Post〉를 읽는다. "참 훌륭한 신문이란 말이지. 여기 이런 말이 있네. 마음만 먹으면 누구나 성공할 수 있다. 이 얼마나 멋진 말인가!" 미스터 블록처럼 되지 않으려면 사람은 머리를 써야 한다.

그 목표를 위해 1930년대 초까지 전국적으로 수백 개의 노동자학교가 문을 열었다. 참여자들은 "배움이 부유한 부모를 둔 젊은이만의 특권일 수는 없다"고 외쳤다. 때를 같이해 노조들이 색다른 종류의 지적 문화 양성에 나섰다. 노동자들은 고용주들이 인정하는 것보다 많이 안다는 것을 강조하고 노동자들의 지식과 역량을 확증하는 운동이었다. 옛날 길드[중세의 기능인 조합]와 직능 노조, 세계산업노동자동맹 [1905년에 결성돼 1910년대를 중심으로 활약한 미국 최초의 노동조합. 약칭은 IWW이고, 워블리스Wobblies라는 별칭으로 불린다]에 이르기까지, 또한 보수파의 공격에 맞서 단체교섭권을 위해 목숨 걸고 싸웠던 근대의 민주 성향 노조에 이르기까지, 노동단체들은 단지 육체노동이나 잡일을 한다는 이유로 노동자들을 무식한 사람들로 보는 것을 거부해왔다. 인문과학liberal arts은 원래 '자유롭다'는 의미의 라틴어 'liberalis'에서 유래한 말로, 자유민에게 필요한 기술이라는 고전적 의미가 있으며, 역사적으로 '굴종屈從의 기술servile arts'(재화 생산과 서비스 제공을 말한다)과 대비되는 말이었다. 하지만 굴종의 기술자들이라고 해서 아무 생각이 없는 건 아니다.

노동 투쟁이라고 하면 우리는 흔히 임금 인상과 근로 조건 개선을 떠올리지만, 사실 노조의 핵심 요구사항은 자유시간 확대였다. 주말 휴무와 하루 8시간 근무를 위한 투쟁은 단지 휴식시간과 오락시간을 보장받기 위한 것이 아니었다. 그것은 근무 외 시간이 보장되어야만 가능한 지적·문화적 성취에 대한 갈망의 표현이었다.[13] 이러한 갈망을 안지아 예지어스카Anzia Yezierska, 1880~1970가 1920년에 발표한 단편에서 감동적으로 표현했다. 여기에는 지식과 목적의식을 갈구하는 이민자 소녀와 그 갈망을 무시하는 야간학교 교장이 등장한다.

"저는 미국을 더 좋은 나라로 만들 방법을 알아요. 그런데 그 생각을 말할 방법을 모르겠어요. 제가 그걸 배울 수 있는 곳이 있을까요?"

여자는 화들짝 놀란 얼굴로 나를 쳐다봤다. 잠시 침묵이 흘렀다. 그러다 여자가 친절한 미소를 지으며 입을 열었다.

"네가 미국을 돕고자 하는 뜻은 좋다만, 내 생각에 네가 할 수 있는 최선은 일을 배우는 것 같구나. 그래서 이 학교가 있는 게 아니겠니. 여자애들이 자신의 천분을 깨닫게 하기 위해서 말이야. 최선의 방법은 뭔가 유용한 걸 배우는 거야."

"생각은 유용하지 않나요? 미국이 내 몸에서, 내 손에서 원하는 것이 일뿐인가요? 세상을 뒤집는 건 손보다 생각 아니에요?"

"하! 그런데 우리는 세상을 뒤집을 마음이 없단다."

여자의 목소리가 차게 식었다. 나는 외쳤다.

"하지만 미국에는 변화가 필요해요! 우리 이민자들도 국민이 되고 싶어요. '일손'이 아니라, 배나 채우는 노예가 아니라요! 국민을 만드는 건 생각을 소리 내어 말할 기회예요."[14]

1909~1917년 파업 물결의 서막처럼, 위의 이야기 속 주인공 같은 젊은 여성 노동자들이 "야간학교에서, 스터디 그룹에서 돈을 모아 책을 사고 할 수 있는 모든 방법을 동원해 스스로를 교육시켰다"라고 역사가 아넬리스 올렉Annelise Orleck이 말했다. 비슷한 시기에 국제여성의류노조International Ladies' Garment Workers' Union가 풍부하고 광범위한 교육 프로그램들을 제공하면서 조합원 수가 늘었다. 남성 관리자들은 여자 조합원들에게 교육물이 들면 남자들의 통솔에 문제를 제기할 뿐이라며 반발했다. 그들의 예상은 적중했다. 여성 투사들은 노조를 '여자들이 권한을 공유하는, 평등주의와 사회 혁신을 지향하는 노동 공동체'로 개조하고자 했다. 이 서막은 남자들의 강력한 저항을 받았다.[15]

남성 노조 간부들이 급진적 여성들에게 위협을 느꼈다면, 그들의 고용주들은 젠더에 상관없이 혁명적 노동계층의 탄생이라는 전망에 진저리를 쳤다. 남북전쟁 이전 시대부터 사회 불안과 노동운동에 대한 공포가 교육 개혁의 촉진제 역할을 했다. 19세기에 공립학교가 제조업을 따라 느리게 확산됐는데 그 목표는, 어느 영향력 있는 연구의 표현을 빌리자면 "유럽의 급진주의와 사회주의에 경도된 이민자 집단들을 미국화"할 공통의 커리큘럼을 보급하는 것이었다.[16] 이후 카네기와 록펠러 같은 거물들도 나서서 노동계급의 의식화와 호전성을 꺾기 위한 교육적 조치들을 지원했다. 산업계 거물들은 적절한 교육을 통해 포퓰리즘 열풍을 잠재우고 사회적 구분과 사유재산권에 대한 존중을 강화할 수 있을 것으로 기대했다.

20세기 초만 해도 고등학교 졸업자가 미국인의 6%뿐이었지만, 정말 놀랄 만큼 짧은 기간에 고등학교는 빠른 속도로 산업화, 다각화하는 사회에 부응하기 위한 대중 교육기관이 됐다. 혁신시대로 접어들면서 업계가 주도하는 단체들이 '공동' 커리큘럼 모델 깨기에 들어갔다. 그들은 교육을 두 개의 불평등한 시스템, 즉 직업을 위한 시스템과 학술적인 시스템으로 분리했다(전미 제조업자협회National Association of Manufacturers는 직업학교를 '노동자 조직이라는 어두운 병충해'를 타파할 최선책으로 보았다).[17] 노동자들이 이 정책에 맞섰지만, 직업교육이 학교 교육으로 들어가되 별개 코스로 만들어지는 정도의 부분적 승리만 얻었다. 이 구조가 오늘날의 피상적 '공동' 시스템의 원조가 됐다.

학교가 젊은이들을 각각 다른 트랙에 나눠 태우고 계층 피라미드의 다양한 층으로 실어 보내는데도 교육은 끝없이 불평등에 대한 해결책으로, 경제적 재분배를 대신하는 것으로 제시되고 있다. 노동자들이 단합해서 물리적 환경 개선과 재정적 안정을 요구할 때마다 돌아오는 조언은 교육 프로그램과 전문 트레이닝을 이수하라는 것뿐이었다. 마치 교육 부족이 그들의 궁핍과 고충의 유일한 원인이라는 듯이. 린든 B. 존슨 대통령은 1965년 의회 연설에서 "가난의 뿌리는 많지만 원뿌리는 무지다"라고 말했다. 무지는 교육 접근권을 확대하면 개선될 문제이므로 이 발언은 희망찬 휴머니즘으로 들렸다. 하지만 동시에 이 발언은, 가난한 사람들이 없이 사는 이유는 부자들에게 유리하게 쌓인 구조적 여건 때문이 아니라 가난한 사람들이 똑똑하지 못해서라는 관점을 강화했다.

시대를 막론하고 공교육의 진화는 계급 간 갈등과 타협의 결과물이었다(최근 일리노이, 웨스트버지니아, 캘리포니아 등지의 공립학교 교사들이 긴축재정에 반발해 공격적 파업을 일으켰다. 이는 현재도 상황이 여전하다는 것을 보여준다). 파란만장과 우여곡절을 거쳐 먼 길을 왔지만 우리는 아직도 충분한 진전을 이루지 못했다. 아니, 진전은 막혔다. 현재 우리가 교육에 너무 많은 것을 기대하고 배움을 궁극적 해결책으로 추앙하는 것이 그 부분적인 이유다. 우리는 학교들과 교사들이 편견으로 닫힌 문을 열고, 한쪽으로 기운 경제를 바로잡고, 일자리를 창출하고, 심지어 우리의 병든 민주주의를 치유하기를 기대한다. 하지만 이런 난제들이 단지 배움 부족에서 비롯됐을까? 아니다. 그것들은 정치적이자 경제적인 문제들이며, 따라서 해법으로 전혀 다른 질서를 요한다.

교육에 대한 기대만 키웠을 뿐, 우리는 배울 권리를 위해 밑에서부터 들고 있어나 세상을 바꾸려 했던 사람들의 야망은 잊었다. 과거 이상주의 개혁가들은 지적 성취에 대한 욕망이 있는 사람 누구나 그 욕망을 실현할 수 있는 세상을 비전으로 제시했다. 그들은 착취가 발붙일 수 없고 교육이 철저히 민주적인 경제를 목표했고, 모두에게 전인적 인간, 즉 굴종하는 개인이 아닌 자유로운 개인의 권한을 부여하고자 했다. 현재 우리가 19세기 후반의 소작농이나 석탄광부는 상상하지 못했던 수준과 규모의 공교육 시스템을 누리고 있는 건 맞다. 그럼에도 현재의 커리큘럼 대부분이 일반교양 증진보다 취업 능력 확보에 맞춰져 있다는 것을 알면 선조들이 무덤에서 땅을 칠 것이다.

우리는 급속한 산업화, 전후의 국가 투자, 냉전의 경쟁 구도, 신자유주의 시장경제를 거치며 각각의 맥락에서 교육이 어떤 역할을 했는지 안다. 하지만 보다 민주적인 체제에서 교육이 어떤 모습일지는 잘 모른다. 경제 민주주의가 실현된 환경, 즉 일자리 부족이 아니라 일자리 보호, 근로시간 감소, 보편적 기본소득이 보장되는 환경이라면, 배움이 취업의 압박에서 벗어나 최종 학력이 아닌 평생의 노력으로 재설정될 수 있다. 배움의 기회를 모든 연령대로 확대하면 자치에 필요한 지식을 지속적으로 쌓을 수 있고, 나아가 사회적 평등을 배양하고, 인문학에 내재한 자유정신을 함양할 수 있다. 학교가 학생들의 분리와 분류를 강제해놓고 그 결과를 각자 하기 나름으로 돌리는 구조적 모순을 극복해야 보편 교육의 약속이 더는 거짓말이 되지 않는다. 또 그렇게 되어야 교육자들이 사회적 통제보다 호기심 배양을 우선시하고, 학생들의 의기를 꺾기보다 열의를 북돋울 수 있다. 하지만 그런 날이 올 때까지는 내가 오버타운 청소년회관에서 만난 소녀가 한 말이 계속 유효하다. "솔직히 말해 민주주의는 허구예요. (…) 우리 위에 있는 사람들 때문에 우리가 의견을 말할 수 없다면 그건 민주주의가 아니죠. 민주주의는 국민에 의한, 국민을 위한 것이니까요." 소녀는 현재 사람들이 사는 방식도, 나라나 학교가 운영되는 방식도 민주주의와는 거리가 멀다고 했다.

민주주의는 모두가 사유하기를 원한다

민주국가의 교육을 둘러싼 전쟁에서 징집 대상 1호는 철학이었다. 그 시작은 민중과 지식인 사이의 충돌을 다룬 플라톤의 《국가론》이었다(주목할 것은 플라톤의 악명 높은 엘리트주의에 어울리지 않는 그의 저작 스타일이다. 플라톤은 모든 저작을 성찰 능력이 뛰어난 등장인물들을 내세워 대화체로 썼는데, 이는 본질적으로 민주적인 형태다). 《국가론》에서 가장 많이 인용되는 대목 중 하나가 비양심적인 부자의 사주를 받아 자격 없는 선원 패거리가 배의 지휘권을 빼앗는 이야기다. 선원들은 바람과 파도를 읽고 하늘의 별들로 방향을 잴 줄 아는 항해사에게 조종을 맡기는 대신 사기, 완력, 아첨으로 지배권을 장악한다. 그들은 지식을 업신여기고 유능한 길잡이를 '잔소리꾼, 점성술사, 아무짝에도 쓸모없는 인간', 다른 말로 현학적 인텔리, 짜증나는 지적 허세로 비난한다.

이 우화는 오늘날에도 통한다. 많은 이가 이 대목을 이렇게 해석한다. 플라톤은 '통치는 전문가들에게 맡겨야 하며 일반 대중은 너무 무지해서 무엇이 그들에게 이로운지 모른다'고 생각한다. 하지만 이는 지나치게 단순한 해석이다. 플라톤이 꿈꾼 철인哲人 통치자는 현대의 테크노크라트와는 다르다. 철학자는, 고전적 정의에 따르면, 사실이나 데이터가 아니라 지혜를 사랑하는 사람이다. 플라톤이 민주주의를 반대한 이유는 민주주의 체제가 기술전문가 집단의 운영 능력을 인정하지 않아서가 아니라, 민주체제가 불가피하게 현명한 사람들을 하찮게 만든다고 믿었기 때문이다(플라톤의 스승 소크라테스는 리더로 격상되지 못한 채 결국 사형에 처해졌다[18]). 플라톤이 상상한 정치적 항해자들은 정북

향이 아니라 보다 심오한 무언가에 시선을 둔다. 진리 그 자체. 그가 '선善'으로 불렀던 것, 절대적이고 불변하며 인습에 얽매이지 않고 현상을 앞서가는 소수만이 진가를 알아볼 수 있는 그것.

분명히 낯설고 형이상학적인 패러다임이다. 하지만 플라톤학파가 아니어도 누구나 지혜로움이 똑똑함과는 다르다는 것을 안다. 똑똑함은 특정 분야에 통달해서 우월성을 입증하는 것이다. 지혜는 능숙함과 유용함을 초월해서 지혜 그 자체를 위해 존재하며, 바로 그 이유 때문에 위협적이다. 비용을 들여 획득되는 전문지식과 달리 지혜는 사고파는 것이 아니다. 지혜의 애호가였고 탁월한 질문자였던 소크라테스가 이 방면의 귀감이었다. 그는 가르침의 대가로 돈을 받는 것을 거부했으며, 당시 고액을 받고 궤변적 변론술을 가르치던 소피스트들을 경멸했다. 소크라테스에게 소피스트들은 시대를 초월하는 목표를 추구하는 대신 오로지 독사doxa(여론)를 흔들어 자기주장을 관철시킬 생각만 하는 인간들이었다.

도널드 트럼프 당선의 여파로 미국에서 플라톤 사상이 부활했다. 유람할 생각에 들뜬 미숙한 승객들이 선장의 완장을 채워준 무자격 선원과 이렇게까지 닮은 대통령은 일찍이 없었다. "나는 많이 배우지 못한 사람들을 사랑한다." 트럼프가 네바다주 선거 유세에서 외친 말이다. 진보 진영은 어이가 없었고, 배를 잡고 웃었으며, 언론에 대고 그 발언을 대대적으로 조롱했다. 그건 트럼프가 무식을 자랑으로 아는 사람들에게 대놓고 영합한다는 결정적 증거였다. 하지만 트럼프의 작전은 적중했다. 선거 날 그는 대학 학위가 없는 백인 유권자들에게 몰표를 받았다. 많이 배우지 못한 백인들이 수없이 트럼프를 사랑했고,

플라톤 사상은 갑자기 민주주의의 필연적 쇠퇴를 꿰뚫어본 섬뜩한 선견지명으로 상종가를 쳤다.

트럼프의 발언에 대해 당시 진보 진영이 보인 반응은 속물적 우월의식이었다. 그래, 꼭 대학 졸업장이 있어야 정치인의 구애를 받는 건 아니지. 그런데 그들의 오만함이 놓친 게 있었으니, 그건 보수주의자들과 재계 인사들은 이미 수십 년 전부터 같은 플레이북을 사용해왔다는 사실이다. 보수파는 이 플레이북에 따라 대중의 분노의 화살을 경제 엘리트에게서 이른바 문화 엘리트에게로 돌렸다. 트럼프는 플라톤이 정의한 선동정치가(재산 없는 청빈한 철학자 왕이라는 이상적 지도자의 반대)의 살아 있는 화신이었다. 그는 아이비리그 출신 갑부인 자신이 이렇게 몸소 서민 편에 섰으며, 자신은 고고하게 라테를 홀짝이고 정치적으로 옳은 말만 하면서 대학 캠퍼스를 누비는 백인들과 다르다는 신호를 보냄으로써 해묵은 수법을 성공적으로 수행했다.

미국 사회에 만연한 반反지식인 정서가 트럼프의 기만 행각을 도왔다. 역사학자 리처드 호프스태터가 1964년 퓰리처상 수상작《미국의 반지성주의Anti-Intellectualism in American Life》에서 말했듯, 지식인 조롱 풍조는 사실 민주주의의 유서 깊은 전통이다(고대에 이미 극작가 아리스토파네스가 희극 〈구름The Clouds〉에서 소크라테스를 몽상가로 신랄하게 야유했다). 이런 풍조는 경험보다 책으로 얻은 지식에 대한 불신과 결부된 경우가 많았다. 신기한 것은, 건국의 아버지들은 누가 봐도 식자층이었음에도 그들의 학구적 성향이 도마에 오른 적은 없다는 점이다. 1828년의 대통령 선거에서는 '글 읽을 줄 아는 존 퀸시 애덤스John Quincy Adams, 1767~1848와 싸움 잘하는 앤드류 잭슨Andrew Jackson,

1767~1845'이 맞붙었다. 이 싸움의 승자는 우리 모두 알다시피 '서구의 문맹자'였다.[19]

호프스태터는 박식함에 대한 반감의 근원을 프리미티비즘 primitivism(소박하고 본원적인 것을 가장 가치 있게 보는 사조. 미국식으로 말하면 단호한 개인주의, 유럽의 고급 문화에 대한 의식적 거부반응), 복음주의 종교, 영리 중심 비즈니스 실리주의가 한데 합쳐진 것으로 본다. 이 경향들의 공통점은 비판만 하고 추종하지 않는 지식인의 기질을 싫어한다는 것이다. 업계와 정부 입장에서 구체적 목표에 동원할 지능은 중요하지만, 지성은 유용성이 훅 떨어진다(호프스태터의 표현에 따르면, 우리가 동물의 지능에 탄복한다고 해서 개를 지적인 존재로 생각하지는 않는다). 지적 기질은 철학자의 기질과 다르지 않아서 학문을 거의 종교적 지위로 대하고, 사상을 삶의 수단이 아닌 목적으로 삼는다.

지식인을 좋아하는 나도 고학력자들에게 적개심을 느끼는 사람들을 전적으로 탓하지는 못한다. 문화 엘리트, 또는 흔히 말하는 전문직 계층은 그들의 유한한 이익을 독점하려는 방향으로 움직일 때가 많았다. 그들은 능력주의를 표방하면서 실제로는 밑에서 올라오는 경쟁자들을 막으려 자기들 뒤로 사다리를 걷어버린다. 또한 고학력자 무리는 특권을 대물림하기 위해 좋은 학군들로 모여들어 자녀를 개인적 열정과 흥미는 물론 기벽까지 존중해주는 프로그램에 등록하고 비싼 돈을 주고 사립학교에 보내서, 어릴 때부터 지식에 대한 사랑을 심어주거나 그게 아니면 적어도 온갖 학문적 편의를 제공해준다. 이렇게 폐쇄적인 교육 귀족층이 형성되고 영구화하면서 대부분의 아이들은 이 과정에 범접하지 못한다.

아이들 대부분 일정 나이가 되면 관념의 세상과 만나지만, 교사에게 강요된 역할이 공장 작업감독의 역할과 당황스러울 만큼 비슷한 권위주의 환경에서 만난다. 그 환경에서 교사들의 열정과 선의는 중요하지 않다. 그들의 의무는 아이들에게 과목별 입문 과정을 가르치는 동시에 규율을 심는 것이다. 협박과 처벌을 통해 아이들의 집중을 유지하고 포화 상태의 교실을 통제한다. 이것은 아이들에게 평생 영향을 미친다. 호기심과 자신감을 막아 결과적으로 문화와 배움의 관계를 훼손한다. 교육적 맥락이 개방적이고 민주적일수록 지적 능력을 억압이나 위화감의 차원에서 보는 대신 장점 그 자체로 동경하게 된다.

내가 그리스에서 방문했던 진료소가 전문지식에 대한 평등주의적 접근을 보여준다. 현 상황에 대한 좋은 타개책이 될 수도 있는 사례라서 여기서 간략하게 소개한다. 자원봉사자들로 운영되는 이 진료소는 경제 파탄의 여파로 그리스 전역에 생긴 여러 의료지원센터 중 하나다. 2008년에 시작된 그리스 경제 위기는 대대적 복지 예산 삭감, 병원 폐업, 의약품 부족 사태를 불렀고, 지금도 그리스를 괴롭히고 있다. 빈곤이 확대되면서 가난에 수반되는 질병들이 증가하자 시민들은 스스로 결집해서 구멍 난 의료 체계를 메우는 한편 정부에 적절한 조치를 취하라는 압박을 가했다.

"이곳은 모든 계층에게 열려 있습니다. 그중에서도 특히 경제 위기로 가장 고통받는 사람들, 진료를 받거나 약을 구할 능력이 없는 극빈층을 도울 목적으로 있는 곳입니다." 센터에 상주하는 심리학자 에미 쿠초풀루Emmy Koutsopoulou가 설명했다. "이곳이 좋은 교훈이 됐으면 해요. 지역사회에서 하나의 민주주의 세포가 되려고 해요. 의료의 또 다른 의미, 공동체의 또 다른 의미를 작은 씨앗처럼 뿌리고 싶어요. 이게 금융위기의 해법이 됐으면 좋겠어요." 그녀는 본인의 거창한 포부에 웃음을 터뜨렸다. "어쨌든 할 수 있는 데까지 해보는 거죠!"

진료소는 수수한 아파트 건물의 아래층에 있었고, 내가 갔을 때 자원봉사자들이 진료실을 확장하는 공사 중이었다. 내가 도착한 화요일 저녁에 마침 주간회의가 열렸다. 회의실에 의사, 간호사 같은 의료진은 물론이고 접객, 기부금 모금, 공사 지원, 청소 등을 맡은 사람들도 모두 모였다. 복작대는 방에서 어리둥절해 있는 내게 외과의사 이오안나 디무Ioanna Dimou가 말했다. "지도부는 따로 없어요. 피라미드는 없어요." 모든 결정은 민주적으로, 합의제로 이루어지며, 이 과정에는 사회적·교육적 배경과 상관없이 모든 자원봉사자가 참여한다.

그 지역의 다른 프로젝트들처럼 이 진료소도 의료 제공자와 환자 사이의 위계를 타파하는 것이 목표다. 환자를 수동적인 고객이나 자선의 대상으로 대하는 대신 치료받는 사람들도 프로젝트에 참여시켜서 프로젝트와 지역사회의 동반 성장을 꾀하고, 궁극적으로는 정부 지원 무상 의료 시스템이라는 정치적 목표를 향한다. 나와 인터뷰한 의사들은 이 모델이 자신들의 전문성이나 위상에 위협이 된다고 보지 않았다. 다만 자신들을 거대 사업의 여러 구성요소 중 하나로 인식했다. 의료진도 환자와 자원봉사자에게서 배운다. 그들 없이는 진료소가 존재하지 못한다. 내가 당직 산부인과 의사에게 인터뷰 요청을 했을 때 그녀가 진료실 증축 공사를 하던 남자도 자리에 초대해 함께 얘기를 나눈 것도 그런 맥락이었다. 그녀가 그런 포함을 만들어낸 게 아니었다. 그녀는 전문 의료인으로서, 남자는 그녀가 일할 공간을 만들고 보수하는 사람으로서 동등하게 중요한 역할을 수행하기 때문이었다. 둘 다 발언권을 가질 자격이 있었다.

그리스의 자원봉사 진료소들은 정신노동과 육체노동의 전통적 분리에 반대한다. 그것만으로도 주목할 가치가 있지만, 더 놀라운 것은 일부(예를 들어 의사들)에게 집중된 특수 지식을 폄하하지 않는다는 점이다. 전문지식과 숙련기술은 분개의 대상이 아니라 존중의 대상, 나아가 존경의 대상이다. 모두가 핵심적이고 동등한 참여자로 대우받는다. 기본 정신은 겸허다. 모두가 모든 것의 전문가가 될 수는 없다. 아무리 중요한 자격증을 가지고 있는 사람도 나머지 대부분의 영역에서는 하찮고 무지한 대중의 일부일 뿐이다.

이런 평등주의자 의료인들, 도서관을 지키기 위해 투쟁하는 재소자들, 학교 운영에 교사도 발언권이 없기는 마찬가지라는 인식하에 행정처와 이사회가 아닌 학생과 교사가 주동하는 교육은 어떤 모습일지를 고민하는 아이들. 이들 모두 우리에게 영감을 주는 사람들이다. 무엇보다 경제적 해방과 지적 해방이 별개의 문제가 될 수 없다고 믿으며 부의 재분배와 지혜의 민주화를 동시에 목표하는 공격적 노동자들을 기억해야 한다. 그들은 동료에게 '꼴통'이 되지 말자고, 생각 없이 쉽게 착취당하는 몸뚱이가 되지 말자고 촉구했고, 학교 교육이 사회 계층화와 사회 통제의 수단이 아니라 집단 계몽과 사회 변혁에 이바지하는 미래를 상상했다. 지식은 힘이며, 그 힘은 공유될 수 있고 또 공유되어야 한다.

위대한 철학자이자 교육학자 존 듀이John Dewey가 말했다. "모든 사상가는 겉보기에 안정적인 세상을 일정 부분 위험에 빠뜨린다. 그리고 그 자리에 무엇이 부상할지는 아무도 온전히 예측할 수 없다."[20] 사유는 사실 위험한 행위다. 그것이 현상 유지에 혈안이 된 보수주의자들이 1950년대부터 줄곧 인텔리(사람들에게 무엇을 생각하고, 보고, 먹을지, 어떻게 살지 훈계하는 잘난척하는 사람들)를 비난해온 이유다. 이는 절대다수를 순종적인 무지 속에 가두려는 오랜 전쟁에서 최근의 전술에 불과하다. 그 전쟁의 시작은 플라톤이 생각 없는 민중을 이끄는 것은 고매한 철학자 집단의 독점적 역할이라고 주장했던 때로 거슬러 올라간다. 보통사람들은 그 생각에 맞서 온갖 불리함을 무릅쓰고 한데 뭉쳐 부단히 투쟁해왔다. 왜? 모든 해답을 가지고 있진 않지만 문제 제기와 배움과 저항을 두려워하지 않는 대중, 즉 철학적 대중을 형성하기 위해서. 이것이 지난날 지식에 굶주렸던 노동자들이 사실로 믿었던 것이고, 오늘날에도 변함없는 사실이다. 민주주의는 모두의 숙고와 사유를 필요로 한다. 그리고 그것을 바라지 않는 세력은 항상 존재했다.

7

새로운 세계질서

지역 vs. 세계

금융시장도 <포춘> 500대 기업들도

모두 국가의 범위를 뛰어넘어 영향력을 발휘하건만,

민주주의는 아직도 민족국가 단위로 쪼개져 있다.

이러한 괴리가 지역과 세계 사이의 긴장을 고조시키고,

이 긴장은 수많은 정치 문제의 배후에서 감지된다.

2011년 5월, 수천 명의 아테네 시민들이 국회의사당 맞은편 신타그마 광장에 모였다. 같은 시기에 에스파냐 마드리드의 푸에르타델솔 광장에 집결한 인디그나도스Indignados(분노한 사람들)처럼, 아테네 시위자들도 광장을 점거하고 해산을 거부했다. 그들은 경찰이 폭력적으로 캠프를 철거하기 전까지 그렇게 3개월을 버텼다. 에스파냐 시위대가 "이제는 진짜 민주주의를! ¡Democracia Real YA!"이라고 외친 것처럼 아테네 사람들은 "이제는 직접민주주의를! Amesi Dimokratia Tora!"이라는 구호 아래 뭉쳤다.

신타그마 광장의 군중은 분노했다. 당시 그리스는 지금도 회복의 기미가 없는 경제 침체의 나락으로 떨어지고 있었다. 2008년 미국에서 시작된 금융위기가 유럽의 외채 위기로 번졌다. 국제채권단은 구제금융의 대가로 잔인한 긴축정책을 요구했고, 이에 따른 극단적 공공지출 억제책들은 상황을 더 악화시켰다. 병원들은 문을 닫았고, 의약품은 바닥나고, 보건 예산은 반으로 떨어졌다. 학교는 책과 난방 없이 운영되었고 교사들은 대폭 감원됐다. 수십만 개의 중소기업이 무더기로 도산했다.[1] 실업률이 치솟아 젊은 여성 실업률의 경우 70%가

넘었고, 대부분 젊은 대졸자들인 40만 명의 시민들이 일자리를 찾아 해외 이민에 나섰다. 그리스 인구가 약 1천만 명인 걸 감안하면 엄청난 숫자였다. 경제협력개발기구OECD에 따르면 그리스인의 3분의 1이 지금도 빈곤에 가까운 생활을 한다.[2]

2010년 초의 양해각서MOU에 따라 그리스는 1천억 달러가 넘는 긴급대출을 받는 대가로 유럽연합, 유럽중앙은행, 국제통화기금IMF으로 구성된('트로이카'로 불린다) 국제채권단에게 엄청난 권한을 양도했다. 여론조사에 따르면 그리스 국민의 60%가 이 거래에 반대했다. 부채의 대가는 혹독했다. 상환 이자는 살인적이었고, 이미 불충분한 연금과 임금의 추가 삭감, 보건의료와 교육 부문 예산 축소, 노동보호 약화 등의 전면적 긴축정책이 요구됐다. 그동안 세금은 풍선처럼 불어나고 공공자산은 민영화돼 외국 투자자들에게 팔려나갔다.

그리스 국민은 양해각서에 엄청난 인적 피해가 따라붙는다는 것을 예리하게 인지하고 있었다. 경제는 이미 전부터 쇠퇴일로였고, 그 상황에서 사회복지 예산 삭감은 가뜩이나 어려운 상황을 최악의 참사로 키울 수 있었다. 신타그마 광장의 시위대는 국민 대다수의 의지가 초국가적 힘에 의해 좌절된 것에 분노했다. 그들은 경제 문제를 축소하고 재정 부실을 다년간 은폐해온 사회당 정치 왕조의 계승자인 게오르기오스 파판드레우Georgios Papandreou 총리의 사퇴를 요구했다. 파판드레우는 결국 2011년 말에 사임했지만, 그의 뒤를 이은 건 전직 유럽중앙은행 부총재 루카스 파파데모스Lucas Papademos였다. 국제채권단이 채권단 중 하나를 그리스 총리로 앉힌 것이다.

민주주의는 국민의 통치를 의미한다. 그런데 국민은 어디서 통치하는가? 국민이 민주주의를 행사하는 곳은 어디인가? 그리고 그 공간은 사람들을 얼마나 수용할 수 있는가? 때로 그 공간은 고작 수천 명의 이상주의자들이 점유한 초라한 공원이다. 신타그마 광장 점거 농성은 부당함에 맞선 시위였을 뿐 아니라 권력자들에게 던지는 고발장이었다. 정의사회의 미래 이미지에 대한 유토피아적 표현이었고, 민주주의의 진본을 실행에 옮기려는 시도였다.

연대감으로 고무된 시위대는 자체적으로 여러 대책반을 조직해서 식품, 의약품, 위생용품을 조달하고, 교육 프로그램을 제공하고, 통신을 처리했다. 예술 행사도 빈번히 열렸다. 우산을 들고 춤추는 무용수들이 해질녘의 광장을 해파리들처럼 너울너울 떠다녔다. 당시 열아홉 살이었던 아스파시아 발타Aspasia Balta는 참가자들의 에너지와 동지애, 그리고 다양성에 매료됐다. 남녀노소, 블루칼라와 화이트칼라, 급진주의자와 자유주의자, 시민과 외국인이 저녁 회의에 함께 모여 이야기를 나눴다. 3분 발언 규칙을 준수하기만 하면 누구나 대중 앞에서 연설할 수 있었다. 발타가 내게 말했다. "모든 날이 공의회 날이었어요. 직접민주주의의 위대한 실험이었죠."

신타그마의 위대한 실험은 효과가 있었다. 다만 그 실험이 규모 면에서는 그다지 위대하지 않았기 때문에 가능한 일이었다. 그것은 특정 공간(광장)과 특정 크기(광장이 수용 가능한 인원)로 한정된 실험이었다. 민주주의를 논할 때는 규모의 문제가 중요하다. 자치는 일반적으로 장소 기반 현상이다. 즉 특정 장소와 그곳에 거주하는 사람들이 결부된 행위다. 지역과 집단의 크기가 어느 정도일 때 공동의 의사결정에 가장 적합할까? 그리고 어느 시점에서 직접 심의가 불가능해질까?

우리 시대의 문제들 중 다수가 지구적 문제들이다. 시장들이 거미줄처럼 지구행성을 덮고 있어 런던의 주식 거래나 중동의 석유가가 뉴욕, 홍콩, 뭄바이에 영향을 준다. 아이디어들이 디지털 네트워크를 타고 유포되고, 기후변화와 환경 재앙은 특정 지역의 문제가 아니다. 대서양을 횡단하는 항공편 하나로 유행병이 전 세계에 퍼진다. 우리는 이렇게 세계화된 세상에 산다. 하지만 불행히도 그것이 우리가 거기 상응하는 민주주의를 찾아냈다는 뜻은 아니다.

그리스 국가부도 사태의 교훈은 그리스의 문제가 전적으로 자국 문제가 아니었다는 데 있다. 세계 경제가 붕괴한 탓에 지역 경제가 휘청댔다. 월가에서 처음 흘러나온 전염병이 널리널리 퍼진 결과였다. 그리스는 우리 시대가 직면한 난제의 전형이 됐다. 금융시장도, 신자유주의 무역 체제도, 〈포춘〉 선정 500대 기업들도 모두 국가의 범위를 뛰어넘어 영향력을 발휘하건만 민주주의는 아직도 민족국가 단위로 쪼개져 있다. 이러한 괴리가 지역과 세계 사이의 긴장을 고조시키고, 이 긴장이 수많은 정치 문제의 배후에서 감지된다. 권력이 보통사람들의 손을 벗어났다는 인식이 만연하면서 많은 나라에서 종족민족주의가 기승을 떠는 계기가 됐다. 황금새벽당Golden Dawn Party이라는 파시스트 극우파 정당이 힘을 얻고 있는 그리스도 예외는 아니었다. 오늘날 이름값 하는 민주국가라면 여러 민주정 단위들(지역, 도시, 국가, 광역, 세계)의 균형을 동시에 추구해야 한다. 그것들이 충돌할 때는 특히 더 그렇다. 신타그마 광장에서 그 충돌이 일어났다.

먼 거리는 반反민주주의 세력에게 유리하게 작용하는 경향이 있다. 집단의 크기가 커지면 독재가 되거나 부패하기 때문이 아니라 사람들이 권력자나 권력기관에 쉽게 닿을 수 없기 때문이다. 하지만 나는 작은데도 제대로 기능하지 못하는 집단들을 많이 겪었고, 그래서 일대일 민주주의가 반드시 더 효율적이거나 더 평등하지 않다는 것을 안다. 미국 남부 주들이 고수해온 인종차별 정책의 역사가 보여주듯, 지방 분권이 오히려 반민주적 목적들에 영합할 수도 있다. 또는 반대로 광범위한 국제법이, 그것이 인권보호법이든 환경보호법이든, 민주주의를 효과적으로 증진하기도 한다. 작은 것이 항상 본질적으로 낫다고 할 수 없으며, 큰 것이 반드시 나쁜 것도 아니다. 규모는 일종의 전략이다. 즉 민주주의 목적의 달성이나, 반대로 그것의 와해를 위한 수단으로 이해하는 것이 합리적이다.

민주주의는 규모의 문제

일반적으로 학생들은 민주주의를 서구가 발명해서 세계에 헌정한 선물이라고 배운다. 이 서사에 따르면, 유럽인들이 아테네와 로마 선각자들의 이상을 이어받았고, 18세기에 이르러 그것을 완성하고 확장하기 시작했다. 하지만 그리스인들이 민주주의라는 말은 만들었을지 몰라도 민주주의의 관행까지 발명한 건 아니다. 민주주의는 각양각색의 시간과 공간에서 갖가지 형태로 우후죽순 생겨났다. 고대 중동의 도시 니푸르의 시민의회, 메소아메리카 틀락스칼라 공화국, 아프리카의 마을 의회들, 아이슬란드의 얼씽Althing(국회), 스위스의 행정 중심인 칸톤canton 등이 그 예다. 인류학자들에 의하면 인류는 인류사의 대부분을 상대적으로 평등한 부족 공동체의 상태로, 모두가 모두의 이름과 하는 일을 알고 협력이 생존의 열쇠가 될 만큼 작은 무리의 형태로 살았다. 여기서 공통점은 규모다. 민주주의의 선구자들 모두 상대적으로 작은 사회에서 살았다. 수천만 명, 수억 명, 수십억 명이 사는 나라는 경험하지 못했다.

마키아벨리는 규모의 문제를 고심했다. 그는 1513년부터 쓰기 시작한 《로마사 논고》에서 작은 공화국들의 미덕을 거대 제국들, 특히 로마 제국과 비교한다. 그에 따르면 공화제 자치가 가능할 만큼 작은 공동체는 너무 작아서 자체 방어가 힘들고, 효과적인 자기방어가 가능할 만큼 큰 공화국은 내부의 '혼란'과 '격동'에 시달리다가 결국 전제주의 폭정으로 추락하기 쉽다. 마키아벨리 이론에서 성장과 성공은 곧바로 시저리즘Ceasarism(전제군주제)으로 이어진다. 그는 팽창을 '공화국의 독'으로 부르면서, 그럼에도 그 독을 마셔야 한다는 결론을 내린다.[3] 다시 말해 양쪽 모두를 만족할 해법이 보이지 않자 공화정 명분을 버리고 '로마의 위대함'을 수용한다.[4] 작은 나라는 반드시 망한다? 그렇다면 차라리 제국으로 성공하는 게 낫다고 생각한 것이다.

18세기에 대의민주주의 사상이 대세로 뜨면서 규모의 문제가 다시 대두됐다. 프랑스 계몽사상가 몽테스키외는 "공화국이 작으면 외세에 멸망하고, 크면 내적 타락으로 멸망한다"라고 말했다. 지난날 마키아벨리의 말과 다르지 않다. 대형 공화국은 내적 다양성이 증가하고, '천 가지 사견으로 산만해진다'. 또한 상업이 일어나 불평등을 야기하고 폭정에 이르는 길을 닦는다. 하지만 마키아벨리와 달리 몽테스키외는 해법의 가능성을 내비쳤다. 즉 전제주의의 영향을 억제하기 위한 '3권분리'라는 진보적 이상을 최초로 제시했다. 또한 그는 '연방공화국'의 가능성을 옹호했다. 그는 동맹 결성이 작은 공화국들의 규모를 키우고 힘도 강화시키는 좋은 방법이 될 수 있다고 했다.

미국 헌법 기초자들은 서신에서 몽테스키외를 뻔질나게 인용했다. 다수는 아메리카 대륙 전체는 물론이고 북미 동부 해안지역만 해도 공화제 자치가 가능하기에는 너무나 광대하다고 여겼다. 하지만 매디슨은 작은 공화국 옹호론을 격파하는 것을 본인의 사명으로 삼았다. 그는 영토가 넓을수록, 인구집단이 다양할수록 오히려 이로울 수 있다는 주장을 폈다. 매디슨은 사회 통합의 가능성을 일축하면서 다양한 사회세력들이 서로 상쇄하도록 놔두는 것이 더 효과적이라고 주장했다. 파벌의 파괴력을 완화하는 방법은 모두를 억지로 화합하게 하는 게 아니라 오히려 파벌의 수를 늘리는 것이라는 뜻이다. 매디슨에 따르면 '확장 공화국'은 '지역 정신'을 약화시키는 한편 권력을 사회 상층부로, 즉 그가 자격과 능력을 갖춘 계층이라고 믿는 사람들에게로 이동시킨다.

이것이 연방주의 지지자들의 논리였다. 도덕적으로 위대한 공화국은 규모 면에서도 위대할 필요가 있었다. 양(인구와 땅 면적)은 질質의 시녀였다. 팽창은 독이 아니라 치료약으로, 인적 다양성의 악영향과 사람들의 복잡하고 편협한 애착을 희석시키는 동시에 그들의 관심을 멀리 지평선을 향해 분산시켜 놀라운 약효를 내는 반가운 해독제로 재정의됐다.[5] 광대함이 사회적 적대의식들을 분산시키는 다면적 목적에 이바지할 거라는 얘기였다. 이 명분에 따라 미국의 국경이 해지는 방향으로 슬금슬금 움직였고, 시민들은 그들의 분노를 국가 엘리트층

을 향해 위로 겨누는 대신 인디언들을 상대로 서쪽을 향해 전쟁을 벌였다.[6]

원주민 6부족에게 민주주의를 배우다

몽테스키외가 거대 공화국의 가능성을 말하기 훨씬 전, 유럽인이 발을 디디기 훨씬 전, 신세계 북동부에 이미 만만찮은 연방체가 존재했다. 바로 6개 부족이 연합한 하우데노사우니 연맹이다. 이미 14세기에 공동체들이 세력 확장을 위해 연합한 것이다. 오랜 상쟁 끝에 모호크, 세네카, 오논다가, 오네이다, 카유가 등 다섯 부족이 연합했고, 1722년에 투스카로라족이 합세해 6부족 동맹체로 확대됐다. 이들을 하나로 묶은 것은 카이에네레코와Kaienerekowa, 즉 '위대한 평화의 법Great Law of Peace'이었다. 이는 연맹원의 구성과 권리와 의무를 명시한 획기적인 헌법으로, 훗날 미국의 독립헌법 제정에 영향을 미쳤다.

역사 기록을 보면 식민지시대의 인물들이 하우데노사우니 연맹과 가깝게, 그리고 폭넓게 접촉했으며, 비록 연맹의 땅을 훔치고 그들의 생활방식을 말살하려 했지만 그들에게 깊은 감동을 받았다는 것을 알 수 있다. 일례로 벤저민 프랭클린은 하우데노사우니 연맹을 선진 정치체로 여겼다. "무지한 야만족 여섯이 이런 연방 결성을 도모하고 또 이런 방식으로 실행할 능력이 있다니, 매우 야릇한 일이 아닐 수 없다. 이 연방은 오랜 세월 이어졌고 여전히 철옹성처럼 굳다. 그런데 정작 이런 연방제가 더 절실하고 더 유리한 우리 열 또는 열두 식민지들은 그것을 실행할 꿈도 못 꾸고 있다니."[7]

프랭클린은 1744년 펜실베이니아주 랭커스터에서 열린 조약회의의 진행 과정을 책으로 발행했는데, 거기 오논다가 추장 카나사테고 Canasatego의 말이 실려 있다. 당시 프랑스와 전쟁 중이었던 정착민은 원주민 부족들과 동맹해야 할 처지였지만 자기들끼리도 옥신각신하고 있었다. 카나사테고는 동맹을 원하는 정착민에게 하우데노사우니를 모범 삼아 연방제를 채택할 것을 권고했다. 그는 연방 결성이 안정과 힘을 강화하는 길이라고 주장했다. 그로부터 30년 후인 1775년 8월, 대륙회의Continental Congress[독립혁명 당시 미국 13식민지의 대표자 회의]가 6부족 동맹 대표단과 만날 대표들을 임명했다. 이 식민지 특사들은 "30여 년 전 6부족 동맹의 현명한 선조들이 베푼 조언(카나사테고가 우리 백인들에게 해준 말)이 그것을 들은 사람들의 마음에 깊은 감명을 주었다"며 경의를 표했다.

> 6부족은 현명한 사람들이다. 그들에게 귀 기울이고, 그들의 충고를 받아들이고, 우리 아이들이 그것을 따르도록 가르치자. 우리의 아버지들이 우리에게 그렇게 하셨다. 아버지들은 아이들에게 화살 하나를 보여주며 이렇게 말했다. "봐라, 화살 하나는 이리도 쉽게 부러진다." 다음에는 화살 열두 개를 튼튼한 끈으로 묶고 말했다. "이렇게 하면 아무리 힘센 사람도 감히 부러뜨리지 못한다." 봐라, 이것이 저들 6부족 동맹의 의미다. 흩어지면 한 명이 우리를 멸할 수 있지만, 뭉치면 온 세상이 덤벼도 우리를 쉽게 어쩌지 못한다.

얼마 안 가 화살 다발 그림이 미국 공식 인장에 포함됐다. 원래 디자인에는 북미 원주민 전사가 화살 다발을 어깨에 메고 있었는데, 최종본에서 독수리가 오른발로 화살 13개를 움켜쥔 그림으로 바뀌었다.[8]

하우데노사우니 연맹 헌법, 즉 '위대한 평화의 법'은 원래 읊는 데 며칠씩 걸리는 구전법이었다. 그들은 헌법의 117개 조항을 왐펌 wampum[과거 북미 원주민이 화폐나 장식으로 사용하던 조가비 구슬]에도 새겼다. 역사학자이자 정치이론가인 타이아이아케 알프레드Taiaiake Alfred에 따르면, 풍부한 상징과 구체적 기술이 어우러진 이 헌법은 '북미 최초의 진정한 연방제'의 구성을 보여준다.[9] 각각의 부족은 더 큰 전체로 통합되면서도 자율과 특색을 유지했다. 하우데노사우니 연맹은 현대적 의미의 국가는 아니었다. 연맹은 강압적 힘으로 통치하는 정부가 아니었다. 합의가 하우데노사우니 정치철학의 중심이었고, 동맹을 한데 묶은 것은 알프레드의 표현에 따르면 '공동체 자체의 도덕적 힘'이었다.[10]

하우데노사우니 헌법은 부족별로 특정수의 대표를 할당해서 총 50명의 사킴sachem(추장)으로 구성된 대의회를 소집한다. 하우데노사우니 헌법은 대의회의 권한을 성문화하는 동시에 그 영향력을 제한하고, 견제와 균형의 원리를 세우고, 토론의 규칙을 상술하고, 의사결정에서 만장일치를 지향하는 시스템을 구체화하고, 지도자 소환 절차를 명시한다. 또한 집회, 표현, 종교의 자유와 문화적 차이를 보호한다. 초창기 민속학자 루이스 헨리 모건Lewis Henry Morgan, 1818~1881은 이렇게 썼다. "그들의 모든 정책은 개인의 손에 권력이 집중되는 것을 반대한다."

1727년에 하우데노사우니 연맹에 대한 최초의 영어 저술이 나왔다.

거기서 식민지 관리이자 모호크족의 양자였던 캐드월래더 콜든 Cadwallader Colden은 추장들이 일반인보다 가난한 경우가 많은 것에 놀라며 이렇게 말했다. "5부족 연맹의 관직은 명예직일 뿐이다. 어떤 직책이든 따라붙는 봉급이나 이익이 전혀 없어서 탐심과 부패한 인사가 꼬이지 않는다." 또한 콜든은 부족 공동체에는 "어떠한 종류의 상대적 우월성도 허용하지 않고 그들의 영토에서 어떠한 예속도 추방한다는 절대적 자유의 개념"이 있다고 전한다.

당시 추장들은 왕도 독재자도 아니었다. '위대한 평화의 법'에 따르면 그들의 정통성은 공동체에 뿌리를 두었고, 공동체의 토론과 협의 과정에 관여할 의무와 묶였다. 법이 그것을 분명히 했다.

> 매우 중요한 사안이 대두하면 (…) 동맹 의회에 제출되고, 그 사안이 연방 전체에 영향을 미치는 것이라면 동맹의 사킴들은 반드시 그 사안을 인민의 판단에 붙여야 하며, 인민의 결정이 의회의 결정에 반영된다. (…) 이 결정은 인민의 목소리에 대한 확인이어야 한다.[11]

또한 하우데노사우니 헌법은 인민의 이익을 대변하는 임무를 맡은 '멘토들'에게 공직에 따르는 대중의 멸시와 시련을 감당할 것을 명령한다.

> 그들의 피부 두께는 일곱 뼘일지니, 그리하여 그들은 어떠한 분노, 공격 행위, 비판에도 내성을 가지고 견뎌야 한다. 그들의 마음은 평화와 선의로 가득해야 하고, 그들의 머리는 동맹 인민의 안녕을 향한 갈망으로

가득해야 한다. 끝없는 인내로 임무를 수행해야 한다. 그들의 확고부동함은 인민에 대한 친절함으로 완화될지라. 분노도 앙심도 그들의 마음에 맺혀서는 안 되며, 그들의 모든 언행은 반드시 차분한 숙고를 담아야 한다. (…) 말하고 행하는 모든 것에서 오로지 인민만 생각하고 자신은 생각하지 않는다. 앞날을 생각하되, 현재뿐만 아니라 아직 태어나지 않은 미래 세대에 대해서도 생각해야 한다.[12]

사킴이 자신의 의무를 다하지 못하고 인민의 안녕을 지키지 못하면, 그에게 권한을 준 사람들('씨족 어머니'이라 불리는 여성들)에게 두 번의 경고를 받은 후 탄핵된다. 씨족 어머니란 각각의 부족을 구성하는 하위 부족들의 여성 우두머리인데, 사킴들을 임명하고 퇴위시킬, 그야말로 '뿔을 자를' 궁극적 권한을 행사한다. 씨족 어머니들 역시 해당 씨족 집단의 여성 구성원들이 뽑는다. 자국 인구의 절반에 대해 뻔뻔한 묵살로 일관하는 미국 헌법과는 너무나 대조적으로, '위대한 평화의 법'은 전체 조항의 거의 4분의 1을 여성의 권한과 역할을 다루는 데 할애한다.[13] 여성은 사적 공간에 갇혀 있고 남성만 공무를 지배하는 정착민 사회와는 달리, 원주민 사회는 가정의 영역과 민주주의의 영역이 단절되어 있지 않았다.

다시 말해, '여성의 권리'라는 개념이 영어에 등장하기 수백 년 전에 이미 하우데노사우니 사회가 "가정의 민주주의가 곧 나라의 민주주의"라는 20세기 페미니즘 슬로건을 실현한 것이다. 최절정기의 하우데노사우니 연맹은 가족의 도리부터 외교 정책에 이르기까지 사회적·정치적 삶의 모든 면을 아우르는 위대한 법을 발판으로 지금의 뉴욕주 대부분과 펜실베이니아주, 오하이오주, 온타리오주, 퀘벡주의 일부를 포함한 광대한 영역으로 뻗어나갔다. 이에 대해 알프레드는 이렇게 썼다. "하우데노사우니 사회의 특징은 광범위한 민주주의였다. (…) 연방제의 중점 관심사는 주권재민의 영속성을 보장하는 것이었기에, 추장들이 자기 부족민의 뜻을 직접 대변하게끔 조직됐다."[14]

미국 건국자들은 6부족 동맹에서 광역 민주주의의 성공 사례를 봤다. 하지만 방대한 땅덩어리에 퍼져 있는 사람들을 결합할 연방 결성에만 집중했을 뿐, 하우데노사우니 연맹이 보여준 여러 젠더를 아우르는 포괄적 민주주의의 모범이나 땅과 관계 맺는 방식에 대한 심오한 교훈들은 무시했다. 바로 그것이 다채로운 원주민 전통을 관통하는 핵심인데도 말이다.[15] 캐나다 옐로나이브스 딘Yellowknives Dene족의 일원이자 학자인 글렌 쿨타드Glen Coulthard의 설명에 의하면, 원주민의 땅 소유권은 배타적이지 않았다. 땅은 차지할 자원이 아니라 길러야 할 '관계'였다. 쿨타드는 〈붉은 피부, 백색 가면Red Skins, White Masks〉에 이렇게 썼다. "직설적으로 말해서, 원주민의 반자본주의와 반식민주의의 이론과 실제는 토지 문제가 발단이자 지향인 투쟁으로 이해하면 된다. 그것은 물질적 차원의 땅을 향한 투쟁만은 아니다. 상호관계와 상호의무의 시스템으로서의 땅이 우리에게 가르치는 것, 즉 지배와 착취가 없는 상태로 타인과 자연세계와 더불어 사는 방법을 위한 것이다."[16]

캐나다의 원주민 부족들First Nations은 오랜 세월 주권을 추구했다. 그들은 주권이라는 용어를 영토의 지배와 착취할 권리가 아니라, 땅과 사람이 상리공생할 권리로 이해한다. 쿨타드는 자신의 책에 필립

블레이크Philip Blake의 말을 인용했다. 블레이크는 캐나다 포트맥퍼슨 출신의 딘족으로, 1970년대 초 정착민에게 다음의 통찰을 제공했다.

> 우리는 우리 사회가 인디언 부족의 운명을 이루기 위해 반드시 세력을 확장하고 새로운 지역을 정복해야 한다고는 생각하지 않는다. (…) 그 건 우리 방식이 아니다. 나는 그대들의 나라가 우리를 과거의 유물이 아니라 삶의 방식으로, 미래의 생존을 위한 가치 체계로 보기를 원하고 또 그렇게 하리라 믿는다. 우리는 그것을 기꺼이 공유할 것이다.[17]

민주주의의 발상지에서 무너진 민주주의

신타그마 광장 점거 시위가 있은 지 약 1년 후, 77세의 은퇴한 약사가 광장에서 자식들에게 빚을 물려주고 싶지 않다고 말한 뒤 총으로 자살했다. 긴축정책으로 그의 연금이 삭감됐고, 그는 유서에서 정부를 규탄했다. "먹을 것을 찾아 쓰레기를 뒤지는 신세가 되기 전에 품위 있게 죽는 것 외에는 달리 투쟁의 방법을 모르겠다."[18] 그의 죽음은 나라 전체의 고통을 상징했다.

고고학자이자 정치활동가인 데스포이나 쿠춤파Despoina Koutsoumpa가 내게 말했다. "글로벌 금융위기가 닥치면 가장 먼저 희생당하는 것은 민주주의, 곧 국민의 권력입니다. (…) 우리가 몸담은 사회운동과 공공정책public affairs 사이에는 모순이 있어요. 사회운동은 매우 민주적이지만, 공무는 국민의 지배도, 심지어 국민의 대리자의 지배도 받지 않아요. (…) 오늘날에는 권력이 국회에도, 심지어 유럽의회에도 없어요. 진짜 권력은 유럽중앙은행, 유럽연합 집행위, 유로그룹Eurogroup(유로존 재무장관들의 협의체)처럼 국민의 힘에 통제받지 않는 기관들에 있어요." 이러한 권력중심들의 요직은 선출직이 아닌 임명직 테크노크라트들로 채워진다.

내가 아테네에서 만난 사람들은 국제채권단이 부과한 가혹한 긴축정책을 일종의 쿠데타 또는 신식민주의로 묘사했다. 즉 글로벌 금융엘리트가 탱크 대신 뱅크를 앞세워 주권재민을 침탈한 사태로 보았다. 이에 대응해 수백만 그리스인들은 채무 위기가 본격화한 2011년이후 급격히 성장한 시리자SYRIZA(급진 좌파 연합)에 희망을 걸었다. 젊고 카리스마 있는 알렉시스 치프라스Alexis Tsipras의 지도 아래 시리자가 2014년 말 총선에서 압승하면서 그리스 최초의 급진 좌파 정부가 탄생했다. 총리 당선자 치프라스는 수락 연설에서 '긴축의 악순환'을 끊겠다고 약속했다.

채권단은 그리스 유권자들의 반란에 심기가 편치 않았다. 볼프강쇼이블레Wolfgang Schauble 독일 재무장관은 새해 벽두부터 그리스 국민들의 기대에 찬물을 끼얹었다. "선거는 아무것도 바꾸지 못한다. 규칙은 규칙이다." 트로이카 수뇌부는 유권자의 호불호에 상관없이 경제긴축정책은 계속된다고 못 박았다. 만약 그리스 국민이 구제금융 이행 협약을 깨는 데 성공한다면 파키스탄, 멕시코, 잠비아 등의 채무국은 물론이고 장차 포르투갈, 이탈리아, 아일랜드가 그리스의 선례를 좇아 같은 일을 도모할 수 있다.

치프라스 정권에서 조에 콘스탄토푸루Zoe Konstantopulou라는 대담한 여성 인권변호사가 국회의장이 됐다. 콘스탄토푸루는 신타그마 점거 시위에도 적극 참여한 바 있다. 그때 그녀는 정부의 재정 투명성 부족을 우려하는 시위대와 함께 회계감사를 요구했다. 그리고 이제 그 프로젝트를 거리에서 국회로 옮겨와 공채진상조사위원회를 설치했다.

증거 조사 결과 그리스의 부채는 불법과 부도덕의 결정체였다. 콘스탄토푸루가 국회에 제출한 공식 감사 보고에 따르면, 그리스 경제의 '긴급구제금'으로 묘사된 막대한 금액이 실제로는 외국 은행들을 구제하는 데 쓰였으며, 자금의 거의 90%가 심지어 그리스를 거치지도 않고 채권자 은행들로 직행했다. 대출기관들은 빚을 상환받고 이자와 서비스 수수료까지 챙긴 반면, 그리스는 주권을 잃었다. 구제금융 조건의 하나로 공직자들은 예산 편성권과 주요 행정권을 채권자들에게 넘겼다. 그 결과 빚쟁이들은 국법에 거부권을 마구 행사하고, 국가 재정을 관장하는 관료들을 마음대로 임명하면서 사실상 그리스 입법기관을 대신했다.

진상조사위는 그리스의 부채가 급증한 이유도 언론이 떠들어댄 것과 다르다는 사실도 발견했다. 즉 과도한 복지 지출 때문에 부채가 늘어난 것이 아니라 사실은 2008년의 미국발 글로벌 금융위기로 국제금융시장이 그리스의 부채를 회수하려 했기 때문이었다.[19] 그리스가 다른 곳에서 돈을 빌려 빚을 갚는 과정에서 이율이 상승했고, 이자가 눈덩이처럼 불어나 1980~2007년 부채 증가분의 3분의 2에 달했다(엎친 데 덮친 격으로 골드만삭스의 금리스와프[이자 지급 조건을 일정 기간 바꾸는 것] 책략이 그리스의 재정적자를 가중시켰다. 반면 골드만삭스는 중간에서 약 8억 달러를 벌어들였다).[20] 또 진상조사위는, IMF가 그리스 부채가 지속 불가능한 상태였으며 이 사태로 결국 가장 취약한 인구집단들(저소득층, 연금생활자, 여성, 어린이, 장애인, 이민자)이 가장 큰 피해자가 될 것임을 뻔히 알고 있었다고 밝혔다.

콘스탄토푸루는 그리스가 서명한 합의각서는 신중히 구상된 공공정책이라기보다 성급한 사업거래와 비슷하다고 말했다. "이게 한 나라의 얘기라는 게 믿기지 않습니다. 일개 회사, 일개 사업이 부도나서 감원 요구를 받아도 이런 식은 아닐 거예요. (…) 하지만 슬프게도 이건 일개 기업이 아닙니다. 주권국가의 일이고, 직원들이 아니라 국민의 일이에요. 정부에게 사회를 죽여서라도 빚을 갚으라고 요구하는 것은 합법적이지도, 용납될 수도 없어요." 2009년 이후 통과된 상당수 긴급조치들(필수 공익사업 삭감, 공공자산 사유화, 노사단체 협약 무시, 노동자 해고 조건 완화 등)은 그리스로 하여금 국민에 대한 헌법적 책무와 국제인권 차원의 의무마저 저버리게 만들었다.

그런데 콘스탄토푸루 입장에서는 몹시 실망스럽게도, 치프라스는 국제금융 조건의 적법성에 대한 이의 제기를 피했다. 그는 단기적일망정 국가 위기를 악화시킬 수 있는 그리스의 유로존 퇴출 위험을 감수하길 꺼렸다. 몇 달이 흐른 뒤 조금이라도 부채를 탕감받을 가능성은 없다는 것이 분명해졌고, 그리스는 채무불이행 직전까지 내몰렸다. 위기가 가중되며 새로운 국제 구제금융안 합의각서 체결이 임박했다. 2015년 6월, 치프라스는 TV 전국 방송에서 국민투표를 제안했다.

그리스 국민 여러분, 여러분께 요청합니다. 여러분이 직접, 그리스 역사에 걸맞은 주권과 위엄으로 결정해주십시오. 우리가 가혹하고 굴욕적인 긴축을 요구하는 터무니없는 최후통첩을 받아들여야 할지 여부를 말입니다. 이 내핍이 언제 끝날지 알 수 없으며, 우리가 다시 사회적·경제적으로 자립할 수 있을지도 분명하지 않습니다. 우리는 권위주의와 가혹한 긴축정책에 차분하면서도 단호하게 민주주의로 대응해야 합니다. 그리스는 민주주의의 발상지답게 유럽과 세계에 강력한 민주적 메시지를 보내야 합니다. 이제 저는 그게 무엇이 됐든 국민 여러분의 민주적 선택을 존중할 것을 약속드립니다.

나라는 새 합의각서 조건에 대한 Nai(찬성)와 Oxi(반대)로 갈라졌다. 국민투표를 앞두고 은행들은 문을 닫았고, 자본통제[국내 경제 보호를 위해 단기 투기성 자본의 유출입을 규제하는 정책]가 발효되어 시민들의 현금 인출이 제한됐다. 국제 언론은 사람들이 현금인출기 앞에 길게 줄선 모습을 연일 내보내면서, 국민투표에서 채권단이 요구하는 긴축정책 조치가 부결될 경우 그리스에 닥칠 재앙을 대대적으로 보도했다. 전문가들은 재앙의 공포가 반대 진영의 결의를 꺾을 것으로 믿었고, 사전 여론조사에서도 찬성 진영의 압도적 승리가 예상됐다. 투표 전날 밤, 신타그마 광장에 대규모 군중이 모여 "Oxi(반대)"를 연호했다. 치프라스가 연단에 올랐다. "오늘 민주주의는 축제입니다. 민주주의는 경사입니다! 민주주의는 기쁨입니다! 민주주의는 구원입니다!" 그는 어떤 결과가 나오든 민주주의가 이미 승리했다고 선포했다. 다음날 투표에서 반대표가 전체의 62%를 차지하며 찬성표를 크게 앞질렀다. 이로써 시민의 압도적 다수가 트로이카의 채무계약 조건을 거부했다. 지난 5년간의 긴축으로 경제와 민생이 파탄 지경에 이른 데 대한 그리스 국민들의 분노가 표출된 결과였다.

콘스탄토푸루에게 이 국민투표는 최고의 순간이었다. 그동안 그리스 민중이 겪은 뼈아픈 패배감을 떨치는 순간이었다. 그리스는 고대의 유산 덕분에 끝없이 민주주의와 결부되지만, 사실 그리스의 현대사는 그 명성에 전혀 부합하지 못했다. 1974년까지 극우파 군사정권이 냉전시대 미국의 후원을 받아 나라를 장악했다. 치프라스가 제안한 국민투표가 그리스 최초의 국민투표였다. "40년 만에 처음으로 국민에게 그들의 생존과 위엄과 미래와 운명에 대한 발언권이 주어진 겁니다." 콘스탄토푸루가 설명했다. 개표 결과가 나오자 시민들은 압도적 반대라는 결과가 협상 테이블에서 정부에게 힘을 실어줄 거라며 환호했다. 그런데 8일 후, 치프라스는 전임자 파판드레우의 전철을 밟아 국민이 단호하게 거부한 바로 그 합의각서에 서명했다.[21]

국민투표의 기쁨은 짧게 끝났고, 콘스탄토푸루를 비롯해 많은 시리자 당원은 사임하거나 자리에서 밀려났다. 한때 타협하지 않겠다는 단호함을 보였던 총리의 입장 변화에 시민들은 아연실색했다. 젊은 운동가 아스파시아 발타가 말했다. "지난 수년간의 투쟁이 무색해졌어요. 국민의 신뢰라는 빚을 진 정당이라면 마땅히 국민의 우려를 대변할 것으로 믿었어요. 하지만 우리가 너무 순진했어요." 많은 동지들처럼 그녀도 더는 그리스에 기대할 것이 없다고 느끼고 나라를 떠났다. 치프라스 밑에서 일했던 한 여성의 평가처럼, 그리스의 인디그나도스는 할 수 있는 모든 것을 다 했다. 그들은 결집했고, 탄원했고, 파업에 들어갔고, 봉기했고, 정당을 만들었고, 그것을 집권당으로 만들었고, 최초의 국민투표에서 압도적 결과를 냈다. 그런데도 그들의 형편은 처음보다 조금도 나아지지 않았다. 발타의 말에 따르면, 오히려 더 가난해졌고 더 의기소침해졌다. 그럼에도 2015년 9월 치프라스가 조기 선거를 실시했을 때 그는 순조롭게 재집권에 성공했다. 유권자들이 그의 경쟁자들(특히 파시스트 황금새벽당)이라는 최악 대신 차악을 선택한 것이다. 많은 유권자가 시리자 정권에 분노했지만 대안은 더 끔찍했다.

그리스의 국민투표는, 민족국가의 국민이 민주적 대의를 진전시키기 위해 흔히 사용하는 전술들이 우리 시대의 문제들을 해결하기에는 역부족이라는 것을 여실히 보여주었다. 쿠춤파가 말했다. "우리는 시위하고 자원봉사하고 공조할 수 있어요. 그게 우리가 늘 쓰는 방법이죠. 하지만 종국에는 벽에 부딪혀요. 그 벽을 깨야 해요." 그녀가 언급한 벽은 신자유주의적 자본주의, 즉 국경을 초월해 이윤을 추구하는 과정에서 세계와 지역을 밥 먹듯 이간질시키고 싸움을 붙이는 시스템을 말한다.

이 거대한 장애물에 맞닥뜨리자, 치프라스가 정권을 향한 마차로 삼았던 사회운동은 두 갈래로 분열됐다. 일부 시리자 지지자들은 국내 정치에서 소지역 단위의 민생으로 눈을 돌려 현실의 당면과제들에 집중했다. 소비자조합을 세워 당장 생활이 어려운 주민에게 식료품을 보급하고, 진료소 자원봉사로 기본 의료 서비스를 제공하고, 어려운 가정의 아이들에게 개인교습을 해주고, 2014년 그리스에 들어오기 시작한 수십만 시리아 난민의 구호에 나섰다. 이들은 정당이나 선거에는 관심을 두지 않고 각자의 지역사회에서 활동한다. 국가의 비인격적이고 부패한 경로를 통하지 않는, 일대일 직접민주주의를 표명한 것이다.

다른 갈래는 그리스 채무 위기의 국지적 차원보다 국제적 차원으로 관심을 돌렸다. 이들은 위기의 원인을 유럽 기구들과 초국가적 기구들에서 찾았다. 상위 단위에서 반민주적 세력이 득세하는 상황에서 국가 단위 민주주의들은 말라죽을 수밖에 없었다. 그렇게 2016년 유럽민주주의운동Democracy in Europe Movement, DiEM이 출범했다. DiEM은 나라 간 민주적 결속을 다지기 위한 범유럽 정당을 지향하는 새로운 형태의 단체다. 이 단체는 대개의 초국가적 기구들의 문제는 규모의 문제가 아니라 추진하는 정책, 봉사하는 이익의 문제라고 주장했다. 이들은 대의민주주의에서 희망의 끈을 놓지 않았다.

전임 총리 게오르기오스 파판드레우도 이들의 비평에 동조했다. 내가 파판드레우와 인터뷰하면서 놀란 점은, 그의 의견이 그의 퇴진을 요구했던 시위자들의 주장과 크게 다르지 않다는 것이었다. 파판드레우도 자신이 글로벌 위기 앞에 무력했음을 인정했다. 그의 정부는 외국 투자자들의 적대적 반응을 이겨내지도, 상황 개선을 위한 생산적 조치를 취하지도 못했다. 그러다 어느 시점에 그리스가 중국에서 긴급차관을 들여올지 모른다는 근거 없는 소문이 돌았다. "시장은 즉각 부정적으로 반응했어요. 우리는 소문을 부정했죠. 그런 일은 없다고, 전혀 사실이 아니라고 했죠. 그런데도 시장이 더 심하게 요동쳤어요." 파판드레우는 개혁이 부재한 상황에서 '시장과 민주주의의 반목'은 더 확연해질 뿐이라고 내다봤다.

파판드레우가 말했다. "민주주의라는 건 사람이 결정을 내리는 걸 말합니다. 따라서 결정은 인간적인 차원에서 이루어져야 합니다. 매우 아리스토텔레스적인 생각이죠. 모든 것을 인간에게 맞춤하게. 하지만 우리가 만들어낸 시스템은 실패는 해도 책임은 지지 않아요. 그러기에는 너무 크죠. 각자의 사회를 민주화하려면 세계부터 민주화해야 합니다. 금융 권력들에 제한을 가해야 한다는 뜻입니다." 하지만 유럽연합은 정반대의 일을 했다. 선출직이 아닌 중앙은행장들과 테크노크라트들 손에 엄청난 권한을 부여한 것이다. 그들은 사회정책을 그저 예산상의 한 항목으로, 사람들의 생존이 걸려 있든 말든 삭감이 가능한 대상으로 본다.

1994년, 파판드레우의 아버지인 당시 그리스 총리 안드레아스 파판드레우는 학술지 〈뉴 퍼스펙티브스 쿼터리New Perspectives Quarterly〉와 인터뷰를 하면서 마치 훗날의 이 실패를 예언하는 듯한 말을 했다. 유럽연합 창설 조약인 1992년의 마스트리히트 조약Maastricht Treaty을 비판하면서 나온 말이었다. 이 조약은 회원국들에게 낮은 GDP 대비 부채 비율, 낮은 재정 적자, 인플레이션 억제와 같은 재정 안정성 기준을 강조해 유로화 체제의 토대를 깔았다.

> 우리는 통합된 유럽을 원한다. 하지만 우리에게 의구심이 없는 건 아니다. 마스트리히트 조약의 목표는 모두 재정과 관련이 있다. (…) 통합을 향한 길에는 인플레이션을 줄일 목표들이 있듯 실업률을 줄이려는 목표들도 있어야 한다. 분명히 말하지만, '사회적 유럽Social Europe'이라는 성장전략을 위한 목표들이 없다면 유럽 사회는 외국인혐오증이나 극우 세력의 위협 같은 반민주적 폭탄들을 떠안을 수밖에 없다.[22]

그러나 이 경고는 무시됐고, 몇 년 후 수백만 명이 그 대가를 치렀다.

내가 실제 지배 주체가 누구인지 묻자 파판드레우는 오늘날 우리에게 있는 건 '민주주의의 허울'이라고 말했다. 겉은 민주주의 세계이지만, 금융시장이 거의 무제한의 권력을 쥐고 시민의 호불호와 상관없이 공공정책을 만들고, 세계 자본의 흐름은 민주적 통제에서 벗어나 있다. "우리는 시장을 신격화했고 결정을 시장에 맡겼습니다. 우리는 사회로서, 시민으로서의 권한을 포기했어요. 우리는 이런 말로 스스로 민주주의를 허물었습니다. '우리는 계획하고, 결정하고, 신뢰를 창출할 권한을 시장에게 양도하노라.'" 지금의 세계에는 한 나라의 경제를 순식간에 끝장낼 수 있는, '어떤 정부나 사회보다도 강한 세력들'이 존재하며, 단일 기업들이 여러 나라의 GDP를 합친 것보다도 많은 현금 자산을 보유한다. "문제 해결을 위해 300명이 국회에 모여 의사결정을 하는 그리스 같은 작은 나라는 그런 거대한 세력들을 견뎌낼 힘이 없습니다."

전 지구인의 미국화

어쩌다 이렇게 됐을까? 어떻게 주권국의 의지가 국경 밖 먼 곳의 금전적 이해관계에 농락당하게 된 걸까?

거기에 대한 답은 책 한 권으로도 풀지 못할 정도로 복잡하다. 다만 그 퍼즐의 한 토막이 스위스 제네바에 있다. 장-자크 루소 덕분에 제네바의 민주주의 이력은 200년 이상 거슬러 올라간다. 루소는 저술을 통해 이 호반의 도시를 그가 피력한 주권재민의 비전과 동의어로 만들었다. 그 비전은 평민 시민(남성 가장들)이 전체의 이익을 위해, 번영과 평화를 위해 동등하게 협력하는 세상이었다.

하지만 안타깝게도 루소의 사상이 제네바의 유일한 유산은 아니다. 심지어 가장 영향력 있는 유산도 아니다. 그런 유산은 따로 있다.

역사가 퀸 슬로보디안Quinn Slobodian은 명저《세계주의자들: 제국의 종말과 신자유주의의 탄생Globalists: The End of Empire and Birth of Neoliberalism》에서 한 무리의 신자유주의 경제학자들을 소개하며 '제네바학파'라 불렀다. 제네바학파는 시장을 촉진 및 강화하고, 기업과 투자자의 권리를 확립하고, 민족국가들의 힘을 꺾기 위한 아이디어들을 두고 여러 갈래의 사상전을 벌였다. 이 그룹에는 프리드리히 하이에크, 루드비히 폰 미제스, 빌헬름 뢰프케Wilhelm Röpke, 1899~1966(스위스 경제학자이자《인도적 경제Humane Economy》의 저자이며, 자신의 전문성을 남아공 아파르트헤이트 정권에 부역하는 데 사용했다) 같은 학계의 거물들을 비롯해 여러 학자들이 포진해 있다. 이들은 제2차 세계대전 이후 "민주주의라는 광견병"(역시 뢰프케가 한 표현)의 확산을 통탄했다. 민주주의가 지리적으로 뻗어나가고 사회의 새로운 영역들로 침투하자 제네바학파는 경제적·정치적 위계질서를 유지하려 애썼다. 그들의 목표는 '세계경제헌법'이었다. 다시 말해 민주화 요구들로부터 자본주의를 수호하기 위한 '규칙 기반의 국제경제질서'였다.

제네바학파 사상가들에게 국가는 민주주의라는 치명적 결함을 가진 일개 지방이었다. 다시 말해 시민이 권한을 가지고 공동의 이익을 위해 경제를 규제하고 심지어 운영하겠다고 주장하는 곳에 지나지 않았다. 이들 초창기 신자유주의자들은 민중 참정권, 노동자의 권리,

주권재민, 보호무역주의, 부의 재분배를 막돼먹은 민주주의 패키지의 일부로 보았다. 뢰프케는 재분배 정책 촉구의 선봉에 섰던 노동운동을 겨냥해 이런 독설을 날렸다. "야만의 침략자들은 다른 곳이 아닌 국가 내부에서 태어난다." 제네바학파가 내세운 해법은 민주적인 중간은 축소하고 제약하면서 양극단은 강조하는 것이었다. 한쪽 극단에는 무역기구와 투자협약의 얼굴을 한 초국가적 기업연합들이 있고, 반대편 끝에는 수십억 명의 작은 '주권적 소비자들sovereign consumers'이 있다.[23] 슬로보디안이 제네바 프로세스로 지칭한 '탈민족주의denationalism'의 목표는 국가의 힘을 이용해 국가가 봉사해야 하는 바로 그 시민들을 국가경제에서 격리하고, 국민이 아닌 시장의 지배를 공고히 하는 것이었다.

수십 년에 걸친 제네바학파의 캠페인은 '세계 자본주의 실현의 가장 중요한 이정표 중 하나'로 불리는 세계무역기구WTO가 출범하면서 절정을 맞았다.[24] 1995년에 제네바에 본부를 두고 설립된 WTO는 원격으로 지역의 법들을 대체하는 권한을 휘두르며 국제통상을 규제하는 일종의 컨소시엄이다. WTO는 150개국 이상이 후원하는 기관으로 성장해서 기업과 개인투자자의 힘과 영향력을 확대하며 국제무역의 98% 이상을 대변한다.[25]

역설적이게도, 애초에 WTO의 토대가 된 브레튼우즈 체제Bretton Woods System[1944년 40여 개국이 모여 결성한 국제통화질서 공조 체제로, 미국 달러를 국제 거래의 기축통화로 삼은 금본위 고정환율 제도]는 전혀 다른 경제학자들, 정확히 말하면 J. M. 케인스John Maynard Keynes, 1883~1946의 경제학을 계승한 이른바 케인스학파의 작품이다. 케인스학파의 경제

이론을 그대로 실행한 것이 뉴딜 정책이었다. 1944년, 미국과 영국의 주도로 미국 뉴햄프셔주 브레튼우즈에 44개국 대표들이 모였다. 비참한 전쟁에 대공황까지 겪은 그들에게는 그 경험이 강렬한 각성제로 작용했다. 이 회의를 계기로 자본주의 길들이기를 위한 금-달러 기반의 새로운 국제통화질서, 이른바 브레튼우즈 체제가 탄생했다. 이것이 국경을 초월한 경제협력의 시대를 열었고 IMF, 세계은행, WTO의 전신인 GATT(관세 및 무역에 관한 일반 협정)의 설립으로 이어졌다.

새로운 통화질서의 주요 골자는 금 1온스 가격을 35달러로 묶고, 다른 나라 통화들은 미국달러와 환율을 고정하고 미국달러만 금과 바꿀 수 있게 하는 달러 중심 금본위제다. 이 체제는 각국 정부에 넓은 정치적·경제적 안전거리를 마련해주었고, 탄탄한 사회안전망 구축과 완전 고용을 위한 정책들을 추진할 수 있게 했다. 미국은 이타주의가 아니라 불안감 해소와 사익 추구를 위해 과거 경쟁국들의 경제를 지원했다. 1929년의 악몽을 다시 겪고 싶은 사람은 아무도 없었다. 국제 규모의 대공황은 더 무서웠다. 이 체제는 성공했다. 전후 불황을 피했고, 이른바 '통제된 자본주의의 황금기'를 열었다. 비록 미국이 앞장서서 '주변부' 제3세계 국가들의 천연 자원과 원자재를 착취한 데 따른 황금기였지만.[26]

한편 제네바학파 사상가들은 걱정스런 징후들을 감지했다. 1945년에서 1960년 사이에 세계 인구의 4분의 1에 해당하는 40개국이 독립했고, 유엔은 인권의 기치 아래 주택, 교육, 의료 같은 것들에 대한 보편적 접근권을 적극 수용했다.[27] 탈식민지화가 진행되자 제네바학파 옹호자들은 외국인 투자자들의 권리가 다른 무엇보다 우선돼야 한다고 주장했다. 기업의 이익이 모든 형태의 보호무역주의와 국영화로부터 보호되어야 한다는 의미였다. 심지어 그 정책들이 민주적으로 부여된 권한에 의한 것이거나 민생 부양을 위한 것이라도 말이다.[28]

당연한 말이지만 은행들, 기업들, 국제상공회의소를 포함한 로비 단체들이 이 부류 경제학자들을 열렬히 지지했다. 민주주의의 열풍을 꺾을 방도를 모색하던 그들은 '자본주의 마그나카르타'라는 비전을 들고 나왔다. 이 사상은 1950년대 후반 해외 투자 보호에 혈안이 돼 있던, 나치 부역자 출신 도이체방크 회장 헤르만 압스Hermann Abs가 이끄는 정치연합체가 처음 부화시켰다. 그러다 1971년 브레튼우즈 체제가 위기를 맞으면서 이들의 주장이 힘을 얻었다. 미국의 무역적자가 급증하자 1971년 리처드 닉슨 대통령이 달러 중심 금본위제를 정지시켰고, 이로써 안정 환율 기조가 무너지면서 환율과 통화가치가 미쳐 날뛰고 인플레이션이 기승을 부렸다.

1989년 이후 소련이 붕괴하면서 자본주의가 다시 득세하고 IMF와 세계은행을 위시한 여러 무역기구들이 규제 철폐를 추진하면서 남아 있던 규제들마저 해체됐다. 외국 자본이 월가로 밀려들면서 금융과 무역이 전면 국제화됐고, 다국적 기업들은 덩치가 더 커졌다. 1998년이 되자 외환시장에서 하루에 처리되는 돈이 1조 달러에 달했다. 1980년대 초에 비해 20배나 증가한 액수다. 1947년과 2017년 사이에 세계무역 총액은 570억 달러에서 18조 5000억 달러로 폭발적으로 증가했다.[29] 그동안 국제통화질서는 글로벌 사우스Global South[라틴아메리카, 아프리카, 동남아시아 등 한창 발전 중인 나라들]를 상대로 '구조조정 프로그램'을 추진했다. 차관을 주고 그걸 빌미로 긴축체제를 강요하는 시나리오였는데, 훗날 결국 그리스가 그 덫에 걸린 것이다.

드디어 1995년에 WTO가 출범하면서 자본주의 마그나카르타의 원칙들이 전면적으로 발효했다. WTO 협정들은 초국가적 시장의 영역을 대대적으로 확장했다. 과거 GATT가 재화 거래에 제한돼 있었다면, WTO는 서비스 거래와 지적재산권 거래까지 포괄했다. 미국의 금융과 엔터테인먼트 기업들이 로비에 발 벗고 나선 덕분이었다.[30] 그 영향은 즉각적으로 나타났다. 2000년대에 접어들었을 때 이미 '세계화'는 현실, 열망, 사상을 논할 때마다 소환되는 일종의 교리가 되어 있었다. 세계가 경제적, 기술적, 문화적으로 나날이 더 연결되고 얽히는 동안 세계화의 주동자들은 경계의 완전 말소를 꿈꾸며 새로운 시대, 일종의 '평평해진 세상'을 예고했다. 그 세상은 제약 없는 무역이라는 밀물이 밀려들어 모든 배를 띄우고, 세계만방이 할리우드 영화를 보고 패스트푸드를 먹는 초국가적 소비 행태를 주축으로 마침내 문화권 간에 상호이해가 실현되는 세상이다(미국인들이 '세계화'라고 부르는 이 프로세스를 다른 나라에서는 '미국화'라고 부른다).

그들은 민주주의가 보통선거와 자유시장을 의미하는 한, 세계화는 민주주의를 멀리, 그리고 널리 전파하는 역할을 한다고 주장했다. 하지만 현실은 이상에 도달하지 못했다. 다국적 기업들은 살인마 독재 정권들과 기쁘게 거래하고, IMF와 세계은행은 부패한 독재자가 민생을 말려죽이고 자기 배만 불리는 나라들에 뻔질나게 돈을 댄다. 그런데도 세계화 열정은 수그러들 줄 모른다. 재선에 성공하고 두 번째 취임사에서 빌 클린턴은 이렇게 예견했다. "세계 최대의 민주주의가 전 세계 민주주의들을 이끌 것이다."

사실 세계주의자들이 결코 원하지 않았던 것이 진정한 세계민주주의였다. 전 지구인이 미국의 정치정책과 경제정책에, 심지어 그들의 정책에 발언권을 가지는 세상. 저널리스트 토머스 프리드먼Thomas Friedman은 2000년 베스트셀러 《렉서스와 올리브나무The Lexus and the Olive Tree》에서 세계화를 찬양하며 세계화 시대의 원칙에 따르는 나라는 '황금 구속복Golden Straightjacket'을 입게 된다고 했다. '황금'은 신자유주의 경제정책이 가져다줄 번영을, '구속복'은 정치적 제약을 말한다. "어떤 시스템이 생활수준 향상에 가장 효과적인지에 대한 문제에 관한 역사적 논쟁은 이제 끝났다. 답은 자유시장 자본주의다. (…) 나라가 그 사실을 인정하면, 오늘날의 세계경제 속 자유시장의 규칙을 인정하고 그것을 따르기로 결정하면, 그 나라는 내가 황금 구속복이라고 부르는 것을 입게 된다."

프리드먼이 말했다. "황금 구속복은 세계화 시대의 정치적·경제적 복장을 말한다. 냉전시대에는 마오쩌뚱 슈트, 네루 재킷, 러시아 모피가 있었지만 세계화 시대에는 오직 황금 구속복만 있다. 그동안 이 옷이 맞지 않던 나라도 조만간 맞게 될 것이다." 일단 이 옷을 입으면 약간의 조정들만 허용된다. "정치적 선택은 펩시콜라나 코카콜라냐의 수준으로 축소된다. 미묘한 맛 차이, 미묘한 정책 차이, 소소한 설계 변경이 있을 뿐 누가 집권하는지—민주당이든 공화당이든, 보수당이든 노동당이든, 드골주의든 사회주의이든, 기독교민주당이든 사회민주당이든—는 중요하지 않다. 어떤 정부든 핵심 원칙들에서 너무 멀리 벗어났다가는 투자자들이 후르르 빠져나가고, 금리가 상승하고, 주가가 폭락하는 사태를 만나게 될 것이다."[31] 프리드먼에 따르면, 이 복장은 아무리 강제적이고 억압적이어도 근본적으로 민주적이다. 왜 나하면 투표로 선출된 마거릿 대처와 로널드 레이건이 디자인하고 홍보한 거니까. 하지만 영국이나 미국의 선거에 투표한 적도 없이 황금 구속복의 압박을 당하는 그리스 시민들의 생각은 분명히 다를 것이다.

민주주의 위의 세계자본주의

WTO는 각국 정부의 주권과 공공정책 무력화 장치들을 두루 구비했다. 특히 분쟁 해결을 위한 새로운 절차들을 도입해 일종의 WTO '사법부'를 수립했다. 이 사법부가 판세를 바꿨다. 즉 초국가적 차원으로 작동하는, 광범위하지만 대개는 보이지 않는 기업법 체제가 부상했다.

이 글로벌 사법부의 핵심에 투자자-국가 분쟁 해결 제도Investor-State Dispute Settlement, ISDS라는 것이 있다. ISDS는 외국인 투자자나 초국가적 자본이 투자 대상 국가의 정책이나 법령 때문에 금전적 이익을 침해당한 경우 해당 국가를 세계은행 산하 국제투자분쟁해결센터ICSID에 제소해 손해를 배상받을 수 있게 한다. 이 ISDS 조항이 현재 3천 개 이상의 양자 간 또는 다자 간 무역협정에 포함되어 있고, 그중 가장 유명한 것이 NAFTA북미 자유무역협정다(이 협정의 승인을 위해 업계가 의회 로비 자금으로 5천만 달러 넘게 썼다).[32] 앞서 말했듯 ISDS는 외국 투자기업이 손해를 입었을 때 현지 정부를 현지 법원이 아니라 세계은행이 운영하는 비밀스런 재판소에 제소하는 절차다. 여기서 기업이 주장할 수 있는 손해에는 미래의 예상 수익, 그러니까 기업이 아직 벌지는 못했지만 예상 매출액으로 잡은 금액도 해당된다.[33] 일례로 에콰도르 정부는 석유 탐사 계약을 취소한 후 ISDS에서 패소해 미국 휴스턴에 본부를 둔 옥시덴털석유Occidental Petroleum 사에 18억 달러를 배상하라는 판결을 받았다. 이는 에콰도르의 연간 공공보건의료 예산과 맞먹는 액수였다.[34] 현재 이런 ISDS 분쟁 건수가 세계적으로 급증하고 있다 [2012년 미국 펀드 론스타가 외환은행 인수 및 매각 과정에서 한국 정부의 방해가 있었다며 ISDS를 제기했다. 이를 시작으로 한국 정부도 현재 총피소건수가 10건이고 누적 청구액은 13조 원 이상이다. 모두 패소할 경우 이 돈을 국민세금으로 물어야 한다]. 미국 정부가 여론에 못 이겨 트랜스캐나다Transcanada 사의 키스톤 XL 파이프라인 건설안을 거부하자 트랜스캐나다는 미국을 상대로 150억 달러의 손해배상 소송을 냈다. 미국 기업 론파인Lone Pine 사는 수압파쇄[셰일가스 시추를 위한 공법] 중지 조치를 내린 데 대한 보복으로 퀘벡주를 고소했고, 바텐팔Vattenfall이라는 스웨덴 전력회사는 단계적 탈脫원전 결정을 내린 독일 연방정부를 걸고넘어졌다.[35] 현재 외국 투자기업들의 약 10%가 ISDS를 이용해 미국의 정책 결정을 위협하고 있다.

미국 무역대표부Office of the United States Trade Representative, USTR는 ISDS가 '잠재 투자자들에게는 법의 지배가 존중된다는 신호'이기 때문에 꼭 필요한 제도라고 주장한다.[36] 문제는 어떤 법의 지배냐다. ISDS 규정은 기업들에게 현지 국내법을 무력화할 권한을 준다. 이게 문제다. 더욱이 ISDS 소송은 공공 법정이 아니라 사적 중재위원회가 판결을 내린다. ISDS 분쟁의 경우 상설 중재법원이 없어서 투명성도, 정당한 법 절차도, 이해 충돌에 대한 가이드라인도 없다. 이 재판소의 관계자들은 오늘은 판사 역할을 하고 다음날은 로비스트로 뛰는 사람들이다. 이런 사람들이 결국 소송 대상국이 국민세금으로 치러야 할 막대한 보상금을 기업들에 턱턱 내줄 권한을 행사한다. 정부가 항소할 권리는 없고, 재판에 지면 소송비용 전체를 책임져야 한다. 상호주의도 없어서 정부는 기업들이 공공보건이나 안보에 입힌 피해나 계약 위반을 이유로 기업을 소송할 수 없다(따라서 국가에게는 엄밀히 말해 승소란 있을 수 없고, 패소를 면하는 것이 최선이다).[37] ISDS 소송 건수가 가파르게 증가하자 볼리비아와 남아공 같은 나라들은 ISDS 규정을 포함한 모든 협정에서 발을 빼고 있다. 하지만 거기서 벗어나는 것이 말처럼 쉬운 일은 아니다. 일몰조항이라는 게 있어서 조약이 공식 취소된 후에도 10년이나 20년간 효력을 유지한다.[38]

사회운동가이자 정치학자인 수전 조지Susan George는 저서 《그림자 주권Shadow Sovereigns》에서 미국만 관련되면 믿기 힘든 이중 잣대가 적용된다고 했다. 사안이 인권이나 노동 권익이나 환경보호에 관한 것일 때는 미국 대표들이 주권을 희생시키는 법이 없다(미 정부는 교토의정서, 국제형사재판소 규정, 고문방지협약 선택의정서, 포괄적 핵실험금지조약, 장애인권리협약, 여성차별철폐협약 등을 포함한 여러 조약들, 심지어 어린이권리협약에도 서명이나 비준을 거부했다). 반면 연방과 주들의 규제로부터 투자자와 시장을 '해방'하는 일에는 주권재민의 원칙을 양보하고 시민을 국제규정에 묶는 일에 민주당과 공화당이 똘똘 뭉쳐 앞장선다.[39]

조지의 평가에 따르면, 그 과정에서 그들은 현저하게 비민주적이고, 근본적으로 불법적인 권력구조를 강화시켜왔다. 기업들은 사실상 국제법 제정 권한을 부여받아 상호이익 방어를 위한 준정부 기능을 수행하는데, 이것이 시민의 필요나 요구와 정면으로 충돌할 때가 많다. 국제무역 규정들은 투자기업에게 해당국의 보건, 노동, 환경, 안보 관련 규제들(조달 관행, 보조금, 관세, 물가 통제 정책도 포함) 같은 '장애물'이나 '무역 걸림돌'을 피해갈 강력한 도구 일체를 제공한다. 결과적으로 기업들은 해당국의 법과 결정에 따를 것을 강요받는 대신 정부의 멱살을 잡고 자신들의 조건을 받아들이도록 강요한다.

현대 세계화의 중심에 있는 이러한 술책들은 새로운 얘기가 아니다. 경제 엘리트끼리의 상호공조라는 오래된 얘기의 최신 버전에 불과하다. 제네바학파 경제학자들이 탈식민화 시대를 맞아 권력 유지 방법에 고심하기 약 1세기 전에 이미 유럽과 미국의 지도자들은 과거의 원한 따위는 제쳐놓고 베를린에 모여 자의적 선 긋기로 아프리카를 조각내고 땅과 사람들을 착취할 야욕을 불태웠다. 그들은 전리품을 나누며 자유무역에 합의하는 동시에 장래의 영토 분쟁 협상을 위한 기본 틀을 세웠다.

더 과거로 가보자. 현대의 '규칙 기반의 국제질서'는 중세의 렉스메르카토리아Lex Mercatoria(국제상관습법)와 몹시 닮았다. 예부터 상법은 국제 교역을 위한 일종의 상거래 표준 지침으로 개발됐고, 그 핵심 기능 중 하나가 국경을 초월한 사유재산 보호였다. 대서양 노예무역도 상법에 따랐다. 저널리스트 로버트 커트너Robert Kuttner에 의하면 "노예 상은 아프리카에서 영국, 포르투갈, 또는 네덜란드 상인이 보증한 노예들을 사서 아메리카에 팔 수 있었으며, 여러 나라의 영해를 거치며 항해하는 도중에 법정에서 이들 인간화물에 대한 소유권 문제를 다투게 될 경우 해당 정부로부터 화물의 소유권을 보호받고 보장받았다.

노예에도 적용되는 규정이 물건에 적용되지 않았을 리 없다".

현대의 국제상법에서 우려스러운 점이 있다면, 국제상법은 이제 현대 민주주의의 규준에서 벗어나 불투명하고 책임 없는 초국가적 제도의 영역에 속한다는 것이다.[40] 이에 못지않게 문제가 되는 점은, 이 제도가 재산권뿐 아니라 자본 이동의 권리까지 보호한다는 것이다.[41] 미국 무역대표부는 이것을 '자본 이전권'으로 부른다. 이는 '투자자들이 투자와 관련해 자본을 자유롭게 옮길 수 있다는 확약'을 뜻한다.

민주적 책임의 공간에 매이지 않는 유동성이야말로 이윤 추구의 관건이다. 1940년대 '통제된 자본주의'의 황금기에는 국가 차원의 환율 규제들이 지금처럼 자본이 국가에서 쉽게 유출되는 것을 막는 수문 역할을 했다(그게 아니었다면 영국 노동당이 탄탄한 복지국가를 수립하지도, 다양한 산업을 국유화하지도, 보편적 보건의료 체계를 만들지도 못했을 것이다). 그런데 오늘날에는 돈이 세계의 고르지 않은 정치적·사회적 지형을 다양한 방법으로 자유롭게 이용하며 지구 곳곳을 날아다닌다. 우리는 이 유동성의 영향을 매일같이 목도한다. 다국적 기업들은 저임금 무노조 인력과 환경 규제가 느슨한 곳을 찾아 생산을 아웃소싱하고, 세금이 오르면 자금을 회수하고 공장을 철수하겠다며 현지 정부를 협박한다.

금융의 국제화도 다르지 않다. 이제는 은행들이 해외 사무소 개설을 통해 예비금 요건과 이자율 상한제 같은 현지의 규제를 피해간다.[42] 또한 자본 이동의 권리는 해외 조세피난처 생성을 부추긴다. 기업들이 자회사와 쉘컴퍼니를 만들어놓고 국가별 세법 차이를 활용해 이윤은 세율이 낮은 지역에 신고하고 손실은 세율이 높은 지역에 신고

하는 방법으로 세금을 회피한다. 전문가들은 기업과 부유층이 해외에 보유한 돈이 놀랍게도 전 세계 GDP의 11.5%에 달하는 약 8조 7,000억 달러에 이를 것으로 본다.[43] 이것이 오래전부터 진보주의자들이 국제조세제도 창설을 요구해온 이유다. 일반적으로 국제세제란 외환 거래에 대한 과세를 말한다. 노벨경제학상 수상자 제임스 토빈James Tobin이 1970년대에 처음 제안했지만 한 번도 시행된 적은 없는 토빈세 Tobin's tax[국제 투기성 자본을 규제하기 위해 단기성 외환 거래에 부과하는 세금]가 이에 해당한다. 현재로서는 국제 세금징수관도, 국제 독점금지법 집행기관도, 국제 노사관계 위원회도, 국제 환경보호 기구도 없다. 기업 세계화의 목적은 이런 책임들을 회피하는 것이다.

이런 회피가 오랫동안 가능했던 건 자본주의는 정치와 무관하며 자발적으로 작동하는 자연경제법칙의 산물이라는 그릇된 홍보 덕분이었다. 그러다 2008년의 글로벌 금융위기가 이 자유방임주의의 거짓말에 종지부를 찍었다. 하룻밤 새에 세계 주식시장에서 40조 달러가 증발하면서 오래된 확신들도 사라졌다. 2008년에 미국에서만 310만 건의 담보권 행사가 있었고, 매달 70만 개의 일자리가 없어졌다.[44] 같은 해 10월, 전직 미 연방준비제도이사회FRB 의장 앨런 그린스펀Alan Greenspan은 자신이 '세계의 작동 방식'으로 믿었던 '모델에 결함'이 있었음을 멋쩍게 인정했다.

2008년 금융위기를 계기로 정치 진영을 불문하고 모두가 신자유주의적 세계화에 의문을 제기하고, 황금 구속복의 제약에 맞서게 됐다. 한편에서는 신타그마 광장의 진보주의 봉기가 시리자의 집권을 견인한 반면, 다른 한편에서는 과격 우익 세력들이 준동하면서 종족민족주의자들이 국제적으로 뭉치기 시작했다. 종족주의자들의 연합이라니, 역설적이지 않을 수 없다. 2017년, 한 무리의 공화당 의원들이 '미국 주권 회복법American Sovereignty Restoration Act'을 발의함으로써 미국이 나머지 세계와 절교할 수도 있다는 환상을 심었다. 이 법안이 가결됐다면 미국은 유엔 탈퇴는 물론, 세계보건기구WHO, 세계식량계획WFP, 난민고등판무관UNHCR을 포함한 모든 유엔 산하 기구들과 관계를 끊었을 것이다.[45]

종족민족주의자들은 국내 문제를 외부 위협의 탓으로, 막강한 '세계주의자들'과 힘없는 이민자들과 난민들의 책임으로 돌리고, 경제적 분쟁과 계층 갈등을 국제적이고 문화적인 문제들로 치부한다. 그들은 세계자본주의가 만든 균열들이 국가와 국가 사이에만 있는 것으로 치부하면서, 그것이 국가 내부에 만드는 분열들은 무시한다. 민족주의는 부자와 빈자는 같은 나라에서 같은 시민권을 공유할지라도 상충된 이해관계를 가지고 서로 매우 다른 세상에 산다는 사실을 은폐한다. 소수 부유층은 자산을 다중으로 축적하며 투자수익으로 호의호식하는 반면, 다른 사람들은 일을 하면서도 집세 마련에 허덕이거나 홈리스로 전락해서 길거리나 차에서 생활한다.[46] 민족주의에 따라붙는 것이 애국심이다. 애국심에는 그 기저에 가부장적 함의가 있어서, 내부 분열이라는 엄연한 치부를 가리는 무화과 나뭇잎 역할을 하고, 이는 결국 국내 금융 엘리트에게 면죄부를 준다. 혈연과 지연에 기댄 통합은 통합이 아니라 분열이다. 나아가 국가 건전성과 민주주의를 해치는 것은 세계경제질서를 좇으며 거기서 이익을 얻는 국내 특수이익집단들이라는 진실을 은폐하기 위한 망상일 뿐이다.

지역주의에 기반한 사회적, 정치적, 생태학적 변혁들

우리가 자주 쓰는 '네이션nation(민족 또는 민족국가)'은 비교적 최근에 만들어진 개념이다. 학자들은 그 시작을 1600년대에 있었던 유럽 평화조약들로 본다. 그때쯤 구체적인 국경으로 정의된 영토에 대한 국가주권state sovereignty 개념이 수립됐다. 그런데 네이션은 만고불멸한 척, 마치 태곳적부터 모종의 정신에 매여 있는 척하며 집단의 기원과 운명에 대한 신화를 조장하는 재주를 부린다. 네이션은 국가state와는 다르다. 외적 장치라기보다는 내적 본질이고, 혹은 베네딕트 앤더슨Benedict Anderson의 유명한 주장처럼, 일종의 허구다. 앤더슨에 따르면, 네이션은 "상상의 산물이다. 아무리 작은 네이션이라 할지라도 구성원이 나머지 구성원들을 알지도 만나지도 심지어 들어본 적도 없다. 그런데도 각자의 마음에 그들끼리의 일치감이 존재한다"[47][역사가 짧은 미국은 nation과 state를 잘 구분하지 않지만, 유럽은 1800년대 이후 수차례의 분쟁과 전쟁으로 같은 민족이 여러 국가로 나뉘거나 여러 민족이 같은 정치체(연방)로 묶였다가 다시 해체되는 등의 부침을 겪었기 때문에 nation과 state 구분에 민감하다. 그러다 최근 미국에서도 트럼프 대통령이 공동번영보다는 '미국 우선'의 '주권 독트린'을 펴면서 민족국가nation-state 개념이 부상했다].

국제international는 더 새로운 개념이다. 1780년대에 공리주의 철학자 제러미 벤담Jeremy Bentham, 1748~1832이 국가 내부의 법과 국가들 사이의 법을 구별하기 위해서 이 용어를 고안했다. 그러다 좌파가 이 개념을 채택했다. 1864년 런던에서 노동자들이 국제노동자협회International Workingmen's Association, 다른 말로 제1인터내셔널First International을 수립하면서 국제주의에 대한 헌신을 명시화한 것이다. 당시 국제주의자들은 결속은 국경을 초월해야 한다고 외쳤다. 맞는 말이다. 노동자와 고용주가 같은 여권을 소지하고 같은 국경 안에 살지 않아도 착취는 착취니까. 따라서 〈공산당 선언Communist Manifesto〉의 유명한 모토는 개별 나라가 아닌 '세계의 노동자들이여, 단결하라'다.

사실 민주주의 운동가들은 꽤 오래전부터 일종의 '글로벌 의식'을 보유했고, 그에 따라 지역 단위 투쟁과 즉흥적 저항에 보다 광범위한 관점을 불어넣었다.[48] 벤담이 '국제'라는 용어를 만들고 마르크스와 엥겔스가 예지적 〈공산당 선언〉을 하기 무려 2천 년 전인 기원전 3세기에 노예 출신 철학자 디오게네스가 이미 스스로를 코스모폴리탄, 즉 '세계의 시민'으로 선포하고 알렉산드로스 대왕에게조차 굽실거리기를 거부했다. 디오게네스는 당시 그리스 남성 정체성의 중추인 시민권을 거부함으로써 망명자 신세를 자초하는 동시에 보다 넓은 인류 공동체에 대한 충성을 선언한 것이다.

1640년대 영국 청교도혁명 시기에는 좌파 성향 당파인 디거스Diggers[개간파. 수평파의 한 분파로 토지를 잃은 농민을 대변했음]가 출현해 국제라는 용어를 쓰지 않고도 국제주의 신념을 설파했다. 그들은 버려진 미경지에 반항적으로 쪼그려 앉아 굳은 땅을 파고 파스닙과 잠두를 심었다. 평등주의 자급자족 공동생활에 대한 그들의 실험은 비록 소박했지만 그 목표는 원대하고 보편적이었다. '평등한 권리, 자유선거, 공공복지, 만인을 위한 균등 분배'를 요구한 〈디거스 선언〉에는 '세계의 모든 노예제, 특히 영국 노예제의 주요 배경과 최초 원인에 대한 발견'이라는 부제가 달렸다.[49] 디거스운동은 세인트조지힐St. George's Hill

(디거스는 영국 국교회의 성인들을 거부하는 취지에서 이곳을 조지힐로 개명했다)의 황무지 개간으로 시작돼 여러 지역으로 확대됐다. 디거스는 지역과 세계가 필연적으로 연계돼 있다고 믿었다. 그런 맥락에서 디거스운동은 1905년과 1917년 러시아 노동자평의회, 즉 소비에트, 1936년 에스파냐 내전 당시의 아나키스트 투쟁, 1956년의 헝가리 혁명, 1994년 NAFTA 시행에 반대해 멕시코 치아파스에서 시작된 사파티스타Zapatista 반란의 대선배라 할 수 있다.

이러한 세계시민주의가 가장 많이 분출되는 곳이 도시다. 도시 공간의 내부는 지역과 세계 사이의 이원성이 격화하는 곳이다. 고대 공화정 형태의 민주주의도 결국은 도시국가들에서 탄생했고, 그 후로도 도시는 늘 정치철학과 정치실험의 중심이었다. 플라톤도 비록 아테네 자치정부에는 비판적이었지만 이상적인 도시를 상상했고, 아리스토텔레스는 중산층이 안정적으로 유지된다는 조건하에 도시를 좋은 삶, 행복한 삶의 토대로 보았다. 그런데 시간이 흐르면서 도시는 공격의 대상이 됐다.

루소의 자치 비전은 목가적 배경을 필요로 했고 아메리카로 건너가 절정을 맞았다. 대륙적 광대함을 추구했던 매디슨도 의도적으로 민주주의를 농촌계몽운동과 연계했다. "시골의 토지 보유자들이야말로 공화주의 자유의 가장 든든한 보루들이다." 매디슨이 선언했고, 제퍼슨도 동의했다. "유럽처럼 대도시에서 복작거리며 살면 우리도 유럽처럼 부패하게 된다." 이렇게 해서 기능공, 일용직 노동자, 선원이 함께 모여 살고 항구 특유의 다양성으로 북적이는 해안도시들이 아니라, 뉴잉글랜드 내륙의 타운들과 외딴 요맨 농장들이 미국의 민주주의를 상징하게 됐다.

농민연합과 산업노조와 연대했던 19세기 후반의 포퓰리즘을 비롯해 농촌에서 급진주의가 지속적으로 일어났다. 하지만 저항하는 시골 사람들의 이미지는 기존 도덕질서에 도전하는 도시거주민(노동자, 이민자, 독신여성) 폭도의 망령에 가려 두각을 나타내지 못했다. 1910년까지 미국의 도시들은 33명의 사회주의자 시장을 선출했다.[50] 당대 사회주의자 여성들은 한발 더 나갔다. 역사가 돌로레스 헤이든Dolores Hayden의 표현에 따르면, 그들은 '미국의 주택, 동네, 도시의 공간 설계와 물질 문화에 대한 전면적 변화'를 제안했다. 그들은 지역자치회와 주부 협동조합을 만들었으며, 탁아소와 공동취사장이 있는 저소득층 주택 단지를 요구했다. 그들은 더는 여성을 고립된 가정 영역에 가두지 않을 포괄적 형태의 도시 계획을 촉구했다.[51] 하지만 그들의 과감한 설계들이 광범위하게 시행될 거라는 희망은 적색공포라는 급진주의 탄압 열풍에 산산이 깨지고 말았다.

국토 계획의 권위자 소니아 허트Sonia Hirt는 이때를 '공간 개인주의'가 팽배한 시기로 표현했다. 토지 이용 규제법은 자동차로만 접근 가능한 1가구용 단독주택을 장려했고, 집단주의와 도시주의를 배격하는 방향으로 진화했다. 여기에 주택금융이 주택을 주거지보다는 담보대출과 연계한 전략적 투자 대상으로 재설정하면서, 하얀 말뚝 울타리로 둘러싸인 목가적 단독주택은 이제 인종차별적 도시 빈곤과 급진적 도시정책의 이미지들과 대척점을 이루게 됐다("주택 소유자들의 나라에서는 공산주의가 발붙일 곳이 없다"라고 1966년에 어느 유명한 경제학자가 말했다).[52]

역사상 가장 유명한 민주주의 정변 중 하나인 1871년의 파리 코뮌 사건이 도시를 사회주의와 페미니즘의 온상으로 보는 시각을 굳히는 데 한몫했다(그런 체제 전복 성향의 확산을 막기 위해 고안된 것이 교외주택 보유 정책이었다). 당시 파리는 200만 명이 사는 유럽 최대 도시였다. 1871년 봄, 그곳의 남녀 노동자들이 72일간의 역사적인 민란을 이끌었다 ("가장 먼저 행동한 건 여자들이었다." 한 목격자는 이렇게 회상했다). 프랑스가 프로이센과의 전쟁에서 참패하고 점령당했지만 자존심 강한 파리 시민들은 무릎 꿇기를 거부했다. 그들은 한심한 자국 통치자에게 반기를 들고 선거를 실시해 자체 입법부를 수립하고 파리를 해방자치구로 선포한 뒤 도시를 하나의 거대한 협동조합으로 개조하는 일에 착수했다.

이들의 혁명은 수만 명이 학살되는 참극으로 끝났다. 하지만 파리 코뮌은, 비록 짧았지만 강렬하게, 거창하기만 했던 민주적 염원들에 구체적 발현 방식을 주었다. 코뮈나르(파리 코뮌 가담자)들은 '세계공화국'이라는 깃발 아래 결집했고, 대담하게도 외국인들을 동급으로 인정했다. 어느 참가자의 표현을 빌면 이는 '과감한 국제주의 행동'이었다.[53] 그들은 단두대를 불태웠고, 나폴레옹의 제국주의 정복을 미화하기 위해 세운 방돔 광장Place Vendôme의 전승 기념탑을 부순 뒤 '국제광장 Place Internationale'으로 개명했다. 역사가 크리스틴 로스에 따르면, "코뮌 치하의 파리는 프랑스의 수도가 아니라 일종의 세계민족연합에 속한 하나의 자율적 공동체였다".[54]

최후의 순간에 프랑스와 독일의 엘리트들이 협상을 벌였고, 파리의 반란자 수만 명이 무참하게 학살당했다. 세계민족연합의 꿈은 결국 실현되지 못했고, 파리 코뮌은 비참하게 실패한 실험이 되어 신화의 영역으로 사라졌다. 하지만 이 비극적 전략 실패(심지어 가담자들과 동조자들도 코뮌의 전술적 무능을 인정했다)는 전 세계 혁명가의 영감으로, 장차 태어날 더 나은 사회의 낭만적 상징으로 남았다. 세월이 흐른 후 코뮌의 오합지졸 저항군에서 싸우다 국외로 탈출한 지리학자이자 박물학자 엘리제 르클뤼Élisée Reclus, 1830~1905는 코뮌(공동체)이라는 단어의 '의미가 확장해서 기존 경계의 존재를 의식하지 않고 세상의 끝에서 끝까지 평화롭게 공조하는 자유롭고 평등한 동지들로 구성된 새로운 인류'를 뜻하게 됐다고 회고했다. 아나키스트 표트르 크로포트킨Peter Kropotkin, 1842~1921은 코뮌의 의미 변화를 이렇게 표현했다. "우리에게 있어서 '코뮌'은 더 이상 특정 영토의 집합체를 의미하지 않는다. 코뮌은 이제 일반명사가 됐고, 경계도 벽도 모르는 동등한 사람들의 모임과 동의어다."[55]

그런데 크로포트킨이 말한 '우리'는 누구를 말하는 것이었을까? 피로 물든 파국을 맞이하기 전부터 파리 코뮌은 외국의 정치적 급진주의자들을 두루 사로잡았다. 코뮌 절정기에 런던에서 7천 명의 노동자들이 코뮌에 대한 결속의 표시로 '세계공화국이여, 영원하라'라는 깃발을 높이 들고 행진했다. 미국의 도시들도 즉각 연례 기념 시위를 열기 시작했다(이후의 노동자 시위 중 가장 유명한 것이 1886년 5월, 하루 8시간 근무제를 요구했던 시카고의 헤이마켓 시위다).[56] 칼 마르크스는 파리 코뮌 성립 직후에 쓴 《프랑스 내전The Civil War in France》에서 코뮌의 사회주의 기풍을 강조하며 불멸성을 부여했다. 하지만 파리 시민의 반항은 정작 자국 농촌 공동체들의 지지를 받지 못했다.[57] 파리의 코뮈나르들은 프랑스 농민층과 유대가 약했고, 일부가 그 간극을 메우려 노력했지만 당시에는 효과적인 교통통신 수단이 없어 쉽지 않았다. 실제로 보수적인 지역의 농민들은 정부군에 징집돼 시민 학살에 동참하기도 했다.

파리 코뮌의 정도에는 미치지 않지만, 오늘날 도시와 농촌의 간극이 불길할 정도로 크게 벌어지고 있다. 각국의 선거 결과를 보면 지리적 경계가 심리적·문화적 균열과 일치할 때가 많다. 경제적 이해관계(감당 가능한 주택 가격, 의료 서비스, 보수가 좋은 일자리, 환경보호의 필요성)가 같음에도 불구하고 대도시적 태도는 소도시적 감성과 충돌한다. 그것도 예측 가능한 방식으로. 즉 다양한 사람들이 밀집한 국제 도시는 진보 성향이 강한 반면, 인구가 적고 비교적 동질적이고 국수적인 시골지방은 보수 성향이 강하다. 현재 미국의 경우 주정부 차원에서는 공화당이 우세하지만, 전국적으로 대다수 대도시는 민주당이 꽉 잡고 있다. 내가 노스캐롤라이나에서 만난 젊은 공화당원들은 뉴욕시라는 말만 들어도 진저리를 치며 '진보주의의 똥통'이라 불렀다.

이러한 철학적 분열은 도시자치주의의 부상과 무관하지 않다. 도시자치주의는 도시의 소수집단들을 협동조합 형태로 묶고자 했던 파리코뮌이 꾼 꿈의 현대적 변형이다. 미시시피주 잭슨과 캘리포니아주 리치먼드 같은 곳에서 도시거주민과 그들의 대표들이, 민중의회 창설부터 석유회사에 대한 소송 제기까지, 정치적 힘을 행사할 여러 방법을 모색하고 있다. 도시 저항의 또 다른 형태는 이민자 보호 도시의 확산이다. 이는 지자체가 연방이민당국에 동조하기를 거부하고 자체적으로 국제협약을 이행함으로써 이민자를 보호하는 것을 말한다("나는 파리가 아닌 피츠버그 시민을 대표하기 위해 선출됐다." 트럼프는 이런 말로 파리

기후협약 탈퇴를 정당화했다. 이에 대해 피츠버그 시장은 트위터에 '피츠버그는 세계와 함께할 것이며 파리협약에 따를 것이다'라는 글을 올렸다).

결과적으로 350개 이상의 도시가 국가정책과 단절하고 이 국제협약을 준수할 방침이라고 밝혔다. 환경운동가들은 이제 사람들에게 시골로 돌아가라고 권고하는 대신, 지속가능성 달성을 위해 도시가 해야 할 역할을 강조한다. "모든 사람이 차고가 딸린 교외주택에서 살자면 지구가 몇 개나 필요하다." 이 말은 밀집도시(효율적으로 설계되고, 공공시설이 많은 도시)가 모두를 위한 미래를 실현하는 데 매우 중요하다는 뜻이다.[58] 도시계획 전문가 마이크 데이비스Mike Davis는 이렇게 썼다. "도시가 가진 생태학적 저력은 엄청난 미개발 분야로 남아 있다. (…) 우리가 규격화한 개인 소비보다 민주적 공용 공간 창조(지속가능한 평등의 엔진)에 힘쓴다면 지구행성의 수용력 부족 현상은 일어나지 않는다."

유럽, 특히 에스파냐의 도시자치주의 운동가들이 바르셀로나를 비롯한 여러 도시에서 참여민주주의를 어렵지만 꾸준히 추진하고 있다. 2015년 5월, 신생 풀뿌리 정당 바르셀로나엔코무Barcelona en Comú(바르셀로나 공유 운동)가 시의회 선거에서 승리해 아다 콜라우Ada Colau가 바르셀로나 최초의 여성 시장이 됐다. 콜라우는 금융위기 이후 압류와 강제퇴거에 저항하는 직접행동 캠페인을 주도하며 유명해진 시민운동가다. 그리스의 시리자처럼 바르셀로나엔코무도 2011년의 긴축 반대 시위(에스파냐에서는 인구의 80%가 거리의 인디그나도스를 지지했다)에 힘입어 집권에 성공했다. 하지만 시리자와 달리 바르셀로나엔코무는 전통적 형태의 정당이 아니다. 진보적 변화 창출을 목표하는 온라인

'플랫폼' 기반의 독자적 시민단체다.[59]

〈바르셀로나엔코무 선언문〉은 주민 수천 명이 민회와 온라인으로 참여한 고강도 풀뿌리 의사결정 과정을 통해 고안됐다. 이 플랫폼은 일반적인 리더십 유형을 거부하고 8명으로 구성된 집행위원회와 40명의 지원 팀을 두는데, 둘 다 인적 구성에서 젠더 형평성 기준을 기준을 충족해야 한다. 또한 공직자에 대해 엄격한 윤리강령을 적용하고 임기와 급여를 제한한다. 이에 따라 콜라우 시장의 급여는 전임자에 비해 4분의 1도 되지 않는다.

"민주주의는 내가 사는 곳에서 시작된다." 이것이 자주 인용되는 도시자치주의의 슬로건이다. 바르셀로나엔코무는 이 모토를 문자 그대로 받아들여 주택정책에 특히 중점을 두는데, 바르셀로나의 현재 사정을 생각해도 이것이 최우선 고려사항이 될 수밖에 없다. 유엔에 의하면 주거는 인간의 권리이지만, 주거 불안은 아직도 많은 사람에게 현실이다. 에스파냐 경제는 1986년에 유럽연합에 가입하고 1999년에 유로화를 채택한 이후로 부동산과 건설 분야에 침투하는 투기성 외국 자본의 영향을 받았다. 이는 경제성장을 가져왔지만 동시에 불평등과 불안정성도 낳았다. 시장은 풀타임 거주민의 주택 수요보다 외국 투자자들의 단기 니즈에 따라 반응했다. 콜라우 시장과 그녀의 행정부는 바르셀로나를 거주민 친화적인 도시로 만들기 위해 단기 임대업 단속을 단행했고, 이것이 국제적으로 화제가 됐다. 에어비앤비Airbnb 같은 공유숙박업의 확산은 주거지 공동화 현상의 주범이고, 주거난과 집세 상승을 유발하고, 지역사회를 파괴한다. 바르셀로나 시정부는 공영주택에 투자하는 한편, 미사용 주택을 적발해 은행에 벌금을 부과했다. 이 조치는 주택은 투기성 자산이 되기보다 공동체에 기여해야 하며, 주택의 민주화를 위해서는 주택의 상품화를 막아야 한다는 인식에 기반한다.

또한 바르셀로나엔코무는 공용 공간의 민주화를 목표로, 지역사회에 자원 운용을 일임하고 지역사회 구성원의 범위를 넓혔다. 콜라우 시장이 〈뉴요커〉에 말했다. "공용 공간이야말로 민주주의의 공간입니다. 이 공간은 우리 모두의 공간입니다. 이곳은 가장 취약한 사람들, 민주주의 시스템이 우선시해야 할 사람들의 공간이기도 합니다. (…) 사적 공간이 줄어들면 도서관, 해변, 공원 등 공용 공간과 공용 시설이 더 많아집니다. 다른 사람들과 함께 도시를 세울 수 있는 공간이죠. 그런 관점에서 볼 때 공용 공간이 많을수록, 그 질이 좋아질수록 민주주의의 질도 좋아집니다."[60]

바르셀로나엔코무를 비롯한 도시자치주의자들은 가부장적 생득권이나 배타적 특권이 아닌, 민족 정체성이나 법적 지위가 아닌, 실제 거주와 능동적 참여에 기반한 시민권이라는 비전을 제시한다(분리주의 민족운동으로 극심한 사회 분열을 겪고 있는 나라에서 나온 제안이기에 더욱 뜻깊다). 바르셀로나엔코무의 열혈 지지자 중 한 명인 케이트 시아 베어드Kate Shea Baird가 내게 말했다. "시민권 문제는 (…) 규모의 문제입니다. 지역 단위에서는 공동체 생활이 매일의 대인對人 상호작용에 기반한 현실이지만, 더 큰 단위에서는 구상에 그치기 때문이죠."

베어드는 지역주의가 효과 있는 이유 중 하나로 실용성을 들었다. "작은 승리들로 현상에 대한 대안이 있다는 것을 증명할 수 있으니까요." 하지만 앞서 살폈듯, 지역 문제의 원인이 먼 곳에 있을 때가 많다는 게 함정이다. 베어드도 이 점을 인정한다. "도시자치주의의 최대 난제 중 하나가 경계 너머의 세력과 이해관계에 맞서는 데 어려움을 겪는다는 것입니다." 예를 들어보자. 바르셀로나엔코무가 인터넷으로 사람들의 의견을 모아 선언서를 만들 때 가장 많이 접수된 제안이 도시 수도사업의 공공통제권을 되찾자는 것이었다.

다국적 기업 수에즈환경Suez Environnement의 자회사인 수도회사 아그바Agbar가 바르셀로나 주민에게 부과하는 요금은, 상수도를 자체 관리하는 인근 지자체들이 감당하는 비용보다 91.7%나 높다. 심지어 아그바는 폭리로 번 돈을 악의적으로 썼다. 도시 주민투표에 자신들에게 불리한 질문이 포함된 것을 두고 소송을 건 것이다. "바르셀로나의 물관리가 공적으로, 즉 시민 참여에 따라 이루어지기를 바라십니까?"[61] 3년이 지난 후에도 바르셀로나는 매출 감소를 참지 못하는 기업과 여전히 분쟁 중이었다.

이런 장애들 때문에 콜라우는 초기에 유럽민주주의운동을 지지했고, 바르셀로나엔코무는 다른 '반군' 지자체들과 연대하기 위한 국제위원회를 설립했다. 그들의 국제위원회는 이주, 기술 협력, 국제무역 등 모든 사안을 다루는 초국가적 도시연합이다. 그러나 베어드를 포함한 일부 조직원들은 이러한 급진적 민주주의 실험이 세계적 또는 대단위의 변혁을 가져올 정도로 규모를 키울 수 있을지, 심지어 그게 목표여야 하는지에 대해 회의적이다. 베어드가 생각하기에 급진적 민주주의와 실질적 지역사회는 오직 지역적일 때만 가능하다. 그녀는 도시자치주의의 가장 중요한 자질, 즉 지역 단위에서만 가능한 사회적, 정치적, 생태학적 변혁들은 더 넓은 단위에서는 감소하거나 심지

어 사라진다고 믿는다.[62]

　도시자치주의 모델이 도시의 범위를 넘어서는 사안들을 감당할 정도로 성장할 수 있을지, 또는 그게 맞는지를 평가하기에는 아직 이르다. 하지만 이런 불확실성과 실험정신이야말로 진취성의 핵심이고, 진취성이야말로 콜라우와 베어드와 그들의 동지들이 '여성화 정치'라고 부르는 과정의 핵심이다. 바르셀로나 도시자치주의자들이 말하는 여성화는 포괄적인 개념이다. 여성의 일상적 문제나 젠더 형평 추구에 한정된 표현은 아니다. 같은 뜻으로 '탈脫남성화 정치'라는 용어도 쓴다. 이는 차이점을 심화하는 대신 공통점 구축을, 소수대표 체제보다 공동주도 체제 추진을, 승자독식의 갈등 대신 협력과 합의를, 유세보다는 경청을 강조하는 개념이다. 콜라우가 말했다. "모든 것의 답을 안다는 듯한 극도의 자신감으로 무장한 힘세고 오만한 남자가 아니어도 정치를 할 수 있습니다." 여성화 정치의 원칙은 '미리 준비된 답이 없어도 상관없다'다. 상황이 불확정적이고 복잡할 때는 특히 그렇다. 문제의 공동 해결이야말로 도시자치주의자들이 도시의 본질이자 민주주의의 의미로 믿는 것이다.

민주주의는 내가 사는 곳에서 시작된다

민주주의의 공간은 어디일까? 물리적 장소일 수도 있다. 국회의사당, 거리와 광장, 협동조합 체제의 일터, 가정, 혹은 보다 추상적이고 의례적인 어딘가일 수도 있다. 이를테면 국제법과 초국가적 연합과 협정의 영역.

언젠가는 민주주의의 공간이 지구 대기권을 훌쩍 벗어난 우주 그 자체가 될 수도 있다. 1960년대에 발효된 우주조약Outer Space Treaty이라는 것이 있다. 국가주권의 주장이 우주에는 해당하지 않음을 명시하는 국제조약이다. 즉 외기권을 탐험할 수는 있지만 소유할 수는 없다. 그런데도 기업들은 우주를 화성 관광이나 소행성 채굴 같은 잠재 사업 기회로 보고 입맛을 다신다. 몇몇은 이미 그런 사업을 위한 준비 작업에 착수했다. 우주가 공해公海처럼 취급받는 날이 올지도 모른다. 공해는 주권적 권리가 인정되지 않아서 무분별한 개발이 일어나기 쉽고, 물고기 남획, 오염, 노동 착취 등에 따른 수익은 소수에게 집중된다. 혹은 외기권 우주공간이 인류 전체에게 유익한, 재산권 없는 민주주의와 '우주 공유지'라는 미래를 열 수도 있다.[63] 만약 우리가 민주주의를 은하계 규모로 고민해야 하는 날이 온다면 그때는 지구의 세계가 작디작은 지역이 되고 만다.

물론 민주주의 공간은 디지털 세계에도 존재한다. 1960년대에 미디어이론가 마샬 맥루한Marshall McLuhan이 신기술에 따른 지구촌의 출현을 예언한 후 인터넷이 실제로 세계를 한데 연결했다. 하지만 인터넷은 과거 낙관론자들의 희망처럼 세계를 통일시키지는 못했다. 웹 덕분에 수천 마일 떨어져 있는 사람들과 실시간으로 아이디어를 공유하게 됐지만, 연구에 따르면 북미 인터넷 사용자들은 예전의 텔레비전과 신문 소비자들보다 국제 언론을 적게 접하는 것으로 나타난다(문화 쏠림 현상은 극심해져서 세계 곳곳의 지역사회들에 부자 나라에서 생산된 콘텐츠가, 특히 영어권 콘텐츠가 넘쳐난다[64]). 반전은 또 있다. 미국의 뉴스 소비는 탈지역화 경향을 보인다. 미국인들은 독립 주간지를 사거나 지역방송을 보는 대신 전국지의 기사를 읽거나 인기 많은 팟캐스트를 스트리밍한다. 일부 정치학자들은 정치 양극화의 원인을 이런 변화에서 찾는다. 이제 지방선거와 광역선거는 전국방송 후보자 토론, 공약, 스캔들에 따라 결정될 뿐, 지역사회의 일상에 가장 많은 영향을 미치고 따라서 협상의 여지가 가장 많은 이슈들에 따라 결정되지 않는다.

다른 무엇보다 디지털 영역은 민주주의 모순들의 공간이다. 첫째, 인터넷과 소셜미디어가 새로운 공공 영역을 열었지만 이는 개인 소유 플랫폼들에서 일어났다. 가상공간은 압도적으로 기업의 공간이다. 몇몇 지자체의 인터넷서비스를 제외하면 미국에 진정한 공공인터넷 같은 건 없다(20개 이상의 주에서 거대 텔레콤 회사들이 성공적으로 로비를 벌여 지자체가 빠르고 저렴한, 또는 정부 지원을 받는 브로드밴드[대량의 데이터를 고속으로 전송하는 통신 시스템]를 제공하는 것을 막는 법안을 통과시켰다).

둘째, 인터넷은 세계적일지 모르지만 그 수익은 지극히 국지적으로 쏠린다. 거대 기술기업들과 쟁쟁한 스타트업들의 대다수(현재 최상위 부자들이 운영하는 세계 최대 기업들이 여기 포진해 있다)가 미국에 기반을 두고 있고, 특히 실리콘밸리에 몰려 있다. 이 회사들은 전 세계 사용자들의 개인정보를 이윤 창출을 위한 자원으로 취급한다. 이렇게 수익이 강물처럼 캘리포니아의 작은 구석으로 흘러들어간다. "데이터는 21세기의 석유"이기 때문이다. 셋째, 우리의 통신 인프라는 고도의 개인 맞춤형인 동시에 제국주의적이다. 알고리즘이 개개인의 선호에 따라 피드를 공급한다지만, 결국은 미국 회사들이 어떤 지식을 감추고 어떤 지식을 노출할지 결정하며 커뮤니케이션의 표준과 모델을 만들어 나른다.

인권운동가들이 지적했듯 이것은 생사의 문제가 될 수 있다. 특히 페이스북은 어떤 운동가들은 검열하면서 다른 운동가들의 위협적 언사는 거든다는 비난의 포화를 받았다. 지금 이 순간에도 페이스북의 공동설립자이자 CEO로 이 회사 의결권의 60%를 행사하는 마크 저커버그Mark Zuckerberg가 그의 직원들(대개는 저임금 하청업자들)의 손을 빌려서, 문화도 언어도 삶의 맥락도 다른 전 세계 20억 명 이상의 사용자들을 대신해 '자유언론'을 구성하는 것들을 사실상 마음대로 결정한다. 웹은 사람들에게 미국의 기술전문가들과 사업가들의 가치관을 주입해서 경제적 가치를 추출한다. 이것이 글로벌 사우스의 미디어운동가들이 인터넷 탈식민지화 운동을 시작한 이유다.

에스파냐 사회학자 마누엘 카스텔스Manuel Castells가 말한 '장소 없는 힘과 힘없는 장소들' 사이에는 지리적 대립이 존재한다. 인터넷은 그런 역학이 일어나는 최근의 메커니즘에 불과하다. 역사적으로 자본주의는 사람들에게서 땅을 빼앗아 생산자와 생산수단을 갈라놓는 것으로 시작됐다(당시에 디거스는 이렇게 단언했다. "땅 없는 가난한 사람들이 공유지를 자유로이 경작할 권리를 보유하고, 그래서 인클로저 내에 사는 지주들만큼 편히 눕게 될 때까지는 잉글랜드를 자유민의 땅이라 부를 수 없다)." 자본 유동성은 사람들을 불안정하고 일시적인 상태에 빠뜨려 인구 이동을 만들고 거기서 이익을 얻는다. 경제위기 이후 일자리를 찾아 외국으로 나가야 했던 40만 그리스 청년들을 생각해보라. 물론 사람도 자본처럼 쉽게 국경을 넘을 수 있어야 하며, 이동의 자유는 분명히 보호받아야 할 권리다. 하지만 지금처럼 대량 이민이 비자발적으로 일어나는 시대에는, 살던 곳에 계속 살면서 공동체와 문화를 보존할 자유와 더

불어 빈곤, 전쟁, 폭력, 자연 파괴 때문에 가족들이 찢어지고 개인들이 흩어지지 않을 권리 또한 필요하다.

자치의 관점에서 볼 때 돈과 재화의 자유로운 흐름은 보호하면서 자본에 밀려 유민이 된 사람들의 이동은 방해하는 지금의 '세계경제 헌법'은 위법이며 애초에 비준되지도 않았다. 그리고 그 이유로 해체해 마땅하다. 그것의 통제하에 있는 국가와 개인은 시장의 지배에 동의한 적이 없다. 기존 신자유주의 질서를 해체해서, 보다 책임 있고 포괄적이고 공평한 구조로 대체하려면 국제적 결속이라는 오래된 이상에 새바람을 불어넣을 수 있는 초국가적 연합체를 창조할 필요가 있다. 하지만 성공을 위해서는 이 범세계적 노력이 반드시 아래로부터 일어나야 한다. 처음부터 글로벌 규모로 일어나 위에서 아래로 변화가 생기기는 어렵다. 아래로부터 압력을 행사할 사회운동들의 전략적 연계가 민주주의를 일으키는 최선의 지렛대다. 힘 있는 장소들 없이는 장소 없는 힘에 효과적으로 도전하기 힘들다.

그렇다고 지역이 항상 세계보다 민주적이라는 말은 아니다. 지역사회와 개인은 그들이 사는 공간에 든든히 뿌리내리고 있을 때 비로소 스스로의 운명을 결정하고 나아가 국제정치와 국제경제에도 영향을 미칠 역량이 생긴다. 바르셀로나엔코무가 인터넷을 활용한 방식은 상당히 고무적이다. 바르셀로나는 디지털 혁명을 민주주의 혁명과 연계할 의도로 주민의 '기술 주권'을 주장했다. 기술 주권은 데이터를 공공재로 삼고, 시민이 개인정보 기반 서비스의 공동소유주이자 공동창조자가 되는 것을 뜻한다.[65] 또한 가상공간을 물리적 공간에 연결하고, 인터넷을 특정 장소와 특정 사람들에게 연계해 그들의 니즈에 보다 충실히 대응하는 것을 뜻한다. 바르셀로나, 마닐라, 요하네스버그, 뉴욕, 뭄바이의 시민에게서 추출한 정보로 얻는 기술적, 재정적 이득의 수혜자가 어째서 시민이 아니라 구글, 우버, 에어비앤비가 되어야 하는가?

지역민주주의는 다음을 뜻한다. 도시가 인터넷과 상수도 같은 주요 유틸리티에 대해 공공통제권을 행사할 수 있는 것, 국가가 다국적기업이 자국에서 행한 사업에 대해 세금을 내도록 강제할 수 있는 것, 도시 지역사회들이 젠트리피케이션 등에 의한 내몰림에 저항할 수 있는 것, 원주민이 강을 오염시키는 탄갱이나 송유관 개설을 막을 수 있는 것, 농촌 공동체들이 집과 가족을 떠나는 대신 현지 일자리 창출을 위해 싸울 수 있는 것, 노조원들이 아웃소싱과 일괄 해고의 위협 속에서 일하는 대신 회사 경영에 대한 결정권을 갖거나 노동자 소유제를 실현할 수 있는 것. 이것들은 실제로 행해지는 지역민주주의의 사례들이다. 하지만 지역이 지역에 머무르지만은 않는다. 각각의 작은 승리들이 파급효과를 일으켜 세계적인 전체를 형성한다.

"민주주의는 내가 사는 곳에서 시작된다." 도시자치주의의 유명한 슬로건이다. 민주주의의 공간은 거기가 어디든 지금 이 순간 내가 있는 곳이다. 그와 동시에 민주주의에는 초국가적 차원이 있어서 민주적 아이디어 자체는 국경을 넘어 멀리멀리 퍼지고 가는 중에 변질되고 변형된다. 역설적이다. 민주주의적 상상은 개방성과 확장성을 담는다. 하지만 그 실행은 경계와 기반을 필요로 하고, 특정 인구집단과 장소에 맞게 구현되어야 한다. 민주주의는 뿌리를 내려야만 씨앗을 날릴 수 있다.

8

폐허인가 터전인가

현재 vs. 미래

우리가 한 일들과 하지 않은 일들이 미래를 결정한다.

아직 존재하지 않는 민주주의를 위해
우리는 어떤 원칙과 약속을 채택할 것인가?

우리가 떠난 후의 이 사회를 위해서
우리는 지금 어떤 표를 던져야 하는가?

만약 기후변화가 아직 태어나지 않은 사람들의 헌법상 권리를 침해하는 것이라면? 실제로 일부 청년들이 이 문제를 법정에서 다투고 있다. 펜실베이니아주 헌법 제1조 27항은 '맑은 공기와 깨끗한 물에 대한 권리, 환경의 경관과 자연적, 역사적, 심미적 가치 보존에 대한 권리'를 보장한다. 이 법조항을 근거로, 아직 투표권이 없는 청년 6명이 소송 원고단을 구성해 2015년 펜실베이니아 주법원에 톰 울프Tom Wolf 주지사와 6개 주정부기관을 상대로 소송을 제기했다. 피고 기관들이 시민이 주정부에 위임한 의무와 책임을 저버리고 이산화탄소 등 온실가스 배출 규제에 필요한 조치를 제대로 취하지 않았다는 것이 고소 내용이다. 법률 용어로 말해서, 펜실베이니아주에게는 '현재 세대와 미래 세대의 이익을 위해 대기를 포함한 공공의 천연 자원을 보존하고 유지할' 책임이 있다. 매일 쏟아지는 만년설 유실, 병든 산호초, 굶어 죽는 북극곰에 대한 뉴스가 이러한 법적 책임이 등한시되고 있음을 여실히 보여준다.

펜실베이니아 소송은 대법원이 기존의 기각 판정을 확정하며 종결됐지만, 같은 해 오리건주에서 제기된 '줄리아나Juliana 대 미국' 소송은 사법 시스템을 무사히 통과하는 중이다. 이 소송의 젊은 원고들은 지구온난화의 영향을 막지 못한 연방정부를 정조준해서 자기 세대와 미래 세대의 헌법상 권리를 침해한 책임을 물었다. 소송 제기 당시 11~22세였던 21명의 원고단은 화석연료 연소에 따른 이산화탄소 과다 배출이 환경을 위태롭게 한다는 지난 수십 년간의 증거에도 불구하고, 연방정부 관료들과 석유회사 경영진들이 고의적으로 기후변화를 초래하는 국가 에너지 시스템을 만들었다고 비난했다. 젊은 원고들의 주장에 따르면, 당국은 유해 기업들을 규제하고 저지하는 데 실패했을 뿐더러 오히려 그들의 시도를 적극 지원해서 시민의 생명, 자유, 재산에 대한 헌법상의 권리를 침해하는 동시에 필수 공공자원을 위태롭게 했다.

줄리아나 소송에서는 '미래 세대'가 명시적으로 지정되고 '법적 후견인'에 의해 대표된다. 그 법적 후견인은 미 항공우주국NASA의 과학자이자 사회운동가인 제임스 핸슨James Hansen 박사다. 핸슨 박사의 손녀도 원고단 중 한 명이다. 연방정부가 혐의가 애매하다는 이유로 소송 기각을 요청했을 때 오리건주 지방법원은 이를 받아들이지 않았다. 앤 에이컨Ann Aiken 판사는 "인간 생명을 유지할 수 있는 기후 체계에 대한 권리가 자유롭고 질서 있는 사회의 근본이라는 점에는 의심의 여지가 없다"고 판결했다. 또한 이 소송은 기후변화의 사실 여부를 따지기 위함이 아니라는 것을 지적하며("그 사실들은 반박의 여지가 없다") 이렇게 덧붙였다. "그동안 연방법원들은 환경법 분야에서 지나치게 신중하고 소극적인 태도를 취해왔고, 그로 인해 세계가 고통받았다." 이 청소년들의 소송이 무사히 진행될 경우 연방정부는 최초로 법정에

서 정부의 기후정책이 시민의 헌법상 권리를 침해한다는 주장에 직면하게 된다.[1]

오리건 소송단의 시도가 무모한 모험으로 보일 수도 있다. 하지만 현재 기후 소송은 세계적이고 시대적인 흐름이 되고 있다. 영국, 뉴질랜드, 아일랜드, 노르웨이, 스위스, 벨기에, 파키스탄, 우크라이나, 인도, 우간다 등 세계 여러 나라 시민들이 사법제도를 이용해 정부를 압박하고 있다. 석유 시추 중단이나 탄소 배출 감축을 통해 생활 가능한 미래를 보장받기 위해서다.[2] 콜롬비아에서는 7세 이상의 젊은이 25명이 아마존의 지속적 삼림 벌채를 막을 목적으로 헌법을 내세워 소송을 걸었고,[3] 포르투갈에서는 2017년 대형 산불로 심각한 피해를 입은 레이리아주 출신 어린이 7명이 기후 재앙 예방에 필요한 조치를 취하지 않았다는 이유로 유럽회의 회원국들을 고소했다.

미국의 경우 수십 개의 소도시들이 과감하게 지역 법규를 뜯어고쳐 기업의 법인격을 박탈하고 수압파쇄 공법[이 공법은 지하수와 표층수의 오염, 대기오염, 지진의 원인이 될 수 있다]을 금지했다. 그 외에도 뉴욕시, 리치먼드 같은 지자체들이, 탄소 배출의 악영향과 해수면 상승의 위험에 대한 정보를 은폐한 것에 대해 화석연료 회사들을 상대로 수십억 달러의 손해배상 소송을 제기했다. 또한 원주민 공동체들은 양도하지 않은 원주민 영토를 지나는 송유관 건설을 막기 위해 조약상의 권리를 소환한다.[4] 이런 창의적 소송 캠페인을 전개하는 시민들이 공통으로 원하는 것은 자원 채굴을 억제해서 후대에게 살 만한 지구를 물려주는 것이다.

레카 딜런-리처드슨Rekha Dhillon-Richardson은 15세에 펜실베이니아

환경 소송의 원고 중 한 명이 됐다. "어린이와 청소년의 기본 인권과 미래가 기후 불안으로 크게 위협받고 있어요. 막상 우리 세대는 그 문제에 대해 잘못이 없는데도 말이에요." 내가 소송에 참여하게 된 동기를 물었을 때 레카는 이렇게 답했다. "전 세계 어린이들은 어른들이 올바른 결정을 내릴 거라고, 우리를 더 깨끗하고 더 정의로운 미래로 이끌어줄 거라고 믿었어요. 그런데 우리는 허락한 적이 없는 결정들 때문에 정작 우리가 최대 피해자가 됐어요."

레카는 자신이 참여한 소송이 결국 기각되자 실망했다. 하지만 그 경험에서 유용한 교훈을 얻었다. "이번 일을 계기로, 법이 만들어진다고 해서 실제로 적용된다는 뜻은 아니라는 것을 깨달았어요. 그리고 법 절차가 극도로 느리다는 것도요. 재판을 통해서 빠르고 의미 있는 변화를 만들기는 어려울 것 같아요. 환경 문제를 깊이 우려하는 우리 같은 사람들이 더 현명해져서 다양한 전략으로 정부에 대응할 필요가 있어요."

화석연료를 미친 듯이 태우는 행태에 법적 제재를 요구하는 것이 추세가 됐다. 어린 세대가 제기하는 소송들이 이 추세에 특별한 의미를 부여한다. 그들은 기후변화가 민주주의에 가하는 위협의 중요한 측면 하나를 부각시켰다. 그것은 수십 수백 년에 걸친 세대 간 책임과 윤리적 의무의 문제다. 달리 말하면 이렇다. '민주주의와 시간은 어떤 관계인가?' 추상적으로 들릴지 모르지만 실은 근본적인 문제다. 소송인들이 환경 보존 투쟁의 근거로 삼는 헌법상 권리의 핵심을 찌르는 문제다. 모든 자치 프로젝트는 예외 없이 단기적 사고와 장기적 사고, 당면 상황과 향후 전망, 현재와 미래 사이에서 현명한 줄타기를 필요로 한다.

자녀가 있든 없든 모든 사람은 후손이자 조상이다. 우리 모두 우리가 만들지 않은 세상에 태어나고 전대에 수립된 관습과 조건에 매여 살다가 우리가 저질러놓은 것을 후대에게 물려주고 떠난다. 이것의 폐단을 기후변화 문제보다 더 극명하게 보여주는 것도 없다. 기후변화 문제는 우리 행성이 미래에도 살 수 있는 곳이 될 것인가의 문제다. 2040년이면 세계의 해안이 범람하고, 식량 부족과 산불과 가뭄이 격화되고, 생태계 파괴와 종種의 소멸이 급격해진다는 것이 학계의 중론이다. 일각에서는 2100년이면 세계 인구의 5분의 1에 해당하는 20억 명이 기후난민이 되어 삶이 망가지거나 목숨을 잃을 것으로 추정한다.[5] 그래도 부유한 나라의 사람들은 계속해서 화석연료를 펑펑 쓰며 살 것이다. 우리가 지금처럼 무절제한 에너지 소비를 계속한다면 현재 살아 있는 사람들 상당수와 우리의 뒤를 이을 거의 모든 후손에게 비극적인, 심지어 집단학살에 가까운 참혹한 결과가 닥칠 것이 분명해 보인다.[6]

민주주의와 시간을 논할 때 미래는 과거만큼 중요하다. 하지만 아직 태어나지 않은 사람이 현재 살아 있는 사람을 헌법상의 원칙이나 법적 판례에 묶을 수는 없기 때문에 미래는 현재에 대해 영향력을 행사하지 못한다. 우리는 일 년에도 몇 번씩 비행기 여행을 하고, 지구 반대편에서 수입한 식품을 사들이면서, 이러한 탄소 집약적인 생활방식 때문에 장차 끔찍한 곤란에 처하게 될 사람들을 구태여 염려하지 않는다. 우리가 살아 있을 때 만날 일이 없는 사람들이니까. 그렇다고 우리가 그들에 대한 민주적 의무가 없을까? 우리가 전임자들에게 정의를 기대한다면 우리도 미래 세대에게 빚을 지고 있는 건 아닐까? 지금 세계에서 부유층에 속하는 사람들은 당장의 자기 편의만 생각하는 나쁜 조상이 될 운명이다.

우리가 민주주의를 걱정한다면 그 걱정에 미래도 포함해야 한다. 우리는 '아이들을 위한' 미래 보호를 상투어가 될 정도로 떠들어댄다. 그 결과는? 창피하게도 젊은이들은, 말만 앞세우고 아무것도 하지 않는 어른들을 고소하고 있다. 우리가 지구를 물려받을 세대를 상상할 때, 그것이 인류 다양성을 반영한 이미지인 적은 거의 없다. 그러나 우리는 인류 다양성을 염두에 두고, 지속가능한 세상뿐만 아니라 앨리슨 케이퍼Alison Kafer가 말한 '접근 가능한' 세상을 위해 싸워야 한다. 케이퍼는 미래사회의 이상화 이미지들에는 그녀 같은 장애인들이 배제되어 있다고 말한다.[7] 접근 가능한 미래란 차이를 존중하는 미래다. 장애인, 동성애자, 흑인, 무슬림은 물론이고, 멸종을 앞둔 유물 취급을 받는 원주민까지 모두 포함되는 미래. 여기에 역설이 있다. 이 접근 가능한 미래에 도달하기 위해, 현재를 사는 사람들의 필요와 바람을 미래에 살 사람들의 그것과 맞추기 위해, 필요한 것이 있다. 그건 과거에 갇히는 일 없이 과거의 지혜를 이용하는 것이다.

산 자를 위협하는 죽은 자들

토머스 제퍼슨은 제임스 매디슨에게 보내는 편지에서 죽은 이들의 무덤 통치에 의구심을 표했다. 그러자 제퍼슨도 거기에 대한 반대의 입장을 분명히 했다. "언제나 땅은 산 세대의 것이다." 그는 땅은 과거도 미래도 아닌 현재에 속한다고 썼다. "죽은 이들에겐 거기에 대해 아무런 힘도 권한도 없다." 지구의 현주민이 공간만 아니라 시간의 주인임을 사실상 공언한 것이다. 하지만 사회의 경직을 막기 위해서 그는 다소 극단적인 제안을 했다. 제퍼슨은 사망률 통계를 검토한 후 19년마다 세대가 바뀐다는 결론을 내렸다. 그는 이것이 법에 자연적 기한을 부여한다고 여겼고, 따라서 법에도 유효기한이 있어야 한다고 주장했다. 법령과 규정은 수명이 짧아야, 살아 있는 시민이 해당 법령과 규정을 유지할 필요를 느낄 때만 갱신되어야 비로소 타당성과 생명력을 보장받는다고 여겼다. 이러한 구상의 실현 가능성은 차치하더라도, 제퍼슨의 제안은 어울리지 않게 갸륵하다. 법의 자연 소멸을 주장하다니. 미국 건국의 아버지치고 너무 자비롭고 자기비하적이다.

죽은 사람들이 실제로 힘과 권한을 행사하지는 못하지만, 그들은 여전히 테이블의 한 자리를 차지하고 있다. 토머스 제퍼슨도 그중 한 명이다. 현재는 명백하면서도 미묘하고, 건설적이면서도 파괴적인 방식으로 과거의 결정들에 의해 구속되고 형성된다. 그 생생한 사례가 미국 헌법이다. 미국 헌법은 소수의 남성들이 특정 약속들을 비준하고 영구화한 것이다. 선거인단 제도는 원래 연방정부에서 남부 주들의 영향력을 늘릴 목적으로 고안됐다. 나는 때로 이 선거인단 제도를 현재의 목을 조르는 과거 농장 소유주들의 차가운 손아귀로 상상한다. 심지어 정부 규제에 대해 개인의 권리를 보호할 취지로 만든 제퍼슨의 권리장전조차도 현재를 좀먹는 결과를 낳고 있다. 수정헌법 제2조 무기 소지의 권리는 과거 원주민의 땅을 약탈하거나 도망노예를 추적하던 사람들, 스스로를 '규율 있는 민병대'로 지칭하던 이들을 위한 것이었다. 그런데 이 권리는 오늘날 우리에게도 그 무뢰배가 출몰하게 한다. 물론 우리에게 멋진 선물, 예를 들어 언론의 자유와 사생활과 집회의 권리를 준 조상들도 있다.

일부 이론가들은 산 사람들의 문제에 대한 죽은 자들의 반갑지 않은 영향을 전통과 진보의 대립과 연관지었다. 신랄한 비평가이자 가톨릭 문필가 체스터턴G. K. Chesterton, 1874~1936은 이렇게 말했다. "전통이 선거권의 연장을 뜻하는가? 전통은 모든 계층 중에서 가장 모호한 계층, 즉 우리의 조상들에게 선거권을 준다. 그것은 죽은 자의 민주주의다. 전통은 살아 돌아다니는 자들의 하찮고 오만한 과두제에 복종하기를 거부한다. 민주주의는 사람들이 출생의 우연으로 실격당하는 것에 반대하며, 전통은 사람들이 죽음이라는 사고로 실격당하는 것에 반대한다."[8] 체스터턴의 논리에 따르면, 사회 진보는 일종의 참정권 박탈을 통해서, 즉 망자에게서 참정권을 빼앗는 것으로 달성될 수 있다. 체스터턴보다 반세기 앞서 칼 마르크스가 정치적 좀비들의 끈질긴 존재감에 대한 처절한 공포를 이렇게 표현했다. "사람들은 자기의 역사를 만든다. 하지만 자기가 원하는 대로 만들지 않는다. 그들은 스스로 선택한 상황에서 역사를 만들지 않는다. 이미 존재하는 상황에서, 과거에서 전달된 상황에서 만든다. 죽은 세대의 전통이 산 사람들의 머리를 악몽처럼 짓누른다."[9]

이 초시간적 권력투쟁의 역사에서 가장 웅변적인 사상가들은 18세기 말에 등장했다. 바로 에드먼드 버크와 토머스 페인이다. 두 사람은 과거와 미래, 죽은 자와 산 자, 전통과 진보라는 이분법이 첨예하게 드러난 논쟁을 벌였다.[10] 뼛속까지 보수주의자인 버크는 프랑스 대혁명 이후의 폭력 사태에 충격을 받은 나머지, 급진 민주주의자들의 전복 대상인 상속 특권과 귀족정치의 안정성을 옹호하고 나섰다. "영연방과 법을 떠받치는 가장 선도적인 원칙 중 하나는, 임시 보유자들과 종신 임차인들이 선대로부터 물려받고 후대에 물려줄 유산을 가벼이 여기고 자기가 온전한 주인인 양 경거망동하지 못하게 하는 것이다. 저들이 세습을 끊고 유산을 낭비함으로써 사회의 본래 짜임새를 멋대로 망치는 것을 권리로 여기게 해서는 안 된다." 버크는 어떤 혁명이든 혁명은 후손에게 '터전 대신 폐허'를 물려줄 위험, 그들을 선조와 분리된 '여름철 파리보다 나을 것 없는 상태'에 빠뜨릴 위험을 초래한다고 경고했다.

한편 좌파 성향의 페인은 버크의 주장을 어불성설로 여겼다. 그는 봉건사회의 농노보다 윙윙대는 파리로 사는 게 낫다고 했다. "후대를 위해 무언가를 도모할 때 우리는 이것을 기억해야 한다. 미덕은 세습되지 않는다는 것을."《상식》과《인간의 권리Rights of Men》에 나타나 있듯, 페인의 비판은 단지 군주제에 대한 공격만은 아니었다. 그보다는 오히려 새로운 정부 시스템이 수립되고 시간이 흐른 뒤에도 부당한 위압을 행사할 법한 혁명가들을 경계한 것이었다. 페인이 말했다. "후대를 영원히 구속하고 통제할 권리나 권력을 가진 의회나 국민이나 세대는 어디에도 존재한 적이 없고, 앞으로도 존재하지 않을 것이며, 결코 존재할 수도 없다." 그는 친구 제퍼슨의 말을 상기했다. "부응해야 할 대상은 죽은 자들이 아니라 산 자들이다."

페인은 강경했다. 그는 과거는 현재와 무관할 뿐 아니라 억압적인 것으로 보았다. "무덤 너머에서 통치하겠다는 주제넘은 허영은 모든 압제 중에서도 가장 터무니없고 발칙한 것이다. 사람은 사람의 재산이 아니고, 어떤 세대도 다음 세대를 소유하지 않는다." 신수왕권도 아직 온전히 극복하지 못한 세상에서 페인의 의견은 다분히 급진적이었다. "모든 세대는 앞선 세대와 동등한 권리를 가지며, 마찬가지로 모든 개인은 동시대인과 동등한 권리를 가지고 태어난다." 그의 주장은 시간을 초월해 "미성년자의 권리도 성인의 권리만큼 신성하다"는 현대 기후변화 소송의 청소년 원고들의 정신과 맞닿아 있다.[11]

페인은 특유의 촌철살인 비평으로 혁명과 혁신에 대한 헌신을 대중화했다. "국가는 부단히 존재하는 동시에 부단히 재개와 계승의 상태에 있다. 국가는 결코 멈춰 있지 않다. 매일 사람들이 태어나고, 미성년이 어른이 되고, 나이 들다가 무대에서 사라진다. 이렇듯 끝없이 이어지는 세대의 흐름 속에서 다른 세대보다 우월한 위치에 있는 세대는 없다." 변화의 맹공 앞에서 헌법은 "항상 새로워져야 하며, 새롭지 않음은 곧 결함이다." 페인은 에둘러 말하는 사람이 아니었다. 그는 과거의 교훈을 단호히 거부했고, 고대 그리스와 로마의 기록을 뒤져 모범과 통찰을 찾는 사람들을 책망하면서 전통과의 단호한 절연을 주장했다. "죽은 자들이 산 자들에게 무엇을 가르칠 수 있는가?" 페인에게 중요한 것은 전통이 아니라 뭔가 초월적인 것이었다. 이를테면 인간이 만든 법을 선행하고 대체하는 자연권과 생득권.

군주정 시대에 포퓰리스트 혁명가였던 것만으로도 페인은 기존 질서에 다분히 위협적인 존재였지만, 그의 분석이 그토록 저항적으로 인식된 이유는, 앞서 살폈듯 그의 경제적 평등주의에 대한 집념이었다.

그는 타도 대상인 세습 체제가 다양한 차원에 걸쳐 있다고 봤다. 귀족 아버지에게서 아들로 사회적 지위와 작위가 세습되고, 이를 매개로 재산이 혈연을 타고 이동하면서 물질적 부가 대대로 축적됐다. 페인은 이들에게서 상속세를 거둬들여서 모든 시민에게 기본소득 보조금을 배당할 것을 제안했는데, 이는 대중의 최저생활을 보장하는 것 이상을 목표로 했다. 혈연 과두제를 종식시켜 현재에 대한 과거의 재정적 통제를 끊어버리고 나아가 민주주의 존속을 위한 기반을 확보한다는 의도도 있었다.

페인은 이미 알고 있었던 것이다. 프랑스 경제학자 토마 피케티Thomas Piketty가 2013년 저서 《21세기 자본Capital in the Twenty-First Century》에 상술했듯, 대대로 세습되는 자산의 흐름은 오늘날 위험 수위에 이른 불평등의 주요 동인 중 하나다. 피케티에 따르면 우리는 현재 '세습 사회'에 산다. 조상의 은행 잔고를 매개로 그 후손이 남들에게 가당치 않은 영향력을 행사하게 해주는 사회. 이런 사회에서는 유산을 통한 일방적 자본 축적으로 경직된 계급구조가 형성돼 민주적 재분배가 어려워진다. 부자 상위 1%의 부는 땀 흘려 번 것이 아니라 물려받은 것이다. 그들이 물려받은 돈은 자산이 2만 5천 달러 이하인 가구들의 돈보다 447배나 많다.[12] 2030년에는 세계 부자 상위 1%가 전 세계 부의 3분의 2를 차지하게 된다는 예측도 있다.[13]

최근 수년간 상속자본 이익률이 경제성장률보다 컸기 때문에 일하지 않고 얻는 자본소득이 생계를 위해 일하는 사람들의 노동소득보다 더 빠르게 부풀었다. 또한, 피케티가 말했듯, 과거에 축적된 부가 현재의 소득보다 빠르게 성장하기 때문에 새로 버는 돈이 오래된 자산보다

수익성이 떨어진다. 부자들이 상속세에 노이로제 반응을 보이며 맹공을 이어온 건 당연한 현상이다. 미국 보수주의자들이 '사망세'라며 욕하는 상속세는 정확히 말하면 비민주적 왕조들의 출현을 막기 위한 것이다. 현재 연방정부의 과세 대상이 아닌 사유지가 경악스럽게도 99.8%에 이른다.[14]

우리는 이쯤에서 이런 통찰을 얻는다. 현대 자본주의 메커니즘은 과거의 힘을 복리로 불려서 현재로 넘기는 경향이 있다. 이 문제는 크게 두 가지로, 상속자산과 개인 부채로 발현한다. 한편에서는 투자배당금과 이자 덕분에 자산이 계속 불어나지만, 다른 한편에서는 원금에다 이자와 수수료까지 갚아야 하는 현재의 계약에 미래를 저당 잡히는 사람들이 늘어나면서 부채가 계속 불어난다. 오늘날 미국인 태반이 빚을 지고 있고, 기본 생활 필수품조차 제대로 사지 못하는 경우도 허다하다. 공공 의료보험 미비로 의료비 청구서가 계속 쌓이고, 고등교육 예산 삭감으로 학자금 대출이 급등하고, 불충분한 봉급은 신용카드 현금서비스와 급여 가불 대출로 이어진다. 고정관념과 달리, 신용카드와 단기대출은 주로 집세나 식비 같은 기초생활비를 충당하는 데 쓰인다.

지난 40여 년간 서민의 신용대출 접근성 증가가 임금 정체를 은폐하고 번영이 폭넓게 공유되고 있다는 환상을 고착시켰다. 하지만 통계는 번영의 독점 현상을 보여준다. 이는 부분적으로는 신자유주의 금융화financialization[부동산이나 사업체 등이 세계 금융자본의 자산으로 바뀌는 경향] 때문이다. 달리 말해서, 복잡한 금융상품의 모습을 한 부채가 점점 더 경제 작용의 중심이 되고 있기 때문이다. 2008년 참담한 경제

위기를 가져온 고위험 파생상품을 생각해보라. 금융화는 도처에서 일어난다. 도시와 나라가 기반시설 구축 자금을 조달하기 위해 부자들에게 과세하는 대신 채권을 발행해 돈을 빌린다. 명문 사립대학들은 스스로 헤지펀드가 되어 기부금 증식을 위해 월가에서 차익거래 게임을 한다.[15]

부채가 개인과 지역사회에 백해무익하다는 뜻은 아니다. 제대로 된 상황이라면 공정한 조건의 신용거래는 가능성 확대의 방법이 될 수 있다. 하지만 약탈적이고 철면피한 조건에서는 부채가 소비자와 시민을 나락의 구렁텅이로 몰아넣는다. 바로 거기에 문제가 있다. 채무불이행을 피할수록 구멍이 깊어지고 채권자의 수익은 계속 불어난다. 한 사람의 빚은 반드시 다른 누군가의 자산이고, 같은 장부의 차변과 대변이다.

나는 2011년 월가 시위 기간 중의 어느 하루를 잊지 못한다. 이 무형의 장부가 가시화된 날이기 때문이다. 한 젊은 남자가 기다란 종이를 치켜들고 군중을 향해 서커스 진행자처럼 외쳤다. "다들 앞으로 나와서 상위 1%에게 여러분이 얼마나 보탰는지 적어보세요!" 사람들이 손에 마커 펜을 들고 줄을 서서 자신의 나이와 부채 액수와 부채 발생 이유를 적는 것을 보며 나는 충격을 받았다. 종이에는 엄청난 액수의 의료비 부채, 집값보다 많아진 융자금, 갚을 희망이 없는 학자금 대출액이 끝도 없이 적혔다.

월가 시위 초기에 나는 진보적인 사람들이 금융위기에 격렬히 대응하는 것을 보고 기뻤다. 부채 문제는 보편적 현상이었다. 시위 캠프가 철거된 뒤에도 나는 뜻있는 사람들과 합세해 부채 과잉 현상을 지속

적으로 이슈화했다. 그렇게 2012년에 롤링주빌리Rolling Jubilee가 출범
했다. 롤링주빌리는 채권을 주식유통시장secondary market[기업이 주식을
발행해서 자금을 조달하는 시장을 주식발행시장primary market, 그렇게 발행된 주
식의 거래가 이루어지는 시장을 주식유통시장이라고 한다]에서 매입해서 폐
지하는 일종의 부채탕감 제도다. 이를 통해 많은 사람이 수천만 달러
의 약탈적 대출에서 놓여났다. 우리의 메시지는 이거다. 힘 있는 자들
은 언제나 엄청난 빚을 지고도 쉽게 벗어난다. 기업과 은행은 부실경
영으로 지급불능 처지에 빠져도 공적자금을 대거 투입 받아 정상화된
다. 부실 기업과 은행에 들어가는 구제금융은 다 국민세금이다. 반면
일반인은 빚을 갚지 못하면 평생 고통당하다가 결국 처벌을 받는다.
롤링주빌리의 목적은 부채의 도덕성에 대한 대중적 담론을 일으키고,
개인적인 것으로만 생각했던 청구서가 사실은, 폭리이자부터 공공재
부족에 이르기까지, 잘못된 경제구조와 정부 시책의 산물이라는 것을
보여주는 것이었다(미국에서는 의료비 부채가 파산의 주요 원인이다. 보편적
의료보장이 있는 나라들에는 없는 일이다).

　우리는 롤링주빌리의 확대를 위해 새로운 종류의 채무자조합을 꾸
리기 시작했다. 그렇게 탄생한 우리의 새로운 프로젝트 '데트 컬렉티브
Debt Collective'는 다음을 전제한다. 부채는 수백만 명이 공유한 문제다.
따라서 힘을 합치면 지렛대 효과[부채를 이용해 이익률을 높이는 것]를 노
릴 수 있다. 우리가 자주 쓰는 격언이 이를 쉽게 설명해준다. "은행에서
10만 달러를 빚지면 은행이 당신을 소유한다. 하지만 은행에 1억 달러
를 빚지면 당신이 은행을 소유한 것이 된다." 혼자서는 빚이 짐이지만
함께 뭉치면 빚이 우리를 강력하게 만든다. 이 나라의 학자금 대출금

은 2조 달러에 육박한다. 이것이 우리가 보다 유리한 조건의 시스템을 위해 투쟁하는 데 무기가 될 수 있다.

이론을 실천에 옮기기 위해서 우리는 2015년에 역사상 최초의 학생 대출금 상환 거부 운동을 벌였다. 15명으로 시작한 참여자가 100명, 200명으로 늘었다. 우리는 3년 만에 다양한 경로로 여러 협력자들과 연대해서 10억 달러 이상의 부채를 구제했고, 한 건의 연방법 개정을 이끌어냈다. 덕분에 사기성 대출의 피해 학생들이 최초로 부채를 면제 받게 됐다. 이 변화가 특히 의미 있는 이유가 있다. 학자금 대출은 개인파산 조치로도 소멸되지 않는 유일한 종류의 부채다(대출업자들과 그들이 고용한 로비스트들의 요구에 따라 1998년과 2005년에 통과된 개정안에 따른 결과다[16]). 부채가 말소된 우리 회원들과 참여자들은 수십 년, 아니 평생 빚을 갚아야 할 처지에서 벗어난 것이다. 빚에서 해방된 사람들은 미래를 되찾은 기분이라고 했다.

역사적으로 채무는 권력자들에게 이익의 원천이자 사회 통제의 도구였다. 하지만 채무는 반란의 촉매이자 기폭제이기도 했다. 앞서 보았듯 이 역학은 고대 아테네의 솔론의 개혁까지 거슬러 올라간다. 귀족 출신 진보주의 정치가 솔론은 사회 위기를 피하기 위해 부채노예제를 폐지했다. 그로부터 1세기 후 로마에서는 빚이라는 역병이 평민의 집단파업을 촉발했고, 이를 계기로 평민의 이해관계 방어를 위한 호민관tribuni plebis 제도가 신설됐다. 보다 최근에는 아메리카 식민지들이 파산자들을 자석처럼 끌어들였다. 18세기 영국의 사회개혁가이며 조지아주 건립자인 제임스 오글소프James Oglethorpe, 1696~1785는 조지아 식민지를 경제 유토피아로, 빚을 갚지 못해 징역형을 받은 사람들의 피난처로 구상했다. 오글소프는 조지 2세에게 영국의 '가치 있는 빈자들'에게 해외 개척지에서 두 번째 삶을 살 기회를 줄 것을 청원했고, 식민지에서 술과 노예제를 금지하는 한편 계급 구분을 없애기 위한 법령들을 제정했다(이 실험은 에스파냐의 적대행위와 노예와 럼주를 원하는 정착민의 저항으로 20년도 못 가 끝났다). 그로부터 50여 년 후 쉐이즈의 반란Shays' Rebellion, 1786~1787을 비롯한 일련의 채무자 폭동들이 건국의 아버지들에게 공포심을 불어넣었다. 특히 제임스 매디슨은 《연방주의자 논집》에서 부채 폐지를 '사악한 프로젝트'라며 맹공격했고, 결국 '채권자의 헌법'으로 불리는 법을 제정하기에 이르렀다.

더 심각한 것은 부채가 백인우월주의를 강화하는 데 전략적으로 활용돼 왔다는 점이다. 19세기 초, 프랑스는 인종차별에 반대하는 아이티의 민주항쟁을 무지막지한 벌금을 부과하는 방법으로 진압했다. 당시 프랑스의 수법을 그대로 본떠서 오늘날 세계은행과 IMF는 강대국이 차관을 이용해 반식민주의 투쟁으로 독립한 신생국들에게 '구조조정'이라 불리는 긴축정책을 강제할 수 있게 했다. 미국에서는 노예제 폐지 후 유사한 술책이 개인들을 겨냥해 사용됐다. 지주들이 병작농과 소작농 제도를 이용해 깔아놓은 부채를 올가미 삼아 흑인들의 자유의 꿈을 짓밟았다. 또한 이는 미국판 도덕경제moral economy[배타적 경쟁 논리보다 수지타산과 무관한 상부상조를 중요시하는 농촌 민중의 경제관념. 역사적으로 지배계층이 민중을 통제하기 위해 묵인 또는 합의한 경제원리]를 낳았다. 즉 흑인들은 과거의 부당행위를 배상받을 채권자로 대우받기는 커녕 그들에게 해방을 안겨준 '공로'가 있는 백인 은인들에게 사실상 채무자 신세가 됐다.[17]

배상을 받은 사람들은 따로 있었다. 어이없게도 노예상인들이었다. 1833년 노예무역이 폐지된 후 영국은 사람을 납치해서 노예로 팔아넘겨 부당 폭리를 취하던 상인들의 손실을 벌충해줄 목적으로 대규모 차관을 들였다. 영국 연소득의 40%에 달하고 오늘날의 달러 가치로 약 3천억 달러에 상당하는 금액이었다. 차관 규모가 얼마나 컸던지 영국 납세자들은 2015년에야 이 빚을 다 갚았다.[18]

고리대금에 제한이 없으면 빚이 시간이 흐르면서 소멸이 아니라 확장되며 지배 수단이 될 수 있다. 제퍼슨은 이를 잘 알고 있었다. 그는 매디슨에게 보낸 유명한 서한에서 땅은 살아 있는 자들의 것임을 피력하면서, 현재를 와해하고 후세에 짐을 지우는 빚의 폐단을 질타했다. 법은 단명해야 한다는 제퍼슨의 주장은 빚에도 적용됐다. 그는 빚은 한 세대 내에 갚는 단기 대출이어야 하며 이 '자연한도' 내에 갚지 못한 부채는 말소되어야 한다고 주장했다. 또한 전쟁으로 돈을 버는 금융권과 매파 군부 세력의 유착관계를 꼬집으면서 대출 축소 조치가 '후대는 선대에게 아무 책임이 없다는 자연법칙을 무시하는 대금업자들이 전쟁광들에게 날개를 달아주는 상황을 막아줄 것'으로 희망했다. 그는 빚이 비민주적인 도구로, 부당이득자들이 돈궤를 채우고 대중의지에 반해 영향력을 항구화하는 수단으로 쓰이는 일이 많다고 개탄했다.

그런데 이랬던 제퍼슨이 훗날 인디애나 주지사에게 보낸 편지에서는 부채의 파괴적 힘을 이용해 자신이 탐내던 아메리카 원주민의 영토를 빼앗을 욕망을 드러냈다. 1803년 그는 이렇게 썼다. "토지 거래 성향을 진작하기 위해 무역상회들을 독려해서 선량하고 영향력 있는 개인들에게 자금을 융통해주는 것이 바람직하다. (…) 부채가 채무자의 상환 능력을 넘는 경우 채무자는 토지 할양의 방법으로 기꺼이 부채를 탕감받을 수 있다."[19] 제퍼슨은 이중적인 진보주의자였다. 그는 역사가 단선적 계몽 방식으로 진행되며, 미국이 그 진화의 정점에 있다고 믿었다. 그리고 원주민은 시간과 아예 보조가 맞지 않는 존재, 즉 현재에 어색하게 남아 있는 과거의 흔적, 혁명과 팽창의 시대에 맞지 않게 전통에 매달려 절멸로 향하는 종족이라는 확신에서 위안을 얻었다. 제퍼슨이 죽은 자에게는 산 자에 대한 권리가 없다고 말한 건 사실이다. 하지만 결국 그 말은, 미래는 자기 같은 부류의 사람들의 것이라는 맹렬한 주장에 불과했다.

기후변화에 태평한 사람들

민주주의와 시간의 관계는 현재를 사는 사람들의 단기성 욕망들과 우리 후손의 미래 이익 사이의 갈등을 수반한다. 그런데 특정 여건에서는 생산적인 갈등도 재앙의 레시피가 될 수 있다. 다른 어떤 요인보다, 극심한 불평등이 현재와 미래의 반목을 악화시킨다. 기후변화 문제처럼 상속과 부채의 경우도 그렇다.

한편으로는 온실가스 감축에 모두의 이해가 걸려 있다. 특히 자녀나 손주를 둔 사람들, 그들이 장차 번창하기를 아니면 적어도 살아남기를 바라는 사람들이 그렇다. 그렇기 때문에 만약 세상이 지금보다 공정한 곳이라면, 별다른 진통 없이 온실가스 감축 결의안이 채택될 것이다. 적어도 희생이 모두에게 요구되고 희생의 정도도 거의 같을 테니까(물론 평등주의 사회도 미래 세대가 어떻게 되든 현재를 즐기고 에너지를 펑펑 쓰면서 신나게 살자는 결정을 내릴 수 있다). 하지만 지금 돌아가는 상황을 보면 부자나라 사람들은 기후형평(또는 기후정의)에 이르기 위한 일, 가령 탄소 배출권 할당제 같은 조치에 따르는 희생은커녕 그 비슷한 노력도 감내할 마음이 없어 보인다. 선진국들이 지난 백 년간 선진화를 위해 무지막지하게 쏟아낸 탄소에 대해 적극적으로 배상할 마음이 없는 한 국제협력은 먼 나라 일이다(그도 그럴 것이, 석탄은 여전히 세계 경제를 돌리는 주력 연료다. 현재도 전 세계적으로 약 1천600개의 석탄발전소가 추가적으로 건설 중이다.[20]).

저개발 국가들의 시민은 탄소 배출에 대한 책임이 적은데도 선진국들의 비타협적이고 이기적인 태도 때문에 점점 빨라지는 기후변화의 타격은 똑같이 받는다. 이러한 역사적 불공평을 설명하는 것이 최근에 생긴 '기후부채climate debt'라는 개념이다. 일부 연구자들의 추산에 따르면, 미국은 탄소 할당을 초과한 데 대해 개발도상국들에게 4조 달러 이상을 빚지고 있다.[21] 이에 따라 만약 가난한 지역 사람들이 자기들은 그동안 별로 탄소 배출을 하지 않았으니 '공정'을 기하기 위해서라도 앞으로 화석연료를 더 많이 태울 자격이 있다고 생각한다면? 세계가 공동으로 노력하면 불가능한 일이 아니지만, 이렇게 이해관계와 입장들이 복잡하게 얽혀 있다는 점에서 기후 문제는 지금껏 인류가 직면한 문제 중 최대의 난제라 할 수 있다.

기후변화는 우리가 어떻게 사회를 조직하고 어떻게 지구의 유한한 자원을 분배해야 하는지에 대한 근본적인 문제를 제기한다. 1990년 이

후 유엔의 정부간기후변화위원회Intergovernmental Panel on Climate Change, IPCC가 선진국들에게 화석연료와 급진적으로 결별해야 한다고 경고해왔다. 이는 소비를 줄이고 화석연료를 재생에너지원으로 대체하는 동시에 육류와 유제품 중심의 식단을 지양하는 것을 의미한다(탄소 배출량의 상당 부분이 축산업에서 나온다). 전기 없이 사는 10억 명이 정당한 편의를 누릴 수 있게 선진국들이 탄소 배출을 억제해야 한다는 제안을 전 세계 국민투표에 붙이면 아마도 압도적으로 통과될 것이다. 그러나 투표권이 부유한 나라 사람들에게 한정된다면 실패할 공산이 크다.

물론 선진국 시민 대다수는 기후변화가 시급한 대처를 요하는 엄중한 위협이라고 믿는다.[22] 하지만 이런 대세를 거스르는 사람들, 자기 행동의 파급효과에는 아랑곳없이 오히려 환경보호주의를 진짜 위협으로 여기며 현실을 부정하는 시민들도 있다. 내 삶의 방식이 지구적 재앙을 부른다는 사실을 직시하는 것이 고통스러울 때, 현실 부정이 인지부조화의 고통을 완화하는 방법이 될 수 있다. 이를테면 전문가들의 말은 신뢰할 수 없고, 과학 연구는 정성스런 속임수에 불과하며, 모든 것은 진보주의자들이 꾸민 음모다라고 생각하는 거다. 그러나 현실 부정은 때로 무지의 결과이고, 사회적 기득권을 필사적으로 방어하려는 자기보호 행동이다.

경고는 진즉부터 있었다. 1847년, 선구적 환경보호 활동가이자 연방의원이었던 조지 퍼킨스 마시George Perkins Marsh가 한 연설에서 훗날 온실효과로 불리게 될 기온 상승 현상을 정확하게 짚어냈다.[23] 1864년 출간된 그의 대표작 《인간과 자연: 인간의 행위가 변형시킨 자연지리

Man and Nature: Or, Physical Geography as Modified by Human Action》는 환경을 파괴하는 사람들을 질책하고, 미래 세대의 필요를 배려하는 자원 관리를 권고한다. "지구는 가장 고결한 거주자조차 살기 부적합한 곳으로 빠르게 망가지고 있다. 인간의 범죄와 경망함의 시대가 (…) 지구를 빈곤한 생산성, 피폐한 표층, 불안정한 기후의 행성으로 만들고 있다. 이는 인간의 타락과 야만, 어쩌면 멸종으로까지 이어질 수 있다. 그런데도 우리는 지금도 몸을 덥히고 수프를 끓일 연료로 쓰겠다고 집의 바닥과 벽과 문과 창문틀까지 뜯어내고 있다. 이 세상은 정밀과학의 찬찬한 진보가 더 나은 경제를 가르쳐줄 때까지 기다릴 여유가 없다."

그리고 1세기 후인 1957년, 선구적 기후학자 두 명이 공동논문에 다음과 같은 성명을 내고, 신중하게 수집한 증거들로 마시의 주장을 입증했다.

현재 인류는 과거에 일어났을 리 없고 미래에 재현될 수도 없는 종류의 지구물리학적 실험을 어마어마한 규모로 수행하고 있다. 몇 세기 안에 우리는 수억 년에 걸쳐 퇴적층에 저장된 농축 유기탄소를 대기권과 해양으로 돌려보내게 된다.

위의 글은 기후 위기와 민주주의와 시간의 관계를 한눈에 보여준다. 우리가 쓰는 화석연료(주유용과 난방용 기름, 플라스틱과 비닐 등 석유를 원료로 쓰는 수많은 화학제품들, 석유계 비료를 써서 재배한 식재료 등)는 먼 옛날 지구에 살았던 생물의 유해가 오랜 시간 땅속에 묻혀 화석처럼 굳어진 것이다. 화석연료는 수억 년을 거슬러 올라가는 과거의 응축물이고, 한때 살아 있던 유기체들의 지질학적 잔해다. 석유 한 통마다 먼 옛날의 대지와 생명들이 진액 형태로 농축돼 있다.

과거 에너지의 축적물, 즉 탄층이 발견되면서 자원 개발의 광풍이 일었다. 미국의 문명비평가 루이스 멈퍼드Lewis Mumford, 1895~1990가 《기술과 문명Technics and Civilization》에서 당시를 이렇게 꼬집었다. "추상적으로 말해서 인도제국의 보물을 모두 합친 것보다도 많은 유산이 인류의 손에 굴러 들어온 것이다." 하지만 '주정뱅이 상속자처럼' 기업가들은 인류의 유산을 '흥청망청' 태워 없애기 시작했다. "화석연료 자본주의는 의욕 저하, 공짜 기대 심리, 생산과 소비의 균형 무시, 잔해와 파편을 보통의 인간환경으로 인식하는 습관을 가져왔다. 이는 모두 해악이었다."[24] 해악이었지만 돈이 되는 해악이었다.

결국 채굴 광풍은 기후변화라는 예상치 못한 결과를 가져왔다. 19세기 영국에서 석탄을 태워대기 시작한 지 2백 년 후에야 비로소 우리는 그것이 의미하는 바를 온전히 깨닫기 시작했다. 현재 우리가 직면한 대기 변화는 수십, 수백 년간 이어온 인간활동의 결과물이다. 역사학자 안드레아스 말름Andreas Malm는 이렇게 썼다. "지구온난화가 역사를 사정없이 재조명하고 있다. 여기서 더 꾸물대다가 화석연료 경제가 한방에 결딴나는 날에는, 그 여파가 먼 미래까지 그림자를 드리우게 된다. 탄소 배출이 제로가 된다 해도 해수면은 수백 년간 지속적으로 상승할 수 있다."[25] 판도라의 상자를 열 듯이 석탄과 석유 속에 잠자던 엄청난 에너지를 깨웠을 때, 장차 우리가 과거를 태워 없앰으로써 다가올 모든 것을 위태롭게 할 거라는 예상을 누가 했겠는가?

민주주의 얘기를 하다가 화석연료 얘기를 하니 논점을 벗어난 것

같지만, 사실 이 문제는 민주주의 담론의 핵심이나 다름없다. 자유민주주의와 단짝인 자본주의의 역사는 화석연료라는 에너지원의 발견과 불가분의 관계에 있다. 석탄, 천연가스, 석유는 기계적 동력인 동시에 사회적 동력이다. 석탄은 산업혁명을 일으키고 급격한 기술 발전을 추동했다. 석탄은 뒤이어 개발된 석유와 힘을 합해 자원과 공급망을 지배하는 소수를 만들었고, 그들의 손에 부와 영향력을 집중시켰다.

한때 사회는 땔나무, 인간과 동물의 노동, 물, 바람 같은 산재하는 에너지원에 의존했으나 화석연료가 그 판세를 바꿨다. 석탄은 물을 증기로 바꿨고, 이것이 열차의 개발로 이어졌다. 열차는 전국을, 나중에는 대륙을 종횡무진 달렸다. 얼마 안 가 식민주의의 지원과 사주를 받아 파이프라인과 수송선들이 원유를 중동에서 멀리 떨어진 지역들로 운반했다. 그전까지 에너지는 특정 장소와 순간에 묶여 있었지만 화석연료의 발견으로 에너지의 추출과 수송과 저장이 가능해졌다. 이로써 한때는 자연발생적이고 본질적으로 지역적인 현상이었던 시간과 공간이 이제 지구적이고 추상적인 것이 되었다.

산업화는 시계의 보급과 때를 같이해 일어났다. 당시 시계는 새로 부상하는 시장주도형 시간 조직화와 노동 동기화의 상징이었다. 이 단선적이고 엄정한 일정은 사람들이 시간의 흐름을 인식하는 방식을 꾸준히 대체했다. 역사가 E. P. 톰슨Edward Palmer Thompson, 1924~1993이 시간과 노동 규율에 대해 쓴 논문에 이런 내용이 나온다. 영국인들은 과거에 '오줌 마려울 동안'이라는 표현을 썼는데, 이는 급한 정도에 따라 달라지는 '다소 임의적인 시간 단위'였다. 또한 마다가스카르에는 '쌀이 익는 동안'(약 30분), '메뚜기 튀기는 동안'(한순간) 같은 시간 단위가 있었고, 일부 원주민 공동체에는 '옥수수가 다 구워지기도 전에(15분 이내) 죽었다'는 표현이 있었다." 이처럼 과거에는 시간이 자연주기(낮밤, 조수간만, 계절 변화 등)에 연동했고, 이것이 노동 집중도나 한가함의 단계를 규정했다.[26]

그러다 클록타임clock time(화석연료 기반 산업경제의 시간 척도)이 모든 것을 바꿨고, 동시에 현대 민주주의에 요구되는 보편적이고 탈위계적인 시간을 열었다. 철학자 마크 킹웰Mark Kingwell은 이것을 '평등주의 세속 시간'이라 표현했다. 모두에게 동일한 시간 척도가 생긴 것이다.[27]

자치가 목표라면 이 평등주의 세속 시간은 신축적이어야 한다. 말하자면 빠를 때도 있고 느릴 때도 있어야 한다. 민주주의는 신중하고 서두르지 않는 숙의, 타성과는 다른 찬찬하고 성실한 의사 진행 속도를 요한다. 하지만 위기 상황에 대응하기 위해서는 때로 서두를 필요도 있다. 지금의 우리 시스템은 두 가지 속도 모두에 불리하다. 한편으로는 대표자들이 모든 문제를 꼼꼼히 고려할 시간이 부족하고(이것이 정치인들이 복잡한 사안에 대한 전문지식과 커닝페이퍼를 공짜로 제공하는 로비스트들에게 지나치게 의존하면서 그들의 판단과 제안에 휘둘리는 이유다[28]), 다른 한편으로는 선출직 공직자들이 대재앙의 위협 앞에서도 신속히 행동하지 않는다.

공직자들은 임기 보존과 재선 가능성에 골몰하는 한편, 누가 됐든 후임자에게 폭탄을 넘길 궁리도 한다. 공직자들만 그런 게 아니다. 펜실베이니아주를 상대로 소송을 제기한 청소년들이 느꼈듯 사법 체계역시 느리게 움직인다(잊지 말자. 20세기 최고의 진보적 사법 승리 중 하나로 일컬어지는 브라운 대 교육위원회 소송의 연방대법원 판결조차 공교육의 인종 통합을 '신중한 속도로' 추진할 것을 요구하는 선에서 그쳤다. 이것은 인종분리를 고수하는 학교들이 계속 존재할 빌미가 되었다). 기후변화는 신속과 결단을 요하는 문제이지만 행동의 결과는 지연된다. 이것이 공직자들을 더욱 굼뜨게 만든다. 어째서 아직 태어나지도 않은, 투표도 못 하는 사람들을 위해서 내 커리어를 희생해야 하는가?

사회의 변화에 대한 저항은 기득권층이 던져놓은 여러 장애물들로 인해 더욱 악화된다. 이윤 추구에 혈안이 된 석유회사 경영자들이 화석연료라는 유동자금을 그대로 묻어둘 리 없다. 설사 영구동토층이 녹고, 산불이 번지고, 바다가 산성화되고, 가뭄으로 농작물이 죽고, 나라들이 가라앉고, 기후난민이 발생하고, 생물이 떼로 멸종해도 이윤을 위해 화석연료는 계속 퍼내서 팔아야 하는 것이다. 돈의 흐름을 지배하는 소수 특권층은 미래의 이윤 극대화에 매진한다. 그것이 시장이 그들에게 독촉하는 거니까.

환경운동가 빌 맥키번Bill McKibben과 나오미 클라인Naomi Klein이 입증한 대로 세계 최대, 최강의 기업들이 이미 미개발 석유와 천연가스까지 소유하고 있다. 그들이 보유한 매장량은 닥쳐올 재앙을 완화하기 위해 우리가 반드시 지켜야 하는 한계를 크게 뛰어넘는다. 기업들의 보유 자원을 그대로 땅에 묻어두게 하는 것은 대략 20조 달러의 자산을 박탈하는 것과 같다는 계산이 나온다.[29] 기업들이 반길 리 만무한 전망이다. 기존의 비즈니스 모델은 최종 결과와 단기적 사고에 의존하고, 그들의 시간척도는 현재에 특권을 부여한다. 이는 환경문제나 민주주의와 지극히 부조화하다. 오늘날 주식의 평균 보유 기간은 찰나에 가까운 22초다. 자본주의의 주의집중력 수준은 자치는 고사하고 생존에도 부적합하다.

최악은 이윤 극대화 논리가 재생에너지 해법에 대한 투자마저 막고 있다는 것이다(나아가 화석연료 수요 감소를 위한 노력들에 대한 노골적인 사보타주까지 조장한다[30]). 태양은 지구에 인류의 1년 소비량보다도 많은 에너지를 매시간 공급한다. 하지만 현상에 많은 걸 투자한 기득권층은 이런 풍요가 달갑지 않다.[31] 그래서 한때 세상에 태양에너지 개발 광풍이 불었다가 이내 잠잠해졌고, 그 분야 대표주자들은 급기야 사업을 접었다. "우리는 태양열 발전 사업에 백기를 던졌습니다." 2013년 BP의 CEO 밥 더들리Bob Dudley가 투자자들에게 말했다. "태양에너지가 실행 가능한 에너지원이 아니라는 뜻은 아닙니다. 다만 우리가 35년간 애써왔음에도 그 분야에서 돈을 벌지 못했다는 뜻입니다."

쉘Shell 경영진도 공개적으로 비슷한 고충을 토로했다. "석유 시장에서 유가는 주기적으로 등락을 반복한다. 반면 태양에너지 가격은 한 방향으로만 향한다. 계속 내려간다." 태양에너지는 싸고 산재한다. 즉 태양은 에너지를 모든 곳에 고루 뿌리고 누구나 그것을 수확할 수 있다. 그런데 이 점이 기득권의 미래 수익에도 권력 축적에도 중대한 걸림돌이 된다. 태양에너지는 다분히 지역적이고 잠재적으로 민주적인 생산 방식을 허용하기 때문이다. 모두가 태양전지판을 이용해 필요한 에너지를 하늘에서 직접 수확하는 미래를 생각해보라. 바람직하고도 가능한 미래다.

태양물리학을 고려하면 한층 분권적이고 지속가능한 에너지 미래가 기술적으로는 실현될 수 있다. 하지만 물리적이지도 자연스럽지도 않은 인간의 법이 그것을 방해한다. 화석연료 경제를 탈피하는 것은 거대하고도 조직화된 공공투자가 있어야만 가능하다. 기업들은 가스정과 오일샌드를 미개발로 남겨두기가 끔찍이 싫겠지만, 국가는 기업논리에 휘둘려 당장의 이익에 급급해선 안 된다. 재생에너지 분야에서 약진 중인 도시나 나라는 정부가 혁신 산업에 보조금을 주는 곳인 경우가 많다. 하지만 아직도 노력은 미미한 수준이다. 재생에너지를 위한 정부의 투자는 어느 정도여야 할까? 맥키번은 제2차 세계대전 때 국가적 자원 동원 수준을 뺨칠 정도여야 한다고 말한다. 그는 전면적 '산업 재편'이 필요하다고 봤다. "제3차 세계대전이 이미 진행 중이고, 우리는 지고 있다."[32]

석유회사들은 수십 년 전부터 기후변화와 그에 따른 위험을 알면서도 그 사실을 대중에게 알리지 않았다. 그래도 결국 말이 새나가자 수백만 달러를 들여 혼란과 의혹을 뿌렸다. 그러더니 이제 업계는 태도를 바꿔 불가항력적 진실을 수긍하고 온실가스의 영향을 인정하면서 고통 없는 해법들을 약속한다. 업계의 호들갑을 보니 지구공학 기술을 구원타자로 등판시킬 모양이다. 대기 중 탄소를 포집하고, 바다에 영양물질을 뿌려 식물 플랑크톤을 증식시키고, 태양광선의 방향을 조절할 거대 반사판을 우주에 발사하는 등의 방안이 거론되고 있다.

트럼프 밑에서 짧게 국무장관을 지낸 엑슨Exxon의 전직 CEO 렉스 틸러슨Rex Tillerson은 지구온난화가 사실이라고 마지못해 인정했다가 다시 묵살했다. 그는 "그건 공학의 문제니까 공학적 해결책이 있을 것"이라고 주장한다. 틸러슨 같은 사업가들은 공적 투자 시도들을 과거 소련 스타일 중앙경제계획의 부활로 폄하한다. 궁극의 위선이 아닐 수 없다. 그러면서 기꺼이 스스로를 기후 대책의 중심계획자로 임명한다. 지구공학 시대의 미래 독재자들은 우리가 공학적 해결만이 유일한 희망이라고 믿기를 원한다.

아직 태어나지 않은 자들을 위한 민주주의

미래를 생각할 때 우리 대부분은 녹색 유토피아보다는 환경이 파괴된 종말을 더 많이 떠올린다. 핵 재앙, 사이버전쟁, 대멸종, 슈퍼버그, 파시즘의 귀환, 인공지능이 창조자의 뒤통수를 치는 사태 등. 그러면서도 우리 마음은 황량한 최후 대신 바람직하고 믿을 만한 대안을 찾고, 폐허보다는 터전을 떠올리려 애쓴다.

　미래가 불투명하니 전망이 분분하다. 젊은이들은 자신의 삶이 부모 세대의 삶보다 나을 거라고 생각하지 않는다. 경제 전망이 그들의 비관론에 무게를 더한다. 정치학자들은 우리가 가까운 미래에 자유민주주의의 잔해 속 노숙자로 전락할 것이며, 민주주의의 붕괴와 경제력 집중화를 일컫는 탈脫민주화니 포스트민주주의니 하는 용어들이나 만들고 앉아 있을 거라고 경고한다. 한편 보수파 지도자들은 민주주의의 퇴행에 환호하며 노스탤지어를 부추긴다. "미국을 다시 위대하게!", "우리의 나라를 되찾자!" 그들은 실제로 존재한 적 없었던 배타적 과거로 시곗바늘을 되돌리려 한다.

　남북전쟁이 끝난 지 백 년도 넘은 1990년대까지도 전국에 남부연합 Confederacy[1860~1861년에 미합중국을 탈퇴해서 남북전쟁을 일으킨 미국 남부의 11개 주]의 동상을 세우던 사람들의 속내도 다르지 않다. 그 기념물들은 역사를 기리기 위한 것이 아니라 백인 지배의 영구화를 다짐하는 것이었다. 그런 면에서 그들은, 과거 철의 장막 뒤에서 자유와 평등을 박탈당한 사람들을 망각에 가두고 실현 불가능한 완벽한 미래를 들먹이며 지옥 같은 현실을 정당화하던 공산주의자들과 역설적으로 닮았다.

그런가 하면 지구를 완전히 포기한 사람들도 있다. 미래 탈출을 준비하는 실리콘밸리의 억만장자들이 그런 부류다. 전기자동차 회사 테슬라Tesla의 창업자이자 CEO인 엘론 머스크Elon Musk가 그 부류에서도 극단에 위치한다. 그는 한편으로는 재생 가능 에너지의 사용을 홍보하면서 다른 한편으로는 로켓을 이용한 행성 탈출을 도모한다. 그는 지구의 삶이 생태학적으로 지속가능하지 않을 거라는 우울한 판단 하에, 화성에 민간 자본의 식민지를 건설해서 우주 피난 비용을 감당할 수 있는 부자들을 위한 피난처로 삼겠다는 구상을 밝혔다. 머스크는 2018년 사우스 바이 사우스웨스트South by Southwest, SXSW [텍사스주 오스틴에서 매년 봄에 개최되는 문화 콘텐츠와 정보 기술을 아우르는 페스티벌 컨퍼런스]에 참석해서 자신이 구상하는 화성 정착지는 '제철소부터 피자 가게와 나이트클럽까지' 없는 게 없을 것이라며 '화성을 핫플레이스로 만들겠다'고 했다. 한술 더 떠서 화성은 '모든 이슈에 대해 모두가 투표하는' 직접민주주의로 운영 될 거라고 자랑했다. 머스크가 이렇게 떠벌리고 있을 때 그의 테슬라 공장에서 노조가 농성 중이라는 보도가 나오면서 그는 세간의 호된 조롱을 받았다. 지구에서는 노조의 단체교섭권도 인정하지 않는 사람이 인류의 대부분은 지구에서 죽든 말든 아랑곳없이 부자 친구들과 우주선을 타고 훌쩍 화성으로 날아가서 건설할 정착지가 민주적이면 얼마나 민주적이겠는가? 어쨌든 그의 견해는 더럽게 잘사는 사람들만 살아남아서 볼 법한 미래를 아무 부끄러움 없이 개진하는 부류를 대변한다.

페이팔의 공동창립자이자 한때 머스크의 사업파트너였던 피터 틸 Peter Thiel에게도 현실 탈출 계획이 있다. 틸의 행보에 비하면 머스크는 진보적일 정도다. 틸은 지난 대선 때 도널드 트럼프 캠프를 노골적으로 지지했고, 국가 안보와 글로벌 금융을 지원하는 빅데이터 분석 기업 팰런티어 테크놀로지Palantir Technologies를 설립했다. 이른바 불안해하는 부유층the anxious affluent의 다른 멤버들처럼 틸도 뉴질랜드의 부동산과 시민권을 사들였다. 뉴질랜드가 엘리트층이 인류 문명의 멸망을 피해 자기들끼리 살아남을 곳으로 부상하고 있다.[33]

먼 섬나라로 이전하는 아이디어는 1997년에 출판된《주권적 개인: 복지국가 붕괴에도 살아남아 번창하는 방법The Sovereign Individual: How to Survive and Thrive During the Collapse of the Welfare State》에서 나왔다. 틸은 이 책을 가장 좋아하는 책 중 하나로 꼽았다. 이 책의 저자들은 민주주의의 불가피한 와해를 음산하면서도 고소해하고 반가워하는 투로 그렸다. 반가운 이유는 부자 시민들이 더는 빈곤한 대중을 위해 병원, 학교, 도로를 건설하는 데 세금을 내지 않아도 되기 때문이다. 또한 저자들은 새로운 글로벌 '두뇌 엘리트cognitive elite', 이른바 '주권적 개인들'의 임박한 발흥을 예고했다. "주권적 개인은 평범한 종속적 시민과 같은 물리적 환경에 살지만 정치적으로 분리된 영역에서 신화 속 신들처럼 작동한다"[34](틸은 한술 더 떠서 생물학적 주권, 다시 말해 불멸까지 추구한다. 그가 생명 연장 요법에 투자한 것도 그런 이유에서다. 그 요법에는 젊은이들의 피를 수혈받는 것도 포함된다).

이 주권적 개인 비전에 감화받은 틸은 반민주적 감성을 당당하고도 분명하게 드러냈다. 그는 우익 싱크탱크 카토연구소Cato Institute에 기고한 에세이에 이렇게 썼다. "1920년 이래 복지 수혜자가 크게 늘고 여성 참정권이 확대됐다. 문제는 두 집단 모두 자유주의에 적대적이라는 것이다. 이 때문에 '자본주의적 민주주의' 개념이 모순어법이 되고 말았다." 틸은 '모순되는 두 요소 중 희생되어야 할 것이 있다면 그건 민주주의'라는 생각을 숨기지 않았다.[35]

지속가능한 세계를 꿈꾸다

민주주의를 믿는 사람들은 계속 늘어나도 민주주의는 죽어가고 있다. 관건은 이 하락을 어떻게 완화하거나 되돌리느냐이다. 자동반사적 종말론, 진보주의의 장래성에 대한 믿음 상실, 백인 중심의 과거와 과두제 미래에 대한 유독성 열망에 맞서 집단자치를 실행 가능한 프로젝트로 믿는 민주주의 신념은 그 자체로 급진적이다. 민주주의 혁신자 제퍼슨과 페인에게서 우리는 새로움novelty에 대한 강박을 물려받았다. 이 강박은 일상생활과 시민행동 모두에서 우리를 지배한다. 이 집착은 18세기에는 획기적인 일이었지만 21세기에 이르러 정통이 됐다. 연중무휴 하루 24시간 돌아가는 뉴스 매체와 소셜미디어 때문에 더욱 기승을 떠는 우리 시대의 현재주의presentism가 우리를 영원한 현재에 가둔다. 이는 기억상실에 가까운 동시대성이다. 디지털 매체가 무수히 생성하는 네트워크가 끝없이 변동하며 모든 것을 동시에 연결해서 시간 감각을 마비시킨다. 문제는 우리가 과거와 미래로부터 단절되면 권력층의 기득권이 유지된다는 점이다. 왜일까? 과거에는 기득권이 묻어두고 싶어하는 생각들이 많이 담겨 있고, 미래를 책임지기 위해 우리 삶을 재구성하는 일은 재계의 대격변을 부르니까.

나는 20세기 말에 성년이 됐다. 전문가들이 우리가 역사의 끝에 있다고 선언한 직후였다. 일종의 문화적 삼투현상을 통해 요란하고 분명하게 전달된 메시지는 이거였다. 항거는 끝났다. 미래도 달라질 게 없다. 몇몇 용감한 사람들이 이 추세에 맞섰지만 기존 매체는 사회정의를 외치는 것을 우습고 낡은 유행으로 치부하는 태도를 고수했다. 페미니즘은 고루한 유물로 조롱받았고, 반전시위는 60년대 히피 문화의 숙취로 무시당했고, 노조운동은 불명예 퇴진한 사회주의 시대의 망령으로 치부됐다. 모두 역사의 뒤안길에 쌓인 폐기물로 취급받았다. 나는 정치에 대한 무관심을 찬양하는 포스트모던 이론을 공부했고, 마르크스주의는 말소된 '메타내러티브'이며, 진보에 대한 믿음은 비극적 결말로 이어질 뿐이라고 배웠다. 우리는 지금 세상과 다음에 일어날 일을 걱정하는 대신 객관으로 포장된 냉담의 태도를 기를 것을 요구받았다.

그러다 신세대 진보주의 운동가들이 이런 확신들을 뒤집었다. 노소를 불문하고 시민들은 사회운동의 업데이트와 진화가 구명보트라는 것을 깨달았다. 그들은 소셜미디어는 마법의 탄환magic bullet[매스미디어가 대중에게 미치는 강력하고 획일적이고 즉각적인 효과]이 아니며, 늘 그랬듯 조직화는 느리고 꾸준한 작업을 요한다는 것도 안다(효과적인 조직화를 위해 오히려 전보다 더 많은 노력이 들 수도 있다. 소셜미디어가 전파하고 부추기는 부정적 행동과 싸워야 하니까). 그래서 그들은 디지털 도구들을 고전적 조직화 방법들(행진, 점거, 보이콧, 파업, 폭동, 압력단체 구성, 창당 등)에 접목해서, 검증되고 효과적인 전술들에 현대적 반전 효과를 더한다.

전통적 좌파 정치에 대한 관심이 부활했다는 것은 시대가 변했다는 신호다. 미국의 노조 가입률은 대체로 낮고 노동운동도 여러 번 막대한 타격을 입었지만, 젊은 층은 이전 세대보다 노조를 호의적으로 볼 가능성이 매우 높다. 실제로 설문조사 결과 18~29세의 4분의 3이 노조에 호의적인 반면, 50세 이상 응답자는 반만 호의적이었다.[36] 놀라운 역전이다. 전 세계에 코카콜라와 아마존닷컴을 가져다준 나라의 시민이 해냈기에 더 그렇다. 미국 밀레니얼 세대는 자본주의 사회보다 사회주의 사회에서 살고 싶다고 말한다. 이런 민심이 자칭 민주사회주의자들을 지자체와 주정부의 공직에 대거 진출시켰다. 어떤 이들은 사회주의는 실행 가능한 지평이 아니라 수치스런 냉전시대로의 회귀일 뿐이라며 반대한다. 하지만 사회주의자의 심장을 뛰게 하는 평등주의 원칙들은 오래되었을망정 구식은 아니다.

페리클레스 버전의 민주주의 개념을 실행하는 것(소수가 아닌 다수를 부양하는 것)에 초점을 둔 정치 프로그램을 청년층이 참신하고 새롭게 생각하는 것은 놀랄 일이 아니다. 미국에서는 민주사회주의가 시도된 적이 한 번도 없기 때문이다. 여기서 끝이 아니다. 다음 단계는 '다수'를 확장하는 것이다. 기존의 사회통합 개념에 새로이 시간 차원을 더해서 미래 세대까지 감안하고 책임져야 한다. 지구에 사는 인간과 비인간

생물의 모든 후손이 종 다양성을 그대로 유지하면서 양질의 삶을 영위할 기회를 가지려면 현재 여기에 사는 우리가 공정한 사회만이 아니라 지속가능한 사회를 창조해야 한다.

최근 지속가능성이란 말이 유행하는데, 그 개념을 따져볼 가치가 있다. 사전적 의미로 '지속하다sustain'는 '오랜 기간 계속되거나 연장되는 것'을 말한다. 어원인 라틴어 'sustinere'에는 '지탱하다, 견디다, 아래에서 위로 떠받치다'라는 뜻이 있다. 따라서 지속가능한 민주사회란 우리와 시간의 관계를 재설정해서 민중의 찬찬하고 신중한 참여를 허용하는 사회다. 이는 사회 저변의 경제적 관계들도 함께 변혁해야만 실현될 수 있다.

자본주의를 번성하게 하는 것은 속도, 새로움, 소비, (신제품, 신기술 출현에 따른) 진부화, 그리고 양적 증대다. 진정한 지속가능성은 자본주의와 상극이다. 자본주의는 다음의 계율에 기초한다. 하루의 끝에는 하루의 시작에 있었던 것보다 더 많은 가치가 있어야 한다. 축소는 자본주의에게는 위기다. 사실상 팽창 없이는 자본도 없다. 이윤이 없기 때문이다. 그 기저에는 상속된 부와 대중의 부채라는 두 얼굴의 위험이 탐욕과 무한 축적에 입각한 경제 시스템에서 흘러나와 생태적 파멸의 위협과 함께 똬리를 튼다.

1926년에 방사화학자 프레더릭 소디Frederick Soddy가 말했다. "부채는 물리법칙보다 수학법칙에 따른다. 열역학법칙의 지배를 받는 (물질적) 부와는 달리 부채는 나이 든다고 썩지 않는다. (⋯) 오히려 빚은 매년 이율을 타고 계속 늘어나고, (⋯) 그렇게 무한히 이어진다. (⋯) 무한대는 수학적 양이지 물리적 양이 아니다."[37] 물리법칙을 망각하고 복리 팽창에 매진하는 자본주의는 필연적으로 환경 재앙으로 이어진다. 자본주의 야욕은 증폭하는 목표를 달성하기 위해 천연자원을 바닥까지 뽑아내고, 사람들을 멈퍼드가 말한 '주정뱅이 상속자들'처럼 행동하게 만들어 공동의 유산을 샅샅이 거덜 낸다. 경제성장보다는 환경보호가 더 중요하다고 믿는 압도적 다수의 목소리 따위 그들에겐 들리지 않는다.[38]

생태계 편에 선 대중 정서와 반대로, 영향력과 명망 있는 경제학자들은 만족을 모르는 시장의 탐욕이 완벽하게 합리적이고 궁극적으로 유익하다는 주장을 펴면서 이익 추구에 거짓 품격과 명분을 제공한다. 예를 들어 예일대의 윌리엄 노드하우스William Nordhaus 경제학과 석좌교수는 기후변화 대응조치들을 특정 시점의 미래까지 '무시하거나' 연기해야 한다는 주장으로 유명해진 인물이다. 그가 내놓은 낙관적이고 단선적인 기후-경제 평가모델이 말하는 바는 이렇다. 우리 모두 미래에는 더 부유해질 것이고, 따라서 그때가 되면 대응책에 드는 경제적 비용이 상대적으로 내려가서 우리의 고통이 줄어들게 된다. 과연 그럴까? 대응을 늦추다가는 너무 늦어버릴 수도 있다. 우리를 구한다는 명분을 내세운 미친 성장이 종말의 원인이 될 수도 있다.[39]

이에 맞서 1970년대 이후의 환경운동가들은 자멸을 피할 방법으로 '탈성장degrowth'을 주장한다. 당연한 주장이다. 다만, 우리의 집합적 탄소 발자국이 극적으로 감소하고 소비가 억제되어야 하는 것은 맞지만, 모든 성장이 나쁜 건 아니다. 관건은 어떤 영역이 확장하고 어떤 영역이 축소돼야 하느냐다. 석유와 가스 산업은 육가공 산업, 자동차 제조업과 더불어 규모가 극적으로 줄어들거나 없어져야 최악의 시나리오를 피할 수 있고, 새로운 인프라(에너지 효율이 높은 대중교통, 도시 농업,

기존 건물 보강, 풍력과 태양열 발전, 삼림 보존과 인공 조림 등) 산업은 번영해야 한다. 친환경 탄소 제로 사회를 만드는 일은 수조 달러의 투자와 전례 없는 규모의 국가적 조치를 요한다. 이는 민주적 투자와 공공 메커니즘이 추진하는 성장 유형을 실험할 기회다. 태양에너지 산업에서 보았듯, 현재의 수익 주도형 모델은 지구를 구하는 데 필요한 기술과 제도로 자본이 투자되는 것을 돕지 않는다. 사회주의 시스템이라고 해서 생태학적 지속가능성이 보장된다는 장담은 할 수 없다. 하지만 그렇다고 시장의 단기성 명령들에 우리의 집단 생존을 맡긴다면 우리에겐 정말로 가망이 없다.

사실 우리는 금전 부족이 아니라 생태학적 한계에 직면해 있다. 우리를 제약하는 건 연방 예산이 아니라 탄소 예산이다. 이 현실을 반영해 경제를 개조해야 한다. 국부의 존재 이유는 공공복지 실행에 있고, 재정을 민주적 통제 아래에 둔다는 것은 돈이 결국 사람에게 봉사하는 것을 의미한다. 그 반대가 아니라. 에너지 공급 서비스 같은 인프라를 국가나 지역사회가 소유하는 것도 중요하지만, 진정한 공공의 감독과 통제가 필수다.

녹색 전환에 필요한 자금을 대려면 약탈적 부채가 아닌 사회적으로 건전한 형태의 융자와 차입이 요구된다. 융자와 차입은 당사자들 사이의 약속이고 헌신이다. 이러한 연대들에는 억제 기능도 있지만 해방 기능도 있다. 미래 이익을 낳을 투자를 통해 우리의 한계를 확대한다(융자 없이는 저축, 즉 과거에 축적한 부에 의지할 수밖에 없다). 대출에 고리대금만 있는 건 아니다. 개인이나 지역사회나 생태계의 상환 능력 이상으로 비대해지는 복리이자가 없는 대출도 있다.

경제학자 앤 페티포Ann Pettifor의 말처럼, 소득 증대에 대한 압박이 땅과 노동을 맹렬히 착취하게 한다.[40] 토양, 바다, 대기의 악화와 근로 여건의 악화는 뿌리가 같다. 지금도 미국인 대다수가 그날그날 먹고 사는 다람쥐쳇바퀴 같은 삶에 갇혀 있다. 수많은 사람이 본업에 부업까지 해가며 야간과 주말에도 뼈 빠지게 일하지만 그 보상은 이미 부유한 사람들에게 돌아간다(1973년 이후 미국의 생산성은 77% 상승했지만, 밀물은 가장 호화로운 요트들만 들어올렸다. 1973년 이후 미국인들의 연간 노동 시간이 평균 200시간 늘어나면서 실질임금 수준은 정체됐다[41]). 대부분이 줄어든 급여를 받고 늘어난 교대근무를 견디는 반면, 부유한 소수는 배당금과 이자라는 불로소득으로 빈둥대며 산다. 지속가능한 민주주의가 달성되려면 부뿐만 아니라 여가도 공평하게 분배되어야 한다.

노동과 여가의 문제는 먼 옛날 농민 시민들이 아테네 프닉스 언덕의 민회를 채우던 시절부터 자치 논쟁의 중심에 있었다. 노골적인 엘리트주의자였던 플라톤과 아리스토텔레스는 대장장이와 구두장이들이 민회에서 명문가 태생들과 어깨를 나란히 한다는 사실에 경악했다. 그건 위계주의 감성에 대한 공격이었다. 이 공격은 평민의 민회 출석에 보상이 따랐기 때문에 가능했다. 즉 출석 수당이 있었기에 생업이 있는 가난한 사람들이 하루치 일을 포기하고 사회 엘리트와 대등한 입장에서 권한을 행사하며 과두정치인의 발호를 막을 수 있었다.

플라톤과 아리스토텔레스는 평민을 업신여기면서도 여가가 정치 참여를 유지하고 촉진한다고 확신했고, 그들의 생각은 틀리지 않았다. 세월이 흘러 19세기와 20세기에 급진적 노동자들이 이에 동의하면서 여가 확대를 위해 고용주를 상대로 싸웠고 상당한 진척을 보았다.

소비지상주의와 기업의 반격을 비롯한 여러 요인이 그들의 노력을 제압하기 전까지는 그랬다. 보다 지속가능하고 실질적인 민주주의를 위해서는 여가 확대 캠페인의 부활이 필요하다. 여가는 그저 노동에서 일시적으로 벗어나는 것이 아니다. 자유의 확장이고 자치의 전제조건이다.

근로시간 단축은 환경운동가들의 말처럼 생태학적으로도 유익하다. 노동에 대한 근본적 재평가가 필요하고, 이는 어느 작업이 불필요하고 어느 작업이 필요한지, 어떤 공정을 자동화하고 어떤 공정을 수작업으로 유지할지, 무슨 활동이 소외와 예속을 부르고 무슨 활동이 통합과 사기 진작에 기여하는지의 평가를 의미한다. 환경저널리스트이자 정치평론가인 알리사 바티스토니Alyssa Battistoni는 이렇게 썼다. "기후가 안정된 미래에는 어떤 일들이 대세가 될까? 인간의 삶뿐 아니라 우리와 세상을 공유하는 다른 생물종들의 삶을 유지하고 개선하는 일들이 늘어날 것이다. (…) 그건 가르치고, 재배하고, 요리하고, 보살피는 일을 뜻한다. 그런 일들은 자원을 방대하게 소비하거나 대기 중에 탄소를 쏟아내거나 물건을 엄청나게 생산하지 않고도 삶의 질을 높인다."[42] 노동과 여가에 대한 평가는 생태계와 개인적 성취와 민주주의에 친화적인 방식으로 이루어져야 한다. 그 방식들을 실험할 때가 닥쳤고, 시간은 얼마 남지 않았다.

기후 재앙이 임박하자 자유민주주의 국가들은 곤란해졌다. 주류 경제체제는 우리와 미래의 관계를 구속하면서 인류의 안녕과 지구 자원을 무한 성장의 제단에 제물로 바치고 있다. 거기서 배를 불리고 권세를 얻는 건 세계 상위 1%뿐이다. 미국에서는 한술 더 떠서 헌법이 나서서 이 역학 관계를 고질화한다. 다시 말해 소수지배 체제를 유지하고 심지어 강화해서 자국 시민을 과거 귀족 통치 시대에 묶고 있다.

화석연료와 금융업계는 그들이 매수한 공직자들과 함께 현상 유지를 위해 필사적으로 싸울 것이다. 하지만 우리의 경제적 조치들과 정치적 합의들이 반드시 지금과 같을 필요는 없다. 유럽인이 오기 전 아메리카의 원주민이 조약을 체결하던 방식에서, 미래지향적이고 지속가능한 합의에 어떤 지혜가 담겨야 하는지에 대한 사례를 찾을 수 있다. 12세기 중반의 그두–나가니나법Gdoo-naaganinaa, 다른 말로 '접시와 스푼Dish with One Spoon' 조약은 하우데노사우니 연맹과 니시나벡Nishnaabeg 부족의 관계를 보여준다. 접시는 두 집단이 공유하고 의존하고 함께 책임지는 땅을 상징한다. 하우데노사우니의 '위대한 평화의 법'에 따라 이 협정은 전쟁 예방을 목표한다. 따라서 서로 피를 보는 일이 없게 하자는 의미로 접시에 스푼만 있고 나이프는 없다. 리앤 B. 심슨이 설명했다. "접시는 조화와 상호연계를 대변합니다. (…) 양측 중 누구도 자원을 남용할 수 없다는 뜻이죠."

니시나벡의 환경 윤리는 각기 필요한 만큼만 취하고 나시나벡의 재분배 관습에 따라 모든 것을 공유할 것을 언명했다. (…) 이 윤리관이 지형지물, 동물의 거동과 분포, 날씨, 생태적 상호작용을 망라하는 그들의 광범위한 지식과 결합해서 양측 모두를 부양하고도 남을 만큼 풍부한 미래를 보장했다. 자원 사용에 관한 결정들은 장기적 관점에서 이루어졌다. 의사결정자들은 그들의 결정이 모든 동식물 서식지에 미칠 영향을 고려해야 했다. 그것이 니시나벡 부족의 관습이었다.[43]

니시나백법과 하우데노사우니법 모두 지도자들에게 이렇게 명했다. 각자의 지역사회에 태어날 미래 세대를 일곱 세대까지 배려하라.

다음에 뭐가 올지는 알 수 없다. 자본주의는 의혹의 대상이다. 가부장제는 흔들대고, 백인우월주의는 고장난 엔진처럼 털털거린다. 경계는 왔던 곳으로 사라지고 있다. 기술의 발전이 로봇을 소유하고 알고리즘을 통제하는 엘리트 집단에게 유리한 방향으로 힘의 균형을 깨고 있다. 자연환경이 혼돈의 위기에 처해 있다. 종말론 망령들과 싸우기 위해서 우리는 앞으로 도약하는 동시에 과거를 돌아보는 묘기를 부려 대안이 될 만한 세계를 창조해야 한다. 한나 아렌트가《과거와 미래 사이Between Past and Future》에서 말했듯 전통은 우리를 죽은 것들에 옭아매는 족쇄만은 아니다. 아직 보이지는 않지만 더 좋은 무언가로 우리를 인도하는 실마리가 될 수도 있다.

우리는 어떤 조상이 되고 싶은가? 우리가 한 일과 하지 않은 일들이 미래를 결정한다. 아직 존재하지 않는 민주주의를 위해 우리는 어떤 원칙과 약속을 채택할 것인가? 우리가 떠난 후의 사회를 위해서 우리는 지금 어떤 표를 던져야 하는가?

마치는 글

건국의 아버지들
또는 늘 깨어 있는 산파들

이탈리아의 공산주의 사상가이자 정치가였던 안토니오 그람시Antonio Gramsci, 1891~1937는 1929년 무솔리니의 파시스트 정권에 의해 투옥된 후 감옥에서 동생 카를로Carlo에게 편지를 보냈다. 그는 자신이 남긴 많은 옥중 서신 가운데 이 한 줄이 장차 세계인의 슬로건이 될 줄은 몰랐을 것이다. 편지에서 그람시는 정치 변혁에 대한 갈등과 배짱을 동시에 드러냈다. "내 지성은 비관적이지만, 내 의지는 낙관적이다."[1]

이 감동적인 문장은 그람시가 전쟁의 고통과 좌절을 토로하는 단락 안에 있었다. 이 여섯 단어짜리 명언에는 보기보다 많은 고뇌가 담겨 있다. 그람시는 형으로서, 투사로서, 그리고 포로로서 "두 번 다시 절망하고 싶지도 않고, 비관주의와 낙관주의로 불리는 저속하고 진부한 감정들에 빠지고 싶지도 않다."고 고백했다. 그는 두 가지 감정 중 하나에 발목을 잡히는 대신 두 가지를 통합하고 극복하고자 했다(낙관과 비관 모두 현실 이탈을 야기할 수 있다. 낙관이든 비관이든 결과를 앞서 상상하는 것은 결국 운명을 미리 결정짓는 일이다). 그람시는 이렇게 말을 이었다. 이 절묘한 균형 잡기는 "나를 무제한의 인내심으로 무장시킨다. 이 인내심은 수동적이고 활기 빠진 인내심이 아니라 끈기와 사기로 뭉친 인내

423

마치는 글

심이다". 여기서 생기는 갈등은 생산적이어서 그가 비참한 역경을 견디는 데 도움을 준다.

이것이 우리가 마지막으로 논할 역설이다. 민주주의 이론과 실천의 중심에 있는 이원성, 바로 낙관주의와 비관주의다. 둘은 인간의 삶에 늘 존재하지만, 인간과 비인간 생물종 모두의 생존이 위기에 처한 현재의 정치적 맥락에서는 둘 다 특별한 절박함을 띤다. 희망과 절망, 자신감과 의심은 우리가 자치를 추구하고 실천하는 과정에 온통 스며 있다. 그람시의 편지는 이렇게 서로 싸우는 두 힘이 생산적으로 공존할 수 있음을 표명한다.

나는 그람시의 통찰을 존경한다. 하지만 나라면 그의 말을 이렇게 뒤집어보고 싶다. '내 의지는 비관적이지만, 내 지성은 낙관적이다.' 민주적 변화들을 되돌리고 저지하려는 모든 세력—부의 집중, 소수지배구조, 무한 성장의 시장 원칙, 난공불락처럼 보이는 인종차별주의, 급격히 진행되는 기후변화성—을 보면서 나는 의지가 약해지는 것을 느낀다. 눈앞에 닥친 과업의 엄청난 규모를 생각해보라. 나 같은 사람들이 그 과업을 진척시킬 수 있을까? 기존 질서는 너무나 크고 강력하고, 개개인은 너무 취약하고 작다. 하지만 내가 지성을 발휘한다면 낙관주의에 근접한 뭔가가 가능해진다. 우리의 과거를 돌아보자. 과거가 가능성의 증거다.

부정적 운명론에 불을 붙이는 역사적 증거 또한 수두룩하다는 사실을 부인할 마음은 없다. 우리의 유산은 참혹함으로 넘친다. 하지만 과거에는 반증과 신념의 맥박과 사기 진작을 위한 여물도 풍부하다. 거기 있는 인정, 용기, 끈기, 비전, 결속, 전략은 우리의 두 번째 유산이다.

과거의 투쟁과 승리들이 현재를 멀찍이서 보게 한다. 지금 노트북컴퓨터로 이 글을 쓰고 있는 내게 우리의 현실을 불변의 악몽으로 상상할 자격이 있을까?(적어도 나는 감방이 아니라 거실에서 글을 쓰고 있다.) 나 이전에 수없이 많은 이름 없는 여자들이 마녀로 몰려 화형당했고, 물건 취급을 받았고, 투표권을 요구하자 정신병원에 갇혔다. 지금 나는 그들이 꿈도 꾸지 못했던 권리를 누리고 있다. 현재의 우리에게 특권을 확보해주기 위해 과거의 저항자들이 치렀던 희생을 생각하면 패배주의는 잘못으로, 심지어 진부한 것으로 느껴진다.

낙관주의와 비관주의의 균형만이 우리가 나아갈 방향이다. 정치적 현상現狀은 맹공격을 받고 있지만, 우리에게 임박한 것이 재앙인지 민주적 재탄생인지는 알 수 없다. 신자유주의의 실패는 오랫동안 논의 금지로 여겨졌던 공간을 여는 동시에, 넓은 의미의 진보주의자로 정의될 법한 사람들을 자극했다. 평생 한 번도 시위를 해본 적 없던 수백만 명의 미국인이 2016년 이후 거리로 뛰쳐나와 비인간적인 이민 정책을 규탄하고, 여성의 권리를 옹호하고, 총기 규제를 요구했다. 불과 2년 만에 2만 회가 넘는 시위가 조직됐다.[2] 지난 반세기를 지배한 자유시장 체제에 대한 비판은 이제 흔한 일이 됐다. 운동가들과 공직자들은 드러내놓고 사회주의를 포용하고, 시민들은 미국 정치 시스템의 반민주적 구조를 논한다. 물론 국민의 일부는 민족주의와 외국인혐오증에 밀려 후퇴했다. 하지만 그런 사람들보다는 극심한 불평등과 국제 난민과 기후변화의 해법은 과거로의 향수 어린 회귀가 아니라 미래 지향적 대응에 있다고 생각하는 이들이 훨씬 많다(유감스럽게도 수적 우세가 자금과 조직력의 우세를 의미하지는 않는다).

민주주의의 불은 이미 붙었다. 그러나 이 불길이 아무리 강렬해도, 민주주의 불길들이 자주 그랬듯 언제든 꺼질 수 있다. 운동 초기에 동력을 잃고 효과적인 궤도에 오르지 못하거나 내분으로 붕괴할 수도 있다. 변호사와 로비스트 부대를 거느리고 돈을 뿌리는 기득권의 공세 앞에서 운동가들의 한정된 자원은 오래가지 못한다. 어쩌다 캠페인이 세를 불렸다 싶으면 폭력적 탄압이 따른다. 오래된 힘의 불균형은 그냥 두고, 그때그때의 아우성에만 피상적으로 대응하는 점증적 개혁도 위험하긴 마찬가지다. 점진주의는 보다 원대한 요구들을 약화시킨다. 국민의 대표자들이 반응하는 척하면서 실제로는 변화를 방해할 수 있다.

진보와 보수를 막론하고 기득권 인사들은 시민정신 부활의 불길을 꺼버리려 한다. 어떤 체제를 어떻게 엎든 기득권은 체제 전복 자체를 원치 않는다. 정치평론가 조나단 라우치Jonathan Rauch는 〈더 애틀랜틱 The Atlantic〉에 기고한 글에서 지배층을 옹호하고 나섰다. "오늘날 가장 시급한 정치적 문제는 나라가 기득권층을 버렸다는 것이다. 그 반대가 아니라." 그는 또 이렇게 불평했다. "정치권에 대한 신경증적 증오는 이 나라에 보편적으로 퍼져 있는 편견의 가장 최신판일 뿐이다." 그는 대중의 불만은 격리가 필요한 '바이러스'라고 결론 내렸다.[3] 하지만 병균은 치료제이기도 하다. 민생을 병들게 하는 지도층과 법과 규준에 도전하는 사람들은 민주주의에서 건강 증진의 조짐이지, 건강 악화의 조짐이 아니다.

오늘날 민주주의를 괴롭히는 진짜 병폐는 주권재민의 과잉이 아니라 그 부족이다. 엘리트층은 그동안의 빈번하고 엽기적인 오판들—

비참한 이라크전쟁과 2008년 금융위기, 영국 총리 데이비드 캐머런의 브렉시트 국민투표 시행(그는 투표 결과가 반대로 나올 줄 알았다), 사익을 위해 트럼프의 출마를 밀었던 정치인들과 기업인들("미국에는 좋지 않을지 몰라도 CBS에는 끝내주게 좋다." 당시 CBS 방송 CEO는 이렇게 흐뭇해했다)—에도 불구하고 아무런 벌도 받지 않았다. 그들은 '내 탓이로소이다'를 외치는 대신, 진보와 보수 양진영의 분노한 시민들을 '포퓰리스트'로 매도하며 현재의 파멸적 과두제에 어느 때보다 악착같이 매달린다. 지난 반세기 동안 과두정치인들과 그 시종들은 자신들의 지배권과 부를 견고히 다지는 한편 민주적 성과들을 공격해왔다. 과세는 폐지됐고, 노조와 일자리 보장은 무효화됐고, 복지는 무너졌고, 교육 재정은 철회됐고, 감옥은 미어터지고, 국민 의결권은 짓밟히고, 기업 규제는 폐기됐다. 우리가 두려워해야 할 것은 국민의 좌절이 아니라 그 좌절의 근원, 너무나 오랫동안 청산되지 못한 그 근원이다.

부와 권력의 집중화가 날로 심해지고 자본주의가 고삐를 끊고 날뛰는 지금은, 상식으로 통하는 목표들—가령 (자유민주주의가 말로만 보장하는) 시민의 정치적 권리 행사—을 실현하는 데만도 혁명 내지는 그 비슷한 것이 필요할 판이다. 기득권에게서 미미한 양보를 얻어내는 데도 투쟁이 필요하다면, 이왕 하는 김에 더 야심차고 더 고무적인 목표를 세우는 편이 낫지 않을까(기득권을 퇴위시키는 것이 명단의 맨 위에 있어야 한다).

앞서 살폈듯 민주주의는 믿을 수 없게 단순한 개념이지만 제도화하려면 탄탄한 지지를 요한다. 자치는 정기적 선거, 시민 자유, 법 앞의 평등, 보편 교육이라는 기본 구상을 뛰어넘어 사회적·집합적 권리들을 추가해 새롭게 구상될 수 있다. 추가될 권리들은 이런 것들이다. 공공재와 공동자산의 확대, 좋은 일자리와 충분한 여가, 일터와 학교의 영역으로 민주주의 확장, 투기의 압력에서 자유로운 주택 공급, 거주와 참여에 기반한 정치적 권리 보장, 자연과 비인간 동물을 모두 고려하는 데모스와 미래 생명들에게 거주 가능한 세계를 물려주겠다는 확약 등. 이 같은 요구들은 현재 덴마크, 캐나다, 스웨덴 같은 나라들이 민주주의의 정점이라는 평가 속에 추진하는, 사회민주주의보다도 진일보한 비전이다. 이 비전은 사회민주주의보다는 민주사회주의에 가깝다. 민주사회주의는 자본주의적 민주주의와는 대조적으로, 경제력이나 국가권력이 아닌 사회 세력이 주도하는 체제를 지향한다. 한 번도 시도되지 않았고, 아직까지 우리 시야에 들어온 적도 없는 민주주의다.

이렇게 아무도 본 적 없는 민주주의의 윤곽을 그리는 것, 그것은 우리가 오로지 집단으로만, 집단지성으로만 할 수 있는 일이다. 군중은 생각하고 사유해야 한다. 거기에는 민주주의에 내재하는 역설들을 숙고하는 것까지 포함된다. 나는 이 책에 플라톤, 로크, 루소, 매디슨, 마르크스 같은 위인들뿐만 아니라 어린 학생들, 의사들, 과거의 재소자들, 노동자들, 난민들의 통찰도 담았다. 국민의 숙고 역량을 조명하기 위해서였다. 이 역량은 아직 개발되지 않은 엄청난 자원이다. 두보이스는 이것을 '배제된 지혜'라고 불렀다. 평범한 사람들이 보유한 지식이라는 뜻이다. 그는 이것을 민주주의에 절실히 필요한 역량으로 믿었다. 함께 살아갈 방식을 파악하는 일은 탐구심, 상상력, 비판적 참여 등을 수반하고, 그것들은 정치철학을 구성한다. 그렇다면 그것 역시

민주화되어야 한다.

비관주의냐, 낙관주의냐? 그람시가 말했듯 답은 '둘을 한꺼번에'다. 다가오는 미래는 첨단기술 버전의 봉건제가 될 수도 있고, 반대로 지금의 명목상 민주주의를 봉건제로 보이게 할 뭔가가 될 수도 있다. 미래는 생태학적 황무지일 수도 있고, 지속가능하고 공평한 풍요의 아르카디아일 수도 있다. 다시 말하지만 자치는 예측 가능하지도 안정적이지도 않다. 불편한 사실이다. 하지만 그것은 좌절의 원인인 만큼이나 환호할 이유이기도 하다. 불안정과 동요라는 얼핏 치명적으로 보이는 약점이 민주주의의 힘의 원천이기도 하다. 민주주의가 가진 단편성과 미완성의 특성이 평등과 자유를 모두 원하는 우리에게 도전의식을 불어넣는다.

이 과제를 거부하면 진보는 필연적으로 후퇴한다. 하지만 우리가 난국에 굴하지 않으면 집단 여건의 향상과 보다 공정한 세상의 도래라는 가능성이 손짓한다. 민주주의에서 변화는 상수다. 우리는 바다에 있고, 육지는 아직 시야에 없다. 우리는 그람시가 '공위기Interregum'라고 부른 시대, 다른 말로 '태어나려 분투 중인 새로운 세상'에 산다. 우리는 건국의 아버지들이 아닌, 연중무휴 상시 대기 산파들이 되기를 열망하자. 부단히 민주주의의 재탄생을 일구는 사람들. 민주주의는 존재하지 않을지 모른다. 하지만 그래서 늘 존재할 수 있다.

주

들어가는 글
긴장 속의 삶

1 Jean-Jacques Rousseau, *The Social Contract or Principles of Political Right*(1762), book 3, chap.15.

2 상세 설명은 다음 문헌을 참조 바람, Freedom House's "Freedom in the World 2018" report. 다음 웹페이지에서 열람 가능, https://freedomhouse.org/report/freedom-world/freedom-world-2018.

3 이는 〈이코노미스트〉 부설 조사기관 인텔리전스 유닛(Intelligence Unit)의 '민주주의 지수' 조사에 근거한다. 이 조사는 60가지 지표를 적용해 0점부터 10점까지 167개국의 점수를 매긴다. 다음 문헌을 참조 바람, "Democracy Continues Its Disturbing Retreat", Economist, January 31, 2018.

4 David Adler, "Centrists Are the Most Hostile to Democracy, Not Extremists", *New York Times*, May 23, 2018.

5 Oxfam International, "Just 8 Men Own Same Wealth as Half the World", January 16, 2017, https://www.oxfam.org/en/pressroom/pressreleases/2017-01-16/just-8-men-own-same-wealth-half-world/.

6 Oxfam International, "Richest 1 Percent Bagged 82 Percent of Wealth Created Last Year—Poorest Half of Humanity Got Nothing", January 22, 2018, https://www.oxfam.org/en/pressroom/pressreleases/2018-01-22/richest-1-percent-bagged-82-percent-wealth-created-last-year. A report from the Economic Policy Institute has data on stagnating wages: Lawrence Mishel, Elise Gould,

Josh Bivens, "Wage Stagnation in Nine Charts", Economic Policy Institute, January 6, 2015. 다음 웹페이지에서 열람 가능. https://www.epi.org/publication/charting-wage-stagnation/.

7 Board of Governors of the Federal Reserve System, "Report on the Economic Well-Being of U.S. Households in 2015", May 2016, https://www.federalreserve.gov/2015-report-economic-well-being-us-households -201605.pdf.

8 Janelle Jones, John Schmitt, and Valerie Wilson, "50 Years After the Kerner Commission", Economic Policy Institute Report, February 26, 2018, https://www.epi.org/publication/50-years-after-the-kerner-commission/.

9 지난 대선 때 민주당 후보 버니 샌더스가 PBS방송 민주당 후보 토론에서 이 통계치를 언급한 후 팩트체크 웹사이트 폴리티팩트(Politifact)가 사실로 검증했다. Linda Qiu, "Sanders: African-Americans Lost Half Their Wealth Because of Wall Street Collapse", February 11, 2016. 다음 웹페이지에서 열람 가능. http://www.politifact.com/truth-o-meter/statements/2016/feb/11/bernie-s/sanders-african-american-lost-half-their-wealth-be/.

10 David Dayen, "Revenge of the Stadium Banks: Instead of Taking on Gun Control, Democrats Are Teaming with Republicans for a Stealth Attack on Wall Street Reform", Intercept, March 2, 2018, https://theintercept.com/2018/03/02/crapo-instead-of-taking-on-gun-control-democrats-are-teaming-with-republicans-for-a-stealth-attack-on-wall-street-reform/.

11 전쟁과 국가안보도 평소에는 적대적인 당들이 초당적으로 협력하는 분야다. 미국이 민주주의 국가라는 주장을 가장 강력하게 반증하는 것은 대통령에게 부여된 핵무기 발사 단독 결정권일 것이다. 이는 트럼프가 그의 '핵 버튼' 크기를 자랑하기 훨씬 전부터 제기되던 문제다. 1976년 〈뉴욕타임스〉가 술에 취한 닉슨이 하원의원 두 명에게 "내가 언제라도 옆방에 들어가서 버튼을 누르면 20분 후에 6천만 명이 죽을 것"이라고 떠벌인 적이 있다고 보도했다. 끔찍하게도 이 보도는 틀린 말이 아니었다. 한 개인이 그토록 어마어마하고 극단적이며 살인적인 권한을 쥐고 있다는 사실은 우리가 사는 곳이 적어도 민주주의 사회와 근접한 곳이라는 생각을 산산이 부순다.

12 Michael Savage, "Richest 1% on Target to Own Two-thirds of All Wealth by 2030", *Guardian*, April 7, 2018.

13 이 주제에 대해 더 알고 싶다면 엘렌 마이크신스 우드의 저작을 권한다. 특히

다음 문헌의 첫 챕터를 권한다. Ellen Meiksins Wood, *Citizens to Lords: A Social History of Western Political Thought from Antiquity to the Middle Ages* [London: Verso Books, 2008].

14 Rousseau, *The Social Contract*, book 2, chap.7.

15 Karl Marx, "Critique of Hegel's 'Philosophy of Right'", in Karl Marx and Frederick Engels, *Collected Works*, vol. 3(New York: International Publishers Co., 2005), p.29.

16 벤저민 조엣(Benjamin Jowett)이 번역한 플라톤의 《국가론》 8권에 소크라테스의 말이 실려 있다. "민주주의는 매력적인 통치 형태다. 다양성과 무질서로 가득하고, 동등한 사람들과 동등하지 않은 사람들 모두에게 일종의 평등을 베푼다." 전문은 다음 웹페이지에서 열람 가능 MIT Internet Classics Archive, http://classics.mit. edu/Plato/republic.html.

1. 승자와 패자가 될 자유
자유 vs. 평등

1 Eric Foner, *The Story of American Freedom*(New York: W. W. Norton, 1998), p.253.

2 민주주의라는 단어(일반적 의미 외에, 제퍼슨 지지자들이 별칭으로 채택하기도 했고, 그들을 욕하는 말로도 쓰였다)는 프랑스와의 관계를 계기로 1792~1793년에 부적 사용되기 시작했다(James T. Kloppenberg, *Toward Democracy: The Struggle for Self-Rule in European and American Thought* [Oxford, UK: Oxford University Press, 2016], p.569). 아니나 다를까, 나폴레옹이 집권한 후 프랑스 공화국의 모토에서 평등이라는 말이 삭제되어 '자유, 평등, 박애'에서 '자유, 공공질서(liberté, ordre public)로 바뀌었다.

3 《스탠퍼드 철학 백과사전(Stanford Encyclopedia of Philosophy)》은 평등을 '위대한 사회적 이상들 가운데 최대 논쟁거리'로 부른다. 평등이 대대적 선전의 대상이 아니라는 통칙에 예외가 있다면 그것은 반공 선전이다. 반공 선전에서는 평등이 하향평준화로, 파괴적 동질화로 치부되며 궁극의 위협으로 부각된다.

4 아테네의 특별함을 흥미롭게 설명한 문헌 중 하나로 Paul Cartledge's *Democracy: A Life*(New York: Oxford University Press, 2016)을 추천한다. 다음 문헌에 따르면,

아테네 민회에 자유노동자들이 포함됐으며 이로써 아테네 민주주의는 노동빈곤층을 우대하는 독특한 계층 구성을 가지게 됐다. Ellen Meiksins Wood's *Peasant-Citizen and Slave: The Foundations of Athenian Democracy*(New York: Verso, 2015). 고대 아테네인들에 비하면 우리는 자랑스러울 게 없다. 현대의 공급망은 노예와 자유인이 아고라에서 매일 만났던 그 옛날의 공급 사슬보다 훨씬 추적하기 어렵다. 그럼에도 오늘날 선진산업 민주주의 국가들의 시민 자유는 여전히 노동 착취에 의존한다. 또한 우리는 아직도 성차별과 제국주의 전쟁을 격파하지 못했다.

5 Cartledge, *Democracy: A Life*, p.1.

6 상세한 설명은 플루타르크의《영웅전(Parallel Live)》을 참조 바람. 솔론의 개혁 중에서 하나 더 소개하자면 이렇다. 솔론의 법 중에 매우 독특하고 예기치 못한 것이 하나 있다. 이 법은 혁명이 일어났을 때 어느 편도 들지 않는 시민의 선거권을 박탈한다. 솔론의 의도는 분명했다. 남자는 나라의 혼란과 불행과 아무 상관이 없다는 생각으로 유유자적하며 공익에 무관심하거나 냉담해서도 안 되고, 사익 보호에만 연연해서도 안 된다는 것이었다. 그는 남자들에게 "안전하고 편안하게 물러나 앉아 어느 편이 이기는지 관망하는 대신 대의에 즉각적으로 나서고, 위험을 나누고, 대의를 지지할 것"을 촉구했다.

7 Aziz Rana, *The Two Faces of American Freedom*(Cambridge, MA: Harvard University Press, 2010), p.7.

8 앞과 동일한 문헌에서 인용, p.10.

9 앞과 동일한 문헌에서 인용, pp.89-90.

10 다음 문헌에서 인용 Ta-Nehisi Coates, *We Were Eight Years in Power: An American Tragedy*(New York: One World, 2017), p.67.

11 Foner, *The Story of American Freedom*, p.87.

12 이 문제가 여전히 남는다. 공민권이란 무엇인가? 인간 본연의 자명한, 독립선언서의 표현에 따르면 '양도할 수 없는', 권리인가? 아니면 우리가 아무 근거 없이 만들어낸 법적 허구인가? 우리가 소유한 재산인가? 아니면 우리가 능동적으로 요구하고 주장해야 하는 것인가? 예를 들어 정치이론가 리다 맥스웰(Lida Maxwell)은 '권리를 가졌다'고 할 때의 '가지다'는 물건을 소유한다고 할 때의 '가지다'와는 의미가 다르다고 주장했다. 그보다는 회의나 디너파티를 '연다'고 할 때의 '연다'에 가깝다. 다시 말해 권리는 행사되어야 비로소 존재하는 것이다. 아마도 역사상 가장 유명한 평등주의자인 마르크스는 집단 해방보다 개인의 자유를 강조하는 한편,

이기적으로 행동할 권리를 비판했다. 그런 맥락에서 그는 불평등에 대한 맞춤형 해법을 이렇게 제시했다. "각자의 능력에 따라 [일하고] 필요에 따라 [분배한다]."

13 L. A. 카우프만은 다음 문헌의 첫 챕터에서 워싱턴 행진을 미국 역사상 최초의 대규모 행진 지위라고 말했다. L. A. Kauffman, *How to Read a Protest*(Berkeley: University of California Press, 2018).

14 Foner, *The Story of American Freedom*, p.277.

15 1911년 3월 25일, 퍼킨스는 트라이앵글 셔츠웨이스트 공장의 화재 사고를 접했다. 그녀는 소녀공들이 불길을 피해 창밖으로 뛰어내려 죽는 참사를 공포 속에서 지켜보았다. 훗날 그녀는 뉴딜 정책이 그날 탄생했다고 말했다. 퍼킨스가 뉴딜 정책에 기여한 바에 대한 멋진 설명으로 다음 문헌을 권한다. Kirstin Downey, *The Woman Behind the New Deal: The Life and Legacy of Frances Perkins—Social Security, Unemployment Insurance, and the Minimum Wage*(New York: Anchor, 2010).

16 이 문제에 대한 결정적인 설명으로는 다음 문헌을 참조 바람. Ira Katznelson, *Fear Itself: The New Deal and the Origins of Our Time*(New York: W. W. Norton, 2013).

17 Kimberly Phillips-Fein, *Invisible Hands: The Businessmen's Crusade Against the New Deal*(New York: W. W. Norton, 2009), p.32.

18 Milton Friedman, *Free to Choose: A Personal Statement*(Boston: Mariner Books, 1990), p.138.

19 앞과 동일한 문헌에서 인용, p.137.

20 Friedrich Engels, *Socialism: Utopian and Scientific*(New York: International Publishers, 1972).

21 다음 문헌에서 인용, William Brandon, *New Worlds for Old: Reports from the New World and Their Effect on the Development of Social Thought in Europe, 1500–1800*(Akron: Ohio University Press, 1986), p.6.

22 앞과 동일한 문헌에서 인용, p.23.

23 앞과 동일한 문헌에서 인용, p.13.

24 Jean-Jacques Rousseau, *Discource on the Origin and Basis of Inequality Among Men*(1754), part 2.

25 루소의 영향력은 넓고도 심오했다. 특히 존 애덤스와 제임스 윌슨을 비롯한 미국 건국의 아버지들에게 직접적인 영향을 미쳤다. 애덤스와 윌슨 모두 루소가 1762년에

쓴 다음의 저작을 소장하고 있었다. Jean-Jacques Rousseau, *The Social Contract* (Kloppenberg, *Toward Democracy*, pp.421-422).

26 Karl Marx and Friedrich Engels, *The Communist Manifesto: A Modern Edition*(New York: Verso, 2012), p.34.

2. 이구동성의 외침
갈등 vs. 합의

1 나는 내가 생각하는 월가 점거 시위의 중요성, 다시 말해 경제 문제에 대한 초점을 유지하면서 채무자들의 편에서 그들과 연대할 다른 방법들을 찾았다. 롤링주빌리 (Rolling Jubilee)와 데트 컬렉티브(Debt Collective)를 비롯해 내가 관여해온 이 니셔티브들의 운영 방식은 합의 기반이 아니며, 기업과 국가에 행동을 촉구했다.

2 Martin Gilens and Benjamin I. Page, "Testing Theories of American Politics: Elites, Interest Groups, and Average Citizens", *Perspectives on Politics* 12, no. 3(September 2014): 564-581.

3 Astra Taylor, "Occupy the Media—and the Message", *Nation*, March 14, 2012.

4 "How Decisions Are Made at the UN". 다음 웹페이지에서 열람 가능, https://outreach.un.org/mun/content/how-decisions-are-made-un.

5 Jane J. Mansbridge, *Beyond Adversary Democracy*(Chicago: University of Chicago Press, 1983), p.xi.

6 Richard Hofstadter, *Anti-Intellectualism in American Life*(New York: Alfred A. Knopf, 1963), p.21.

7 Richard Hofstadter, *The Idea of a Party System: The Rise of Legitimate Opposition in the United States, 1780-1840*(Berkeley: University of California Press, 1992), p.4.

8 다음 문헌에서 인용, Seth Ackerman, "A Blueprint for a New Party", *Jacobin*, November 8, 2016. 다음 웹페이지에서 열람 가능, https://www.jacobinmag.com/2016/11/bernie-sanders-democratic-labor-party-ackerman.

9 Omar Ali, "The Jim Crow of Bipartisan Rule", *The Public Professor*, November 1, 2010. 다음 웹페이지에서 열람 가능, http://www.thepublicprofessor.com/the-jim-crow-of-bipartisan-rule/.

10 L. A. Kauffman, "The Theology of Consensus", *Berkeley Journal of Sociology*, May 2015. 다음 웹페이지에서 열람 가능, http://berkeleyjournal.org/2015/05/the-theology-of-consensus/.

11 다음 문헌에서 인용, L. A. Kauffman, *Direct Action*(New York: Verso: 2017), p.55.

12 법학자 메리 앤 프랭스(Mary Anne Franks)는 《헌법 숭배(The Cult of the Constitution)》(Redwood City, CA: Stanford University Press, 2019)에서 건국자들이 말한 "그들 시대의 산물이기 때문에 그들의 결정이 정당화될 수 있다"는 견해를 맹비난한다. 그들은 혁명가이자 지식인이었다. 다시 말해 그들은 경제적 평등주의부터 양성 평등, 노예제 폐지론, 심지어 오늘날 동물의 권리라고 부를 만한 개념에 이르기까지 여러 급진적 생각들에 두루 노출되어 있었다.

13 John Nichols and Robert McChesney, *Dollarocracy: How the Money and Media Election Complex Is Destroying America*(New York: Nation Books, 2012), p.31.

14 Emmanuel Sez and Gabriel Zucman, "Wealth Inequality in the United States since 1913: Evidence from Capitalized Income Tax Data", working paper 20625, National Bureau of Economic Research, October 2014.

15 Marcus Rediker, *Villains of All Nations: Atlantic Pirates in the Golden Age*(Boston: Beacon Press, 2004), p.53.

16 Peter Linebaugh and Marcus Rediker, *The Many-Headed Hydra: Sailors, Slaves, Commoners and the Hidden History of the Revolutionary Atlantic*(New York: Verso, 2001), p.162.

17 앞과 동일한 문헌에서 인용, p.163.

18 앞과 동일한 문헌에서 인용, p.162

19 갤럽 여론조사 결과는 다음 웹페이지에서 열람 가능, https://www.crmvet.org/docs/60scrmpublic-opinion.pdf.

20 Sarah Leonard, "Good Jurors, Bad Laws", *Dissent*, Summer 2014.

21 Daniel Lazare, *The Frozen Republic: How the Constitution Is Paralyzing Democracy*(New York: Harcourt Brace, 1996).

3. 국민 재창조

포함 vs. 배제

1   Tim Sullivan, "Bhutanese Reluctantly Stepping into World of Democracy", *New York Times*, March 21, 2008.

2   Somini Sengupta, "Line Up and Pick a Dragon: Bhutan Learns to Vote", *New York Times*, April 23, 2007.

3   "Bhutan Mock Poll Votes for Tradition", *Star*(Toronto), May 30, 2007.

4   다음 문헌에서 인용, Sengupta, "Line Up and Pick a Dragon."

5   다음 문헌에서 인용, Peter Foster, "Bhutan Heads Towards Democracy", *Telegraph*(UK), April 23, 2007.

6   "BKP's Challenge Is Changing People's Mindset", *Kuensel*, August 25, 2018. 다음 웹페이지에서 열람 가능, http://www.kuenselonline.com/bkps-challenge-is-changing-peoples-mindset/

7   "We Hold All Parties in Equal Esteem: DPT", *Kuensel*, August 25, 2018. 다음 웹페이지에서 열람 가능, http://www.kuenselonline.com/we-hold-all-parties-in-equal-esteem-dpt/.

8   "The Mood", *Kuensel*, August 18, 2018. 다음 웹페이지에서 열람 가능, http://www.kuenselonline.com/the-mood/.

9   "PDP Is Its Biggest Competitor", *Kuensel*, August 25, 2018. 다음 웹페이지에서 열람 가능, http://www.kuenselonline.com/pdp-is-its-biggest-competitor/.

10 Stephanie DeGooyer, "Democracy, Give or Take?", *Humanity: An International Journal of Human Rights, Humanitarianism, and Development* 5, no. 1(Spring 2014): 93-110.

11 Maximillian Morch, "Bhutan's Dark Secret: The Lhotshampa Expulsion", *Diplomat*, September 21, 2016.

12 "Bhutan Mock Poll Votes for Tradition."

13 Jacques Derrida, *Rogues: Two Essays on Reason*(Redwood City, CA: Stanford University Press, 2005), p.36.

14 James Miller, *Can Democracy Work?*(New York: Farrar, Straus and Giroux, 2018), p.35.

15 엘렌 마이크신스 우드는 다음 저작에서 고대 노예제와 현대 노예제의 차이점을

논하고, 자본주의가 어떻게 형식적인 계약상의 자유와 평등으로 위장한 비인간화의 이데올로기를 통해 개인 예속을 정당화했는지를 파헤친다. Ellen Meiksins Wood, *Democracy Against Capitalism: Renewing Historical Materialism*(New York: Verso, 2017), pp.267-269.

16 Lynn Hunt, ed., *The French Revolution and Human Rights*(Philadelphia: University of Pennsylvania Press, 1996).

17 C. L. R. James, *The Black Jacobins: Toussaint L'Ouverture and the San Domingo Revolution*(New York: Random House, 1963), p.38.

18 Adom Getachew, "Universalism After the Post-colonial Turn: Interpreting the Haitian Revolution", *Political Theory* 44, no. 6(2016): 821-845.

19 앞과 동일한 문헌에서 인용, p.823.

20 Michael Garcia Bochenek, "Guantanamo's Other Sordid Legacy", January 18, 2016, Human Rights Watch. 다음 웹페이지에서 열람 가능, https://www.hrw.org/news/2016/01/18/guantanamos-other-sordid-legacy.

21 IZA 세계노동연구소(IZA World of Labor)의 의뢰로 지오바니 페리(Giovanni Peri)가 30년간의 실증조사를 분석한 결과, 이민자들이 급여 수준을 억제한다는 통설을 뒷받침하는 증거는 거의 없었다. "선진국 대상의 연구들에서 평균 임금에 대한 영향은 없었다. 교육받은 이민자와 본토 노동자 사이의 임금 격차에 미미한 영향이 있었을 뿐이다. 이민이 증가하면서 본토 노동자들의 급여는 기술 차이, 현지 수요와 기술 조율, 생산 확대, 현지 노동인력의 전문화에 의해 보호받았다."

22 Edmund S. Morgan, *Inventing the People*(New York: W. W. Norton, 1988), p.63.

23 Michael Mann, *The Dark Side of Democracy*(New York: Cambridge University Press, 2004).

24 Hannah Arendt, *The Origins of Totalitarianism*, 개정판(1951; repr., San Diego: Harvest, 1968), p.299.

25 가장 후한 추산도 1933년부터 1944년까지 미국으로 온 유대인 난민의 수를 약 25만 명으로 잡는다. 충격적일 만큼 적은 수다.

26 퓨리서치센터(Pew Research Center)에 따르면, 2018년 1월 29일 현재 터키에 340만 명, 레바논에 100만 명, 요르단에 60만 명, 이라크에는 25만 명, 이집트와 리비아 등 북아프리카 나라들에 15만 명, 미국에 약 2만 명의 시리아인이 있다. 다음 웹페이지에서 더 많은 정보를 얻을 수 있다. http://www.pewresearch.org/fact-tank/2018/01/29/where-displaced-syrians-have-resettled/.

27 리비아 당국과 정치적 뒷거래가 성사되면서 유럽연합(EU)의 국경 경비기구인 프론텍스(Frontex)가 역내 해안선을 순찰하는 한편 나토 해군이 난민을 터키로 돌려보내고 있다. 유럽의 경계는 이제 해안선을 훌쩍 넘어 지리학자들이 치안과 억류의 '집행 군도'로 부르는 곳까지 이어진다. 다음 문헌을 참조 바람. Caitlin Chandler, "How Far Will the EU Go to Seal Its Borders?", *Dissent*, Summer 2018.

28 Deborah Amos, "The U.S. Has Accepted Only 11 Syrian Immigrants This Year", NPR.org, April 12, 2018.

29 나는 관련 이슈에 대해 다음의 글을 썼다. Astra Taylor, "Our Friends Who Live Across the Sea", *Baffler* 31(June 2016). 부탄이 흥미롭고 여러모로 이례적인 사례들을 제공한다는 점도 주목할 필요가 있다. 조지 W. 부시 행정부 시절인 2006~2008년에 수만 명의 부탄 난민이 미국에 정착했다. 부탄은 미국과 전략적 이해관계가 거의 없는 희귀한 나라인데다 부탄 난민은 저위험군 집단으로 간주됐다는 것이 부탄 난민의 입국이 대거 허용된 이유로 보인다. 다음의 문헌들을 참조 바람. Margaret Piper, "Refugee Resettlement: 2012 and Beyond", *New Issues in Refugee Research*, p.31. 다음 웹페이지에서 열람 가능, http://www.unhcr.org/510bd3979.pdf; Matt O'Brien, "Bhutanese Refugees' Road to America Started in the Bush Administration", *San Jose Mercury News*, September 1, 2010; "A/S Sauerbrey Discusses Refugee Problem with Bhutanese Officials", Wikileaks Public Library of US Diplomacy, 07NEWDELHI5243_a, India New Delhi, December 7, 2007. 다음 웹페이지에서 열람 가능, https://wikileaks.org/plusd/cables/07NEWDELHI5243a.html; "Chief Government Negotiator Optimistic About Summit Talks", Wikileaks Public Library of US Diplomacy, 06KATHMANDU2666_a, Nepal Kathmandu, October 6, 2006, 다음 웹페이지에서 열람 가능, https://wikileaks.org/plusd/cables/06KATHMANDU2666_a.html; "Donor Countries Coalesce on Bhutanese Refugee Strategy", Wikileaks Public Library of US Diplomacy, 06THEHAGUE 1303_a, Netherlands The Hague, June 9, 2006. 다음 웹페이지에서 열람 가능, https://wikileaks.org/plusd/cables/06THEHAGUE1303_a.html.

30 Susan Gzesh, "Central Americans and Asylum Policy in the Reagan Era", Migration Policy Institute, April 1, 2006.

31 Dylan Matthews, "The Case for Open Borders", *Vox*, December 15, 2014.

32 Will Kymlicka, "Territorial Boundaries: A Liberal Egalitarian Perspective", in David Miller and Sohail H. Hashmi, eds., *Boundaries and Justice: Diverse Ethical Perspectives*(Princeton, NJ: Princeton University Press, 2001), p.270.

33 앞과 동일한 문헌에서 인용, p.250.

34 앞과 동일한 문헌에서 인용, p.270.

35 Ron Hayduk, "Why Non-Citizens Should Be Allowed to Vote", *Jacobin*, November 6, 2018. 다음 웹페이지에서 열람 가능, https://jacobinmag.com/2018/11/noncitizen-voting-undocumented-immigrants-midterm-elections.

36 Michael Gormley, "Teachout Would Give Undocumented Immigrants State Citizenship after 3 Years", *Newsday*, September 3, 2014.

37 Peter Spiro, "State Citizenship Has Roots in American History", *New York Times*, June 24, 2014.

38 Sarah Song, "Democracy and Noncitizen Voting Rights", *Citizenship Studies* 13, no. 6(2009): 607-620.

39 Ayelet Shachar, *The Birthright Lottery: Citizenship and Global Inequality* (Cambridge, MA: Harvard University Press, 2009).

40 나는 다음 문헌을 통해 이 개념을 접했다. Keeanga-Yamahtta Taylor, "How Real Estate Segregated America", *Dissent*, Fall 2018.

41 James Baldwin, *The Fire Next Time*(New York: Random House, 1993), p.89.

42 David FitzGerald and David Cook-Martin, *Culling the Masses: The Democratic Origins of Racist Immigration Policy in the Americas*(Cambridge, MA: Harvard University Press, 2014), p.38.

43 Nell Irvin Painter, *The History of White People*(New York: W. W. Norton, 2011), p.292.

44 FitzGerald and Cook-Martin, *Culling the Masses*, p.334.

45 앞과 동일한 문헌에서 인용, p.333.

46 여기 함정이 있다. 알렉시 드 토크빌(Alexis de Tocqueville)은 외부의 '남들'에 맞서 일종의 적개심으로 데모스를 결속시키는 조치에 반대하지 않았을 수도 있다. 일례로, 그는 자국민에게 공동의 대의와 명예심과 우월감을 주기 위해 알제리의 식민지화를 옹호했다. 국내 민주주의는 결국 해외의 전제주의에, 시민의 평등은 제국주의 정복과 배제에 의존한다. 심도 있는 설명을 원한다면 다음 문헌을 참조 바람. Jennifer Pitts, A Turn to Empire: *The Rise of Imperial Liberalism in Britain* and France(Princeton, NJ: Princeton University Press, 2005).

47 Niraj Chokshi, "75 Percent of Americans Say Immigration Is Good for Country, Poll Finds", *New York Times*, June 23, 2018.

48 Tom Gjelten, "The Immigration Act That Inadvertently Changed America", *Atlantic*, October 2, 2015.

49 문제의 보수주의자는 민주당원인 오하이오주의 마이클 페이건(Michael Feighan) 의원이었다.

50 하트-셀러법이 모든 집단에 순전히 도움만 된 건 아니었다. 이 법은 전에는 무제 한 입국을 허용했던 라틴계 이민자들에게 엄중한 제한을 가함으로써 전에는 없었 던 멕시코 국경의 '불법' 이민 문제를 만들었다.

51 Stuart Soroka and Sarah Roberton, "A Literature Review of Public Opinion Research on Canadian Attitudes Towards Multiculturalism and Immigration, 2006-2009", Citizenship and Immigration Canada, March 2010.

52 1947년 1월 1일까지 캐나다인에게는 시민이라는 법적 지위가 없었다. 그때까지 그들은 그저 영국 왕의 백성이었다. 일각에서는 이렇게 비교적 최근에 일어난 영국계 백인들의 정체성 해체가 영국계 캐나다인들의 집단자의식의 진화를 이끌 었을 것으로 추측한다.

53 Ken Lum, "Ken Lum on Canadian Cultural Policy", *Canadian Art*, Fall 1999.

54 Himani Bannerji, *The Dark Side of the Nation: Essays on Multiculturalism, Nationalism and Gender*(Toronto: Canadian Scholars' Press, 2000), p.10.

55 리앤 심슨(Leanne Simpson)의 말은 다음 문헌에서 인용했다. Glen Sean Coulthard, *Red Skins, White Masks*(Minneapolis: University of Minnesota Press, 2014), p.154.

56 다음 문헌에서 이 이슈에 대한 흥미로운 담론을 접할 수 있다. Kevin Bruyneel, *The Third Space of Sovereignty: The Postcolonial Politics of U.S.-Indigenous Relations*(Minneapolis: University of Minnesota Press, 2007), pp.111-121.

57 Sid Hill, "My Six Nation Haudenosaunee Passport Is Not a 'Fantasy' Document", *Guardian*(UK), October 30, 2015.

58 다음 문헌에서 인용. Ingrid Peritz, "Mohawk Community's 'Marry Out, Get Out' Law Ruled Unconstitutional by Quebec Court", *Globe and Mail*(Toronto), May 1, 2018.

59 Coulthard, *Red Skins, White Masks*, p.3.

60 Chris Hayes", The New Abolitionism", *Nation*, April 24, 2014.

61 Adam Winkler, "'Corporations Are People' Is Built on an Incredible 19th-Century Lie", *Atlantic*, May 5, 2018. 좀 더 자세한 설명을 원한다면 다음 문헌을 참조 바람. Adam Winkler, *We the Corporations: How American Businesses Won Their Civil Rights*(New York: Liveright, 2018).

62 Christopher Stone, *Should Trees Have Standing?: Law, Morality, and the Environment*(New York: Oxford University Press, 2010), p.3.

63 앞과 동일한 문헌에서 인용, p.8.

64 Darlene May Lee, "Town of Crestone, Colorado, Takes Bold Step by Recognizing the Inherent Rights of Nature", *Mother Earth News*, August 8, 2018. 다음 웹페이지에서 열람 가능, https://www.motherearthnews.com/nature-and-environment/crestone-colorado-recognizing-the-rights-of-nature-zbcz1808.

65 나는 자연의 권리에 대해 다음의 글을 썼다. 이 분쟁에 대한 본문 내용은 이 글에서 발췌한 것이다. Astra Taylor, "Who Speaks for the Trees?", *Baffler* 32 (September 2016).

66 Kalhan Rosenblatt, "Do Apes Deserve 'Personhood' Rights? Lawyer Heads to N.Y. Supreme Court to Make Case", *NBC News*, March 11, 2017. 다음 웹페이지에서 열람 가능, https://www.nbcnews.com/news/us-news/do-apes-deserve-personhood-rights-lawyer-heads-n-y-supreme-n731431.

67 Suzanne Monyak, "When the Law Recognizes Animals as People", *New Republic*, February 2, 2018.

68 Plato, *The Republic*, G. M. A. Grube, C. D. C. Reeve. ed.(Indianapolis, IL: Hackett Publishing, 1992), p.234.

69 Stone, *Should Trees Have Standing?*, pp.64-65.

70 2018년 5월 국립과학원회보(Proceedings of the National Academy of Sciences)에 실린 연구에 따르면, 문명의 여명기부터 인간은 전체 야생 포유류의 83%와 식물의 절반을 없앴다. 2014년 9월 세계야생생물기금(World Wildlife Fund)과 런던 동물학회(Zoological Society of London)는 지구상 야생동물 수가 지난 40년 동안에만 절반으로 줄었음을 발견했다. 과학계도 생태계와 먹이사슬에 극적이고 파괴적인 영향을 미칠 '곤충 대재앙'이 임박했음을 경고해왔다.

71 Safiya Noble, *Algorithms of Oppression: How Search Engines Reinforce Racism*(New York: New York University Press, 2018).

72 Nikhil Sonnad, "US Border Agents Hacked Their 'Risk Assessment' System to Recommend Detention 100% of the Time", Quartz, June 26, 2018. 다음 웹페이지에서 열람 가능, https://qz.com/1314749/us-border-agents-hacked-their-risk-assessment-system-to-recommend-immigrant-detention-every-time/.

73 Atossa Araxia Abrahamian, "Digital Citizenship in a Bordered World", 저자에게 받은 미발표 강의 내용.

74 다음 문헌에서 인용, Atossa Araxia Abrahamian, "We're All Data Subjects", *New York Times*, May 29, 2018, p.A23.

75 다음 문헌에서 인용, Michael Specter, "Rewriting the Code of Life", *New Yorker*, January 2, 2017.

4. 좋게 말할 때 이걸로 해!
강제 vs. 선택

1 나는 〈가디언〉을 통해 이 이슈에 대한 견해를 밝힌 바 있다. Astra Taylor, "Want Police Reform? Charge Rich People More for Speeding Tickets", *Guardian*(UK), July 22, 2016.

2 Hannah Arendt, "Truth and Politics", *New Yorker*, February 25, 1967. 3. Thomas Hobbes, *Leviathan*(1651; repr., New York: Penguin Classics, 1982), chap.15. 4. 앞과 동일한 문헌에서 인용, chap.14.

5 Carole Pateman, *The Sexual Contract*(Stanford, CA: Stanford University Press, 1988), p.40.

6 John Rees, *The Leveller Revolution: Radical Political Organisation in England, 1640-1650*(New York: Verso, 2016), pp.290-291.

7 Silvia Federici, *Caliban and the Witch*(Brooklyn, NY: Autonomedia, 2004), p.130.

8 John Stuart Mill, *Principles of Political Economy: With Some of Their Applications to Social Philosophy*, Stephen Nathanson,(Indianapolis, IL: Hackett Publishing, 2004), p.292.

9 Ellen Meiksins Wood, *The Origins of Capitalism*(New York: Monthly Review Press, 1999), p.6.

10 Sheldon Wolin, *Politics and Vision: Continuity and Innovation in Western Political*

Thought(Princeton, NJ: Princeton University Press, 1960), p.280.

11 "무적의 요맨 신화는 그리하여 그것이 떠받치는 신화와 동일한 애매모호함을 구현했다. 요맨 신화는 다수를 높이고 미화하는 동안에도 소수에 의한 다수의 정부를 지탱했다"(Morgan, *Inventing the People*, pp.156, 173).

12 다음 문헌에서 인용, Lizabeth Cohen, *A Consumers' Republic: The Politics of Mass Consumption in Postwar America*(New York: Alfred A. Knopf, 2003), p.24.

13 다음 문헌에서 인용, Fred Turner, *The Democratic Surround: Multimedia and American Liberalism from World War II to the Psychedelic Sixties*(Chicago: University of Chicago Press, 2003), p.216.

14 Zeynep Tufekci, "Beware the Smart Campaign", *New York Times*, November 17, 2012, p.A23.

15 Kim Phillips-Fein, *Invisible Hands: The Businessmen's Crusade Against the New Deal*(New York: W. W. Norton, 2010), p.52.

16 앞과 동일한 문헌에서 인용, p.34.

17 Christopher Mayer, "Democracy Is Coercive", *Mises Daily*, February 16, 2000. 다음 웹페이지에서 열람 가능, https://mises.org/library/democracy-coercive.

18 Ludwig von Mises, *Bureaucracy*(New Haven, CT: Yale University Press, 1945).

19 Phillips-Fein, *Invisible Hands*, p.100.

20 2018년 2월 20일 퀴니피악대학교의 여론조사 결과 "미국 유권자들의 66~31%가 더 엄격한 총기단속법에 찬성한다. 이는 퀴니피악대학교가 독자적으로 시행한 전국 여론조사 결과로, 지금까지의 조사 결과 중 가장 높은 수준이다. 총기 소지자의 44~50%, 대학 학위가 없는 백인 유권자의 35~62%, 백인 남자의 38~58%가 찬성한다. 보편적 신원조회에 대한 찬성률은 전체 2~92%, 총기 소지자의 3~97%로, 그야말로 보편적이다. 총기 규제에 대한 찬성률은 2012년 샌디훅(Sandy Hook)초등학교 총기 난사 사건을 계기로 퀴니피악대학교 여론조사가 이 문제에 주력하기 시작한 이래 최고 수준이다."

21 "Public Support for 'Single Payer' Health Coverage Grows, Driven by Democrats", Pew Research Center, June 23, 2017.

22 Justin Sink, "Congress Less Popular Than Colonoscopies, Root Canals, Poll Finds", The Hill, January 18, 2013. 낮은 지지율은 갤럽(https://news.gallup.com/poll/1600/congress-public.aspx)과 유고브(YouGov)(https://today.yougov.com/topics/politics/articles-reports/2018/04/10/dismal-ratings-congress-thoughdemocrats-are-less-)를 포함한 최근의 여러 여론조사에서 일관되게 나타난다.

23 Michel J. Crozier, Samuel P. Huntington, and Joji Watanuki, *The Crisis of Democracy: Report of the Governability of Democracies to the Trilateral Commission*(New York: New York University Press, 1975), p.37.

24 울시는 이 말을 2018년 2월 17일 〈폭스뉴스〉에서 했다.

25 Cass Sunstein, "When Crowds Aren't Wise", *Harvard Business Review*, September 2016.

26 공공선택 경제학이 어떻게 유명세를 얻었는지에 대한 유용한 역사학적 설명으로 다음 문헌을 권한다. S. M. Amadae, *Rationalizing Capitalist Democracy: The Cold War Origins of Rational Choice Liberalism*(Chicago: University of Chicago Press, 2003).

27 다음 문헌에서 인용, Nancy MacLean, *Democracy in Chains: The Deep History of the Radical Right's Stealth Plan for America*(New York: Viking, 2017), p.xxii.

28 Leon Fink, *The Maya of Morganton: Work and Community in the Nuevo New South*(Chapel Hill: University of North Carolina Press, 2003).

29 Mary Beard, "Democracy, According to the Greeks", *New Statesman*, October 14, 2010.

30 Martin Luther King Jr., "The Montgomery Bus Boycott", 1955. 다음 웹페이지에서 열람 가능, https://blackpast.org/1955-martin-luther-king-jr-montgomery-bus-boycott.

5. 민주주의가 이렇게 생겼나요?
즉흥 vs. 체계

1 Miller, *Can Democracy Work?*, p.43.

2 해당 보도자료 내용은 다음 웹페이지에서 열람 가능, https://us2.campaign-archive.com/?u=f3100bc5464cbba2f472ddf2c&id =e4b9a8fb19.

3 Patrick Kingsley, "Taking an Ax to Democracy as Europe Fidgets", *New York Times*, February 11, 2018, p.A1.

4 다음 문헌에서 인용, Greg Grandin, *The End of the Myth: From the Frontier to the Border Wall in the Mind of America*(New York: Metropolitan Books, 2019), p.107.

5   Cited in David Runciman, "Destiny v. Democracy", *London Review of Books* 35, no. 8(April 25, 2013).

6   Sydney Worth, "Indian Country Moves to Secure Voting Rights", *Yes! Magazine*, November 16, 2018.

7   "Securing Indian Voting Rights", *Harvard Law Review* 129, no. 6(April 2016): 1736.

8   비영리 감시단체 오픈시크릿(Open Secrets)이 추적하는 재선율이 다음 사이트에 업데이트되었다. https://www.opensecrets.org/overview/reelect.php. 지지율에 대해서는 다음을 참조 바람. Gallup's "Congress and the Public". 다음 웹페이지에 게재, https://news.gallup.com/poll/1600/congress-public.aspx.

9   이 주제에 관해서는 다니엘 라자르(Daniel Lazare)의 저작이 타의추종을 불허한다. "1810년, 동등한 주의회 대의권이라는 기본 원칙 때문에 전체 인구의 33%만 차지하는 주들이 상원의 과반을 뚝딱 구성할 수 있었다. 오늘날의 후보들은 전체 인구의 고작 17.6%를 차지하는 주들로 같은 일을 해낼 수 있다. 그 수치는 2030년까지 16.7%로 떨어질 전망이다. 같은 기간에 성공적 필리버스터(의사 진행 방해)에 필요한 비율(21개 주, 41명 상원의원)은 단 11%로 떨어지게 된다. 이는 9명 중 1명만 반대해도 정부를 중단시킬 수 있다는 뜻이다"라고 라자르가 다음 문헌에 밝혔다. Daniel Lazare, "A Constitutional Revolution", *Jacobin*, January 3, 2017. 다음 웹페이지에서 열람 가능, https://www.jacobinmag.com/2017/01/constitution-trump-democracy-electoral-college-senate. For a more in depth account. 다음 문헌을 참조 바람. Lazare, *The Frozen Republic*.

10 Morgan, *Inventing the People*, pp.204-205.

11 이는 2017년 8월 실시된 하버드-해리스 여론조사(Harvard-Harris Poll)에 따른 것이다.

12 Drew DeSilver, "U.S. Trails Most Developed Countries in Voter Turnout", Pew Research, May 21, 2018.

13 Waleed Aly, "Voting Should be Mandatory", *New York Times*, January 19, 2017.

14 Thomas E. Cronin, *Direct Democracy: The Politics of Initiative, Referendum, and Recall*(Cambridge, MA: Harvard University Press, 1989), p.54.

15 Owends Davis, "Uber, Lyft Lose Austin, Texas, Referendum After Spending Millions to Change Ride-Hailing Rules", *International Business Times*, May 7, 2016.

16 Alex Samuels, "Uber, Lyft Returning to Austin on Monday", *Texas Tribune*, May 25, 2017.

17 국민투표 결과 출처는 Ballotopedia.

18 Douglas J. Amy, "A Brief History of Proportional Representation in the United States", 초당파 비영리 선거법 개정운동 단체 페어보트(Fair Vote)에서 간행. 해당 단체의 웹사이트에서도 열람 가능, www.fairvote.org.

19 다음 문헌에서 인용, Clyde Haberman, "The California Ballot Measure That Inspired a Tax Revolt", *New York Times*, October 16, 2016.

20 Thomas B. Edsall and Mary D. Edsall, *Chain Reaction: The Impact of Race, Rights, and Taxes on American Politics*(New York: W. W. Norton, 1992), p.131.

21 다음 문헌에서 인용, Michael Foley, *Front Porch Politics: The Forgotten Heyday of American Activism in the 1970s and 1980s*(New York: Hill & Wang, 2013), p.241.

22 Adam Clymer, "Reagan Urges Party to Support Tax Cuts", *New York Times*, June 25, 1978, p.27.

23 미국 상류층이 주도한 조세반란과 정치운동에 대해서는 아이작 마틴(Isaac Martin)의 저작이 손꼽힌다. 본문의 주장도 그의 견해를 반영한 것이다. 즉 세금에 대한 사람들의 태도가 변한 것이 사실이지만, 정작 중요한 것은 정당들이 세금에 접근하는 방식이 변했다는 점이다(세금에 찬성하든 반대하든!). 다음 문헌들을 참조 바람. Isaac Martin, *The Permanent Tax Revolt: How the Property Tax Transformed American Politics*(Redwood City, CA: Stanford University Press, 2008); Isaac Martin, *Rich People's Movements: Grassroots Campaigns to Untax the One Percent*(New York: Oxford University Press, 2013).

24 만약 주거비 폭등에 대해 사람들이 느끼는 당연한 두려움이 다른 방법으로 다뤄졌다면? 조세반란의 초기 고충에 좌파 방식의 대응이 가능했고, 또 여전히 가능하다. 고정소득에 따라 세율을 다르게 적용하는 것이 하나의 방법이 될 수 있었다. 또한 재산세 대신 물가 인상을 제한하고 치솟는 집값을 잡기 위한 투기 금지법을 시행할 수도 있었고, 품질과 가격 합리성을 갖춘 공공주택 사업으로 시민의 퇴거 공포를 완화할 수도 있었다. 이 밖에도 방법은 많았다.

25 Foley, *Front Porch Politics*, p.242.

26 세금은 국가라는 기계(기업을 규제하고, 근로기준법을 제정하고, 국민에게 의료 서비스를 제공하고, 아이들에게 무상교육을 실시하고, 환경을 보호하는 기계)가

잘 돌아가는 것에 못내 속이 쓰린 보수주의자들에게 아주 요긴한 레버다. 그 레버는 기계를 서서히 멈춰 세울 수 있을 뿐만 아니라 그 기능을 완전히 변질시킬 수도 있다. 감세를 통해 정부 지원의 사회복지를 줄이려는 그들의 슬로건은 "야수를 굶겨 죽여라", "욕조에 담가 죽여라"다. 부자들은 아주 오래 전부터 지극히 성공적으로 조세반란을 벌여왔다. 깊은 역사적 뿌리를 가진 그들의 행로를 논하자면 책 한 권으로도 모자란다.

27 하지만 이 추정은 오해 또는 오역에 근거한 것으로 밝혀졌다. '자체 조직화' 개념의 기원은 사이버네틱스(인공두뇌학) 분야(제2차 세계대전 이후 유명해진 과학적 시스템 연구)로 거슬러 올라간다. 초기 인공두뇌학자들은 자연을 관찰하면서 자신들이 깔끔한 자체 조절 능력을 가진 안정된 시스템을 보고 있다고 잘못 넘겨짚었다(그들은 그런 추정에 입각해서 생태학을 창시했다. 생태학이 자연을 훨씬 복잡하고 불규칙한 무언가로 이해하게 된 건 나중의 일이었다). 존 두다(John Duda)가 설득력 있게 증명했듯이 자체 조직화는 인공두뇌학에서 온 용어로, 1970년대 좌파 정치 텍스트로 이식됐으며, 이 개념은 전례가 없었던 탓에 진보주의 정치 어휘의 핵심에 자리하게 됐다.

28 Roslyn Fuller, *Beasts and Gods: How Democracy Changed Its Meaning and Lost Its Purpose*(London: Zed Books, 2015), p.88.

29 다음 문헌에서 인용, David Van Reybrouck, *Against Elections: The Case for Democracy*(New York: Seven Stories Press, 2018), p.93.

30 John Gastil and Erik Olin Wright, eds., *Legislature by Lot*(New York: Verso, 2018).

31 Reybrouck, *Against Elections*, p.152.

6. 소크라테스와 군중
전문지식 vs. 여론

1 Andrew Sullivan, "Can Donald Trump Be Impeached?", *New York Times*, March 18, 2018, p.1 of the *Sunday Book* Review.

2 Lee Drutman, "Will Trump Break American Democracy?", *Vox*, March 20, 2018.

3 Michael Young, "Down with Meritocracy", *Guardian*(UK), June 29, 2001.

4 '브라운 대 교육위원회' 소송은 냉전시대와 짐크로법의 맥락에서만 이해할 수 있다는 점에 유의할 필요가 있다. 짐크로법은 미국의 위선에 대한 증거였고, 이는 대외적 권위 추락을 불렀다. 제임스 볼드윈(James Baldwin)은 당시를 두고 이렇게 말했다. "내가 아는 흑인들 대부분은 냉전 같은 경쟁 체제가 아니었다면, 그리고 아프리카가 속박에서 벗어나 예전 주인들의 후손으로부터 정치적 지지를 요청받는 상황이 아니었다면, ['브라운 대 교육위원회' 같은] 엄청난 양보를 결코 얻어내지 못했을 것이다. 이것이 사랑이나 정의의 문제였다면 판결은 분명히 1954년보다 더 빨리 났겠지만, 지금 같은 난세의 권력 구도가 아니었다면 아직도 일어나지 않았을 공산이 크다."

5 Alana Semuels, "Good School, Rich School; Bad School, Poor School", *Atlantic*, August 25, 2016.

6 상대적으로 잘사는 지역에서 자란 흑인 소년이라도 성인이 됐을 때 백인들보다 덜 벌고 가난해질 가능성이 훨씬 높다. 반면 백인들은 상류층에 그대로 머문다. Emily Badger, Claire Cain Miller, Adam Pearce, and Kevin Quealy, "Extensive Data Shows Punishing Reach of Racism for Black Boys", *New York Times*, March 19, 2018.

7 교육부의 대출 프로그램을 통해 국민의 세금을 지원받는 이 영리 목적의 교육 업체들이 흑인 대학졸업자들을 대거 양산한다. 문제는, 이 프로그램들이 사기성인 경우가 많고, 이들이 주는 학위는 실질적으로 쓸모없고 학생들의 빚만 하늘을 찌르게 된다는 것이다.

8 Burton R. Clark, "The 'Cooling-Out' Function in Higher Education", *American Journal of Sociology* 65, no. 6(May 1960), pp.569-76.

9 Kristin Ross, *Communal Luxury*(New York: Verso, 2016), p.39.

10 앞과 동일 문헌에서 인용, p.43.

11 Jesse Drew, "Commons Sense", in Cal Winslow, ed., *Rivers of Fire: Commons, Crisis, Imagination*(Arlington, MA: Pumping Station Press, 2016).

12 공산당은 로자 파크스의 버스 항쟁으로 이어지는 수십 년 동안 주로 앨라배마에서 활약했다. 대공황 시대의 공산당원들은 딥사우스(Deep South, 미국 남동부의 조지아, 앨라배마, 미시시피, 루이지애나, 사우스캐롤라이나주 등을 말함)의 흑인들에게 자결권이 있다고 믿었고, 그들이 린치부터 임금 착취까지 여러 가지 불의에 조직적으로 맞서는 것을 지원했다. 파크스 본인은 공산당에 가입한 적이 없지만 여러 공식 회합에 참석했고, 그 지역이 배출한 다른 유명 운동가들처럼 그녀

도 거기서 정치 조직화의 기초를 배우고 공산당이 닦은 정치 인프라의 혜택을 받았다. 이러한 공산당의 활동은 훗날 흑인민권운동의 초석이 됐다. 앨라배마의 움직임은 고립도 일탈도 아니었다. 가난한 사람들의 권리를 함양하기 위한 거대한 전략의 일부였다. 다음 문헌을 참조 바람. Robin D. G. Kelley, *Hammer and Hoe: Alabama Communists During the Great Depression*(Chapel Hill: University of North Carolina Press, 1990).

13 벤저민 허니컷(Benjamin Hunnicutt)의 두 저서가 이 주제의 훌륭한 자원이다. *Work Without End: Abandoning Shorter Hours for the Right to Work*(Philadelphia: Temple University Press, 2010); *Free Time: The Forgotten American Dream*(Philadelphia: Temple University Press, 2013). 아울러 다음 문헌을 참조 바람. Drew, "Commons Sense."

14 Anzia Yezierska, *Hungry Hearts*(Boston: Houghton Mifflin, 1920), pp.169-170. 이 이야기는 다음 책에 등장한다. Annelise Orleck, *Common Sense and a Little Fire: Women and Working-Class Politics in the United States, 1900-1965*(Chapel Hill: University of North Carolina Press, 1995), p.39.

15 Orleck, *Common Sense*, p.169.

16 Samuel Bowles and Herbert Gintis, *Schooling in Capitalist America: Educational Reform and the Contradictions of Economic Life*(New York: Basic Books, 1975), p.186.

17 앞과 동일한 문헌에서 인용, p.193. 해당 역사에 대한 보충 설명은 다음 문헌을 참조 바람. Andrew Hartman, *Education and the Cold War*(New York: Palgrave Macmillan, 2008), p.19.

18 플라톤은 또한 민주주의가 도덕적인 사람들을 하찮은 존재로 만든다고 생각했다.

19 Hofstadter, *Anti-Intellectualism in American Life*, p.159.

20 John Dewey, *The Later Works of John Dewey, 1925-1953*, vol. 1, *1925, Experience and Nature*, Jo Ann Boydston, ed.(Carbondale, IL: Southern Illinois University Press, 2008), p.172.

7. 새로운 세계질서
지역 vs. 세계

1 Stathis Kouvelakis, "Borderland", *New Left Review* 110(March/April 2018): 25.

2 Liz Alderman, "Greece's Bailout Is Ending. The Pain Is Far from Over", *New York Times*, August 20, 2018, p.B1.

3 Niccolo Machiavelli, *Discourses on Livy*, tr. Harvey C. Mansfield and Nathan Tarcov(Chicago: University of Chicago Press, 1998), p.22.

4 앞과 동일한 문헌에서 인용, p.23.

5 Jacob T. Levy, "Beyond Publius: Montesquieu, Liberal Republicanism and the Small-Republic Thesis", *History of Political Thought* 27, no. 1(Spring 2006); Christopher Wolfe, "The Confederate Republic in Montesquieu", *Polity* 9, no. 4(Summer 1977): 427-445.

6 해당 논거가 다음 문헌에 더 자세히 나온다. Greg Grandin, *The End of the Myth*.

7 벤저민 프랭클린이 1764년에《최근의 대학살(A Narrative of the Late Massacres)》을 출간했을 때 그가 비난한 대학살을 저지른 건 원주민이 아니라 정착민이었다. 프랭클린은 하우데노사우니 연맹 소속 부족 출신 원주민들을 살해한 것은 악명 높은 팩스턴 보이즈(Paxton Boys) 갱단의 소행으로 비난했다.

8 정확히 어느 정도나 영향을 받았는지는 현재까지 치열한 학술적 논쟁거리로 남아 있지만 1988년 미 상하원이 "이로쿼이 연맹이 미국 헌법의 기초에 기여한 것"을 인정하는 동시결의안을 통과시켰다. "13식민지(Thirteen Colonies, 1776년 미국 독립 당시 미합중국의 모체가 된 13개 영국계 식민지 주들)를 하나의 공화국으로 연합한 것은, 헌법 자체에 편입된 여러 민주주의 원칙과 마찬가지로, 이로쿼이 연맹이 개발한 정치 체제의 영향을 받은 것이다." 이것이 공식적으로 인정된 내용이다. 하지만 미국 헌법이 하우데노사우니 연맹의 민주적 체제에서 직접적으로 영감을 받았다고 해도 일부 역사학자들의 주장처럼 그 영향력이 충분히 깊지 않았음은 분명하다. 만약 원주민 법이 미국 헌법의 원형으로 받아들여졌다면 미국 헌법은 민주주의를 동시에 두 가지 방향으로 확장시켰을 것이다. 연방정부 차원의 상향 확장뿐 아니라 정치 참여의 자유를 여자들에게 확대하는 가족 내부로 향하는 확장.

9 Taiaiake (Gerald) R. Alfred, *Heeding the Voices of Our Ancestors: Kahnawake Mohawk Politics and the Rise of Native Nationalism*(Don Mills, ON: Oxford

University Press Canada, 1995), pp.77-78.

10 앞과 동일한 문헌에서 인용, p.80.

11 앞과 동일한 문헌에서 인용, p.78.

12 타이아이아케 알프레드(Taiaiake Alfred)의 책들에서 인용문 두 개를 합친 것이다. 앞부분은 다음 책에 나온다. Taiaiake (Gerald) Alfred, *Peace, Power, and Righteousness: An Indigenous Manifesto*(Don Mills, ON: Oxford University Press Canada, 1999), p.41. 뒷부분은 다음 책에 나온다. Taiaiake (Gerald) Alfred, *Heeding the Voices of Our Ancestors*, p.79.

13 〈연방주의자 논집(Federalist Papers)〉에 여성들이 창부와 정부(情婦)가 정치에 미치는 위험에 대한 경고의 형태로라도 짧게라도 언급되면 다행이다. 르네 제이콥스가 다음의 에세이에서 이렇게 지적했다. Renée Jacobs, "Iroquois Great Law of Peace and the United States Constitution: How the Founding Fathers Ignored the Clan Mothers", *American Indian Law Review* 16, no. 2(1991): 497-531. 하우데노사우니 사회의 성역할에 대한 견해가 더 궁금하다면 다음 문헌을 참보 바람. Barbara Mann, *Iroquoian Women: The Gantowisas*(New York: Peter Lang Publishing, 2006).

14 Alfred, *Heeding the Voices of Our Ancestors*, p.78.

15 식민지시대의 남자들 중 일부는 이로쿼이 사회 여성들의 높은 정치적 지위를 어렴풋이나마 알고 있었던 것 같다(예를 들어 프랭클린은 그것을 기정사실로 봤다). 하지만 그 현상은 대개 무시나 개탄의 대상이었다. 어떤 기록은 "원주민 여자들이 천막 안에서만 아니라 모닥불 의회에서도 거의 폭군에 가까운 영향력을 행사했다"고 탄식했다. 이는 존 애덤스가 그의 아내 아비게일의 요청(애덤스를 비롯한 건국자들이여, 새로운 법체계에서 "숙녀들을 기억하시라")를 묵살한 유명한 일과 무관하지 않다. "믿으라. 우리는 우리의 남성적인 시스템을 폐기할 만큼 어리석지 않다. 그건 우리를 페티코트 폭정에 완전히 몰아넣는 일이 될 것이다(비슷한 견지에서 제퍼슨은 해외여행 중 만난 프랑스 여자들을 비웃었다. 그는 여인들이 정치 문제에 호기심을 표현한 것을 본분을 넘는 주제넘은 행동으로 보았다). 여성 폭군에 대한 공포는 순전히 남자들의 자기투영이었다. 해외에서는 군주제를 엎을 음모를 꾸미면서 국내에서는 폭군으로 군림한 것은 남성 정착민들이었다. 식민지시대 미국에서 아내는 남편의 재산이었고, 사실상 어떠한 본연의 특권도 자유도 없었다. 법의 견지에서 볼 때 여자들은 공민으로서는 죽은 존재였다. 소송을 제기할 수도, 계약을 체결할 수도, 재산을 관리할 수도, 투표할 수도 없었다. 남편이 부인을 구타

하고 강간하는 것은 합법이었다. 그러나 모계사회인 하우데노사우니 사회에서는 그렇지 않았다.

16 Coulthard, *Red Skin, White Masks*, p.13.

17 앞과 동일한 문헌에서 인용, p.57.

18 Renee Maltezou, "Greek Pensioner Kills Himself Outside Parliament", Reuters, April 4, 2012.

19 Truth Committee on the Greek Public Debt, "Preliminary Report", June 18, 2015. 다음 웹페이지에서 열람 가능, http://www.cadtm.org/Preliminary-Report-of-the-Truth.

20 Robert Reich, "How Goldman Sachs Profited from the Greek Debt Crisis", *Nation*, July 16, 2015.

21 콘스탄토푸루 전 국회의장과 야니스 바루파키스(Yanis Varoufakis) 전 재무장관 등 맨 앞좌석에서 이 드라마를 지켜본 사람들은 치프라스가 "여론조사 결과가 사실을 반영하며, 국민투표 결과가 '찬성' 우세로 나올 것"으로 넘겨짚고 새로운 구제금융안에 동의했을 것으로 본다. 결과적으로 치프라스는 허를 찔렸고, 플랜 B는 없었다.

22 이 내용은 안드레아스 파판드레우의 전 조수이자 전기 작가인 스탠 드라에노스(Stan Draenos)의 개신 서신을 통해 발견됐다.

23 Quinn Slobodian, *Globalists: The End of Empire and the Birth of Neoliberalism* (Cambridge, MA: Harvard University Press, 2018), p.118.

24 Sam Panitch and Leo Gindin, *The Making of Global Capitalism: The Political Economy of American Empire* (New York: Verso, 2012), p.229.

25 WTO 웹사이트의 '통상의 역사(History of Trade)' 섹션에 '다자무역시스템의 역사(History of the Multilateral Trading System)'라는 제목으로 있는 내용이다. 다음 웹페이지에서 열람 가능 https://www.wto.org/english/thewto_e/history_e/history_e.htm.

26 Yanis Varoufakis, *The Global Minotaur* (New York: Zed Books, 2011), p.80.

27 FitzGerald and Cook-Martin, *Culling the Masses* Slobodian, *Globalists*, p.124. 다음 문헌도 해당 역사에 관해 유용한 설명을 제공한다. Samuel Moyn's *Not Enough: Human Rights in an Unequal World* (Cambridge, MA: Harvard University Press, 2018).

28 Slobodian, *Globalists*, p.124.

29 Panitch and Gindin, *The Making of Global Capitalism*, p.244; Manfred B. Steger, *Globalization: A Very Short Introduction*(New York: Oxford University Press, 2017), p.42.

30 Susan George, *Shadow Sovereigns: How Global Corporations Are Seizing Power*(Malden, MA: Polity, 2015), p.97. WTO의 일과는 (파트너 기구들인 IMF 와 세계은행과 마찬가지로) 대중의 호기심 어린 눈을 멀리 피해 비공개로 이루어 진다. 명확히 정의된 공적 의사결정 프로세스 따위는 없고, 시민에게는 무엇이 왜 일어났는지 알기 위한 정보열람권이 없다.

31 Thomas Friedman, *The Lexus and the Olive Tree: Understanding Globalization* (New York: Picador, 2012), pp.104-106.

32 Panitch and Gindin, *The Making of Global Capitalism*, p.228.

33 "ISDS: Important Questions and Answers", United States Trade Representative Archives. 다음 웹페이지에서 열람 가능, https://ustr.gov/about-us/policy-offices/press-office/blog/2015/march/isds-important-questions-and-answer, 2018년 12월 26일 접속 기준.

34 투자자와 국가 간 소송 제도 ISDS는 〈이코노미스트〉의 말에 따르면, "여러 다국 적 기업들이 남용하는 특권"이다("The Arbitration Game", *Economist*, October 11, 2014). 보다 폭넓은 설명을 위해서는 다음 두 자료를 참보 바람. Claire Provost and Matt Kennard, "The Obscure Legal System That Lets Corporations Sue Countries", *Guardian*(UK), June 10, 2015; Haley Sweetland Edwards, *Shadow Courts: The Tribunals That Rule Global Trade*(New York: Columbia Global Reports, 2016).

35 George, *Shadow Sovereigns*, pp.87-91; Robert Kuttner, *Can Democracy Survive Global Capitalism?*(New York: W. W. Norton, 2018), pp.199-200.

36 "ISDS: Important Questions and Answers", United States Trade Representative Archives.

37 George, *Shadow Sovereigns*, pp.77-78. 헤일리 S. 에드워즈(Haley S. Edwards)의 《그림자 법정(Shadow Courts)》에 따르면, "1960년대부터 2000년까지 기업들이 제기한 분쟁 소송은 40건 미만이었다. 그런데 최근 15년 동안에는 거의 650건에 달했다."

38 Provost and Kennard, "The Obscure Legal System That Lets Corporations Sue Countries."

39 Robert Kuttner, *Can Democracy Survive Global Capitalism?*, p.255.

40 Kuttner, *Can Democracy Survive Global Capitalism?*, p.241.

41 앞과 동일한 문헌에서 인용, p.145.

42 Robert Z. Aliber, Federal Reserve Bank of Boston. 앞과 동일한 문헌에서 인용, p.89.

43 Gabriel Zucman, "How Corporations and the Wealthy Avoid Taxes (and How to Stop Them)", *New York Times*, November 10, 2017.

44 Varoufakis, *The Global Minotaur*, p.1; Les Christie, "Foreclosures Up a Record 81% in 2008", CNN Money, 2009년 1월 15일. 다음 웹페이지에서 열람 가능, https://money.cnn.com/2009/01/15/real_estate/millions_inforeclosure/.

45 여기서 아이러니는, 배타적 애국주의를 표방하는 종족민주주의가 세계화 운동의 양상을 띤다는 것이다. 종족민족주의 당들이 국제회의를 개최하고, 대표자들이 서로의 정치적 집회에 참여해 연설하고, 지지자들은 국경 없는 월드와이웹에서 밈과 가짜 정보를 서로 홍보한다.

46 Carlito Pablo, "Two Out of 10 Homeless People in Metro Vancouver Have Jobs", *Georgia Straight* (Vancouver), September 26, 2017. 고용되어 있는데도 형편이 나빠서 집 없이 차에서 생활하는 사람들이 늘어나는 문제에 대한 심층적 탐구를 위해서는 다음 문헌을 참조 바람. Jessica Bruder's excellent *Nomadland: Surviving America in the Twenty-First Century*(New York: W. W. Norton, 2017).

47 Benedict Anderson, *Imagined Communities: Reflections on the Origin and Spread of Nationalism*(New York: Verso, 2006), p.6.

48 행동주의(*activism*)라는 용어의 계보가 궁금하다면 다음 문헌을 참조 바람. Astra Taylor, "Against Activism", *Baffler* 30(March 2016).

49 다음 문헌에서 인용, Linebaugh and Rediker, *The Many-Headed Hydra*, p.101.

50 뉴욕시에는 10명의 사회주의자 주의회 의원, 7명의 사회주의자 시의회 의원, 1명의 사회주의자 지방법원 판사, 1명의 사회주의자 하원의원이 있었다(Painter, *The History of White People*, p.294).

51 다음 문헌에서 인용, Silvia Federici, *Wages for Housework*(Brooklyn, NY: Autonomedia, 2017), p.12.

52 도시생활의 인기가 날로 높아지는 지금도 '진짜 미국'은 여전히 전원의 미국을 의미한다. 본문에서 살폈듯, 미국의 정치체계는 인구가 희박한 시골지역에 상당히 유리하게 작용하도록 조직되어 있다. 시골지역은 주민이 줄줄 빠지더라도 계속 총

선과 광역선거라는 시합에서 체급을 뛰어넘는 승리를 거둘 것이다. 또한 시골지역은 세금 1달러당 연방기금으로 따졌을 때 도시지역보다 연방정부로부터 훨씬 많은 지원을 받는 경향이 있다. 이것이 공화당 우세를 더욱 굳힌다. 다만 짚고 넘어가야 할 것이 있다. 보수주의자들만 도시민의 영향력을 후려쳐온 건 아니다. 혁신시대 개혁가들부터 1960년대 '흙으로 회귀' 반문화 지지자들, 진보주의자들, 여러 다양한 갈래의 급진파들도 도시를 혼돈과 불결과 가식의 장소라며 한탄했다.

53 Ross, *Communal Luxury*, p.11.

54 앞과 동일한 문헌에서 인용, p.12.

55 앞과 동일한 문헌에서 인용, p.124.

56 James Green, *Death in the Haymarket: A Story of Chicago, the First Labor Movement and the Bombing that Divided Gilded Age America*(New York: Pantheon, 2006), p.88.

57 Ross, *Communal Luxury*, p.95.

58 Daniel Aldana Cohen, "The Urban Green Wars", *Jacobin*, December 11, 2015. 다음 웹페이지에서 열람 가능, https://www.jacobinmag.com/2015/12/this-changes-everything-naomi-klein-climate-change/; Mike Davis, "Who Will Build the Ark?", *New Left Review* 61(January/February 2010).

59 Ross, *Communal Luxury*, p.3.

60 모두 아다 콜라우(Ada Colau) 시장의 말을 통해 다음 문헌에서 간접 인용, Masha Gessen, "Barcelona's Experiment in Radical Democracy", *New Yorker*, August 6, 2018.

61 Luke Stobart, "Reclaiming the City", *New Internationalist*, May 25, 2018. 다음 웹페이지에서 열람 가능, https://newint.org/2018/05/01/feature/reclaiming-the-city; Laia Bertran, "The Rising Tide for the Democratic Control of Water in Barcelona", *openDemocracy*, March 16, 2018. 다음 웹페이지에서 열람 가능, https://www.opendemocracy.net/can-europe-make-it/laia-bertran/rising-tide-for-democratic-control-of-water-in-barcelona.

62 케이트 시아 베어드(Kate Shea Baird)는 이 이슈들을 2018년 6월 14일 본인의 웹사이트에 게시한 〈지역자치주의: 위험한 경고(Municipalism: An Icarian Warning)〉에서 자세히 논했다. 다음 웹페이지에서 열람 가능, https://katesheabaird.wordpress.com/2018/06/14/municipalism-an-icarian-warning/.

63 Meehan Crist, Atossa Araxia Abrahamian, and Denton Abel, "Mining the Sky",

Logic 4(n.d.); Sarah Fecht, "Do Earth Laws Apply to Mars Colonists?", *Popular Science*, September 27, 2016.

64 Mark Graham and Anasuya Sengupta, "We're All Connected Now, So Why Is the Internet So White and Western?", *Guardian*(UK), October 5, 2017.

65 바르셀로나를 비롯해 비슷한 생각을 가진 지자체들이 직면한 여러 난관 중 하나는 구글, 페이스북, 우버 같은 기업들이 막대한 가용 예산, 기술 인프라, 인적 자원, 넓은 사업 범위를 무기로 도시들을 한없이 왜소하게 만들고, 이 역량들을 바탕으로 글로벌 기업에 엄청난 우위를 부여하는 거대 규모의 경제를 구축한다는 것이다.

8. 폐허인가 터전인가
현재 vs. 미래

1 이 소송에 대한 최신 정보는 이 소송을 후원하는 비영리단체 '아우어 칠드런스 트러스트(Our Children's Trust)'의 웹사이트에서 얻을 수 있다. https://www.ourchildrenstrust.org/us/federal-lawsuit/.

2 Dana Drugmand, "Citizens Sue to Hold UK Government Accountable for Climate Goals", *Climate Liability News*, March 7, 2018; Damian Carrington, "Can Climate Litigation Save the World?", *Guardian*(UK), March 20, 2018.

3 그린피스(Greenpeace) 웹사이트에 관련 정보가 있다. 다음 문헌을 참조 바람. "Twenty-five Young Colombians Are Suing the Government over Climate Change", June 2, 2018. 다음 웹페이지에서 열람 가능, https://unearthed.greenpeace.org/2018/02/06/young-colombians-suing-government-climate-change-amazon/.

4 송유관이 애초에 노동운동의 세를 꺾기 위해 고안되었다는 점에서 이 개발 사업은 특히 주목할 만하다. 티모시 밋첼은 이렇게 썼다. "사실 송유관은 에너지 흐름을 방해하는 사람들을 견제하는 수단으로 발명되었다. 송유관은 석유를 담은 배럴통들을 화물마차에 싣고 철도창고로 운반하던 기사들의 임금 인상 요구를 피할 작정으로 1860년대에 펜실베이니아에 도입됐다." 다음의 책에 이 내용이 실려 있다. Timothy Mitchell, in *Carbon Democracy: Political Power in the Age of Oil*(New York: Verso, 2013), p.36.

5 Charles Geisler and Ben Currens, "Impediments to Inland Resettlement under Conditions of Accelerated Sea Level Rise", *Land Use Policy* 66(July 2017): 322-330.

6 David Wallace-Wells, "UN Says Climate Genocide Is Coming. It's Actually Worse Than That", *New York*, October 10, 2018.

7 앨리슨 케이퍼가 지적했듯, 미래에 대한 일반적이고 낙관적인 비전들에는 장애인과 환자가 배제돼 있을 때가 많다. 때로 노인도 없다(미래에는 노화의 속도가 느려지고 노화의 증후를 숨기기가 더 쉬워지기 때문일까?). 이는 우리가 자원을 인간 취약성, 병폐, 상호의존성에 대한 대책을 세우는 데 쓰기보다 장애나 질병에 대한 잠재적 치료법 또는 젊음 유지와 생명 연장 요법 개발에 퍼붓고 있다는 것을 의미한다. Alison Kafer, *Feminist, Queer, Crip*(Bloomington: Indiana University Press, 2013).

8 G. K. Chesterton, *Orthodoxy*(New York: John Lane Company, 1909), p.85. 9. Karl Marx, "The Eighteenth Brumaire of Louis Bonaparte"(1852). 다음 웹페이지에서 열람 가능, https://www.marxists.org/archive/marx/works/1852/18th-brumaire/ch01.htm.

10 이 논쟁은 주로 다음 문헌들에서 벌어졌다. Edmund Burke, *Reflections on the French Revolution*(1790); Thomas Paine's *Rights of Man*(1791). 다음 문헌은 두 인물의 경쟁과 그것의 정치적 의미에 대해 흥미롭고 통찰 가득한 설명을 제공한다. Yuval Levin's *The Great Debate: Edmund Burke, Thomas Paine, and the Birth of Right and Left*(New York: Basic Books, 2013).

11 Thomas Paine, *Dissertation on First Principles of Government*(1795; repr., Ann Arbor: University of Michigan Library, 2011), p.7.

12 진보적 싱크탱크 데모스(Demos)가 자사 웹사이트에 이 통계를 논한 글을 게시했다. Matt Bruenig, "In Reality, the Wealthy Inherit Ungodly Sums of Money", January 21, 2014. 다음 웹페이지에서 열람 가능, http://www.demos.org/blog/1/21/14/reality-wealthy-inherit-ungodly-sums-money.

13 Savage, "Richest 1% on Target to Own Two-thirds of All Wealth by 2030."

14 Center on Budget and Priorities, "Ten Facts You Should Know about the Federal Estate Tax". 다음 웹페이지에서 열람 가능, https://www.cbpp.org/research/federal-tax/ten-facts-you-should-know-about-the-federal-estate-tax.

15 Astra Taylor, "Universities Are Becoming Billion-Dollar Hedge Funds with

Schools Attached", Nation, March 8, 2016.

16 트럼프 행정부는 이 조치들의 불법적 확대를 도모하고 있다.

17 다음 문헌이 이 역학 관계를 신랄하게 다룬다. Saidiya V. Hartman, *Scenes of Subjugation: Terror, Slavery, and Self-Making in Nineteenth-Century America*(New York: Oxford University Press, 1997), p.131.

18 Kris Manjapra, "When Will Britain Face Up to Its Crimes Against Humanity?", *Guardian*(UK), March 29, 2018.

19 이 전략에 대한 폭넓은 설명을 원한다면 다음 문헌을 참조 바람. Grandin, *The End of the Myth*, p.43.

20 Hiroko Tabuchi, "As Beijing Joins Climate Fight, Chinese Companies Build Coal Plants", *New York Times*, July 2, 2017, p.A10.

21 H. Damon Matthews, "Quantifying Historical Carbon and Climate Debts among Nations", *Nature Climate Change* 6(2016): 60–64.

22 예일대가 2018년 발표한 기후여론지도(Yale Climate Opinion Maps)에 따르면 대다수 미국인들은 기후변화가 사실이라고 믿고, 재생에너지에 대한 투자를 지지하고, 이산화탄소 배출 규제를 원하고, 화석연료 기업들에 탄소세를 물리기를 원하고, 학교에서 지구온난화를 가르쳐야 한다고 믿는다. 다음 문헌을 참조 바람. Yale Climate Opinion Maps 2018. 다음 웹페이지에서 열람 가능. http://climatecommunication.yale.edu/visualizations-data/ycom-us-2018/.

23 Leo Hickman, "The 1847 Lecture That Predicted Human-Induced Climate Change", Guardian(UK), June 20, 2011.

24 Lewis Mumford, *Technics and Civilization*(New York: Harcourt, Brace, 1934), pp.157–158.

25 Andreas Malm, *Fossil Capital: The Rise of Steam Power and the Roots of Global Warming*(New York: Verso, 2016), p.8.

26 E. p. Thompson, "Work-Discipline, and Industrial Capitalism", *Past & Present* 38(December 1967): 56–97.

27 Mark Kingwell, *Democracy's Gift: Tradition, Time, Repetition*(n.p.: Blurb, 2016).

28 이 역학 관계가 어떻게 전개되는지에 대한 탁월한 설명으로 다음 문헌을 추천한다. Lee Drutman, *The Business of America Is Lobbying*(New York: Oxford University Press, 2015).

29 Bill McKibben, "Global Warming's Terrifying New Math", *Rolling Stone*, July 19,

2012.

30   Ruth Sherlock, "Barack Obama Accuses Pro-Fossil Fuel Businesses of Sabotaging Solar Energy", *Telegraph*(UK), August 25, 2015; Hiroko Tabuchi, "Kochs Finance High-Tech War Against Transit", *New York Times*, June 19, 2018, p.A1.

31   Naomi Klein, *This Changes Everything*(New York: Simon and Schuster, 2014), p.367.

32   Bill McKibben, "A World at War", *New Republic*, August 15, 2016.

33   Mark O'Connell, "Why Silicon Valley Billionaires Are Prepping for the Apocalypse in New Zealand", *Guardian*(UK), February 15, 2018.

34   앞과 동일한 문헌에서 인용.

35   Peter Thiel, "The Education of a Libertarian", *Cato Unbound*, April 13, 2009. 다음 웹페이지에서 열람 가능, https://www.cato-unbound.org/2009/04/13/peter-thiel/education-libertarian.

36   Michelle Chen, "Millennials Are Keeping Unions Alive", *Nation*, February 5, 2018; and Shiva Maniam, "Most Americans See Labor Unions, Corporations Favorably", Pew Research, January 30, 2017. 다음 웹페이지에서 열람 가능, http://www.pewresearch.org/fact-tank/2017/01/30/most-americans-see-labor-unions-corporations-favorably/.

37   다음 문헌에서 인용, Ann Pettifor, *The Production of Money: How to Break the Power of the Bankers*(New York: Verso, 2017), p.45.

38   예일대가 2018년 발표한 기후여론지도 결과, 응답자의 70%가 환경보호가 경제성장보다 더 중요하다고 답했다.

39   내가 이 문제에 대한 통찰을 얻는 데 알리사 바티스토니와 그녀의 생태계 위기에 대한 저술의 힘이 컸다. 다음 문헌이 그중 하나다. Alyssa Battistoni, "How Not to Talk About Climate Change", Jacobin, August 3, 2018. 다음 웹페이지에서 열람 가능, https://jacobinmag.com/2018/08/new-york-times-losing-earth-response-climate-change.

40   Pettifor, *The Production of Money*, p.46.

41   "The Productivity-Pay Gap", Economic Policy Institute, August 2018. 다음 웹페이지에서 열람 가능, https://www.epi.org/productivity-pay-gap/; Juliet Schor, "The (Even More) Overworked American", John de Graaf, ed., *Take Back Your Time: Fighting Overwork and Time Poverty in America*(San Francisco: Berret-

Koechler Publishers, 2003), p.7.

42 Alyssa Battistoni, "Living, Not Just Surviving", *Jacobin*, August 15, 2017. 다음 웹페이지에서 열람 가능, https://jacobinmag.com/2017/08/living-not-just-surviving/.

43 Leanne Simpson, "Looking after Gdoo-naaganinaa: Precolonial Nishnaabeg Diplomatic and Treaty Relationships", *Wicazo Sa Review* 23, no. 2(Fall 2008): · 29-42.

마치는 글
건국의 아버지들 또는 늘 깨어 있는 산파들

1 Antonio Gramsci, *Letters from Prison*, vol. 1(New York: Columbia University Press, 1993) p.299. 그람시 때문에 유명해졌지만 사실 이 문장은 다른 곳에서 비슷한 말을 했던 프랑스 작가 로맹 롤랑(Romain Rilland, 1866~1944)의 영향을 받았다.

2 L. A. Kauffman, "Dear Resistance: Marching Is Not Enough", *Guardian*, July 7, 2018.

3 Jonathan Rauch, "How American Politics Went Insane", *Atlantic*, July/ August 2016.

10부족 시조의 청동상 231

13식민지 39, 335

21세기 자본 393

4대 자유 54, 56, 64

GATT 352, 354

GDPR(개인정보보호 규정) 173~174

IMF(국제통화기금) 328, 342, 352~354, 398

ISDS(투자자-국가 분쟁해결절차) 356~358

NAFTA(북미 자유무역협정) 356, 365

REDMAP 239, 269

ㄱ

강제투표제 250

개신교 126, 132, 151, 205

건국의 아버지들 14, 41, 69, 71, 92, 95, 204, 319, 398, 423, 429

게리맨더링 239~242, 244, 255~256

게타츄, 아돔 127

경제 권리장전 55

경제정책연구소 18

경제협력개발기구(OECD) 328

고쉐, 마르셀 86

공동결정 제도 222

공민의식 83, 104, 189

공산당 선언 364

공화당 19, 43, 89~92, 137~139, 154, 211, 237~245, 252, 255, 261, 265, 355, 358, 362, 369

과두정치 243, 271, 419, 427

과두제 18, 37, 80, 225, 274, 285, 390, 393, 413, 427

과테말라 143, 212, 220

국가론 98, 168, 236, 317

국민소환제 252

국민총행복지수 115

국민투표 12, 24, 105, 116, 154, 254, 343~346, 402, 427

국제채권단 327~328, 341

권리장전 55, 182, 307, 389

귀화 127, 136, 139, 144~145, 151~152, 162

그람시, 안토니오 109, 423~424, 429

그레이버, 데이비드 84

그린스펀, 앨런 361

극우 12, 43, 330, 345, 348

금본위제 352~353

금융위기 19, 75, 219, 322, 327, 340, 342,
　361, 370, 395, 427

기후부채 401

꿀벌 279~282

ㄴ

낙태 109, 137, 269

난민 캠프 43, 119, 133

남부연합 410

남북전쟁 46, 50, 58~59, 90, 106, 148,
　162, 243, 307, 313, 410

남태평양 철도회사 163

내니 스테이트 62

넛지 189~190

네이션 363

노동계급 22, 56, 64, 100, 171, 218, 310,
　314

노동조합(노조) 50, 56, 59, 71, 75, 130,
　207, 210, 218, 223, 235, 252, 261,
　267~268, 288, 308~313, 360, 366,
　379, 411, 414~415, 427

노드하우스, 윌리엄 417

노리스, 피파 91

노예제 17, 24, 34~42, 46~47, 58, 64, 93,
　97, 105, 124, 128~129, 148, 219, 273,
　309, 364, 397~398

누진과세 13, 59, 185

뉴딜 54~64, 206~208, 352

뉴에라 219

니시나벡 421~422

닉슨, 리처드 208, 353

ㄷ

다문화주의 157~159

대공황 55, 129, 206~207, 352

대륙회의 335

대안교육 187

대의민주주의 183, 266, 332, 347

대처, 마거릿 57, 210, 356

데리다, 자크 123

데트 컬렉티브 396

뎁스, 유진 130

도금시대 53, 58, 130, 162

도시자치주의 369~379

도편추방제 35, 231

독립선언서 38, 41, 95, 151

동성애 97, 109, 123, 216, 388

두보이스, W. E. B. 42, 176~177, 428

듀발리에 129

듀이, 존 323

드구이어, 스테파니 118

드라콘 36

드룩파 134~135

드류, 제시 309

디거스 364~365, 377

디무, 이오안나 322

디오게네스 47~48, 364

ㄹ

라나, 아지즈 38~39

랑시에르, 자크 109, 284

레디커, 마커스 103

레이건, 로널드 57, 210, 261~262, 264~265, 292, 356

레인스보로, 토머스 194~195, 200

레카, 딜런-리처드슨 385~386

렉서스와 올리브나무 355

렌, 카터 238~239

로비 17, 223, 255, 353~358, 376, 397, 406, 426

로크, 존 69, 131, 197~202, 428

롤링주빌리 396

롯샴파 118~122, 129, 133~136

루소, 장-자크 11, 21, 31, 64, 69~70, 92~93, 101, 131~133, 216, 267, 293, 349~350, 365, 428

루스벨트, 시어도어 125, 253

루스벨트, 프랭클린 D. 54~56, 64, 206

리바이어던 101, 174, 192

ㅁ

마그나카르타 353~354

마르크스, 칼 22~23, 30, 49, 64, 70, 85, 101, 105, 110, 199, 364, 368, 390, 414, 428

마스트리히트 조약 148, 348

마시, 조지 퍼킨스 402

마코프, 존 103

마키아벨리 301, 332

만, 마이클 40, 139

말름, 안드레아스 404

매디슨, 제임스 14, 87, 95~110, 283, 333, 365, 388, 398~399, 428

맥루한, 마샬 375

맥린, 낸시 60

맥키번, 빌 407, 409

맨, 호러스 307~308

맨더빌, 버나드 288

맨스브릿지, 제인 85~86, 105

맨해튼 75, 99, 144, 235

머스크, 엘론 411~412

멈퍼드, 루이스 404, 417

메리토크라시 295~296

멜팅포트 156

모건, 루이스 헨리 336

모건, 에드먼드 S. 132

모호크 66, 159~161, 334, 337

몬스터법 238

몽테뉴, 미셸 드 67

몽테스키외 332~334

무슬림 44, 268, 388

무하지르, 아비드 43

미국자유연맹 61

미스터 블록 311

미제스, 루드비히 폰 208~210, 216, 223, 350

민주당 19, 56, 89~92, 138, 154, 238~242, 249, 252, 264, 355, 358, 369

민주사회주의 199, 222, 249, 415, 428

민주주의란 무엇인가? 9~10

밀, 존 스튜어트 199
밀러, 제임스 124, 235
밈 287

ㅂ

바르셀로나엔코무 370~373, 378
바버, 윌리엄 3세 240~243, 269
바티스토니, 알리사 420
발타, 아스파시아 329, 345~346
배금주의 53, 206
배심원 107~108, 214, 231, 270~274
백인우월주의 106, 110, 128~129, 286, 398, 422
버크, 에드먼드 140, 390~391
버클리 자유연설운동 260
버클리, 윌리엄 F. 30, 59
버틀러, 찰스 279
버핏, 워런 100
벌린, 이사야 30~31, 52
법 앞의 평등 35, 45~46, 60, 182, 185, 427
베르히트, 베르톨트 289
베어드, 케이트 시아 372~374
베트남전쟁 52, 309
벤담, 제러미 363~364
벨벳로프 143
보우소나루, 자이르 123
보이지 않는 손 267
복지국가 30, 62~63, 206, 216, 269, 360, 412
볼드윈, 제임스 150~151

볼테르 88
부시, 조지 W. 102
부엌논쟁 208
부탄 115~122, 129~136
부탄인민당 119
불가능성 정리 215
불레 233, 270
뷰캐넌, 제임스 216~218
브라운, 웬디 53, 121~122, 291~294
브라운, 조셉 E. 42
브레튼우즈 체제 351~353
브렉시트 12, 123, 254, 427
브렛, 엘리 300~302, 307
블레이크, 필립 340
비강압 187~188
비례대표제 250, 256~259

ㅅ

사킴 336~338
사회계약론 11, 69, 191, 193~194, 196
사회보장 41, 63~65, 206
사회진화론 60
삼권 분립 88
새비오, 마리오 259~260, 265
샌더스, 버니 62
선택 아키텍처 190
설스턴, 존 175
섬너, 윌리엄 G. 60
세계무역기구(WTO) 351~356
세계인권선언 140, 246
세이사크테이아 36

소디, 프레더릭 416

소머셋 40

소크라테스 21, 98, 224, 231, 283~285, 318~319

소피아 171

속연주의 149

속인주의 144, 149

속지주의 144, 149

솔론 36~37, 234, 397

쇼이블레, 볼프강 341

수평파 195~198, 250, 364

숙의 민주주의 92

순위선택투표제 257

스미스, 애덤 202, 208, 267

스위프트, 조나단 286

스탈린주의 142

스토아학파 48

스톤, 크리스토퍼 164

슬로보디안, 퀸 350~351

시리자 341, 345~346, 361, 370

시민권법 162

시저리즘 332

식품의약법 206

신식민주의 341

신타그마 327~330, 340~344, 361

실력주의 295~297, 300

ㅇ

아나키스트 10, 77, 83~84, 86, 107, 184, 248, 267, 365, 368

아랍의 봄 75, 268

아렌트, 한나 139~140, 169, 188~189, 422

아리스토텔레스 17, 47, 149, 271, 279, 347, 365, 419

아이젠하워 207

아이티혁명 126~129

아파르트헤이트 48~49, 350

아프리카민족회의(ANC) 48~49

안티고네 224~226

알고리즘 172, 294, 376, 422

알렉산드로스 48, 364

알리, 오마 H. 90~92

애국심 362

애덤스, 존 89

애로, 케네스 215~217

애치슨, 딘 156

앨런, 다니엘 20, 37

얼간이 135, 272~273

에르도안, 레제프 타이이프 123

에스노스 122, 160

에어비앤비 371, 379

에이컨, 앤 384

에픽테토스 47~48

엥겔스, 프리드리히 64~65, 70, 364

여성 군주제 279

여왕벌 279, 281

연방거래위원회법 206

연방주의자 논집 87, 95, 97~78, 398

연방준비제도이사회 18, 361

영, 마이클 295

예지어스카, 안지아 312

오글소프, 제임스 397~398

오바마 케어 61

오바마, 버락 61, 208

오퍼튜니티 스레즈 220

온두라스 43

온실가스 383, 400, 409

올렉, 아넬리스 313

와일드포크 187~188

왐펌 336

왕추크, 지그메 싱기에 115

요맨 41, 204, 365

우버 223, 254~255, 379

우산혁명 77

우생학 60

우주조약 375

워싱턴 행진 50

워싱턴, 조지 40, 97

월가 75~84, 93, 99, 206, 309, 330, 353, 395

월린, 셸던 202~203, 266

웨스트, 코넬 24, 105, 301

유럽민주주의운동(DiEM) 347, 373

유럽백인화 152

유럽연합 12, 64, 148~149, 173, 254, 328, 341, 348, 371

유산계급 22, 39, 96, 98

유엔 72, 82, 140, 246, 352, 362, 371, 402

이데올로기 60, 132, 139, 158, 212, 263

이라크 10, 35, 141, 427

이로쿼이 연맹 70~71

이사고라스 234

이세고리아 35

이소노미아 35

인간 불평등 기원론 69, 131

인간과 시민의 권리 선언 125

인디언 66~68, 121, 127, 132, 150, 205, 212, 244, 334, 340

인민당 119, 252

인민협정 195

인클로저 131~132, 200~201, 203, 377

일반의지 92~93, 101, 216, 267

ㅈ

자가면역 123

자비스, 하워드 262~265

자유의 여신상 33

자유헌장 48~50

자유헌정론 57

장자상속법 41

재건시대 50, 177, 243

재산세 263~265

저커버그, 마크 377

저항의 낭만화 266

적색공포 310, 366

적자생존 60, 305~306

전문성 285, 294~295, 322, 350

전체주의의 기원 139

정부간기후변화위원회(IPCC) 402

정치론 149

정치와 비전 202

제1인터내셔널 363

제2차 세계대전 54, 139, 206, 350, 409

제네바 70, 349~352, 359

제대군인원호법(GI법) 292

제비뽑기 231, 270, 274

제퍼슨, 토머스 41, 70, 365, 388~391, 399~400, 413

젠트리피케이션 379

조가비연맹 94

조세저항운동 262, 265

조지, 수전 358

조지아 랜드 로터리 41

존슨, 린든 B. 51~52, 314

종족민족주의 122, 130, 330, 362

주코티 75, 78~79, 82

주택담보대출 107, 150

중국인 입국 금지법 129

중도주의 16

지구평면설 286

지방분권 298

직접민주주의 34~35, 95~96, 183, 231, 252~253, 271, 309, 327, 329, 346, 411

진료소 321~323, 346

진화론 60, 306

질서자유주의 294

짐크로법 55, 105, 244, 302

ㅊ

차티스트 운동 251

청교도 93, 205, 298, 307, 364

체스터턴, G. K. 390

추첨제 271~275, 285

치리리카 247~248

치프라스, 알렉시스 341~346

ㅋ

카나사테고 335

카라칸챠, 에피미아 232~233, 271~273

카스텔스, 마누엘 377

카스토리아디스, 코넬리우스 234

카스트로, 피델 143

카우프만, L. A. 93~94

카이에네레코와 334

칼훈, 존 C. 105, 108

커트너, 로버트 359

케이퍼, 앨리슨 388

케인스학파 351

코뮌 308, 367~369

코스모폴리탄 364

콘스탄토푸루, 조에 341~345

콜든, 캐드월래더 337

콜라우, 아다 370~374

콜빈, 클로뎃 72

콩도르세 213~216, 284

쿠데타 12, 89, 212, 220, 244, 341

쿠초풀루, 에미 321

쿠춤파, 데스포이나 340, 346

쿡-마틴, 데이비드 152~154

쿨타드, 글렌 159, 339

퀘이커교 93~94

크라토스 10, 34

크레온 225

크로포트킨, 표트르 368

클라인, 나오미 407

클레로테리온 231

클레이스테네스 232~236, 267, 270, 275

클린턴, 빌 354

키신저, 헨리 212

킴리카, 윌 146, 169~170

킹, 마틴 루터 50~51, 224, 226, 269

ㅌ

탈레반 44

탈성장 417

태프트-하틀리법 56

테크노크라트 99, 289, 293, 297, 317, 341, 348

토브가이, 체링 116~117

토빈, 제임스 361

토크빌, 알렉시 드 153, 204~205

톰슨, E. P. 405

톰슨, 윌리엄 199~201, 222

투표억압 138, 239~242, 244

투표의 역설 214~215

툰베리, 그레타 72

트럼프, 도널드 90, 131, 138, 239, 249, 266, 318~319, 363, 369, 409, 412, 427

트로이카 328, 341, 344

트루먼, 해리 29, 56, 156

트뤼도, 피에르 157

트위터 61, 81, 286, 370

티치아웃, 제퍼 148

티파티운동 76, 262, 269

틸, 피터 412~413

ㅍ

파생상품 395

파시즘 12, 24, 410

파업 56, 100, 220, 226, 235, 267, 313, 315, 345, 397, 415

파크스, 로자 71, 310

파파데모스, 루카스 328

파판드레우, 게오르기오스 328, 345, 347~349

패터슨, 올랜도 46~47, 66

퍼킨스, 프랜시스 55, 402

페데리치, 실비아 198, 201

페리클레스 17, 36~37, 47, 415

페미니스트 98, 201, 213, 309

페이스북 138, 268, 377

페인, 토머스 41, 390~393, 413

페티포, 앤 419

펜실베이니아 68, 165, 252, 335, 339, 383, 385, 406

포샤디스, 아포스톨리스 142

포퓰리즘 12, 43, 123, 244, 252, 261, 314, 366

포프, 알렉산더 88

풀뿌리 민주주의 309

퓨전연합 243

퓰리처상 319

프랑스 대혁명 31, 70, 127, 213, 391

프랭클린, 벤저민 70, 334~335

프리덤 라이더스 106

프리드먼, 밀턴 57~58, 216

프리드먼, 토머스 355

프리미티비즘 320

플라톤 12~13, 17, 21, 23, 47, 98~99, 168, 236, 284, 317~319, 324, 365, 419, 428

피츠제럴드, 데이비드 152~154

피케티, 토마 393

핀란드 185, 256

필즈, 바바라 129

필즈, 카렌 129

ㅎ

하우데노사우니 70, 160, 334~339, 421~422

하이랜더 310

하이브마인드 282~283

하이에크, 프리드리히 57~58, 208, 210, 216, 268, 350

하트-셀러법 154~155

항공우주국(NASA) 384

해밀턴, 알렉산더 87~88, 245

해양생물 290, 295

해적 102~105

행복추구권 55, 198

허트, 소니아 366

헤게모니 109

헤리티지재단 61

헤이든, 돌로레스 366

헤지펀드 395

호프스태터, 리처드 87~89, 319~320

홉스, 토머스 101~102, 192~197, 202

황금 구속복 355~356, 361

휠러, 애나 199~201, 222

흑인민권운동 18, 48, 71, 105~106, 150, 260, 309

흑인의 삶을 위한 운동(MFBL) 51

흑인주의 128

히포크라테스 124

힌튼, 바슈티 236~237, 240~245

민주주의는 없다

—

1판 1쇄 인쇄 2020년 5월 1일
1판 1쇄 발행 2020년 5월 8일

—

지은이 애스트라 테일러
옮긴이 이재경

—

펴낸이 강동화, 김양선
펴낸곳 반니
주소 서울시 서초구 서초대로77길 54
전화 02-6004-6881 팩스 02-6004-6951
전자우편 banni@interpark.com
출판등록 2006년 12월 18일(제2006-000186호)

—

ISBN 979-11-90467-28-5 03330

—

이 도서의 국립중앙도서관 출판예정도서목록(CIP)은 서지정보유통지원시스템 홈페이지
(http://seoji.nl.go.kr)와 국가자료공동목록시스템(http://www.nl.go.kr/kolisnet)에서 이용하
실 수 있습니다.(CIP제어번호: CIP2020006157)